JN308164

学芸文庫

間主観性の現象学Ⅲ その行方

エトムント・フッサール

浜渦辰二 山口一郎 監訳

筑摩書房

目次

翻訳分担者（五〇音順）

以下に、それぞれのテキストの翻訳分担者を示すが、全体にわたる監修は浜渦・山口の二人でおこなったので、最終的な責任はこの二人にある。

稲垣　諭（東洋大学教授）　八
田口　茂（北海道大学大学院文学研究科教授）　一七、一八、二二、二三、二七、三一、三二
中山純一（東洋大学文学部非常勤講師）　七、九、二四、二六、二八、二九、三〇、三四
浜渦辰二（大阪大学名誉教授）　一〜五、一〇〜一八、二二、二三、二七、三一〜三三（監修）
村田憲郎（東海大学文学部教授）　六、一九、二〇、二一、二五
八重樫徹（広島工業大学工学部准教授）　三、四、五、一四、一五、一六
山口一郎（東洋大学名誉教授）　六〜九、一九〜二一、二四〜二六、二八〜三〇、三三、三四（監修）
吉川　孝（甲南大学文学部教授）　一、二、一〇、一一、一二、一三

まえがき

これまで訳出された『間主観性の現象学　その方法』と『間主観性の現象学Ⅱ　その展開』に加え、第三巻として『間主観性の現象学Ⅲ　その行方』が刊行されることになった。この全三巻をもって、『フッサール全集　第一三、第一四、第一五巻』（本文総頁数一七一五頁）のうち、監訳者によって、テーマにそくして厳選されたテキストの全体が、本邦初訳にて訳出されたことになる。

第一巻『その方法』では、私たちの日常生活で経験されている「人と人の間（あいだ）の関係性」を意味する「間主観性」の問題のありかと、その問題に相応した方法論が呈示された。そのさい特徴的なことは、問題への接近とその解明がすすむにつれ、方法についての自覚がますます鋭く、また深くなっていったことである。方法論の「鋭さと厳密さ」が意味するのは、方法的懐疑で著名なデカルトによる「我あり」の明証性をとおさなければ、人間の自己意識という「人と人とのつながりの基礎」が失われてしまうということだ。

この明証性の基礎を欠いた自然科学の主張、たとえば、「私とあなたの心のつながりは、二つのことなった脳内活動の自然法則に起因する」といった主張は、この無意味な主張の「無意味さ」さえ理解できない根本的蒙昧さに陥っていることに気づかない。意識の明証性を出発点にするフッサール現象学は、「私の心に伝わっているあなたの心の《ありのまま》」が、どのように私の心に育ってきたのか、その《ありのまま》の意味そのものの「生成の深み（生命としての無窮の過去地平の深み）」を問う発生的現象学へと展開していった。

第二巻『その展開』では、「自・他のありのままの与えられ方」が「自・他の身体の与えられ方」の分析として解明された。自己の身体と他者の身体のあいだには、いつもすでに、「心と身体のつながり（連合）」が、受動的綜合としての「対化《ついか》」をとおして伝播し、覚醒しあっているのである。この対化による間身体性の生成という洞察は、一方で、社会性を欠く「孤立する実存」といった幻想の本質を露呈し、他方で、間身体性に基づく人格共同体の実現という目的を明確にしうるのである。

この第三巻『その行方』では、「第一部　自我論、第二部　モナド論、第三部　時間と他者、第四部　他者と目的論」というテーマのもと、間主観性の行方が、間モナド的構成による「普遍的目的論」として表現されることになる。ここで、「自我とモナドと時間」は、テーマとして区分されてはいるが、内容上、たがいに密接な関係にある。これらの関係の考察は、いかなる懐疑によっても疑いきれない普遍的な人間性である「人格的愛と理性の目的論」を、原理的に論証づけることになる。というのも、この考察をとおして、主観と客観の二元性を前提にした観念論と実在論の主張する他者論と目的論の限界がはっきり示されるからである。

まず初めに述べられなければならないのは、自我とモナドの相違である。植物と動物のモナドということはできても、植物と動物の自我、つまり、「我あり」として意識される自我ということはできない。自我はモナドの発展の一段階なのであり、モナドは自我の発展の一段階なのではない。ということは、自我の意識を前提にする観念論で、植物や動物のモナドをも含んだ間モナド的目的論を語ることができないのは当然である。同じように、客観としての外界の実在物を前提にする実在論によってモナドを語れず、間モナド的目的論も語れない。モナドは物としての原子ではなく、むしろ、それ以上分割できない、広い意味での「心」とされ、フッサールはモナドを志向性として捉える。

この自我とモナドの違いが、フッサール自身にとってはっきりしてきたのは、「過去、現在、未来」といった時間の意味の生成を問うことをとおしてだった。「たった今というときの過ぎ去りつつあるという過去の意味」は、自我の働き（能作）を含む能動的志向性である想起によっては、その成り立ちを論証できない。過去の意味は、自我の能作をまったく含まない受動的志向性としての（過去）把持によって初めて論証可能となった。時間を超えた超越論的自我（エゴ）が、時間の流れに外から時間の意味をあてがうのではない。モナドとモナドの間のかかわり合い（コミュニケーション）が、モナドとモナドの間に成立するそのつどの時間の流れの源泉なのだ。

この間モナド的コミュニケーションは、自我の働き以前の受動的志向性による受動的感情移入と能動的志向性による能動的（本来的）感情移入によって、大きく「衝動の目的と理性の目的」という二つの階層によって目的づけられている。これが普遍的目的論の階層構造である。しかし、注意せねばならないのは、衝動の目的と理性の目的は、一方が他方を決めつけるという関係ではなく、相互に影響しあう関係にあるということだ。「人格的愛と理性」は、親子関係という「生きる動機」が育まれる豊かな土壌に根づくこと（衝動の目的）で、より豊かな人間性の実現に向けた人格共同体の形成（理性の目的）をめざす理念となっているのである。

本巻をもって、フッサール『間主観性の現象学』の邦訳は、ひとまず完結する。文末にあたり、訳出されたテキストに基づくフッサール「間主観性論」のさらなる研究が、他の諸学問との学際的協働研究や伝統と文化のことなる間文化性の研究をとおして、より豊な展開をみせることを心より期待するものである。（山口）

凡例

本書は、Edmund Husserl, *Zur Phänomenologie der Intersubjektivität, Texte aus dem Nachlass, Erster Teil: 1905-1920*, Husserliana Band XIII; *Zweiter Teil: 1921-1928*, Husserliana Band XIV; *Dritter Teil: 1929-1935*, Husserliana Band XV, hrsg. von Iso Kern, Den Haag, Martinus Nijhoff, 1973 から監訳者によって厳選されたテキストの翻訳であり、フッサール『間主観性の現象学　その方法』(浜渦辰二・山口一郎監訳、ちくま学芸文庫、二〇一二年。本書では『その方法』と略記する) および『間主観性の現象学Ⅱ　その展開』(同、二〇一三年。本書では『その展開』と略記する) の続編である。

なお、各テキストの表題は、原文の表題を監訳者が簡略化したものである。もとの表題ならびにそのテキストの由来については、巻末の解題を参照されたい。

翻訳にあたって、以下のように記号を用いた。

一、原文でゲシュペルト (隔字体) によって強調された箇所は、傍点を付した。ただし、人名であることを示すゲシュペルトについては傍点を付していない。

一、原文の〝　〟による引用は「　」で示し、(　) による補足はそのまま (　) で示し、イタリック（斜字体）による強調は、原文編者によって付け加えられた表題等はゴシック体にし、イタリックで示された外来語（ギリシア語・ラテン語・フランス語など）については訳語にカタカナのルビを付した。ただし、物(的身)体、(過去)把持、(未来)予持の三語の半角の（　）は、熟語としての意味のまとまりを強調するために訳者が使用した。

一、〈　〉は、原文編者による補足を表す。

一、原文著者および編者による注は、＊とアラビア数字で示す。ただし、著者自身が後にテキストに細かく手をいれていることに関わる編者注は、一部重要なもののみを残して、割愛した。

一、訳者による注は、〔　〕で囲んだアラビア数字で示す。

一、著者・編者注、訳者注ともに、各部の末尾に置いた。

一、〔　〕は、訳者による補足説明であり、基本的にはこの〔　〕内の言葉は飛ばして、前後の文章をつなげて読んでいただけるようにした。

一、《　》は、訳者が語句をまとめて読みやすくするために用いた記号である。

一、原文の――（ダッシュ）はそのまま――で示したが、それ以外に、訳者の判断で、読みやすくするために用いた箇所もある。

一、上部欄外の数字は原書の対応する頁を示しているが、原書としては『フッサール全集』第一三～一五巻の三冊を用いており、その巻数の区別は示していない。どの巻の頁であるのかは、各テキストの出典を示した解題で確認していただきたい。

間主観性の現象学Ⅲ　その行方

第一部　自我論《エゴロジー》

48　一　自我と自己

「自我」ではなく、いつも「自己」と言うべきだったのかもしれない。

「人格という言葉は、思考する知的存在を意味し、それは理性と反省の能力をもち、自分自身を一つの同じ主観として表象することができる。その主観は、さまざまな時間と場所において考え、[1]意識それ自身が自分の行為の根拠をなすことを意識しつつすべてを行なっている。この意識は、それが十分はっきりしている場合には、いつも私たちの現在の感覚と表象にともなっており、まさにそれだからこそ、誰もがみな自分にとって、反省的意味において自己（自分自身）[2]と呼ぶものなのである。過去の行為と思考について意識が広がるそのかぎりにおいて、人格の同一性も及んでおり、自己は、この瞬間において当時のものと同じものなのである」。ここまではライプニッツからの引用である。*1

次のように言ってみることができるかもしれない。私が外的態度において、さまざまな状態で持続する経過のなかで同一の事物（あるいは、同じ感覚所与、すなわち、ときに等しくときに変化する赤の契機、いわば状態の持続的な経過における統一としての同じ具体的な赤）を見いだすように、私は自己への反省において、この自己を、本当は自己の生であるような意識生[3]の流れる経過における意識状態の、〔事物とは〕まったく別種の統一として見いだす。にもかかわらず、本質的な相違があって、外的状態「において」統一が一貫したものとして存在するか、あるいはその統一がその流れにおいて構成される[4]ものであるか、という相違である。流れる体験は、体験流の統一を形成するが、それと同じ意味で
49 その体験のうちに自己の統一があるわけではない。「境界づけられた」作用や現出[5]の経過に対して、私たちは自己を、それらから分離しえないものとして見いだすが、それはそれらを「遂行する」自己として、もしくは現出するものによって触発された[6]自己として見いだすのであって、この自己には、潜在性におけるあらゆる背景が関係づけられている。自己は、ふたたび「現象」であるわけではなく、自己の表象や自己の把捉等が現象であるにすぎない。自我の体験すなわち体験する自己の体験は、一つの本質的な統一の極をもっており、この極は、その体験において、すべての時間的存在すなわち時間充実の持続性にお

いて、満たされた持続のなかで変化したりしなかったりする統一が構成されるようにして、構成されるわけではない。

とはいっても、自己はその体験に対して抽象的であり、誰もが「私」と言い、「自分自身」というとき、具体的なものを考えている。こうして、自我はその体験流のなかを生き抜いており、この流れそのものと一つになって、具体的な「自己」なのである。

そのかぎりにおいて、事態は上記の比較例と似ている。連続的に満たされた持続に目をやり、それを連続的に駆け抜けながらそれらの位相に目をやることと、赤い色の統一に目をやり、事物の統一に目をやることとは、別のことである。事物はそこで持続しており、変化ないしは変転する状態の統一である。自己の場合も同様である。私が自己について語るとき、私は自我に向かっており、しかもまさにその生の自我としての自我に向かっている。そして、生そのものに向かうことは、それとは別の方向である。

自我は本質的にそれぞれの境界づけられた体験へと（あらゆる対象性へと）関係づけられている。つまり、それぞれの体験への本質的に可能な反省は、体験を必然的に《我思《エゴ・コ》う《ギト》》[7]という形態へとみちびく。*2 それゆえ、この反省が反省されるとき、ふたたび「私はこの《思う《コギト》》を反省する」という形式が示され、ここでは自我が二度、つまり、〔一つは〕反省する自我として、そして〔もう一つは〕その《思う《コギト》》の自我として登場することになる。私はそこで自我の同一性を認めるが、その自我は二度現れ、一度は現に存在する自我であり、また、毎回別の《思う《コギト》》自我として現れる。連続的に一貫した反省において、私は自我がそのすべての作用や状態をとおして持続して同一であることを見いだすが、それらの作用や状態は、そこで時間的に広がって、内在的時間[8]の体験として与えられている。しかし、「一貫して」同一のものである自己は、体験（自我の作用と自我の触発。作用が自我から発し、触発が自我に入って行くかぎりで、それらはいわばある一つの側面を、すなわち、時間の広がりから発して、その持続性をもってただともに広がり、一つであることにおいてその持続と並行して経過するという側面をもつ）と同じ意味で時間的に存在す
50
るわけではなく、時間的に広がっているわけでもない。しかし、持続する赤がその（過去）把持的[9]変様において射映する[10]のと同様に、自己もやはり内的意識の構成において射映する、と言うことができよう。にもかかわらず、同じことをあらゆる理念的対象[11]について言うこともでき、これはたしかに時間の広がりにおいて与えられ、それによって持続のうちで広がるものとして現出するのではあるが、やはりはっきりと非実質的《イレエル》[12]であって、実在《レアール》するもののように持続することなく、持続のなかでそれぞれ異なった内容の統一のようなものなのではない。自我はしかし純粋自我として、その持続する与えられ方のどの位相においてもまったく同一であって、変化する事物や変化する赤のように同一なのではない。

これらの事物や赤は、いわば時間持続を満たす内容（等しかったりことなったりする赤の位相）の持続性のおかげで初めて、同じものとして構成されるからである。純粋自我すなわち自我としての自我は、ことなった時間位相においてことなった内容をもつことは決してなく、それはすべての位相において絶対に同一であり、純粋自我としてそうなのである。しかし自己は、具体的《イン・コンクレート》にはたしかに変化する内容をもってはいるが、ここでは、あらゆる内容に対して統一を作り出す同一性としての自我の同一性が、これらの内容に先立っているのであって、自己の同一性さらに人格の同一性は、変化や位相の変転におけるたんなる同一性なのではない。時間持続のなかに入り込んでいくすべての変転する内容は、自我の同一性をすでに前提しており、能動性における自我から時間へと流れ込むものは自我をすでに先取りし、それを前提している。同様に、自我を触発するものはすべて、瞬間から瞬間へと自我を新たに、ないし別様に触発しうるためには、また、自我に変転する内容を付与しうるためには、すでに自我を前提しているのである。

ある場合には、そう言ってよいと思うが、私たちは、一面的に基づけられた統一をもち、それはさまざまなものからさまざまなものへと連続的に移行しつつ、そのようなもののなかでのみ見いだされる統一であるのに対して、分離したもの（時間のなかで非連続的にあるもの）は、一つではなく複数である。しかし、ここで自我の場合には、私たちはいかなるそうした基づけられた統一をもつこともなく、一つのものは初めから一つであり、それがさまざまなものから分離されえないにもかかわらず、それらと関係するようになるのである。このことは、たとえば赤についての関連しない二つの直観が与えられているとき、私は同等性と類似性を語ることができても、同一性を語ることはできない、というところでも明らかになる。しかし、私が、幼い頃の自分と大人になった自分とを「比較」するとき、関連しない個別の直観に基づいているとはいえ、私は自分の自己を見いだし、しかも絶対に数的に同じものとして見いだすことになる。

81

二　自我に対する外的態度と内的態度

〈内容〉「客観的世界」は感情移入[13]をとおして初めて構成される。感情移入をとおして初めて客観的周囲世界のたんに自我論的[14]主観から世界内の客観化された主観が生じる。

心《ゼーレ》という自然に即した《ナトゥラル》統一[15]。そこには、自分の身体《ライプ》[16]とともに存在するものとして、それゆえ「超越的なもの」として、心的生（自我と自我体験）が含まれている。最初に問題になるのは、自分の身体と自分の心的主観性に対する内的態度における事況[17]の解明である。

次いで外的態度において、他者や自分自身のもとでの身体と心の外的な統一の解明〔が問題になる〕。

私たちは次のようにも言うことができる。ここで問題になるのは、独我論的[18]な内的態度において動機づけ[19]られ、〔まずは〕感情移入に先立って可能であるような自己統覚の解明であり、他方では〔次に〕、感情移入の後での統覚[20]の解明である。つまり、主観性を「自然化」することの起源の解明が問題となる。

内的態度において私は、事物でもある自分の身体のまわりに中心化された私の周囲世界[21]を見いだす。そのさい、ある仕方でともに構成されているのが、心理物理的なものである。たとえば、私が身体を静止させたまま開けられた眼を動かせば、見える事物の与えられ方も規則的に変化する。眼を閉じれば、「視覚像」は消え去る。こうした事物の像のそれぞれが体験されるのは、眼が事物に対してある相対的な位置をもっていて、眼から事物への線上に覆い隠すような事物がそこに何もないなどといった場合に限られていることを、私は見いだす。同様に、指と外的事物との間の客観的接触が、普通は、「接触感覚」ないしは対象の触覚像を条件づけており、この像が体験となるのは、そのような客観的接触が生じるときだけである。

私たちがここでもっているのは、客観的な関係、すなわち事物の空間位置の関係である。これらは、主観的な出来事や感覚所与や事物のアスペクト[22]などに関係しており、さらには「私はできる」[23]に関係していて、これが私の身体にしかじかの位置を与えるのである。

82 しかし、ここで書き留めておかねばならないのは、私たちはたしかに、一方の事物と身体という実在的[24]な統一体と、他方の構成的現象との間に規則的な関係を見いだしてはいるが、他方では、ここで、主観的なものと自然に即したものとのあいだの自然に即した統覚が根拠づけられているわけではないことである。眼の運動の（あるいはむしろ、キネステーゼ〔運動感覚〕[25]の経過の）、ないし、ともに経過する視覚的な所与の動きのうちで、視覚事物が統一として構成される。そこで共存《コエクシステンツ》という依存関係が成立しているのは明らかである。すなわち、静止していようが空間のなかを動いていようが、このような統一が「実存している《エクシスティーレン》」とき、主観的領分[26]のうちで、ある種の動機づけられた可能性が存立していなければならず、この可能性は実存するものの可能な知覚に属している。視覚事物とともに私の身体も視覚事物として構成されているならば、いま記述された条件性[27]という関係が成立していなければならないことになり、視覚事物が知覚されうるのは、ただ、それが身体という私の視覚事物への適切な空間位置において見いだされる等という場合だけである。しかし、こうしたことは、特殊な帰納的・経験的な統覚において構成された関係ではなく、事物と身体の統覚に属している本質事況である。それぞれの構成された統一は、その実存《エクシステンツ》[28]にそくして、それに対応して構成する現出に対する本質必然的な関係のうちにある。

構成する多様体である視覚事物等の統覚的綜合によって十全な事物が構成されるような、より高次の段階でも事情は同じである。事物というのは、相互に対する因果的な関係のなかで構成される。経験の可能性の内部にある、事物がそれぞれに対応した主観性への依存関係（原因と結果）をもつことは、いかなる因果関係でもなく、与えられた因果関係の事実性によって条件づけられた経験的言いまわしでの、構成された事物の因果性[29]に属する本質関係なのである。

明らかなのは、独我論的な内的態度において、したがって感情移入が入り込んでいるすべてのものを捨象する考察においては、主観的なものが身体に局所づけられることはまだ欠けている。そのようにして、そもそも私の心が身体に属し、これと心理物理的・因果的に結びつけられた統一として構成されていることも欠けているのである。したがって単独《ソ》

《ルス》のものとしての私は、「私の」身体に結びついた心をもってはいない。私、すなわち経験する主観は、私が他の人間そのものを統覚していないかぎり、あるいは、私が私の身体を「外へと移し置き」、空間における自由な運動を想像していないかぎり、ここにあるこの身体（他人の身体との対比において、あとから初めて「私の」身体と呼ぶような）に属するような心をもつことはない。まさにそのように統覚することで、私はこの身体を第二の他《フレ》の《ムト》身体と同じように、心的生の経験的・帰納的な担い手として統握[30]することになり、要するにそれは感情移入によってそうするのである。

　そのさいに注意されねばならないのは、感情移入はもちろん自分の内的な身体統覚を前提にしているということである。それとともに本質的に、身体性と他のまわりにある事物
83
との間の構成的関係の類型が与えられており、最終的には、経験するということとその主観的連関とによってそれぞれの経験にアプリオリ[31]にともなっている、内的生の統一全体が与えられている。主観的なものの局所づけ、すなわち主観的なものを自然のなかに組み込むことは、感情移入を前提にしている。あるいは、感情移入によって初めて、主観的なものの客観化が生じるのである。

　こうしたことはいかにして生じるのだろうか。他者《フレムト》の身体物体[32]を私は、心の〔属する〕身体として統握する。そこに意識生が共現前[33]するのに対して、感性的に現出する自然は、

内的な与えられ方における身体のまわりにある種の方向づけにおいて現出するのだが、そのさい、この身体は、ちょうど自然が私に現出する自然と同一化されるのと同様、私に外的に現出する身体物体と同一化されるのである。しかし、この共現前は部分的にのみ規定されており、およそ類型的にであって、他者がもつ現出は、私が「そこ」から、すなわち他者の占める空間の位置から、その経験事物へと適切な位置をとったとすれば、もつであろうような現出とだいたい同じであるはずだ、ということを知っているにすぎない。それ以上のことは規定されず、一般的に表象されているだけで、この未規定性は一般的な枠組みのなかにとどまっている。つまり、主観と意識生とか、私のものに似た類比体《アナロゴン》[34]という程度である。私自身のものは、私にとって顕在的な体験の生であるのに対して、他なるもの《フレムト》は、[35]まずは「間接的な経験」による規定を必要とする。この経験はどのようなものであろうか。それぞれのより詳しい規定は、ふたたび、感情移入に依拠することになる。私がたとえば、私の内的経験において、激しい身体運動、叫び声などと怒りとのあいだに指標[36]という連合的関係がなりたっているのを見いだすとき、それに対応する他者の身体の表出[37]の統覚は、この表出がまずはこの物体的運動の内的な眺めの表出として理解されることで、それに結びつけられた統覚的に未規定な内面性において、《他者が怒っている》という意味でより詳しい規定を受け取ることができる。したがって、このことは、内的出来事たとえば情動や感情や思考といった意識体験と、現出するものしかもある種の内的な眺めにおいて現出するものとしての身体的出来事とのあいだに、すでに多様に形成された経験の結合を前提している。独我論的な制限においても成立しているこのような連合は[38]——すなわちそれは経験的な絡み合いの多様な関係であり、それにしたがって、規則どおり類型的に、自分の身体の出来事（閉じた循環のある現出の仕方において経過しながら、それゆえ現出するものとして）が意識の出来事と経験的に一つになっているのだが、後者は、それ自身、その本質からすると前者とは何ら関係はないのである——、しかしながら、人間という統一といった様式の新たな統覚的・超越的な統一を作り出すことはない。この統一においては、身体物体はそれ自身一つの超越的実在であり、他方で、第二の超越的実在である心と結びついており、心理物理的因果性によって結びついている。この因果性によってそれぞれの手足もその心理物理的特性を付与されてもっている。自分の身体的なものと自分の意
84 識生とのあいだの、自分の主観において純粋に内的に経過する連合だけでは、「身体と心とをもった」「人間としての自我」という経験的統一を作り出すことはない。

どうしてそこではこのような種類の統覚が生じないのであろうか。内的眺めにおいては、私の全体的な内的生は自我極に中心化された統一であるが、内在的統一であり、内在的時間の統一である。この統一の枠内において、「外的」事物が現出し、空間的ないし空間時

間的に無限に広がる世界が、方向づけの中心項としての身体のまわりに現出する。そのさいに、作用を遂行する自我、現出をもつ自我、自分の体験流のうちで生きている自我、感覚所与を見いだし、事物に対峙する自我、この事物に注意を向けつつ、評価し欲望などをしながら関係している自我が区別される。そこでまた、「自我‐人格」という経験の統一（独我論的に構成された「自我‐人格」であり、まだ通常の意味での人格ではない）が形成され、私は、私の周囲世界の事物によって動機づけられる通常の仕方をもっており、あるものが食事として私の欲望を刺激したり、他のものが甘い花の香りとして刺激したりする。それらがある仕方で私の身体との関係に置かれるとき、快や不快が立ち現れ、それらが私を喜ばせたり、悲しませたりなどする。事物が私によって経験され、ある一定の現出において現出する事物であるかぎり、そうした事物へと、私は経験的に規則的な仕方で反応し、事物がその主観的性格を、その心地よさ、美しさ、利用しやすさなどを維持するように、私は私なりの固有性をもっている。自我‐人格というこの経験的統一は、すべての事物に対立するままになっており、すべての事物はその周囲世界をもち、そこから割り当てられた性格をもっている。この経験的に人格的な（そして独我論的な）自我と、自我が関係している事物とのあいだのこの関係は、あたかもこの自我が一つの実在であり、実在としての事物と実在的《レアル》（実体的）に結合しているかのように、自然に即した関係なのではない。自我は客観のあいだの客観ではなく、すべての客観に対する主観である。客観であり、それ自体であり、持続的な述語の基体であるものはすべて、主観に対するそれ自体である。独我論的に構成された人格は、まだ身体に関係づけられた実在ではなく、自然のなかの人格でもない。

それ自身〈自我〉は、私が同一の述語（実体的特性）の基体ではないのと同じように、それと同じ意味で「それ自体」[39]なのではない。自我は習慣的特性や性格特性をもっているが、それはたえざる発展のなかにあり、発展のなかである様式を身につけるときも、この様式は絶対に同一である特性の体系《システム》へ還元されることはない。私たちが自我と（自我－意識流のなかで、自我にとって構成され、自我に現出する自然として、あるいは未規定で未知の地平において見いだされ、自我にとって自由に接近可能である自然としての）周囲世界との内的関係のうちにあるかぎり、自我とその意識生（自我は同様にこれに意識的に関係することができる）はともに自然のなかにあるのではないし、もちろん自然と結合して
85 はいない。そうではなく、自然を自分の周囲世界の領分としてもち、自分の表象する思考や理論化や評価や実践的形成の主題としてもち、そこに働きかけるのが自我であって、と言っても、自我は自然原因という意味での原因ではないし、自然と同じ意味で結果をもつのでもない。自我は自分自身を反省することができ、思考や評価などの主題にすることが

できるが、決して「客観」であることはなく、内的態度において客観となることはできない。自我はその状態において受動的であり、その作用において能動的である。自我は生きているが、いかなる現実存在[40]をもたない。自我はその生とともに内在的時間に入り込んで生きている。しかし、内在的時間（その体験の時間）のなかにあるわけではない。自我は超時間的であるが、やはり時間に関係づけられている。その時間的体験のなかで、空間時間をともなった自然が自我にとって現出する。二つの時間はまさにその区間ごとに、また瞬間ごとに合致している。自我のまなざしは内在的時間を通り抜け、自然なるものへの態度のなかで自然時間を通り抜ける。そして自我はその自分の生へと「働きかけ」て、それを、意識は事物ではないのだから、なるほど本来は形成することはないが、それでも未来の生の流れを意図的に規定するのと同様に、自我は自然の歩みに「働きかけ」、その自分の時間性の内で自然へと介入して働きかけるのである。

さて、私たちはいまや外的態度へと移行することにしよう。私たちは、身体的出来事と主観的状態や作用とのあいだの連合という経験的結合をもっていた。そしてそれが、感情移入に支えられて、他の《フレムト》身体的出来事を、類似した主観的作用や状態の指標として統握できるものにしている。そこにある身体物体は、その一般的形態（私の身体物体との類似性において）やその特殊な表出をとおして、主観性一般やそうした主観性の特殊な規定を指示している。経験する者である私は、私の周囲世界の自然のうちに、別の主観性の身体であるような事物を見いだす。この主観性は、身体事物の実存と一つになって措定されており、身体が自然のうちにある「生き生きした有機体」という普通の類型において実存しているかぎりで、身体に存続しつつ属しており、この（自然の）時間のうちで身体と不可分である。身体物体は可変的であり、別の事物と同じように変化する。経験上、身体の変化には、それに結びつけられた主観的なものにおける変化が対応している。

私は私の内的領分のうちに、身体物体的な出来事と自我の状態や作用とのあいだの経験的・連合的な連関を見いだす。私はまた、身体物体的事物とそれについての私の知覚とのあいだの規則的な仕方での構成的関係を見いだし、そこには、感覚所与や現出などにおいてそのような知覚に属しているものすべてがともなっている。こうしたことが当然のよう
86 に、他《フレムト》の身体についての私の統握を規定している。[*3] そうした身体に属している心的なものはいまや、運動の変遷や他なる身体の変化のうちでとどまりつづける結合によって局所づけられ、時間化されている。この心的なものは持続していて、それ自身で閉じた統一であり、その統一は、身体的なものへの多様に変化する依存関係のうちにあり、しかも、空間時間的な客観的時間において経過する依存関係のうちにある。

経験する者である私にとって、他《フレムト》の主観性は他の身体と一つになって、何らかの事物と

同じような客観的なもの、すなわち《それ自体》となり、それは、私がそれについての認識をもっていようがいまいが、それが私の現出のうちで呈示されようが（私はそれを把捉することなく知覚するか、知覚したかはともかく）されまいが、そのままなのである。同様に他者にとって、私の身体や私の主観性はそのような意味で客観的である。直接的な自己経験において（たんなる反省において）自分自身にとって決して客観とはなりえない主観が、他者にとっては客観になるのであって、そのとき、〔一方の〕内的考察の主観と、〔他方の〕他者が私の身体の外的考察において私の身体にあてがう主観－客観とを同一化することによって自分自身にとって客観となるのである。つまり、それは私や他者に共通の自然のうちにある客観となる（それゆえ、客観の概念が変化しているわけである）。

感情移入をとおして初めて十全な意味での「客観的」自然、もしくは、たんに物理的というだけではなく客観的な世界が構成される。*4 それ以前に存在したのは、主観と《空間－時間的－因果的周囲世界》としてのその主観の周囲世界であった。いまやたんに私の周囲世界であるだけではなく、存在する主観の開かれた数多性に共通の周囲世界であるような一つの自然が存在することになる。それまでは主観は、いわば超自然的な主観であり、自分の自然に関係してはいても、そこに組み入れられてはいない主観であった。それがいまや、それぞれの主観が自然客観となり、一つの身体がもつ心となり、その身体から区別されるそれぞれの主観にとって、それ自体で存在する身体にそれ自体で存在する心があり、それぞれの主観にとってその身体をとおして空間に組み入れられ、身体とともに持続し続けるものとして客観的な自然時間に組み入れられることになる。自然はまずは、アプリオリにたんなる物理的な自然として構成され、ついで、構成する経験の自然に即したもので
87 はない一つの主観に対する周囲世界的な自然としてのみこの経験によって構成され、さらにより高い段階では、感情移入の連関とともに、拡張され変化した意味での自然が、[*5]つまり間主観的に同一の自然が構成されるのだが、さらにまた、客観的世界が構成され、その「うち」で、すべての主観が「現実存在」をもつことになる。万人にとっての自然という自然の客観化は、万人にとっての主観という主観の客観化と不可分の統一において遂行される。多くの主観が私に対して（感情移入によって）存在しうるのは、それらが《主観－客観》であり、身体をともなった主観であり、人間として、この一つの間主観的自然の「うち」の構成員であることによってである。この自然は、一つの空間と一つの時間をもっており、そのなかへすべての客観が組み入れられ、つまり、物理的物体と、それが身体であるならば、それと結びついた心とが組み込まれている。因果性と実体性とを私たちは、独我論的な領分においてすでに、物理的自然に関してもっている。コミュニケーション的な領分では、こうした物理的な実体性が間主観的になり、こうした形式において、実体性

が受け取られる。身体と結びついて自然化された主観性は、実体性と因果性の新たな形式を加えることになる。心すなわち自然のうちに組み入れられた主観性は、それ自身において閉ざされた統一であり、身体的なものと一つになって二重の統一となっている。こうした結合のうちにある心が純粋に考察されうるのは、その心が身体的‐物体的出来事や物理的自然のさらなる連関に規則的に依存する事実的な出来事を示すかぎりにおいてである。「心」を人間の心として統覚すること（もしくは人間を知覚し、経験において措定すること）、そのうちには、心を一定程度そのような依存性において統覚することがおのずと《エオ・イプセ》含まれている。自然に向かう、まずはすでに物理的自然に向かう態度を取るということは、おのずと、ここでは物理的因果性という標題をもった、物体的出来事の経験的な依存関係に向かう態度を取ることである。したがって、《身‐心‐関係》に対してもこうした態度をとることができ、身体的なものに注意を向けて、身体的なものが心的なものをどの程度に指示していて、心的なものは身体的なものに依存して立ち現れるのか、またその逆はどうなのかに注意を向けることができるのである。このような経験的な規則性を追求するとき、それとともに身体の統握が必然的に構成されるのであり、それは、そのように規則づけられた依存性への関係をもつ意味存続体をともなっている。身体は外的に物理的特性（生理学的‐物理的関連に関係する因果的特性）をもって、また新たな生理学的‐心理的特性をもって統覚される。たとえば、身体が別の物体に接触されるとき、心に感覚を与えるという特性をもつ（あるいは、人間は、身体が触れられるときに、心理的に感覚でもって反応するという特性をもっている）、そして、逆方向の関係も見られる。こうして、身体と心にとって、新たな実体と因果の統握が生じ、それに対応して、自然科学的な探究に
88 類比的な仕方の探究が生じる。このような心理物理的な心の理論は、はじめから物理的な身体論と結びつけられており、もちろん、心理物理的条件性の範囲内で立ち現れるすべての心的なものをともに受容する。内的心的な事実連関のうちには、自然事実性の規則的連関を認識しうるようなものが存在するとした場合、そうしたものはともに受容されることになろう。そこで主要なことは、心的なものが空間時間的に局所づけられていて、物理的意味での自然に組み入れられ、併置されているということ、さらに、そこでは客観的に空間時間的な秩序の規則が問題になっているということである。

　心的なものはいまや、その内在的な「固有の絶対的な本質」と、そこに属する本質規則性をもっていることになる。

143

三　自我の複数化の可能性

〈内容〉私の意識流の虚構的変更の問いに属する本質法則的な条件、あるいは体験流の統一に属しうる複数の体験（再想起、想像！）の共存と継起に関する本質法則。[41] 地平論の基本的問題。地平は特定の体験とみなされうるのか、地平同士の間には本来の意味での抗争はないのか、等々。問題：どの自我も、その体験流の任意の位置において、あらゆる可能な事柄を考えることができる。任意の事柄への虚構的変更。

144

それゆえ、ここで次の問題を考慮する必要があると思われる。すなわち、流れのうちで連続的に次から次へと現れるものは、どの程度偶然的なのだろうか。流れの統一を貫く動機づけにもかかわらず、個別的な流れ全体はやはり事実である。それゆえ、たとえばあらゆるヒュレー[42]的なものは偶然的であり、それは先行した意識とその以前のヒュレー的成素によって動機づけられうる。しかし、ヒュレー的所与についても、それの信念的動機づけは、先行した時間帯の本質内実がそれに続く時間帯の本質内実と相互的継起の統一のうちでは両立しない、ということによって特徴づけられるような必然的動機づけではない、と言うことができるだろうか。

あるいは、もっとよく言えばこうも言えるだろうか。それは、体験流とその内在的時間についての次のような原法則である、と。つまり、具体的な本質的両立不可能性は、共存(あるいは同時存在)の両立不可能性である。意識流の(内在的時間とその体験の流れの)各断片は、別様にも思い浮かべることができる。そのときそれは、該当する現実の断片と、両立不可能という関係、つまり本質に根ざした抗争という関係に立つが、先行した持続や後に続く持続の具体的な内実とそうした関係に立つことは決してない。私たちが質料的本質法則と呼ぶものは、共存に関するアプリオリな時間法則であって、同一の持続の持続内実にあてはまるように思われる。したがって当然ながら、時間法則そのものは(それゆえ時間構成の本質法則も)そこには属さない。

このように思われる。だが、これは正しい考えでありうるのだろうか。またそこでは何が正しいのだろうか。体験流のうちに再想起と、完全な解明の過程が、つまりそれを完全に明晰で明瞭な再想起へと転換する過程が登場すると考えてみよう。こうしたことは、それに先立って対応する印象すなわち知覚が体験流のうちに現れていなかったとしたら、はたして可能だろうか。しかし、それとともに、ある知覚を欠いた流れのうちでは、それに対応する明晰な再想起は不可能であり、したがって流れの内実はそのうちに現れうるもの

145

に対して、やはりあるアプリオリな規則を定める、ということが言われている。想起は誤りうるし、想起の契機が誤ってそこにあるということはありうる。しかし、想像をそのなかにはめ込むことについて語るならば、これも、類似したものがすでに以前の意識流のうちに原本的《オリジナル》[43]に印象として現れていなかったようなものは、想像的に（「再生的に」）現れることができない、という本質法則なのではないだろうか。それゆえ、想像もいずれの意識流のうちにも現れうるというわけではない。――原印象[44]、たとえばある音の鳴り響きは、どこでも現れることができる。しかし、そこでも私たちは、以下の区別をしなければならない。たとえば純粋な音が初めて現れたなら、それは後で印象として現れる同じ音とは別の特徴をもつ。音は同じ音であり、この同じ内容に関してであれば、いずれの時点においても現れうるのだが、音が既知のものという性格をともなって、あるいは「ある一つの」音として現れうるわけではない。

したがって、再生の法則は、流れにおける体験の継起を、一義的にではないにせよ、制御する本質法則である。赤の広がりを同時に緑の広がりとして表象したり、大きな音を同時に小さな音として表象したりすることが（持続としての共存においては）できないように、ある継続のなかである流れの区間を表象するということも、私たちがそれに続く区間をそれに対応する再生とともに始めることを表象するならば、ある印象を考えることなしにはできない。それに対応する再生に始まる流れの区間を表象することはできない。

先に挙げた〔赤と緑や、大きい音と小さい音の〕抗争は、共存における両立不可能性だが、赤と緑を継起のうちで変更するなら、両立可能なものに変わる。というのも、赤の広がりを緑の広がりへと変化させることによって、同一の広がりが問題になっているからである。このとき問われねばならないのは、変化が恒常的な変化でなければならないのか、それとも実際に不連続的な急変といったものがありうるのか、あるいはそうした急変はおのずから排除されるたんなる限界理念でしかないのか、ということである。

後に挙げた〔印象と再生の〕両立不可能性は、私たちが、当該の印象を欠く区間のどこかに、そのような印象を思考上で挿入すれば、両立可能性に変わる。すなわち、問題の区間を思考上で変更するというわけである。しかし、初めに挙げた変更からして、たんに思考上のものであった。私たちはあらゆるものを思考上で別様に考えることができ、抗争のかたわらで、私たちはそれを始めているのである。

したがって、右で述べたようなたぐいの原法則は存在しない。私の体験流のあらゆる区間と時点において、私は「あらゆる可能な事柄」をはめ込んで考えることができる。しかし、だからといって、そこで実際に〔現実に〕すべてが可能だというわけではない。すなわち、流れのうちで先立つものと後に続くものを考慮に入れるなら、そういうわけではない。ところで、「あらゆる可能な事柄」とは何を意味するのだろうか。「思考上の」可能性、つまり（実在的に可能な）一つの流れの統一的連関のなかでの可能性を問う以前の、それ自体での表象可能性というものがある。私たちがそうした可能性について語るのは、（あらゆるこのような考察は内的時間に関してだけでなく、客観的時間に関してもあてはまるのだから、）対象や過程等々が可能だと説明される通常のケースにおいてである。

直観的に表象できるもの（擬似的に知覚できるもの）はすべて、たとえ表象が顕在的経験と矛盾していたとしても、「可能」である。互いに矛盾するもの同士が同時に存在することは不可能だが、矛盾のそれぞれの項はそれだけなら可能である。あらゆる直観的に表象できる継起についても、同様で、この領分にとどまって言うなら、私が統一的に直観的に表象する内在的経過はすべて同様に可能である。何らかの時点や区間における私の内的生を虚構的に変更するなら、そのときに虚構されたものそのものは可能である。つまり、それ自体に可能なもの（それ自体に表象可能なもの、思考可能なもの）である。

だが、注意しなければならない。私の意識流の任意の位置や区間を、私は無限に多くの
146 仕方で虚構的に変更できるし、それゆえ、そのような虚構はいつでも可能である。それはこの時間位置における「私の」体験の可能性として与えられ、このことはここでは、私の生一般の連関のなかでの私の体験の可能性のように言われる。この生の新たな区間は、当

該の現実の区間と合致し、まさにこのことともに私の生が虚構的に変更され、私自身が主観として虚構的に変更される。体験流の任意の断片の虚構的変更によって、自我そのものが変更されるのである。それは、私が事物を虚構的に変更し、同じ事物を純粋な想像のうちでもつのではなく、客観的自然連関における客観的時空位置において、ある質料的な規定内実をそれと抗争する別の規定内実によって置き換える場合――しかも直観の統一性が結果として生じるような場合――と同様である。*6

とはいえ実際には、当該の想像された体験とその自我が可能であり、しかも完全な意味で明証的に可能であるのは、それが現実に直観的になりうる場合だけである。新たな体験がそれと抗争するような本質的要求が過ぎ去った生の流れから生じてくるかぎり、そうした要求の事実は、私は実際にはこの体験を私の生の流れに想像的に挿入することはできない、というように制約している。このことはしかし、以下のことを意味する。すなわち、私は当該の時間位置におけるみずからの顕在的体験をおそらく虚構的に変更することができき、この断片が私の特定の、しかしいまは直観的に現在していない流れの断片だということを知っているかぎりで、それの虚構的変更は流れ全体の虚構的変更――全体としての流れはそのままで、ただ当該の位置だけが虚構的に変更されるのだが――である、ということを。だが実際にあるのは、事実的内実をもった断片はそのままにとどまり、あとから体験流のうちで新たにあの虚構的変更が、つまり独特の仕方で当の断片への「合致」[45]として志向的にかかわるような想像が現れるのだが、この想像はここで体験流を変化させるのであって、ほかのどこにおいても変化させることはない。*7

しかし、これ以上のことを望むやいなや、つまり想像されたものが存在し、ここで私の生が別様にあるという想定をするやいなや、過ぎ去った生の全体をも明示的かつ調和的な仕方で虚構的に変更しなければならない。私たちがそれを適切におこなった場合にのみ、私たちは、いま目の前にある想像を終極点とする一つの生の統一の直観的表象を得ることができる。こうして私は実際にいるのではなく、私つまり事実的な自我、虚構の主体ではなく、対応して変更された自我、つまり、たんに私の自我と合致する形で想像された別の自我である。

147

こうして、私は任意の事物も同様に虚構的に変更することができる。だがそのさいに私は、それとともに、与えられている世界といくらか合致するにすぎないと私が想像した別の世界を想像したのだということに、すぐには気づかない。*8 事物も世界も実際に別様でありうるのだが、このことが意味するのは、与えられている世界とただ一般的に似ているだけでなく、それと特定の仕方で――衝突を通じた合致であるが――合致しているような別の世界が考えられる、ということにすぎない。一つの事物を思考のうちで変更するさいに、私が立ち現れ《ファントム》[46]を直観的に変形して考えたにすぎず、しかもまだ私の直観野のうちにある他の立ち現れは変更をこうむらないとしたら、あたかもある事物の変化（想像上の変形）はそれを取り巻く与えられた世界を手つかずのままにするかのように思われる。*9

つねに注意しておく必要があるのは、一方の、空虚なあるいは表面的な構成要素に関してのみ遂行される（空虚な地平と背景をともなった）虚構的変更と、他方の、完全に明示的な虚構的変更との区別である。後者だけがまったき意味と内実、そして可能性の存立を証示するのである。

自我の同一性と、自我が別様であることおよび自我の展開のさまざまな可能性

私は、私自身とその生の流れを、無限に多様な仕方で思考のうちで変更することができる。だが、そのさい、私はいつ私についての調和的な表象を保つことができるのだろうか。また、それはいつ、対立を通じた合致つまりさまざまな不合理をはらんだ合致であるのだろうか。そのとき、同一の自我がまさに対立における合致によって同一なのだろうか。自我とその意識流の統一に関しては、多くの本質法則がある。そこには展開や再生に関する法則が属している。それによれば、自我とその流れは一つの点から出発してさまざまな展開の道をとることができ、自我はさまざまな感覚に触発されることができ、それらの感覚

148 はそこから自我の経験を規定するのである。私たちがさまざまな線にそって進むなら、それぞれに調和的な自我を得ることになる。そして同時に、選び取られた分岐点Wまで調和的に自我としてみずからを見いだし、みずからの「我あり」を言明する同一の自我が、調和が及ぶかぎり、その後の進行においてもつねに明証的にみずからをこの同一の自我として見いだすということは明らかである。それゆえ、この分岐点からして、自我は、理念的可能性の分岐のそれぞれにおいて、同一の自我、つまり数的に同一の自我であり続ける。しかし、分岐点に至るまでこれまで生きてきた自我は、この経路の一つにしたがってみずからを展開し、《私は同一だが、この間このように展開してきた》と述べた後には、《私は分岐点Wから出発して、たとえばしかじかの別の経路を通って、別の仕方で展開することもできただろう》とだけ言うこともできる。さらには、《もしそのときにwではなくw'という別の分岐点が出現していたなら、私のうちに別の結果が生じていただろうし、私はしかじかの仕方で別の者になっていただろう》とも言える。どんな個別的な展開に対しても、さまざまな偶然が、すなわち純粋にそれだけで見れば自我の体験流のなかで別様に生じることもありえたようなさまざまな出来事が起こる。そして、何らかの仕方ですべてはその影響を後に及ぼすのであり、それゆえ、その後の展開を規定するのである。意識的にせよ「無意識的」にせよ、高次および低次の心の領分においてその後の展開を規定するすべてのものは、きわめて大きな問題の領域をなしている。

同一の自我の多様な（相互に両立不可能な）可能性を虚構的に変更することによる自我の現実性の分離

いずれにせよ、自我の生成変化と統一的な自我生の内実に関する本質法則がある。それと密接に関連して、統一的な自我生の複数の可能性に関する本質法則もあり、それは、統一性のアプリオリであり、時間的連関のあらゆる段階と層に関する統一性の本質法則である。一つだと思われていたものが衝突によって分れるやいなや、私たちはもはや統一的自我ではなく、衝突するものの合致における複数の自我をもつことになり、そのそれぞれが調和した一つの体験の領分へと追跡されることができる。その結果、別の自我が存在しないということもありうる。衝突するものの排除はいずれも調和的自我を与えるが、衝突は相互的であるから、私たちは複数の、無限に多くの、調和的自我の明証的可能性をもち、自我の多くの可能性、もしくは「一つの」自我一般の多くの可能性をもつのである。[10]

他方で多数の自我の可能性

しかし、これによって私たちがすでに多数の自我の可能性を、より正確に言えば、自我の数多性の可能性をもっているわけではない。というのも、数多性とはさまざまな対象の個体的共存を、あるいはより一般的に言えば、同一でなく、それゆえ統一のうちでは互いに衝突するような複数の対象の集団的両立可能性を意味するからである。私たちが個体的対象の統一のうちでは両立しないような（形相的対象についても同様に）無限の個体的可能性をもつならば、まず、以下のことを示さなければならない。すなわち、この無限性が 149 共存する数多性をそのうちに含むことができるのは、いつであり、どのような仕方でか、あるいは、別々に存在する対象が共存することの可能性の条件、それも一つの個体[47]の統一のうちでは両立しないものを分離において別々の個体に割り振るような条件があるとしたら、それはいかなるものか、と。

一般的には次のように言うことができる。個体的なものとしてのさまざまな可能性が互いに衝突し、また衝突のうちで合致しあう場合、それらの可能性には、それらを外延とする種の普遍者の統一が対応する、と。では、そうした外延に含まれる可能な個体の数多性が、共存するそれゆえ同時的な個体の数多性になるのは、どんな場合であろうか。

それゆえ、目下の場合にはこう問うことができる、自我主観および体験流の数多性が共存する可能性の条件はいかなるものか、と。

後からの補足

任意の過ぎ去った生の局面を想起するとき、《そのときは考えなかったあれこれのことを考えることもできたかもしれない》とか、《あれこれの思考の道筋をとることもできたかもしれない》などと想像することができる。《そのとき私がAではなくBを予想していたなら、あれこれの証明を知っていたなら、誘惑に屈していなかったなら、あのようにではなく別の仕方で実践的に動機づけられていたなら、はたしてどうだっただろうか》といったことを私は思いめぐらす。私はあらゆる可能性を直観的な仕方で私の過ぎ去った生のうちに想像的に置き入れる自由をもっているように思われる。

主観的存在の、とりわけ「私はそう考え、行い、動機づけられていたかもしれない」といった可能性と不可能性に関する錯誤

上で述べたことから明らかなように、こういった想像をするさいに私は容易に誤りを犯す。私が想像された体験を、たとえば現実に起こったある特定の体験の代わりに、現実の過去の生の期間に置き入れ、みずからの空虚な過去地平を保持したまま、直観的再想起というかたちでこの地平に入っていくことによって、私はさまざまな自我触発、自我作用、受動的および能動的動機づけの連関をともなったみずからの過去の生の流れのまったき統

一を実際に実現することなく、個々の体験のみをきわだたせる。このとき私は、《潜在的地平のうちで曖昧に示唆されている、この特定の生を生きたのと同一の自我が、あれこれを表象し、考え、感じ、行なっていたかもしれない》と考える。さらにまた、《この「元々の性格」を、この個体性をもった自我が、他人がその個体性にしたがって選んだものを選んでいたかもしれない》と考える。私を他人の立場に身を置き入れて追理解するときには、私はその人と合致する。そして、直観的感情移入とは「私自身もそうしていたかもしれない」と思うことと等しいように思われる。

150

地平と本来的空虚表象[48]の理論について。たんなる地平の間では争いは生じず、地平は見せかけの地平に混ざり合う、等々

明らかに、ここには問題がある。まず何よりも以下のような問題がある。現象には地平が属している（そして、現出しつつ直観的に表象されるものは非直観的地平をもつ）。現出しているものを虚構的に変更しても——まさにここで錯覚が生じるのだが——、現象の「庭」としての地平はそのまま変様されずに残る。空虚な地平意識はいつでも、変化をこうむる必要はない。それゆえ、あらゆる現象が、先の現象と（可能な虚構的変更の形式のうちで）衝突の統一をなしうるような、他の任意の現象に属するあらゆる地平と両立し、結びつきうるように思われる。しかし、そのようなことはありえない〔それが問題である〕。この問題の解決にはおそらく次のことが属している。虚構的に変更されたものとは、虚構による隠蔽を通じて覆い隠されたものであるが、それは意識から消え去ったわけではなく、それは覆い隠されているという仕方でまさにそこにあり、そのようなものとして依然みずからの地平をもっている。それゆえにのみ、隠蔽するもの（隠蔽されるものと衝突しつつも、その同一点ないし基体に関しては、それと同一化されており、数的に同一のもの）が、この地平を獲得されたものとしてもつのである。それは、実際には、その固有の地平ではない。それもみずからの固有の地平をもっているから。しかし、地平の二重性とその間の衝突はなぜあらわにならないのだろうか。ここで気づかれるのは、地平の基礎的理論が慎重に仕上げられなければならないということであり、しかも、それは曖昧な（空虚な）「表象」の理論との関連においてなされなければならない。本来、地平それ自体は空虚表象ではなく、地平から空虚表象が浮かび上がるのであり、地平のうちで空虚表象が覚起されるのであり、そして、空虚表象の志向的対象からは自我に対する触発が生じる。しかし、空虚地平は、未規定あるいは規定されて表象された対象についてのそれだけで完結し規定された意識ではなく、むしろそれは表象に付随する意識様態であり、それは、当該の個別意識あるいはある範囲内の志向的体験の多様性に対する潜在性という性格をもっている。この志向的体験は、空虚表象ないし直観的表象によってすでに表象されている顕在的なものに対する綜合的統一の関係のうちにある。衝突の意識は、ある意識地平ないし完全な意識の内部で、そこで直観的表象が確立され、空虚地平のなかからある非直観的なものが顕在化されるのだが、直観的なものと非直観的なものが、また別の場合には非直観的なもの同士が、衝突のなかで合致しあうことによってはじめて可能になる。非明示的な地平同士が互いに衝突することはないし、いわば分離するということもない。それらは合流して現実の地平をなすことなく、互いのうちに流れこむのである。ある再想起のうちに
151
他の再想起に溶け込み、連合を通じて統一され、一つの混合された再想起の統一的な擬似地平といったものを生じさせる場合がある。しかし、それはあくまで擬似地平であって、それというのも、それが多様な表象の潜在性の統一をなすからであり、しかも、表象における顕在化が共属不可能性に、ないしは再想起の見かけ上の統一の分解につながるような仕方で、つまりある表象が顕在化されるなら、先の統一的な地平を共属不可能な複数の地平の融合として認識させるような表象に導くような仕方で、そうするからである。

意識流の構造のさまざまな層。自然の層、高次の精神性の層。自然の層における虚構的変更と、より高い層における虚構的変更

もう一つの問題は以下のものである。自我にとって、自然の構成は発生的に見て、より高次の作用の層に対して（また、低次の層であるが感情の層に対しても）区別される固有の層においてなされる。たとえば、自我の個別性がどのようなものであれ、したがってまたその自由な作用動機づけがどのようなものであれ、自然は構成され、しかも一般的な点で、そして正常な人間共同体のうちでは、等しい仕方で構成される。まさにそれゆえに、多数の主観にとって同じ事物性がなりたっており、またおそらくは感覚性質の等しい現出の仕方において、等しい現出がさまざまな自我をさまざまな仕方で動機づけるだけである。したがって、感覚事物や実在な事物を虚構的に変更することは、特定の人格的成素をもった人格的自我にともにかかわるわけではなく、そこにはつねに相対的な独立性がなりたっている。この点もより詳しく考えてみる必要がある。

154

四　絶対的事実としての自我

自我が存在することの必然性。私は存在しており、また、たんに私が存在することの明証[49]だけでなく、私が必然的に存在することの明証をもっている。私が存在しないということとは私にとって考えられない。それゆえまた、一般に自我が存在しないことも考えられない。また私は、《いかなる自我にとっても自我が存在しないということは考えられない》という一般的明証をもっている。

私であるところの私が存在する。しかし、私は別様であったかもしれない。私が現にそうであるとおりのしかじかのあり方をしていることは、たんなる事実であり、偶然である。私は別様でありうるという明証をもっており、どこまで別様でありうるかの範囲はアプリオリに私の「うちに」ある。そして私は私の自我のあらゆる可能な変様を直観的に通覧することが「できるだろう」。こうした私の別様であることの可能性の宇宙は同時に、自我一般の可能性の宇宙と「合致する」。後者の（領域的にはここで生じる）理念は、「生まれ155つき」私のうちにある。私から切り離された別の自我一般のいずれの可能性にも、私の別様であることの可能性が対応しており、いずれの他の《フレムト》自我も私の自我と「合致」することができ、いずれも別の個体性をもちながら、同時に同一の「本質」をもっている。言いかえれば、いずれの自我も内在的時間の形式によって包括されるみずからの体験流をもっており、この体験流とそのうちで志向的に構成されるものに関して、触発性と受動性の極になっている。それは、そうした関係とともに、習慣的性質の中心であり、基体なのである。そして、それらすべてがその本質法則をもっているかぎり、その自我自身もその本質をもっている。それは明らかに、端的な意味での体験のように直観的なのではなく、その本質はカテゴリー的本質と類比的なものである。

私は自分が別様であると考えることができる。そのさい私は、ただ私の受動的な体験あるいは能動的な態度取りを別様に考えさえすればよい。私はそれを直観的・根源的に行なうことができる。私の個人的特性でさえ、私は別様に考えることができる。この「別様に」というのはまた、変化の可能性、別様になることの可能性、とくに完全な「回心」の可能性を表している。私が現実にあるのとは別様にあることをつねに（別様でありうることのアプリオリな枠組みのなかで）考えることができるとしても、私がまったく存在しないということは、私にとっていかなるときも考えることができない。

私は自分を別の自我と考えることができ、私を別様に考えることができる。私は別の主観が存在しないと考えることもでき、それというのも、別の主観は感情移入を通じてのみ私に与えられることができ、すなわち、私の身体《ライプ》が身体として、また、それに関係づけられる心理物理的な連関が（固有のものとして）構成されていることを前提するような統覚を通じてのみ与えられることができるからである。そのことが、他の身体性《フレムト》を私の身体性との類比によって、また、他《フレムト》の心理物理的主観性を私のそうした主観性との類比によって、統握可能にするのである。そうした統握はある種の経験的統覚のうちでなされるのだが、これは、身体と心の指示関係が確証されないときには破棄されることになる。[*11]

それゆえ、自我は（そしていずれの自我も）他の自我が存在しないと考えることはできるのだが、いかなる自我も自分自身が存在しないと考えることはできない。考えることができるのはただ、自分が事実そうであるのとは別様にあることだけである。私がしかじかのようにあることはいつも偶然にすぎないが、私がそもそも存在することについてはそうではない。私がしかじかであることを制約しているのは、私の自我および自我一般のあらゆる可能性を包摂している一般的な本質の枠組みだけである。「自我一般の」と言ったが、それというのも、別の自我のあらゆる可能性は、類比の枠内にとどまらねばならないからであり、類比が及ぶかぎり本質の統一もまた及ぶからである。私が他者について考えうる可能な変化はすべて考えることができるが、私自身についてはもっと根源的に考えることができる。

156 このように私が絶対的で抹消不可能な事実だとすれば、ではそれはどこまで及ぶかということが問われる。私の過去の領分も同様に抹消不可能だということは、容易に理解される。再想起は欺きうるが、それが誤りとして証示されるのは、別の想起との衝突によってでしかありえない。そして、あらゆる想起が一般に欺き、私自身のものであるようないかなる過去も存在しないなどということは、意味をなさない。

しかし、意識というものは始まったり終わったりすることはないのではなかろうか。体験流としての意識、内在的時間の形式における存在の場としての意識は、そうではないのか。内在的時間は限界づけられているのか。あるいは、こうも言えるのだが、それ自身いかなる想起地平ももたないような最初の過去の体験というものはありうるのか。また、その先にいかなる予期地平ももたないような最後の体験というものはありうるのか。あるいは、ただ想起地平だけがその存在に関して抹消不可能なのであるが、予期地平はそうではないのだろうか。つまり、最後の体験においては先行予期が充実されないということになるのだろうか。

新たな今として現れるものが、過去の背景なしに、たったいま過ぎ去ったものの連続的継続として現れるということはありうるのだろうか。また、今として現れるものが、具体的に新たな今へと移行することなしに存在するということはありうるのだろうか。予期が幻滅するということは（あらゆる位相において予持をともなうことが流れの本質に含まれているのだが）、予期していたのとは違うものが新たに現れることとの関係においてでないとしたら、いかにして起こりうるのだろうか。未来として措定されたものの非存在は、新たな現在との衝突のうちでしか考えられないのではないだろうか。充実も幻滅もない中断というようなものがありうるのだろうか。中断とはそもそも何を意味するのだろうか。何もやって来ず、その先に何もない。予期していたものもなく、それとは別のものもない。しかし、何もないとはどういうことだろうか。私が「何もない」と言うとき、あるいはそう問いながら思い巡らせるとき、私はそれでも生きて認識する主観として、今からして未来に何らかのものを表象しているのでなければならず、それの否定ないし抹消の可能性を思い巡らしているのでなければならない。しかし、もし未来の内在の領野がまったく空虚だったとしたら、「ない」ということはいかにして動機づけられるのだろうか。その想定は何と衝突するのだろうか。もちろん、そこにある何かとであって、それゆえ、やはり何らかのものがそこにあるのだ。[*12]

したがって、内在的時間は充実した時間として終わりなく未来へと続いていくのでなければならない。私は生きるのをやめることはできない(私の意識流は中断できないし、そうした中断は絶対的意識にとっては意味をなさない)。私は「死んだ」自我、(夢見ることなくまったく眠っている)目覚めていない自我でありうる。そのような自我はまったく無差別の流れをもち、そのうちには触発の条件を満たし、それゆえまた行為の条件を満たすものも何もない。そこでは、自我は機能していない。だからといって自我は機能していない場合にも無ではなく、流れと不可分である。この「極」としての自我は生じることも消え去ることもない。それはただ呼び起こされるだけである。

予期についてと同様、想起はなおさらである。私がなおもっている想起に先立つ無とはいったい何を意味するのだろうか。無とは何も起こらない闇夜である。だがこの闇夜も
157 やはり何かであって、内在的時間形式の積極的充実の一種である。

それゆえ自我は生じることも消え去ることもなく、つねに何かを体験している（「つねに考えている」）。現象学的還元が私たちに純粋に与えるような純粋なモナド[50]的主観性としての自我は、「永遠」であり、ある意味で不死である。それに対し、自然に即した意味で生まれたり死んだりできるのはまさに自然に即したものだけであり、自然の一員としての人間だけである。純粋に捉えられた自我、あるいはもっと具体的にはモナド的主観性が存在しないということは考えられない。このことは、上の論述によれば次のことを意味する。すなわち、私のモナドの流れが〔過去と未来という〕二方向に無限に続く時間の形式を満たさず、この無限の流れに属する自我極が存在しないということは考えられない、と。

では、自我がまったく目覚めないということ、二方向に無限に続く体験流が一様に同一の灰色であるというようなことは、考えられるだろうか。そしてまた、あらゆる自我がそうした状態にあり、いかなる発展も、いかなることなる習慣性も、ことなる受動性や能動

性もない絶対的な無感覚という限界状態にあるというようなことは考えられるだろうか。あらゆる存在者から要求されねばならない認識の可能性が、これに対して異議を唱えるだろうか。

自分自身を認識することができる自我だけが、何らかの別の自我を認識することができるし、そもそも他のものを、自然を、世界を、認識することができる。絶対的かつ永遠の過去から永遠の未来に至るまで無感覚であるような自我は、当然のことながら、自分自身を認識することができず、そもそも認識主観ではありえないだろう。それゆえ、そのときには、その無感覚の自我と並んで少なくとも一つの第二の自我が、可能な認識主観として、存在しなければならない。無感覚な自我は、いま私たちが認識主観ないし目覚めた主観として付け加えて考えねばならなかった別の自我によって認識されうるのだろうか。それすらも不可能だということが見てとられるべきである。そのことはいかにして表出されうるのだろうか。それゆえ、それは呼び起こされなければならず、そのときにはもはや絶対的無感覚の状態を通り過ぎることになろう。

それゆえ、無限に死んでいる自我の現実存在の可能性は、その自我が認識可能であるために、それがまさに無限に死んでいるわけではないということ、みずからを表出し、身体によって表現したことがあり、またふたたび表現しうるということを前提しているだろう。

中断が可能となるときにのみ、終わりが残ることになる。この自我が身体的に認証され、身体の死によって認証が中断するのだから、本質的な理由から、持続的な「退化」の状態にあり、この自我のそれ以上の規定が可能になることはない。こうしたことは生に続く夜としてのみ可能であり、残る問題は、死んだ自我はどこまでふたたび目覚めることができるのか、場合によっては（新たな身体を与えられて）目覚めた自我が元の自我と同一化されることが考えられるとすれば、いかなる可能性の条件が満たされなければならないのか、といったことだけである。いずれにせよ、「死んだ」自我、無限に死んでいる自我といったものは、自分自身にとっても何らかの他の自我にとっても認識可能ではない。そしてもちろん、そのような自我の総体性も認識可能ではない。そのようなものは考えられないのだから、存在しえない。

158 こうした絶対に死んだ自我という、一見正当であるように思える表象は、夢を見ない眠りを二方向に無限《イン・インフィニトゥム》に続くものとして考えることから、つまりあらゆる体験が闇夜に覆われていることを考えることから、生じてくる。そうした闇夜が表象されるのは、目覚めている自我に対してだけであり、この自我は闇夜を「無限に《イン・インフィニトゥム》」伸ばしていくことができ、また目覚めた自我としての自分自身をこの闇夜の外に押し出すことができる。しかし、続くことの「無限」は実際の無限ではなく、このような無限はここでも背理である。

絶対に死んだ自我というものは、本来、思考不可能なのである。

しかし、私たちの考察そのものにおいて、実際の無限が、したがって誤った無限が用いられているのではないだろうか。というのも、いずれの自我にも充実した内在的時間の無限が属するとされているのだから。この無限は持続的な習慣《ハビトウス》として、再想起の連鎖の可能性として、等々の仕方で、たえず開かれた地平をともなっている。もちろん、別の無限と同様にこの無限についても、何がそれを認識的に規定されたものになしうるのかが問われなければならない。というのも、私たちもしくは認識者は無限の時間を通覧することはできないし、そのうちにあるものを確かめることもできないからである（ブラウワー）。[51]何が個別のモナドの主観を無限《イン・インフィニトゥム》に規定されたものにすることができるのだろうか。唯一の主観はそもそも規定されたものでありうるのだろうか。自然に生気（心）を与えることはおいて、複数の自我が必然的に存在するのだろうか。すでにその主観との関連に無限《イン・インフィニトゥム》にあるわけではなく、それゆえ（無限に多くの）自我の無限性は背理ではないのか、等々が問われる。

いずれの自我も必然的に、いくらかの間は目覚めた「生き生きした」自我でなければならず、また複数の自我が存在することを、私たちが認められたこととして仮定するならば、共通の自然に関する問いが立てられるべきである。多数性が認識可能なのは、一つの自我が現実に自然を構成しているときのみである。多数の自我が存在していながら、一つの共通の自然を構成していないということ、あるいはそのうちのどの自我もそれをしていないということは、考えられるだろうか。ひとは《いいえ》と答えるだろう。なぜなら、そのときには認識の可能性そのものが欠けているからである。認識不可能な世界などというものは存在しえない。これは、世界がつねに認識されていなければならないという意味ではない。世界が認識可能であるのは、一つの自我が認識に至るまでに、つまり部分的にではあれある認識にまで発展したときであり、この自我ないし別の自我がこのような認識に至ることができ、認識されていない過去にと同様にまた、未来へと、また現在の世界の認識されていない部分へと入り込んでいくことができるところまで発展したときである。

498

五　合致における他者

私の身体物体に似た物(的身)体《ケルパー》[52]は、その類似性のゆえに、次のような表象を呼び起こす。

それは、私がそこにいるかのように、そこでしかじかの外的および内的な動きをしているかのように、そこで自我がしかじかの内容で満たされた知覚野をもっており、また一般に、そのうちで外的なふるまいが同時に内的な意味を担っており、主観的に理解可能な具体的な主観的存在を担っているような、そうした生を送っているかのように思い浮かべる表象である。この類似性は絶対的な同等性ではないし、そうではありえない。なぜなら、私はここにいて、事実的な周囲のうちで、実際にそれらから動機づけられて、別の運動やその他のふるまいをするからである。この類似性は、物体性に関する知覚によって根拠づけられた類似性であり、知覚によって得られた物体に関する認知を互いに対して転用し、それゆえともに予期することへ、またより詳細な規定へと私たちを自然に導くものであるが、それは、物(的身)体性という一般的様式のうちで、つまり物体という形式の内部で、地平によって予描されるようにしてである。

しかし、知覚の類似性による合致はさらに別のことをともなっている。すでに述べたように、「私が身体をもってそこにいるかのように」、しかも変様した身体物体とともにそこにいるかのように、という表象が一緒に呼び起こされるのである。そして、私はそれに対応して別の現出する周囲世界をもっているかぎり、私の内面性についても変様したものに
499 なる。身体を置き入れることによってそこの物体と合致することには、私の物(的身)体が

この類似した物（的身）体の変様において、そこに置き移された身体となり、そこから周囲世界の現出にかかわることになるということが含まれている。

したがって、さしあたりは、ここにある私の身体に似た物（的身）体がそこにある、ということが生じているにすぎない。だがこの類似性には、そこにあるこの物（的身）体は、私がそこの空間位置へとみずからを置き移し、あるいは置き移して考え、そのことに応じて私の物（的身）体が変様しただけで、そのような私の物（的身）体と同様にそこにある、ということが含まれている。

それゆえ、このような準現在化[53]する表象は、物体的な外面性に内面的意味を挿入するのだが、それはたんに変様した私の身体的存在および私の自我意識生という意味であり、また周囲世界的なものについての私の変様した知覚、すなわち「そこからの」知覚、といった意味である。したがって、それは擬似的な意味にすぎない。しかし、そこにある擬似的身体の物体的ふるまいは、知覚的現実のうちで特定の様式をもって進行するのであって、その様式は任意の別の物（的身）体のようにではなく、また、私の身体物体に似た物（的身）体が、物理的物体がその他の場合にそうでありうるのと同じように任意のふるまいを見せるようにではない。第一に、その物（的身）体は、そのあらゆる事実的変化において、私の身体物体との類比をなりたたせており、あらゆる時点において、対応する「私がそこにいるかのように」という表象が生き生きと呼び起こされる。だが、第二に、これだけではない。そこにある物(的身)体が最初の瞬間に、「私」との類似性のゆえに、「かのように」という仕方で身体的意味を獲得する場合には、そのこととともに——「かのように」において——、一つの意味地平が開かれており、「私がそこにいたとしたら」という、私のさらなる身体的ふるまいが開かれている。ここまでは、「かのように」における地平を予描するすべての想像の場合と同様であり、そこからさらに進み、また進むであろうようにであるのだが、そのさい、この「であろう」ということは、その地平様式をもっており、それから先に可能なすべての経過はこれに結びついている。しかし、ここで動機づけの状況は独特なものであって、それは私に、そこにある物(的身)体のふるまいに任意の想像上の内面性を挿入することを許すものではない。

内面的意味に関して「かのように」において呼び起こされるものは、内面的に、しかし同時に内から外に向けて、したがって身体的出来事の二面性において、何かを予示する。そこにある身体物体が水たまりの方に向かって動き、その「眼」が水たまりに「向けられて」いるとする。そのとき、あたかも私がこの身体物体の自我としてそこにいて、私が水たまりの方に向かって動き、私の眼がそれに向けられていて、私が水たまりを見ているかのようである。そして、もちろん私はいま水たまりをよけるのだが、このことは「かのよ

500 うに」のうちに予描されている。さてしかし、この物(的身)体の次の動きと、私に見えるかぎりでのそれの物理的なふるまいの全体が、このように経過して、先に予描されていた水たまりの回避がいまや実際に生じることになる。すなわち、いま物体的に生じることは、以前の相において予描されていた「かのように」という解釈を、その充実としていま要求している。こうして、「かのように」においてさらに呼び起こされる解釈の全体は、つねに内面的解釈から先行解釈へ導くように進んでいき、その結果、先行解釈は、充実として現れるとともに要求された外面性において終着を迎える。

このことによって、準現在化の「かのように」は、つねに措定する準現在化と共現前的な準現在化という性格を受け取ることになる。それはつねに、私は変様した身体と変様した自我的存在および意識をもってそこにいるかのようであり、特定の仕方で身体的および内面的にふるまっているかのようである。そのさい、この「かのように」は恣意的ではないし、たんなる想像ではなく、それはつねに、そこにある物(的身)体の経験された外面性によってはっきりと要求され、確信において措定し、たえず新たな地平をともなっており、この地平は充実され、「かのように」という環境のうちで充実化する「かのように」へと導くことになる。

ここで問題になるのは、「私がそこにいて、しかも現実にはここにいて、この身体の自我としてここにいる私としてではなく、変化した自我としてそこにいたとしたら、つまり私が別の自我であり、私の事実的身体の代わりにそこにある物（的身）体を私の身体物体としてもっていたとしたら、私の身体がするように運動しふるまうような、そのような物（的身）体がそこにある」ということに対してもつ準現在化する確信とは何なのだろうか、ということである。それは、そこにある物（的身）体が別の自我の——あるいは私自身の類比体《アナロゴン》の——身体物体——詳しくは、より正確な内容の類比体——であるかのように、すなわち、私が変化した身体と変化した主観とをもってあるかのように、私がそこにいるかのように、と言うのと同じではないだろうか。

私はさまざまな仕方で自分が変様したと考えることができ、あたかも私が空間内のどの位置にもいるかのように（すなわち、私が実際にそうできるように、そこに行ったかのように）変様して考えることができる。そのさい私は、身体物体性という予描された様式の内部で、私の身体物体を任意に変化させて考えることができ、また、私の顕在的な周囲世界も任意に変化させて考えることができ、その結果、その周囲世界がそこから見た周囲世
501 界となる。これらはすべて私の現実的な可能性である。すなわち、私がそもそも思考可能なものと仮定することができ、また大部分は、私の《私はできる》の枠内で、この瞬間つまり顕在的現在における自我としての私の自我に実際に属する可能性として仮定すること

ができるような可能性である。ただしそれは、私がたんに顕在的にしかじかのように生きて経験しているだけでなく、能力のある自我として、自由で活動的になることによって多くのことができ、みずからにおいて実現することができるかぎりにおいてである。[*13]

さて、私はほかならぬこの実践的な顕在的および潜在的自我であり、それをみずから意識している一方で、私はそこにあるあの物(的身)体を、現実に存在し、現実の準現在化によって私の自我の変様を表示するものとして、「そこに存在する自我」という変様態とともに見いだす。つまり、そこでいま現出している周囲世界に関係しつつそこに存在している身体物体を支配しているという変様だが、それは、その身体物体がたんにともに表象されているだけでなく、そこにある物(的身)体の身体表示のうちで事実的自我としての私によってたえず経験されるふるまいによって、地平における表示のうちでたえず確証されるような変様である。それゆえ、ここで準現在化されており、また準現在化という仕方において(経験全般の統一の内部で)一貫した確証のうちでたえず確実となるものは、たんに自由に思い浮かべられた自我主観一般——そのようなものが考えうるかのように——ではなく、それは私の自我の変様であって、これはそのようなものとして、たえず私の顕在的自我と、つまり原的に与えられ、つねに与えられている唯一の自我と、たえず合致している。それは、私であるところのこの自我の変様としてある。それは他者《アルター》すなわち他我《アルター・エゴ》

502

である。私――すなわち、私がここにあるこの現実の身体の代わりにそこにある別の身体をもち、私の現実の生き生きした現在の代わりにそこで別の対応する現在をもっているかのように、しかもいまそうであるかのようにであって、ということは、徹底して任意の表象であり、直観的な変更的虚構でありうる。しかし、この表象が、私の身体物体と類似したいまそこに存在する物(的身)体によって動機づけられており、またそれとともに、そこにある物体性の知覚の側においてたえず確証され、それとともに「解釈」として確証されるような、予料の地平を開くとすれば、私の自我のこの準現在化する変様は経験確信であって、物体的ふるまいが知覚において様式にしたがって、充実によって示されるかぎり、先に進む経験として一貫した確証において経験という仕方にある。

このように、他我《アルター・エゴ》は過去と同様に、すなわち過ぎ去った現在と同様に、一つの変様である。あるいは、あたかもそれが現在であるかのように、顕在的現在とある意味で共同性をなしており、そこから呼び起こされるような、ある意味で変様された現在としてである――だが、ここには問題点がある。顕在的で原本的な主観性の枠内に、感情移入による新たな他我《アルター・エゴ》の知覚が登場するが、それは、生き生きした現在の枠内に再想起が現れるのと同様である。そのさい、原本的な主観性の枠内で、「他の身体」に根ざした共現在化があり、それは、みずからのうちに他の自我支配を措定するが、私の身体および私の自我支配と合致しており、そこから合致が地平的に広がっている。こうして、他の《フレムト》主観性は私の主観性と「合致」することによって、そのうちに「鏡映」している。この点では、再想起との類比は明らかになりたたない――以前はしかじかのように別様であり、ともかく別様だったものと同一のものとして現在のものを再認識する場合を別にすればであるが。

534

六　自我の類比体《アナロゴン》の経験

前提〔になること〕。私は自由に意のままにしうるキネステーゼ的な体系《システム》全体をもち、いつでも静止したり始動させたりすることで、それを自由に扱いうる。キネステーゼは二重に作動する。つまり立ち現れ《ファントム》（感性的事物）を構成するものとしての作動と、運動を、すなわち（身体の）自己運動と別の物（的身）体の運動を構成するものとしての作動であり、したがって場所と可能な場所の変化とを立ち現れの普遍的な規定として構成するものとしての作動である。ないしは、視覚上の立ち現れの場合には、遠い事物と近い事物とを同じ

「物(的身)体」の現出、つまり近くないし遠くにあって変化する感性的事物において現出として現われるその現出としての構成である。しかしこの構成は、物(的身)体にたんなる視覚事物に対して新たな規定が付け加わる、というように行なわれる。それはこの物(的身)体の空間位置の規定であり、さしあたり、もともとその内部で一定のあり方でキネステーゼ的に方位づけられていた身体物体に向けての相対的な方位づけの規定である。どの視覚事物も遠い事物として、一定の仕方で方位づけられた事物という「意味」をもっている。この意味は遠いキネステーゼ(方位づけキネステーゼ)に帰属していて、すなわち事実としてのキネステーゼ的状況をとおして遠い事物と一つになって表示されたキネステーゼ的運動に帰属しており、このキネステーゼ的運動をとおして事物は近い事物となる。そして、さらに、すなわちそれをとおして立ち現れ《ファントム》と事物が近い領野にあって、「それ自体」という様相において既知のものになりうるようなキネステーゼにも帰属している。遠い事物という意味の視覚事物や遠いものの立ち現れ《ファントム》は、統一パースペクティヴとしてのパースペクティヴ[54]である。そのどの統一も、そこでもともと見られているものが、視覚事物を構成する現出の体系におけるパースペクティヴ的な呈示であるという別の意味における
535 知覚現出の統一であり、〔他方〕その統一は、第二の意味ではパースペクティヴ的であって、それに対して私たちは、いわば射映と言うことができる。したがってどんな視覚的な

立ち現れ《ファントム》も（どの視覚事物も）射映し、そこでは視覚事物を構成する内的な規定のどれもが、形象や色合いなどが射映するのだ。どの規定ももろもろの射映の多様性の統一である。パ－スペクティヴとは「物体」の、視覚物体の呈示、つまりその物体の遠いあるいは近い視覚事物による呈示のための用語であって、そこでは呈示されたものは、最適な近さにおいてそれ自体が与えられている。何らかのパ－スペクティヴの媒体をとおした事物の「知覚」は、したがって二つの志向的構成要素、すなわち二つの互いに浸透しあう呈示をもつ。事物は一つの射映、あるいはもろもろの射映の綜合的な持続性において呈示される。しかしどの射映もそれ自身の志向的地平を、その射映が属している視覚事物のうちにもっているのであり、射映はこの事物を表示しており、それによって、身体の立ち位置のゼロ点にかかわる視覚物体の方位づけを表示している。射映は視覚事物をパ－スペクティヴとして表示し、パ－スペクティヴは可能な、またキネステ－ゼ的な接近によって現実化されうるもろもろのパ－スペクティヴの移行の持続性を表示している。そしてこの持続性を貫いてゼロ・パ－スペクティヴを、つまり近くの領野における、元来、すべてのそれ自体が与えられた物（的身）体の領野における視覚上の物（的身）体「それ自体」を表示している。

私たちがこの事象を純粋な近さの領分において考察するならば、視覚上の物（的身）体は、あらためてさまざまな違いをもつことになるが、それは、その視覚上の物（的身）体が、それ自体あるがままに見られるとき、まずは全体として、その第一のそれ自体を露呈できている。そしてそれ以上の接近が、相対的なものでしかなかった、それ自体の個々の契機についての変転するパースペクティヴのもとで、もともとのそれそのものに近づいているといった意味での違いをもつのである。相対的な最適性とは、概観と統一把握の最適性であり、この最適性に向けて、接近によって規定しつつ熟知していくことが、個々の最適性に至るまで、そこで何が生じているかを「記入していく」のである。それによって志向性は、より複雑に構築されたものとなるが、そうなるのは以下のようなかぎりにおいてである。すなわち最終的で現実のゼロ・パースペクティヴではないようなパースペクティヴが、相対的な終わりという性格をもち、さらなる接近への仲介の役割をもつ。しかもこのさらなる接近は、そのつど見えてくる側を、呈示しながら規定される内実によって、過度に狭めるようにしている。ただしこのさらなる接近は、進行する綜合が、このような過度に狭められた与えられ方を介して、視覚上の事物を構築できるようにしてはいても、決してより簡単ではなく、また「見通しがよくなる」わけではない。次のように言うことができる。つまりここでその綜合は、継続的に視覚的に触診するかのように遂行されているが、そのさい正常な形態の視覚事物の利点、つまり共存するもろもろの射映の広範な充実を、いくつかの射映からなる一つの「視覚像」のうちで呈示するという利点が失われてしまう。し

536

かし、視覚上の事物の与えられ方のもつ圧倒的な正常性[55]において創設されている類型があり、それはその帰結をもっている。すなわち視覚的にではあるが、たんに触知するように統一化された視覚上の事物は、正常なもろもろの視覚的事物の持続性から生まれでてきたように、正常な視覚的事物を表示しているのである。そうした事物はあらかじめ、遠い事物にともに属する多様性の綜合的な《それ自体》として、そうした多様性の合致構造へと遡って指し向けられている。この合致構造に属するのは以下のことである。つまり、何らかの遠くの事物のどんな全体的射映も、接近してくる遠い事物のもつそれに「対応する」全体的射映のうちへと持続的に移行していくが、それは全体的類型、つまり射映構造の全体的形態が保たれ、射映する契機が内容的に豊かになることでそうなるのである。もちろん、この持続的変化が現実に生じるのは、極限的場合であって、対応するものが、このキネステーゼの現実的経過に依存するような類型に属する、対応するもののうちへと移行する場合でしかない。しかし志向的には、このような体系的な関連が見られるのである。もっとも、近い領分においてこの対応は、もはや視覚的物(的身)体の視覚的な現出の仕方の全体的類型に関して保たれることなく、この類型は正常ではないあり方で壊されていくのである。そこでその対応が該当するのは、変転の持続性においてその類型が別の物になっていくなかでも、やはり保たれたままにとどまる個々の断片や、そこで「よりよい」仕方で呈示されるにいたる個々の規定だけである。

しかしここでは、そのつどの実践的な態度もまた考察されるのであり、その態度に応じて視覚的事物が最適として、物体そのものとして妥当することになる。というのも、それ自身の目標をともなう実践は、さらなるその事物の接近に何らの関心ももたないからである。同様に考察にもたらされるのが、「非常に大きな」物体と小さな物体との区別であり、自然にまたつねに、不断の類型ではないにせよ、固有の類型において登場してくる適合化の阻害、つまりここでは接近の遂行の能力の阻害である。

537

これらすべてのことにもかかわらず、能力において、すなわち正常性の「私はできる」における志向的な移行の広範な領野は、それら領野のそれ自身固有な志向的帰結をともなっており、それによって、正常な視覚事物の首尾一貫した形態において空虚に予料されている物体そのものの類型的な最終形態という帰結をともなっているのである。仲介として役立つのは、それが正常な類型をなおもっている最後のものであるという意味で相対的に最良であるような、最終のパースペクティヴであり、この類型における最良の到達可能な類型が、物体の全体的呈示を提供しているのである。

触覚領域においては、私たちはパースペクティヴをもたない。おそらく私は次のように言えよう。まずもって、立ち現れ《ファントム》としての正常な類型的事物は、手によって触れられた事物であり、ここで構成される近さと遠さの第一の区別は、（パースペクティヴ的に呈示される触覚物体の現出の仕方としての、近さと遠さの立ち現れ《ファントム》の体系においてではなく）、手に属する、近づくキネステーゼと遠ざかるキネステーゼによって構築されているのであり、まずもって全体的身体の移動なしにできあがっている。根源的に正常な、しかも構成において第一に正常であるといえる触覚物体は、適度な大きさの物体（しかも「私の身体がその位置を変化させない」場合に変化することのない物体）であり、あるときはより近く、あるときはより遠くにあって、手から離してもこの同じ位置にいてくり返し手をのばすことができ、その物体に手が届いたときと同じキネステーゼをくり返して、そのキネステーゼを変化させるとき、その物体は動き、その一方でその立ち現れ《ファントム》は同じものにとどまっている。遠ざかるキネステーゼの配置（左右、上下の位置変化を含む）と立ち現れの配置とが、ここではそれぞれ、そこに属する物体の本質的な規定として、その「空間」における場所、そして可能な客観の持続的体系としての「空間」をなしている。そのさいあらゆる触って区別できる「点」には、さまざまな場所が属し、物体の全体的な場所は、いわば類型的な《場所像》であり、その場所の体系《システム》は、個々の場所をとおして構成される場所の体系なのである。また以下のようにも言わなければならないだろう。触覚の（変化しない）立ち現れにおけるあらゆる触れることのできる点は、あらゆる遠ざかるキネステーゼを度外視して、相対的にそれ自身の固定的な場所をもち、あらゆる他の固定的な場所に関して、相対的な間隔をもっている。遠ざかるキネステーゼによってこうした場所のどれもが、志向的に相対化され、新たな表示〔系列〕、つまり体系におけるその場所に属している遠いキネステーゼの表示〔系列〕を受け取る。あるいは、その場所は、立ち現れにおけるたんなる場所ではなく、空間における場所、すなわち立ち現れがそこに従属する場所であり、その空間において、多様な（変転するキネステーゼによって規定された）位置の変化のさい、空間の確固たる場所の体系から特定の体系がそのつど切り抜かれ、この体系と「物体の形態」が合致し、この形態を充実化するのである。

空間、すなわち方位づけられた、移動が完全に固定したままにとどまっている（静止位置の）触覚空間は、自分の身体軸をぐるりと回ることで、（空間がまだそれ自体として円のように閉じたものではない場合に）閉鎖性を獲得するだけでなく、その空間はこのキネステーゼによって新たに規定される（その位置における転回の空間）。その場所は、いまや新たに可能なキネステーゼ的な変化に関して一つの規定された場所であり、あらゆる物体、また何らかの組み合わされたキネステーゼ的位置づけにおいて生じる物体上の点も、他の可能な位置づけを表示しており、そうした位置づけにおいて物体は静止するものとして、そのどこにでも与えられることができ、そうした位置づけのどれもが、固定されることで、その物体を遠いキネステーゼなしに触れることができるものとして受け取るのである。

回転すること－遠ざかること、この二つが一つになって、全面的にはてしなく等質的な空間〔がひろがる〕

どの移動する回転の位置づけ（その位置での移動）にも、まっすぐに遠くへと向かう移動が属していて、この回転することと遠ざかることの両者は、あらゆる到達可能な位置において組み合わせられることで、移動するもろもろの位置づけの体系を生じさせるのであり、これらの位置づけが志向性のなかへと引き入れられることで、物体の静止と運動との等質的な触覚空間を生じさせるのである。

全体空間は与えられた物体の空間として与えられている。それら物体の瞬間的なキネステーゼ的な現出の仕方において、それら物体は同時に空間的な現前を現出へもたらし、そのつどの時間的な現在において共存する、空間的な現前の形式において経験された物体の総体が、この現在の知覚領野をなしている。あらゆる空間時間的現在において、まずもって表示されるものは、空間についての、まずは移動なしに、次にたんなる回転によって現実化される直接的な場所の体系であり、それとともにそこに属する物体の現出の変化のすべてである。触覚物体に関していえば、そのつどの現実的なキネステーゼにおけるあらゆるその立ち現れ《ファントム》も、そのつどのキネステーゼ的な現出の仕方における物体として特徴づけることができる。触覚空間は別の現出の仕方をもたない。

ずっと複雑であるのは、もちろん視覚的空間における事柄であり、その空間のうちに私たちはパースペクティヴによる現出の仕方をもち、こうしたもろもろの現出はその意味を移動をとおして獲得しているが、位置を空間のなかで特徴づけてはいても、移動そのものを実現するのではなく、ただ表示しているだけなのである。539

場所の体系としての空間の、たんなる形式としての空間のあらゆる場所が、経験において規定され、また規定されうるという相対性は、次のことに基づいている。すなわちそれは空間の全体の構成が、空間的な現前の恒常的形式に遡って関係づけられていることに基づくのであり、その現前の形式は、いわば原空間的なものであり、空間の現出の仕方、すなわち方位づけられた空間としての空間の現出の仕方をとどめている。同様に、空間世界も、世界現前、すなわち私の身体の周りに空間的に方位づけられた世界の現出の仕方の同一の形式において必然的に与えられている。そのさい、世界について現実的に現前するに至らないものは、開かれた地平なのである。顕在的に物に触れることにおいて、すなわち触覚的な与えられ方において、もろもろの物体が滑っていったり、再度触れられたりするように、また未規定で開かれたまま、しかも触れることができる事物の地平が、すなわちまずはキネステーゼをとおして到達可能な事物の地平が次第に育ってくるときのように――狭い意味であれ広い意味であれ、手前にある物体〔の地平〕や手にもっている事物〔の地平〕ではないにせよ――見られた事物もまた、見ることから滑り抜けていく。それは一部は、感覚領野が制限されているからであり、また一部は、物体が遠ざかる場合にパースペクティヴの形成がすべての物体を遠い地平のうちにぼやけさせ、消失させてしまうからである。

空間的現前の方位づけられた――《近い－遠いという意味》以前の――空間は、原細胞ということができ、そこから等質的な空間が構成されるのである。それは、この等質的空間を超越する統握をとおして構成されているのであり、この超越する統握をとおして、つまり近さと遠さ、そのときどきの近い空間（空間的な現前）が、その空間「の」現実化された「現出」として、「その空間について本来的に知覚されたもの」として構成されるのである。そして等質的空間において、空間的現前において呈示されるものとして、遠い空間と、遠い空間にある現実存在とが、知覚にそくして与えられるのである。それとともに、前方にある事物が、キネステーゼの働きに応じて、その事物の遠い現出だとか、その事物それ自体といった意味を受け取るのである。

視覚的には、全体的な視覚的知覚領野は空間的現前の形式をもっており、この現前を統握にそくして踏み越えるのは、開かれた空虚な地平であり、見られていないが、ともに統握されている世界である。この地平の予料する空虚な志向性は、知覚領野から知覚領野への移行をとおして充実されていき、そのさい原現前のこの形式、すなわち方位づけの与えられ方というこの形式は、言ってみれば、堅固なあり方でともに保持されつづけている一
540 方、他方では、キネステーゼが変化し、それとともに世界経験がさまざまな方向においてさらに進展していく。

近い空間、あるいは「本来的に知覚された」空間から、一般的に知覚された空間が区別されるが、後者の空間は、それはそれとして世界空間について知覚されたものである。両者に共通なのは、空間的現前という形式である。近い空間と呼びうるのは、以下のような、私の身体物体のまわりに方位づけられた空間部分である。つまり、私はこの空間部分を顕在的な現在の内部で、あらゆる側面にそくして現実化できるのだが、それは一気に現実化できるのではなく、またもちろんこの現在の幅に応じて相対性を含みつつ現実化するのである。

形式はその意味を、可能な内容にそくしてのみもつのであるが、この内容とはつまり、キネステーゼや視覚的現前（具体的には、自然に即した現前であり、充実化された、必然

的に何らかの仕方で充実化された空間、つまり事物を含む空間）の変化において「手前にある」事物であり、部分的には現実化されて経験され、部分的には開かれた地平において開かれて未規定なままに予料された内容であり、一度現実化されては、くり返し現実化されうるような内容である。

「客観的な」空間のどの現前においても、またどの現実化されたものにおいても、私の身体がともにそこに現に存在しているのであり、空間と世界とがまさしく現実化され、経験されているときには、いつもどこでも現実化されている中心としてそこにある。私の身体は《ゼロ客観》であり、他の客観の可能性の条件である。[*14]（私の原本的《オリジナル》な経験領分の内部で）存在する空間とは、綜合の潜在性（主観的に理解されうる《できる》、つまり十分に形成された《能力としてできる》）なのであり、その綜合とは、秩序づけられた体系において、私の現前領野およびその近い空間性から作りだされうる、つねに新たな近い空間と、そこに存在している近い事物や事物の遠い現出（遠い視覚事物）に対して、それらがあるがままの事物としての近い事物との綜合である。身体の知覚する（私の自我による支配としての）作動が、自然に経験することのすべてに属しており、身体そのものの空間的な現実存在の経験にも属している。身体は身体の空間形態と身体の構成的な規定からして、近い空間に属するのであり、空間の原現象、および志向的に真の存在という形式をもつ空間

541 の原存在に属している。したがって身体の形態は、あらかじめその形態がもともと構成されていたように規定され、真の〈形態〉という意味で、真の空間の部分〈として〉、近い空間にいつも従属するものであり続けるように規定されている。したがってこの形態は、遠いキネステーゼの変化においても恒常的であり、同じ全体的な現出の仕方をもつのである。

外的物体の運動と身体物体の運動の構成

事物の同一性を保つこととして、運動が構成されているとき、以前のキネステーゼを回復して、同一の同じように充実した原空間領野が結果として生じないとすれば、それはそこでさらに記述されなければならない条件に結びついているからである。大まかに言って、キネステーゼの経過は、ともに関連し合うあり方で、自由に働きつつ、通常は静止〔不変化な物体の現実存在〕を意味する現象を〔運動の現象として〕生じさせねばならないといえ、そのときには、とりわけ次のようなキネステーゼが可能でなければならない。それは、それが経過するなかで、運動する客観を近い空間において、不断に不変化の静止したものとして現出させるようなキネステーゼであり、したがってまさに同じような〔客観としての〕身体を、ただ近い領野の外的位置において現出させるのである。私の身体はいわば原運動的な客観である。キネステーゼにそくして、身体は私が当の身体を現実のものにするかぎり、いかなる空間のなかにも入り込んでおり、そのときまさにキネステーゼとしての持続的な固有運動をとおして入り込んでいるのだ。

運動とは場所の変化である。どの事物も、それが身体によって到達可能で、眼前に存在するかぎりでそれ自体として存在する。この事物は到達すれば、私の身体のそばにあり、私の身体はこの事物のそばにある。そうでないときその事物は、〔身体からの〕「隔たり」をもち、その隔たりは、まずは純粋にキネステーゼをとおして規定されるあるものであるが、ほどなくゼロ物体としての私の身体に対する相対的な意味、したがって私の身体からの隔たりという意味を受け取り、逆〔事物からの隔たり〕もまたそのようにある。近さにあって事物は、いくら近くても運動できるかぎりで、やはり私からの変化する隔たりあるいは間隔をもつ。このようにしてさまざまな事物は、私の身体から比較できるさまざまな隔たりをもち、その隔たりを私はキネステーゼによって変化させることができる。近い空間は位置の体系として統握可能となる。どの事物の位置にも私は近づくことができ、*15 どの事物も別のそれぞれの事物からの間隔を、私の身体のそれぞれの事物からの間隔として獲
542 得する。つまり、位置の変化としての場所の変化は、私の位置の、別の事物に対する変化であり、もろもろの事物がたがいのあいだでもつ位置づけの変化である。ある事物は別の

事物と交換されうるのである。

遠いキネステーゼをとおして私は、身体的な場所の変化を遂行し、それによって別の事物からの位置の変化を遂行することになる。そのようにして私は、何らかの事物がそれ自体として存在するあらゆる空間にも入り込んでいく。別の外的な事物は、私の身体のキネステーゼによって条件づけられていないような場所の変化を示すこともある。つまり、それらの事物はその位置を、私の身体に対して相対的におのずから変化させるのである。しかしこれが意味するのは、ともに進むことによる隔たりである。運動を私が経験するのは、方位づけの変化と立ち現れ《ファントム》の変化をとおしてであるが、それは場所の変化に関しての表示として、つまり私がそこに向けてなさねばならないキネステーゼの方向と大きさの変化に関する表示として経験するのである。視覚的に私が経験する事物の間隔は、キネステーゼによって動機づけられていないパースペクティヴの変化をとおしてであるが、キネステーゼとともになじみのある仕方でずれていったり、変化していったりすることもある。そしてそのことをとおして、事物は互いの間隔とおたがいに対する位置を獲得する。というのも、近さにおいてのみ私は、手で触れつつ、同時に行ったり来たり、「歩く」ことができるからである。直接、〈場所の変化を経験するのは、〉事物がただともに進むキネステーゼをとおしてのみ経験にとどまることによるのであって、ともに進むことなくたんに触れるだけのキネステーゼをとおしてとどまっているのではない。

運動やもろもろの運動の同等性の経験や運動の仕方の類似性の経験は、したがって物体の立ち現れ《ファントム》の内実にそくした同等性や類似性の経験とは、何か別の関係にあるといえる。この立ち現れ《ファントム》において、身体物体と別の物体は、たがいにまったく同等にそこにある。もろもろの外的物体の類似性と、身体物体の外的物体との類似性は、同じような仕方で直観的になる。もっとも、もろもろの物体は、まったくことなった外見をしていることもありうるが、それでもやはりたがいに類似した、あるいは同等のものとして見られうる。しかしそのとき、それは本来、同等に見えるということなのではない。むしろことなった外見をしている物体の志向性の本質に認められるのは、同等な外見と同等な綜合の経過への遡及的関係なのであり、その経過において、同等な統一が構成され、その結果、露呈をとおして合致が現実に直観的にできあがることになる。したがって一般的にいって、類似性とそれによって遂行される「合致」とは、現実にできあがりうる合致の予料なのであり、充実されねばならない志向なのである。

ではそれが運動とはどのような関係にあるのだろうか。本質的には、もちろんそれは別
543 様ではありえない。ここでも場所や私に対する位置、場所の変化や位置の変化についての知覚に関して、根源的な知覚と通常の二次的知覚とを区別しなければならない。二つの物

体をある固定的な場所にそくして、つまりたがいの固定的な間隔において私が「見る」ならば、これら物体はパースペクティヴのうちに与えられている（そして間隔の呈示そのものが変転するパースペクティヴとして呈示されている）と言える。そのようにして、あらゆる物体を見ることが、二次的に見ることなのであり、それは遡って解釈する志向性をそなえた現実的な知覚なのであり、その志向性はキネステーゼ的な動機づけにおいてパースペクティヴ上の変化を指示している。[*16] 場所はそのさい、明らかに私の身体とそのキネステーゼ的な位置と運動に対して相対的に構成されている。そして静止の根源的知覚や固定した位置における事物と、位置が固定された他の事物からの固定した間隔の根源的知覚は、近接領分においてはキネステーゼのもとで遂行される。ここで構成されるものは《それ自体》であり、《最適なもの》であるが、これらは通常は志向的含蓄において間隔のパースペクティヴをとおして呈示されている。

身体にとって現にそこにある事象は、別の物(的身)体が三つ目の物(的身)体との隔たりの関係においてそこにあるというのではない。身体はその遠いキネステーゼを静止させておけば（その身体が動かなければ）、ある固定した場所をもち、そのどの遠ざかる運動も運動であり、場所の変化である。したがって、そのような運動をとおしてのみ身体的な場所の変化が経験されるのである。[*17] しかし別の物(的身)体は、その場所と場所の変化の別の現出の仕方をもっている。外的な物(的身)体の間隔は、私の身体が全体として関与している間隔とは別の現出の仕方をもつ。私の身体は視覚的に別の物(的身)体の全体的な現出を変化させることはできず、他者のパースペクティヴをとおしてのみ、場所の変化に関するさまざまな現出の仕方が現にそこにある。

より正確に考察するならば、空間における次のような二つの物体の間隔の表象は、どのように実在化するのだろうか。すなわち、たがいに大きく離れていて、近い空間においてともに実在化されうるのではなく、遠いキネステーゼの静止にあって、手の届く範囲でのたんなる手の運動などをとおしては経験されえないほどにたがいに離れている二つの物体の表象は、どのように実在化されるのだろうか。

544 明らかに、私がその間隔を「とおり抜け」、一方から他方へと向かうことをとおしてである。すべての場所と間隔は、私の身体とこの身体の遠いキネステーゼに関して、構成的な関係をもっていて、この身体と遠いキネステーゼに、すべての近いキネステーゼがともに入り込み、そのようにしてその全体的なキネステーゼが、遠いキネステーゼとして作動するようなあり方をもつ。したがって間隔知覚の実在化の本質には、私が一つの事物の場所と別の事物の場所に身を置き、その一方から他方の事物へとまっすぐ動いていくということがある。すなわち、私は第一の場所にいる、あるいはいたとき、第二の場所がどれほど自分から離れているかを試してみるのである。ある物(的身)体の自分からの間隔——その物(的身)体との隔たり——は、原間隔と言うことができ、このことは他なる《フレムト》物(的身)体の相互関係における場所(これらもまた、まずは私への関係における場所なのであるが)へと移し込まれる。それらの物(的身)体が互いに隔たっているのは、私が一つの場所に身を置き、そこから第二の場所へと進みうるかぎりにおいてなのである。

いまやこのことが規定しているのは、何らかの外的な物(的身)体の運動の意味である。根源的には運動とは、私の身体への関係における場所の変化であり、純粋に私の遠いキネステーゼによって構成される。しかし間隔が、すなわち他なる《フレムト》物(的身)体の場所の変化と間隔の変化が、いったん統握され、私がその場所に身を置き入れ、身体によってそれらの場所をとおり抜けることができるとされているとき、すべての運動は運動形式と運動量によって等質的に統握される。そのとき等質的とされるのは、私が遂行する運動の種類と大きさ、そして、それらにおいて私が運動空間をとおり抜けるそれらの運動の種類と大きさである。*18

それによって自明であるのは、私が身体 - 物体的に私には同等な物(的身)体が、運動変化しつつ動いているのを見るとき、私はあたりまえでなじんだ仕方で、その《そこ》へと身を置き、そこの物(的身)体との合致において(合同性において)、まるでそれらが私の

545 身体的運動であるかのように、それとともに運動するのである。*19

私は、私の身体物体と同等の物(的身)体が、そこで運動するのを見つめ、私のいまの外的空間において方位づけられているのを見る。私の物(的身)体性の構成的な内実が、そこにある物(的身)体性と合致し、その運動は私の運動として私にとって直観的となる。それは、私がそこへと歩いていって、そこから同等の場所の変化によってさらに歩いていくかのようであり、あるいは、いろいろと場所と位置を変えて運動したり、回転したり、両手をいろいろの仕方で伸ばしたりするかのようである。物(的身)体の運動がそもそも意味をもつようになるのは、私がそうした運動を私の場所の運動として、そこに身を置き入れつつ行なうことができるような仕方においてなのである。場所の体系としての空間は、私にとってどこであれ、私が身を置き入れるすべての場所から、固有の運動によってとおり抜けることができるような場所の体系なのである。どの事物も自身の場所を空間のなかにもち、その一時的に固定した、あるいは動きのある場所をもつのである。私が外的に経験するどの外的な物(的身)体の運動も、私自身の可能な主観的運動と同等の意味をもっている。

私の物(的身)体は、別の物(的身)体と同様な物(的身)体である。私がどの運動にも同時に、同じように可能な固有の運動という意味を与えれば、類似性によって覚起される私への関係、すなわちその意味による合致は、ただちにこの意味を生き生きとさせるためのきっかけを与えることになる。しかしいまや運動の仕方とふるまい全体とが、類似性において、まるで私が現実にそこにいるかのように経過していくことによって、そしてまた類比をとおして覚起された内的なキネステーゼが、まるで私が特定の内的な動機をもって、この「眼」をもち、そちらを眺めて、それに相応する「まなざしの方向」にある事物を見ているかのように経過するとき、そしてそれらの事物によって、まるで私が「手」でそこを触ったりするかのように規定され、そして、これらのともになされる表象をとおして、またその表象にそくして、《かのように》において覚起された予期が、そのつど、運動と変化の外的対応によって、現実に経過するように充実されるとき、たんに身を置き入れることとしての準現在化は、措定へと変転する。私はここにいるが、そこには物(的身)体があって、その物(的身)体はまさしく、私ではないが、私の類比体《アナロゴン》がその身体のうちで正確に支配しているかのように示されているのである。

189
七　共存する他者の構成*20

それでは原初的[56]な自然客観という存在と、自然の全体性という存在に関して、何を語ることができるだろうか。

このように存在するものは、私にとって特定の内容をともなって存在するものという意味をもつ。すなわちこの存在するものは、私の生のうちで原初的に構成されており、原初的な《能力のある－自我[57]》として私にもっぱら属しているもろもろの多様体[58]が、顕在的に、また潜在的に統一したものである。この原初的な自我は、自分固有の具体的な姿をもち、自分に固有で本質的な実質的《レエル》[59]特性と理念的《イデエル》[60]特性をもっている。自我はこの具体的な姿を自己自身に対してもっており、自我はそれ自体、原本的《オリジナル》に与えられていて、その潜在性において、自己自身へと遡及的に関係づけられ、自己自身に対してある。自我の具体的な姿に属するのは、自我が原初的な自然を、自我のうちで、純粋に自我のうちで構成されたものとして担っていることである。この自然は存在するものであり、規定可能で認識可能なものでもあるが、こうした存在のうちで、まさしく私の現出の統一であり、私の顕在的で潜在的なもろもろの同一化によって同一なものである。何かが私の外に、私から分離されて、また理解できない硬直した法則によって私とともにありながら、私と何らかの仕方で結合されているというのではない。そうではなく、その何かとはまさしく志向的な相関者であり、私の、もっぱら私の意味付与による意味にすぎない。

190 では、超越論的[61]な他者や別の自我、別の充実された内在的時間や別の体験、作用や別の原初的自然などについてはどうだろうか。私の原初的な自然は、その自然の（空間と時間にそくして、この空間と時間のうちで経験され、さらに解明できる意味をもつ原初的な）空間時間性のうちにあって、私の内在的時間領分、すなわち体験の領分に対して「超越している」のである。

私の他者とその他者に属する内在的な、そして原初的に超越したすべてのものは、私の原初的な（内在的で原初的に超越した）領分から、ある新たな意味で超越している。

他者は私の原初的な領分において、他者として共現前していて、それ自身にとって存在する者として、すなわちその原初性の自我として共現前している。――また同様に、他者は私の原初的な領分において「諸現出」の経験の統一なのであり、ないしは通常、自己を斉一的に確証しつつ、つねにその確証を予描している。私の原初性に属する私の共現前の統一として、他者は私にとって存在し、それ自身にとって存在するものとして共現前しているが、たんに私にとってだけ共現前しているのではない。私の原初的な自然が「他なる《フレムト》身体」を含み、他なる《フレムト》身体の存在が私に予描されているかぎり、私は私がまさにそうあるように、他者を措定するほかないのである。また他者は、共現前という仕方で措定され、共現前のうちに確証されているとはいえ、同様に私から分離することはできないのである。私がいて、私にとって私がいるように、私は私の固有な生からなる統一をうちに含む原初的自然の自我であるだけでなく、それにとって私と共存するものとしての他者がいる、そうした自我でもある。私の原初的なものとしての自然は、内在的体験という意味で、実質的《レエル》な内在を私のうちにもつのではないが、その自然は構成的な内在を、構成的な相関者として私のうちにもつ。しかし、ここで逆に、この自然は私とともに、自然を構成するエゴと共存すると言うことはできないだろう。ここで私が言いたいのは、この自然が、私のうちなる理念的《イデエル》な形成物（「理念性《イデア》」の、ある特別な仕方としての原初性）であることだ。それに対して他者は、私自身に固有な仕方で住み込んでいる「形成物」として構成されるのではなく、ある原初的な多様性（私が了解し、生気を与えるもろもろの経験）において、私にとって、他者の存在として構成され、その他者は他の自我としてそれ自身にとって存在する。

　他者は、私のうちに実質的《レエル》に超越的な現前をもつのではなく、いわば実質的な共現前《アプレゼンツ》とそれによる理念的《イデエル》な共現前《コムプレゼンツ》[62]をもつ。

191
まさしくこれによって、分離することのできない相互存在が基礎づけられる。私は私にとって存在するのではなく、そしてまさしく私がそうあるように、他者から分離できるのでもなく、また他者も、私から分離できるのではない。各人は、自分にとって存在するが、それでも他者にとって存在してもいる。存在するものとして各人は、その意味を自分自身からもつと同様に、どの他者に対してもその意味をもっている。そしてこのことは、各人の本質の一つに属している。これは無力な鏡映ではない。むしろ、私たちがエゴを絶対的に実在的なものと名づけるとき、次のことが、そのような実在的なものに属する。すなわち、その実在の存在は、どの別の存在からも分離することはできず、おのおのの存在はおのおの別の存在を志向的に包括しており、空虚なふるまいといったものではない志向的間接性のうちに、それら存在を担っているのである。

　私の生き生きとした（原現象的な）現在が、私の過去をそれ自身のうちに担い、それを現在の形式のうちでつねに証示しているように、またそれによって私の内在的時間が構成されるように、私の原初的な空間時間的現在は、私の原初的な過去と未来を担っている。そして原初的な自然が、充実された普遍的な空間時間性として構成されている。

　同様に、私の原初性は他者とその原初性を担い、さらに他者が再度〔私の原初性を担う〕。私にとって、そして私にとって存在するおのおのの他者にとって、原初性の共現在や共継続が構成され、超越論的な遍時間性[63]が構成され、それによって超越論的に基礎づけられた客観的自然や客観的世界が構成される。複数の超越論的な主観の共存や、それら主観の内在的時間性の共存、またそれら原初性の共存は、何ら空虚な（厳密に言えば、考えられないような）《ともにあること》ではなく、《相互に‐存在すること》である。すなわち、相互に共現前的に到達可能であること、そしてこれによって、内的に理解できる仕方で、自己直観的にともに一致しつつ、結合されていることである。

このようにして間主観的な構成が可能になり、このようにして、私の意識流と私のうちで共現前している他者の意識流、すなわち同様に私の意識流もそこに共現前しているような他者の意識流から、統一的に結合された意識流（私の過去の生と私の現在の生が、一つの生の流れに至るのと類比的に）が可能になる。まずもって第一の意味で原初的な連合である連合は、間主観的連合というある新たな意味を受け取る。

227 八　万人にとっての同一の世界の構成

経験世界の体系的解明の方法に関する重要な熟慮[64]——超越論的感性論——、それは存在論的で、構成的‐主観的なものであり、主に正常性‐異常性の段階を考慮して行なわれる。

あらかじめ与えられている世界には、その世界に帰属し、直接的もしくは間接的に相互に活動する人間の総体性が属している。世界は、その人間に同じものとしてあらかじめ与えられ、同じものとして心理学的に構成されている。理念的《イデアール》に語るとすれば、おのおのの人間にとって同じ世界が現実的にあらかじめ与えられていて、それにしたがって人間の世界生が、この同一の世界、人間にとって同一な世界へと関係づけられ、しかも進行する人間化によって、人間にとってあらかじめ与えられている世界の同一性が（新たに生まれきて、自然に算入されていく）同一で同じものとしてとどまるとすれば、教育を受けたものと受けていないもの、学識のあるものとそうでない者などとのあいだに差異はないことになる。そのさいに私たちは、顕在的にあらかじめ与えられていることのもっとも本来的な意味において、このあらかじめ与えられていることを理解していることになる。とはいえ、誰もが、それであるようなすべてのものに、現実的に結びつけられるわけではない。誰にとっても世界はたしかに未知な地平とともに意識されているが、誰もが直接的であれ間接的であれ、経験をとおして一切の未知なものの知識を獲得できるわけではないのである。ここで間接的にとは、他者の経験、場合によっては他者の経験記述を受け入れるかぎりで、という意味である。

私たちの世界において事情はどのようであるのか。この世界には、学問だけでなく、国家や国家の法なども存在する。誰もが学問を熟知しているわけではなく、学問の理論から多くの「経験」を獲得できるわけではない。すなわち、そのような経験をその理論にそくして形づくり、洞察し、それをとおして経験する研究者の仕事の内部で成立する精神形成体を事後的に了解し、洞察できるわけではない。宗教的シンボルや教義なども、世界に帰属しているのだが、それらへの通路は、該当する宗教のうちにあるものにとっては直接的であるが、他のものにとっては、間接的なのである。つまり、その人が不完全な事後的な
228 了解によって、無宗教者として、あるいは別の宗教に帰属するものとして、その人にとってその宗教が、現実の信仰において現実のものになっていることを理解するというかぎりで、間接的なのである。このことは、ある学問に通じていない者が「専門家」についての間接的な表象をもつのに似ていて、その間接的な表象とは、理解されていない、あるいは曖昧に理解された命題と基礎づけが、専門家にとっては、完全な意味と現実的な洞察の力をもっているという意味で間接的なのである。芸術に関しても同様である。物音を聞くこ

とは音楽を聴くことではない。また個々の音のハーモニーの連鎖としての音楽を聴くことは、シンフォニーや四重奏などを、その本当の意味と現実的な存在の固有性において受け取ることとはことなっている。

人類が、この人類に同一なものとしてあらかじめ与えられている世界の全人類として存在するということは、何を意味しているのか。あるいは現象学者として述べるなら、世界が私にとってあらかじめ与えられていながら、私自身が人間として、しかも世界経験と世界経験をとおした世界認識をもつ者であるということは、何を意味するのか。そして、私が人間として、同じ世界である世界を経験し、認識する者として、他の人間を経験するということは、いったい何を意味するのだろうか。超越論的には、私は超越論的な間主観性に関係づけられており、それが一つの同一の世界を構成的に共有しているとは、いったい何を意味するのか。ここで、同一の世界、同じ世界の構成とは何を意味しており、何が主観をこの世界に「とって」の主観として特徴づけているのか。

私は学者である。私は世界についての学問、世界についての理論を〔そのまま〕学問とはみなさない。純粋に経験に基づく世界が先行している〔からである〕。しかしこのことは何を意味するのか。学問は文化の一形式であり、文化は世界の経験事実に属しているのではないか。そこには、洞察に富んだ基礎づけによる成果として現れるような文化の学問的価値（理論の真理もしくは非真理）も、ともに属しているのではないのか。学問の歴史、文化の歴史など、それらの歴史性における文化を、私たちは事実的な世界から抹消することはないであろう。

たしかにそうではあるが、私たちは以下のように述べることもできる。すなわち、私たちがたんに事実上の実在性の宇宙としての世界への態度をとることで、まさにその態度は、自然や人間、そしてその実在的な生、実在的な能力、実在的な同一化、実在的な明証と、明証を反復する能力、そして総合的な反復においてつねにくり返し同じものを明証的に存在するものとして見いだす能力を包括する。〔しかし〕その理論そのものは、この世界に帰属するのではない。この世界に属するのは、この発見された〈理論〉であり、どこかの人間に発見されたものとして、しかもより適切には、発見するある人によって発見されたものとして世界に属するのであり、そしてそれを追理解し、ともに判断し、ともに認識するなどの他の人々のもつ能力が世界に属するのである。実在性の概念に相応するのは実在的経験の概念であり、日常的意味における経験の概念である。より正確には、物体の世界の経験、人間と動物の世界の経験、植物の世界の経験というように、もっとも広義の意味での自然の経験である（おそらく古代の自然《ピュシス》）。[65]

他者の総体性とともに、同じ世界があらかじめ与えられていること、同じ自然、同じ空

229

間、同じ時間があらかじめ与えられていること、同じ実在性で満たされて、同じ事物や同じ人間、そして同じ人間共同体、同じ文化対象、あらゆる種類の同じ実在的事実があらかじめ与えられていること、このことはいったい、何なのであろうか。とはいえ、私とあらゆる自我が世界をもつと言えるのも、地平において与えられていることとしてのみもつのであり、私たちは同じ事実を、現実的に与えられてもつというのではなく、ただあらかじめ与えられてもっているのだ。そしてさらに、私たちは、事実上、一人の人間として、その人自身の内部で体験しているもののすべてを、たとえばその人がニュートン[66]であるとして、追経験をとおして事実として経験できるといったことからは、遠くかけ離れている。そして、かりにこのニュートンその人が、私たち自身に、彼の人生について彼の側でできるかぎり、知らせたいと思ったとしても、それはできないのである。すべての事実は、私たちの能力を行使して接近できるものではない。それは私たちがたんに妨害されているからということでもない。一度も学問に従事したことのない成人は、学問的思惟を追理解することはできない。そして一般的に、これからそれに必要な能力をみずから訓練するには、彼の人生は短すぎるのだ。しかもニュートンやアインシュタイン[67]も、経験世界において誰に対しても現に存在し、誰からも人間として理解されている。ただし不十分な仕方でのみ理解されているのではあるが。この世界は普遍的な地平を担っているだけではなく、すでに経験された個々の実在性それ自身も、経験においてその地平をもってはいるのだが、これら地平が完全に到達可能になることはない。経験世界とは経験可能で具体的な実在性の開かれた宇宙である。そのかぎりで「私たち」誰もが、一つの経験世界を、他者が到達するすべての実在性へと到達できるものとして（少なくとも間接的に、私たちが到達できるすべての他者をとおして）もっている。しかも可能的経験の同じ対象としてそうなのである。そうは言っても私たちと他者は、この実在性のすべての客観的な特徴に到達できるわけではない。誰かが具体的に知覚と知覚の直観的な変転における実在的なものとして与えるものを、私は知覚することもできれば、それが可能だったかも知れず、また、その経験を引き受けることで間接的に直観することもできる（それがあたかも知覚されたものであるかのように）などである。*21 しかもこの実在的なものは、現出様式と直観において与えられ、直観はそれを、本来的もしくは非本来的‐間接的な仕方で、直観的な妥当へともたらす。ただし、それはおそらく、一部は不完全にしか到達できない地平をともなっている。*22

しかしここから問題が現れる。どのようにしてこの世界は、それ自体規定された一つの世界としてあらかじめ与えられるのであろうか。しかも誰にとっても存在するものであり、多くの人間にとって到達できないものにそくしながら。私が、おそらく唯一の人間として、産出的な精神の心的様式と能作[68]への洞察を獲得したとすれば、どのようにして私は、このことを万人の世界に組み入れ、誰にとってもそうであるこの人間の詳細な規定としての私の地平の詳細な規定を、要求することができるだろうか。これは一般的には伝達できるものではないし、一つの経験であるかのように受け入れられるものでもない。さらには、間主観的な経験の斉一的な連関へのはめ込みをとおして、すべての人に確証され、あるいは修正されることもないのだ。

230

私が、自分の斉一的な経験において、私にすでに妥当する世界を規定するものとして見知っているものは、他者が経験する世界にも関係している。他者は私にとって、同じ世界へと関係づけられているものとして構成されている。私は他者を、私が経験するすべてのものを、個別的に経験するものとして経験するのではなく、私たちが経験するものと同じ規定を経験するものとして経験するのでもない。ただしそうは言っても、現実的経験の共通性の地盤は、共通の現実的な到達可能性の領域として、感情移入それ自身をとおして与えられている。このことは、具体的で、記述的な自然の層、物理的な自然の層に該当する。それと同様に、身体性や低次の層である心の構造、人格的生と活動の構造にも妥当し、とくに、意識的な欲求や類型的な欲求充足の様式へと移行する本能的生の構造にも妥当する。〔しかし〕私が他者をより深い層において私の経験と認識にもたらすことで、次のような考えが転用されるわけではない。すなわち、その他者がそれらに対して現実的に私と同じ到達の仕方をもち、私のようにそれに相応する能力をもっているといった考えや、しかも世界の通常の実在的な事実においてそうであるといった考えである。私たちは同じ実在性の円環を経験し、とくにそれに対応する実在的なものをともに経験する。私たちはそもそも共通の経験世界をもっている。私がいまやある実在的なものに関して行なう一切の経験は、それが突出する非斉一性によって削除されずにとどまるかぎりで、共通の世界にとって妥当するものとしてとどまる。ただし、その経験が間主観的な斉一性を阻害しないかぎりにおいてである。他者がある経験をもっておらず、その人がその人であるかぎり、まったくそれを経験できないということは、斉一性を阻害することにはならない。私の拡張された経験はただちに、私たちの共通の経験世界であるこの世界にとって妥当する。私がおそらくただ一人だけで経験することや、私が類比化する直観における間接性や翻訳可能性を排除する仕方で経験することは、それでも、他の人々にとって、間接的な指標として把握可能になる。そのさい私は、それが（学問的認識の経験である場合のように）、他者にとって直観的に理解可能な仕方で結論を引き出し、その帰結が確証される必要がある。その後に、他者がもつ「一定の」洞察からなる考えが、その人に欠けていた経験の代用となり、それを用いてその人は世界に関する事実を予見するようになる。

誰もがあらゆる他者を同じ経験世界の共同主観として経験するが、それは誰もが固有経験において直接的であれ間接的であれ、この世界のすべての実在性への通路をもっているという意味においてである。その意味での人間共同体は、正常な共同体である。その共同体の誰もが他者と〈自分〉自身を正常なものとして経験する。[*23] この意味で、「原始人」という民族は彼らの世界への関係のうちに存在し、その世界は彼らにあらかじめ与えられ、経験の相互の受け入れにおいて調和しつつ正常なものとなる。

このことはしたがって、すべてのものが同じ段階に存在すると述べてはいない。正常なものという概念には別の概念もたしかに存在する。同じ民族グループの内部でも、感性的経験やすべての能力において差異が存在し、正常以下のもの（一時的もしくは持続的な、誰もが疾患しうる病気の最初期のようなもの）、あるいは正常を越えたものや色覚異常や聴覚障害者などといった持続的に異常なものが存在し、それと同様に、正常を越えた理解力をもつ者や、正常以下の知的能力をもつ者、知的障害者も存在する。ここで問題になっているのは、先の意味での正常性内部で進展する類型である。そこでは平均性のようなものが構成されるのであり、[*24] そこにおいてまさに世界が平均的に受け入れられ、感性的に眺められ、聞かれる等々となる。さらにそれは、何らかの仕方で判断され、価値づけられ、実践的に扱われる。平均性における人間の経験世界が、経験にそくして一般的に語られ、その経験世界に帰属するものと、その世界において「誰にとっても」世界表象を規定するものとに対応する。とはいえ、その平均的な世界表象は、この人間性一般に妥当する世界それ自身ではない。そして最終的にまた、この一般的に知られるものやともに妥当するものに、例外的な人間や正常を越えた者が存在するということが属している。彼らには、平均的人間には到達できない何らかのものが到達できるようになっている。*25

平均性の経験の形態におけるこの世界は、すべての実在性に通路をもつ人間の一般的な経験世界よりも、当然ながらはるかに豊かである。たとえばすべてを「見て」はいるが、人間世界と文化世界についてほとんど「理解」しない子どもは、成熟した者の平均性の主観ではない。この経験世界は、あらゆる成熟した者にとって一つの類型、すなわちすべてのものがなじみのある形態をもっており、その形態は実践的な行為において恒常的に考慮されている。このこともまた構成されているのでなければならない。通常の知能をもたない知的障害者は、彼が純粋な実在性の世界を正常な者と共有しているかぎりで、正常でありうる。ただ彼は子どものようであり、あるいは子どもより、より知的に劣る者である。

いまやこれで、すべてのことが片づいたのであろうか。私たちは〔いまだ〕抽象のうちにとどまっているのではないのか。私たちは、意識的な脱構築[69]をとおして、正当で記述的な抽象を獲得せねばならないのではないのか。しかもそこから、具体化の歩みにおいて現実的に具体的な世界と世界を構成する主観性へと移行せねばならないのではないか。その

232

世界は、哲学する者である私が、私たちの経験世界として要求しうる世界である。

私は以下の根本事実から出発しなければならないのではないのか。すなわち、私は一つの世界の主観として存在し、その世界へと私は人間として入り込み生きる。そしてその世界は、つねにすでに私にとって現前性の宇宙であり、それはまた実在性の世界でもある。そこへと私は経験〈において〉関係づけられ、その実在性は、経験されたもの、あるいは経験可能なものとして私にとって存在し、「私に何らかの仕方でかかわってくる」か、もしくは「私にまったくかかわらない」。あるいはその実在性は、積極的に、あるいは消極的に、実践的な仕方で私にとって問題になっている。この世界では他者も私にとって現前しているが、その人々は同時に経験と実践の共同主観であり、同じ世界へと入り込んで生き、そして私とともに共同体において実践的に、認識にそくして生きている。私たちすべてが間接的で実践的な共同体においてともにそこへと入り込んで生きている。私たちすべてにとって一つのこの同じ世界は、共同体の存在にそくして、（個々にそして共同体化において）《私たちに‐かかわる》ことにとって現前性の相関のうちに成立している。その世界は、その世界に何らかの仕方でかかわる複数の主観としての私たちにとって成立している。世界に従事するというこの顕在的なかかわりに基づいて、世界はつねに現前するものとして、あらかじめ与えられるものとして新たな内実を受け取っている。これが根本事実である。「私たちすべて」にとってこの世界の統一は、経験し、価値づけし、そして最終的に実践的な結合である生の結合において、相互に直接的であれ、間接的であれ存立する人間の統一に相関的に存在している。それは、この世界それ自体が、人間にとって、――私たちすべてにとって――実践的な周囲世界であるのと同様である。

いまや、どのようにしてこの故郷世界へと至り、この世界からさらに進んで、どのようにして、この故郷世界がその構成的な基づける形態において脱構築をとおして規定されるようになるのか。私たちが述べるべきなのは、生活の周囲世界、つまり実践的な周囲世界としてのこの世界は、実践的ではない地平をもっているのではないか、すなわち経験されず、経験可能でもない地平を、あるいは実践的に「問題にされない」地平（たとえ実践的であったとしても）だけではなく、そもそも実践にとって問いにさえならない地平をもっているのではないか、ということである。ただ、このことが意味しうるのは、この世界が実践的な経験と働きの有限性のうちで維持されるということは、人間性とその生活の周囲世界の存在と生の様式においてである、ということである。すなわち、さらに進展する経験の実践的な不可能性が、この実践と生活世界を制限し、さらなる経験について空虚に思惟される可能性だけが残されるということである。この可能性は、実践的には実現できないものとして考察外とされるが、それは小さい島国の民族の生活世界が、まったく孤立した「世界表象」をもち、有限な生活の周囲世界として彼らの世界となっているのと同様である。そのようにさまざまな仕方で、相対的で地理的な、そしてさしあたりは乗り越えられない境界が現に存在しうるのであり、その生活世界を条件づけているのである。しかも、人間の現実存在と世界の現実存在（他のもろもろの生活世界）のさらなる地平がすでに形成されている一方で、一つの故郷世界、ないし実践的に閉じられた周囲世界が、有限性のうちに（本質的に）とどまることもある。

このことは、相対的な正常性と異常性の段階秩序、および「私たちの」世界経験とそれとして経験される世界の拡張の諸段階を与えることになる。より正確に言えば、世界地平は、経験をとおしてつねに新たな占領を行ない、それに対応する修正と予描を行なう。しかも、それによってこの地平は、つねに開放性を維持している。このことは、予描としての経験をとおして、つねにくり返し新たな規定やより詳細な規定、また、別様の規定を想定しうる未規定性を意味している。私たちが述べているのは、人間は経験の進展をとおしてみずからの相対的な周囲世界を乗り越えることを学び、その世界をつねによりよく知ることを学ぶということである。逆に超越論的に述べるとすれば、人間は、みずからに対してつねにより豊かな意味をもって、その世界を構成しており、その世界は人間に妥当するが、ただ未規定的な地平をともなってのみ、妥当すると言わねばならない。

233

この相対性において具体的世界が生き生きとした構成的発生[70]のうちで構築され、もっとも一般的で拡張された意味における正常な人間にとって構築される。その人間とは、たんにその故郷世界の正常者であるだけではなく、もろもろの周囲世界の綜合的な拡張において獲得されうる人間の認識と世界の認識の正常者である。私と同じ土地で生まれた人々の斉一的で間主観的な経験の世界であるような私の故郷世界からみて、最終的に、私と私たちにとってあらゆる他なる《フレムト》ものは正常である。それがそう言えるのは、その他なるものが私と私たち同郷のもののように、斉一的経験において構成された故郷世界の主観として理解され、ないしは同郷のものの共同体の仲間として、斉一的な経験共同体をとおして結びつけられているかぎりにおいてである。*26

そのように他なる《フレムト》ものを理解し、統覚したとしても、それ自体いまだ規定されることのない地平経験のようなものが残る。現実的に明確な理解、あるいは他者の現実的経験と、他者とともに完全に作り出される経験共同体には、私が他者にとってそのつど現前している他者の故郷世界を現実に見知ることが属しており、場合によっては、その故郷の人間性をその周囲世界的な生活や活動や創作のうちに見知ることが属している。そこにおいてこの故郷世界は、その存在意味を受け取ってきたのであり、さらにその意味を規定していくのである。この見知ることが、学問と方法によって、精神科学を人間の学問として創出し、さらには相対的に周囲世界へと関係づけられ、結びつけられて現れる文化的生活における人間性の学問として創出する。*27

とはいえもしそうであるとすれば、原始的人間は、原始的な故郷世界の人間なのであって、したがって〔私たちと〕同じ意味において正常なのではないのか。当然そうである。

いまやしかし熟慮されるべきは、私は（私の幼児期からの発生において）、第一に、存在する世界を私の同郷の者とともに斉一的に経験される故郷世界としてもっているということである。私はいまや他なるもの《フレムト》を、その人々にとっての同郷の主観およびその人々の別の故郷世界として理解するのであるが、そうすることでその人々の故郷世界は、私にとってさしあたりは、その人々に思念された世界となる。そこでの問いは、私はどのようにして、またどの程度まで、その人々（他なるもの）の経験妥当性を追理解のうちで受け継ぎ、その人々の故郷世界と、私の故郷世界との綜合へと進展しうるのかという問いになる。いかにして私は、包括的な斉一性へと至るのか、そして至らねばならないのか。とはいえ、私は私の原初性から、また私の感情移入から、そしてそれをとおして私の可能的な共同世界からこそ、私の超越論的な地盤について探究しうるのではないか。そこでの問いとは、世界一般が故郷世界としてどのような構造をもっている必要があるのか、あるいは斉一的世界一般は、どのような構造を本質必然性においてもたなければならないのか、といった問いである。またどのような故郷世界の、どのような綜合をとおしてその世界は、私にとって相対的な意味（その開かれた地平をとおして相対的に）〈のうちで〉実現されるのか、といった問いである。したがってまた、斉一的経験の本質構造が、たとえそれが国際的で間文化的な経験であったとしても、どのようにして実現され、可能的で相互的な修正の本質形式がどのようにして実現されるのか、という問いである。相対的に閉じている人間性の故郷世界的で国民的な斉一性、あるいはそれ以外の斉一性は、いまだ普遍的斉一性ではありえない。連続的に確証される感情移入の本質には、私たちが相互に参与するものとして同じ世界に関係づけられていて、同じ故郷人間性に帰属しているということが含まれている。このことは、私が個々のものに関係し、しかも共同体が問いに晒されるような個別的な場合において、相互的な修正を排除するものではなく、むしろそうした可能性を内包している。したがって述べられているのは、私が世界として斉一的に経験のうちでもつものが、一挙に、私と他者の経験、および経験斉一性に基づけられた斉一的綜合の部分としての斉一性も保持しているということなのではない。ここでの問いは、現にだれがその経験の内在において優位をもっているのかではなく、どのようにしてそれが斉一性の可能的、もしくは形成されるべき綜合における、〔私と他者の〕双方から、全体経験の共同体とともに存立しているかである。その斉一性が形成され、しかもつねに新たな人間性との綜合においてそれが形成されるとすれば、この斉一性の最終妥当性についての問いがつねになおも立てられうる。あるいはむしろ、その斉一性はつねにくり返し相対的で、動きのなかにあるものであるのかもしれない。個々人の経験や共同体の経験といったこれらの経験が平穏なまま成立していることはない。そのさいに熟慮されるべきは、私が、私に存在しつつ妥当する世界と、私におけるその妥当を解釈し、その存在の相関項としての斉一性に基づいて世界を修正するにしても、それでも私は、私のたんなる私的な確信として、世界を見つめるのではないということである。そうではなく、万人にとっての世界をもっているのである。すなわち、私にとっての他者の経験と斉一性を追理解しつつ、私は他者を、私の世界をともに構成するものとして妥当させる。しかもそれは、その経験が、経験の不調和として削除されたり、その人々の経験がたんなる幻影として私に暴露されることがないかぎり、そうなのである。ここで私は、私の経験、つまり直接的で本来的で原初的なものに基づいて、さまざまな段階からなる斉一的な感情移入の本質可能性と、綜合をとおして形成されるべき斉一性の本質可能性とを探究する可能性をもっている。しかも、場合によってはともに妥当する他者とその経験妥当性も引き合いに出しながら、それをとおして経験共同体の統一のうちに存立する共同人間の周囲世界として、または、互いに結びつけられた人間性一般の周囲世界として可能な経験世界を描き直し、しかも開かれた無限性のうちで描き直す可能性をもっている。

これが超越論的感性論の課題となり、超越論的な「経験構図学《エムピリオグラフィー》」[71]の課題となる。それは、全人間的な経験の構造と経験世界の構造の下図を描き、相対的に斉一的な経験世界と、何らかの人間性にかかわる思念世界の批判の規範として役立たねばならない。経験構図的(超越論的‐感性論的)な領域には、人間それ自身とその意識生が帰属し、人間性と思念された周囲世界がそれとして、そして恒常的な生の運動がそこに帰属する。その生の運動のなかで、すべての共同体もしくは故郷の同胞にかかわる運動する生活周囲世界が、立ちとどまりつつ流れながら変転し、その統一性と内的類型を相対的に維持する。このことに対応しているのが、人間の存在様式、生成における人間の存在、幼児期から成熟し発展する人格性、そしてそのさいのもろもろの共同体のうちの特定の共同体などである。これらすべては、もっとも広義の意味で、心理学的なものであり、心理的なものである。しかしこの課題が超越論的なものであるかぎりで、人間はたしかに超越論的な、それゆえ絶対的主観へと生成してきたのであり、しかも、みずからのうちで、超越論的に思念された、もろもろの主観へのかかわりにおいて斉一的な「世界」を構成してきたのである。しかしそれら主観は、同時に、世界を構成する共同主観として問われることになる。その世界とは、経験の真理において、私の世界であり、そして、すべての共同主観にとって同一の世界である。そしてその世界は、間主観的経験の可能な斉一性のうちで構成されている。したがって問題は、私とすべての超越論的共同主観にとっての経験および相対的な経験の斉一性が、普遍的で、つねに無際限《イン・インフィニトゥム》に進展させられるべき斉一性へともたらされうるのかどうか、もしもたらされるとすればどのようにしてかである。しかもそれは、指摘され多かれ少なかれ実現されている他なる《フレムト》故郷同胞性などとの結合のうちで、場合によっては結合形成という開かれた運動性のうちで問われている。

　私たちは、私にとって存在する世界の超越論的構成の問いが、さまざまな段階をもっていることを見て取っている。もっとも身近な段階は、斉一的な故郷世界の構成の段階である。そしてこの探究の形式的なものがもたらすのは、それによって私にとって、以下の問題も解消されるということである。すなわち、私にとって存在する何らかの他なる《フレムト》故郷世界における他なる《フレムト》者が、どのようにしてそもそも故郷世界を構成するのかという問いである。ただし、異他《フレムト》性において、また他なる故郷同胞性が証明されているなかで、まさにこの本質可能的に開かれた無限の可能的な進行があらかじめ証示され、解明されているかぎりにおいてである。

　第二の問題は、複数の他なる《フレムト》故郷世界の地平における故郷世界の批判である。ないしは、すべての総合的に結合させるべき故郷世界を超えた統一を産出し、あるいは真なる世界を産出するような普遍的経験による批判である。この問いがかかわるのは事実なのではなく、本質可能性、したがって、たんに相対的な故郷世界とその綜合をつらぬいて、無限なものへと達する絶対的な経験の斉一性の本質形式にかかわっている[*28]。

故郷世界と故郷同胞性の本質形式には、すでにある種の構造が帰属している。どの故郷
236
世界にも開放性があり、その世界が故郷世界として維持されつづけ、時空的に拡張されることを可能なように見せている。とりわけ故郷世界には、充実された空間時間性の形式構造と、空間時間的秩序における個々の実在性の構築が属している。その秩序とは、時間化の様相であり、空間時間的形態なのであって、たんなる自然の核構造といったものの空間時間的内容に関する状況といったものではない。そこで特殊な問いが生じてくる。すなわち、可能的経験の対象としての自然事物の同一性の可能性の条件、しかも、全体的で斉一的に実現されるべき経験の可能性の条件の問いである。

故郷領域における自然の構成の研究はすでに、構成の相対性〔の問題〕へと導く。すなわち、感性的に正常に経験される自然の構成や、感性的に正常な故郷共同体に関係づけられる自然、感性的に正常なものとの綜合における感性的に異常なものにとっての自然の同一性といった相対性の問題である。とはいえすでに、個々人のうちで正常な構成と、その同じものの異常な構成という問題がある。

このことは、〔複数の故郷のあいだの〕間故郷的なものへと転用される。それはたとえば、経験される自然は本質において同じままではあっても、古代のギリシア人達は、私たち現代の民族と比べて本当は、特有なあり方で色覚異常であったということも考えられるだろう。*29

すべての（上述の意味での）正常な人間による経験の綜合的統一としての真なる自然というのは、一つの理念である。この理念は学問とその「理念化」を導く。学問はそれによって、相対的でたんに感性的に経験される自然のすべてを予料することを可能にし、それと相関的にその構成的な体系を可能にする。感性的な異常性という出来事を度外視することによる正常なものの自然は、たんに相対的で「主観的な」、理念としての真なる自然の一つのアスペクトになる。現実的で可能的な直観からなる自然は、普遍的な「像」の統一のうちで考えられており、その無限性にもかかわらず、たんなる一つのアスペクトである。しかしこのアスペクトをとおして綜合的に、この「経験」を根拠にした直観的な同一性が構成されているのだ。*30

九　故郷と異郷、私と他者

〈内容〉　周囲世界の地平構造が分析される。妥当の基づけの「発生的」呈示における二つの段階――生の実践の正常な領分の、あるいは正常な周囲世界の「拡張」として。第二段階、すなわち私たちの民族的な人間性から、周囲を取り巻く異民族的な人間性への「感情移入」。妥当の基づけ、すなわち世界と「世界観」の妥当の構築について。

〔まずは、〕もっとも直接的な近接世界の構成、すなわちまずもって充実された空間時間性の構成。感性的な経験のもろもろの所与の近くの方向づけにある（「ヒュレー的な」指標からなる）「諸事物」と、すべての感性的経験の器官としての自分の身体とをともなって、自己自身へと関係する作動をとおして感性的に経験されている。眠りという中断を貫いた、固定した感性的な事物と身体の構成。たえず経験される事物としての身体、それはまさにすべての経験において同一のものとしてともに居合わせている。他の諸事物は、通常、近くの存在領野においてそこにともにあって、もっとも根源的な「近くの世界」のうちにおいて実際に経験されたり、身体のキネステーゼを直接作動させることでただちに経

429

験可能であったりする。

この周囲世界のうちで他者は、直接的でもっとも本来的な意味における私の「隣人」として構成されている。しかし、この身近な周囲世界に属するのは、この周囲世界に属して親しまれた諸事物が（自分の身体は別として）、この周囲世界、すなわちこの近い空間から消えてしまったり、その後また戻ってくることもあることであり、このことは隣人（母親、父親、兄弟姉妹）も同様だ。さらに、この親しまれた周囲世界において、その親しさを崩壊させながら、他の《フレムト》事物や主観が登場してくるのであり、それらは一部、周囲世界における親しさやそこへの編入を経験しつつ、一部は、到来して去っていったりもする。

たとえば、そのなかにある、なじみのものをともなった、第一の身近な周囲世界としてのこの部屋があって、そこには、入ってくる人もいれば、出て行く人もいる。この近接領分の拡張。地平と個々の客観と近接する周囲世界全体の継続した形成と改変。複合する新たなキネステーゼの形成や、新たな現出の経過の形成。たとえば部屋を離れ、小路〔に入り〕、そして新たな小路〔に入っていく〕、〔そしてこれを〕反復〔することで〕、村や町が構成〔される〕。この親しまれた周囲世界が地平の改変によって断絶すること。いろいろな方向にさらに進んでいくと、建物が続く小路がくり返し現れるだけでなく、戸建ての個々の家や庭が現れ——最後には開かれた土地が、つまり他のまったく違ったなじみのない土地が現れてくる。

相互に段階的に基づけ合っている周囲世界の形成。より高次のそれぞれの段階は、新たに充実された空間性を環状にしながら拡張していく。しかし、拡張されたそれぞれの周囲世界は、全体の周囲世界として、より狭い存続体に属するものによっても新たな意味をもつ。どの相対的な周囲世界も、正常性として構成されており、この正常性は、その正常な地平の意味を、すべてのその正常性に属する経験されたものや経験可能なもの、既知のものや未知のものに関してもつのである。その拡張は、地平を変化させ、すべての周囲世界的なものについての経験可能性の様式を変化させるが、それは、まず、もろもろの変化可能性が、拡張された様式にそくした予描をもつことにおいてである。私自身、そして私の身体性にとって言えば、たとえば、私は、(あたりまえにできることとして)ここから小路へと向かうだけでなく、町中を見てまわることもでき、あれこれの(あるいは、不特定の未知のままの)田舎風の周囲の村々を散策することもできる。その拡張は、一度それが構成的に動きだした後では、そのつど親しまれていった周囲世界にとって地平にそくした可能性、すなわちいまだ動き始めていない新たな拡張の地平にそくした可能性をも意味する。したがって、周囲世界の外部の構成であり、外部空間や外部空間時間性の構成を意味する。その外部空間時間性は、完全に空虚な地平であるとはいえ、もっとも一般的な様式

430に応じてすでに予描されている（したがって、完全に未知の外部、完全に他なるもの《フレムト》と言っても、それが可能な空間事物であり、人間や動物、村や風景などであるかぎり、知られたものなのである）。

統覚的な地平の予描は、様式の類比にしたがう。実情は次のようである。周囲世界が完全に形成されているとき、この周囲世界は閉ざされた有限な、何ら外部が構成されていないような空間という性格をもつわけではない。それではまるで、ドアも窓もない牢獄のなかに子どもが生まれるようなものであり、子どもが好きなだけ反復して、好きなところにいけるように形成されてはいない身体性とキネステーゼをともなって、空間に生まれ落ちてくるようなものである。現実に構成された周囲世界の有限性は、開かれた地平をともなった有限性ではあるが、この地平はなじまれた客観に地平的に覆われているのではなく、むしろまったく未知な客観に覆われている。しかし、この客観はその未知性のうちで、個々のものとして、またグループとして、関連する複合体と全体性として、開かれた地平において類比という様式にそくして先行思念された客観であって、既知性という様式における未知性として、それが経験されれば、まさにそのような地平をふたたびもつであろうような経験の可能性として先行思念されている。ありうると期待されることの顕在的な親密さは、身体的なキネステーゼを反復して活動させることのできる可能力性[72]を根拠にして、可能な親密さについての開かれた可能性をたえず予描している。この予描は、現実化する経験の経過のうちで、この可能な親密さとして適応され、くり返し新たに親密になることができる地平を生みだすような可能な親密さとして働いている。これらすべては、諸可能性の顕在的な形成のうちで現実的に考え尽くされていないとはいえ、志向的に含蓄されているのだ。

なじまれた地平を拡張していくさいに、次のような二重の事柄が生じる。

(一) 一方で、地平は、具体的に予描された地平様式における「外部」の諸側面にそくして拡張される。すなわち、周囲世界は、より包括的で、環状に(球の表面のように)拡張された空間領分を獲得する。つまり、たえず同等の具体的に類比的に形態化した未知の外部をともないつつ獲得する。となれば、それは、本来的にすでに形成された周囲世界であることになり、その周囲世界は、なじみ深さが、その新たな空間領域の分だけ豊かになったといえるのである。というのも人はつねに途上にあるのではなく、なじんだ現実の世界、すなわち、すでに親しまれなじまれた世界においてのみ(未知性によって取り囲まれた地
431 平を必然的にともないつつ)、そもそも生きることができるからであり、そしてまた先述の拡張は、なじみのある世界が形成されていることを前提にしているからでもある。こうして、その周囲世界は、生活をともにする同胞とともに生活の統一のもとにいるかぎり、

つねに有限的な生活世界なのであり、親しまれた周囲世界に関係づけられており、その信頼できる周囲世界は、なじみのあるものをめぐり、たえず拡張しながらも、通常、未知にとどまる外部の開かれた地平のうちに組織的に入り込むことはない。流れるような類型において、耐久的な有限的世界が、同一にとどまる空虚な外部をともないつつ、そこにとどまる。実践的な関心は内部にある。どの人も自分に近い近接領分をもつが、どの人も他者とのつながりにあり、このつながりは相対的にとどまり、相対的に変転する共通の近接領分を作り上げる。とはいえ、伝え合うことで交流する者達の人間の宇宙が構成され、その宇宙は、この閉ざされた人間性のすべての個人にとって、端的にその世界であるような周囲世界、すなわち生活空間において直接的に、また相互に媒介されて生きる者として構成されている。しかし、その世界は、すべての人々にとって、開かれた、なじみのない、「普通は」重要でない（すなわち、「その」世界の境界づけにとって正常性を意味する、現実存在の正常性における）外部をもつ。世代的なものとしての正常な生が、いまやもつことになるのは、その歴史性と、まずはそれぞれの世代に固有な生の時間性、そしてそれぞのものがなじみのものとなじみでないものの地平をもつような固有な世界時間性である。*31

（二）第二に、ここで、次のような可能性がある。それは、こうした世界がある閉ざされた人間性の周囲世界として、たしかに相対的に保たれてはいくが、人間の生において拡張

が動機づけられ、構成されるということであり、この拡張は、開かれた外部の様式を変様
させる、つまりある仕方で様式を「様相化する」ということである。具体的な類比は分断
される。——人間性は、「他なる《フレムト》」人間性との連結関係に入り込む。たしかに、故郷的な
いし親しまれたことと他なる《フレムト》こととの対照は、あらゆる世界の恒常的な構造に属し、しか
も恒常的な相対性において属する。しかし、いま問題になっている異他性《フレムト》に固有なものは、
外的世界の、すなわち空虚に表象される外部の全体の様式が、分断されることである。人
は異様な人間と異様な「諸世界」を知るようになり、その諸世界は、反復されて固有な世
432 界を超えて類比的に拡張される様式とはまったくことなった様式をもっている。[*32] 外に遠く
はなれて、私たちの生活に似た人間の生活が存在するだけでなく、山々や森、川や砂漠の
草原などがはてしなく続いていくだけではない。ただ、私たちにとってそれが重要でない
というのは、私たち、ここの人間は、そこの人間とまったくかかわりがないからであり、
だれも住んでいない、ないし住むことのできない広大な大地によって分離されているから
である。他方、向こうでも、すべてはここと同じではあるのだが。他なるもの《フレムト》、すなわち
いま初めて知ることになる、あるいは知ることになっている他なるもの《フレムト》は、具体的な様式
にそくしてそのまま理解できるものではなく、すでになじんでいるもののように難なく経
験可能なものでもなく、一目見ただけで、即座に顕在化でき、知ることができる経験の地

平をともなって、経験的に統覚されるわけではない。むしろ他なるものは、まずは理解できない異質《フレムト》なものである。もちろん、それがどれほど異質《フレムト》なものであり、理解できないものであっても、なじんだ既知のものであるという核は、もっているのであり、それなしには、そもそも、この他なるものは、他なるものとしてさえ、経験されることができないのである。とはいえ、それらはやはり事物であり――それらは、その具体的な類型にそくして理解されず、空間事物一般としてだけ理解され、さらには領域的な経験の類型とその他のもっとも一般的な経験の類型にそくして理解される。すなわち、生命をもたない客観として、有機的な存在物として、また（心的に生きる）動物や（心をもたない）植物として、天空と大地として、山と谷として、川、海などとして理解される。*33

ところで、心的なもろもろの出来事において現れることを度外視すると、連続する経験をとおして知られたものになるものとして、直接の経験知に達しうるとされるのは、たんなる〔裸の〕自然のみである。客観を文化対象として経験可能にし、そもそも、心的な主観によって経験可能な（その精神的な意味にそくして統覚可能な）形式をもつ客観として経験可能にするものは、もはやただちに到達可能ではない。自然に関して言えば、その経験は、たしかに親しんだ事物の類型（たとえばマツ、スミレなど）のみをより詳細に規定するだけで、個別的なものや、もっとも低次の段階の個別的類型を認識にもたらすといっ

433 た性格をもってはいない。とはいえやはり、持続的に進行する「感性的な」経験は、まさしく、そのまま経験認識にみちびくのであり、その経験認識は、個別的なものによって、同時に他の《フレムト》類型の知識を作り出し、モミの代わりにヤシというような新たな一般的統覚を作り出す。しかし、他の《フレムト》芸術作品や宗教的な象徴の場合、こんなふうに経験をとおしてそれらに到達可能になるのではない＊34。心的なもの、ないし、まずは人間とその身体的および人格的本質に関しては、それらはたしかに、ただちに人間として理解可能になるが、私たちの周囲世界の隣人を私たちが理解するようにではない。周囲世界の隣人を私たちは、人間に属する仕方でただちに経験している。周囲世界の隣人は、身体的に理解可能になり、ないしは、知覚しつつ、あるいはまた、何かにぶつかったり、直接、身体で活動し、身体を支配する自我主観として理解可能になる。周囲世界の隣人は、その周囲世界的な諸事物として理解され、また私たちのものである周囲世界的な諸事物をもち、また、私たちと他の人々を人間として理解するものとして理解される。しかしこれらすべては、ここで、広範な不可解性を残した一般性のうちにとどまる。

物理的なものを（延長するもの《レス・エクステンサ》としての客観、すなわち空間時間的に実在的なものとしての客観を）経験することは、支配する身体性を前提にしている。他者を、私のように同一の延長するもの《レス・エクステンサ》を経験し、充実された同一の空間のうちに入り込んで生きている他者として経験することは、私が、まさしく私の側から支配する身体性を「他者の」身体性として、そして身体を支配している別の自我として理解していることを前提にしている。私はこうしたことを、具体的な原《ウア》[73]‐類比のおかげで行なうことができる。このことと一つになっているのが、私にとって、私の存在する周囲世界と、私の人格的な存在という形式的にもっとも一般的なものをなすもの、すなわち原《ウア》世代的なものや、周期的な欲求とそれらの欲求の充足における存在であり、自然な周囲世界のうちに入り込んで行為するものとしての存在である。そしてここから、形式的にもっとも一般的なもの〈として〉、空間時間的自然についての理解が拡張される。しかし、同時にこのような形式の内部で対照的になってくるのが、一方の私たちの世界、私たちの生活世界であるような世界であり、私たちに親しまれ、私たちから見て精神的な意味をもつような世界である。そして他方、その世界は、それが同一の延長するもの《レス・エクステンサ》と同一の人間を含むかぎりで、同一の世界ではあっても、他なる《フレムト》人々からは、別様に〈経験されており〉、その人々になじまれた周囲世界から生ずる意味をともないつつ、私たちのものではないその人々の統覚をともなっている世界である。
434
私たちにとって他の《フレムト》人間は身体であり、身体を支配している自我であるが、こうした一般的なことを越えると、それは、理解されることのない自我なのであり、感情移入の経験に対する地平なのである。この感情移入の経験は、それそのもので、すでに端的に持続する充実可能性をもっているのではなく、感性的経験のように、端的に充実する自体能与や、より詳細な規定づけや、別様の規定づけといった経過をもっているのではない。

感情移入は二次的な意味での経験である。原初的な感性的経験は、本来の直接に経験する能動性であり、この能動性が向けられた存在するものを現実化しつつ、まったく根源的に一つの知覚の持続性においてである。もちろん直接的な現実化とはもはや言えないのが、通常の意味での事物の知覚である。〈たとえば〉すでにそこにあったものとして私が捉えている家の知覚や、そもそも物理的な事物の知覚、すなわち、静止したり変化したりしている事物で、それ自体として存在し、恒常性をもち、知覚において、その持続はさらに継続するものであっても、たったいまだけで知覚される事物の知覚は、直接の現実化なのではない。しかしいずれにせよ、持続的な知覚はその経過において、対象の自己実現の経過であり、しかも、私の能動性における経過である。すなわち、このように本来的な経験や知覚として経過し、そこにおいて私は、対象の存在を根源的な知であるそれ自身を与える知にもたらすのである。これに対して、受動的な背景知覚は二次的な変様である。その事物はたしかに、それ自身を与えるが、しかしそれは、私が事物を受け取り、事物の対象的な意味そのものを追うかぎりでのみ、私はそれを知覚し、それを私の知にそれ自身として受け取るのである。

そして感情移入において事情はさらにことなる。感情移入は、自体を現実化する能動性ではない。それは、再想起がそうでないのと同様である。新たにする擬似‐知覚という能動性としての感情移入は、原本的《オリジナル》な自体を現実化することはないが、想起にそくしたものの、私にとって過去のものの擬似的‐自体の変様である。同様に感情移入は、他の《フレムト》知覚と他の知覚されたものの変様であるにすぎず、この他者性という様相における「他者」の変様としてある（そのさい、「他者」や「他の《フレムト》」という言葉は、残念ながら多義的ではあるが）。感情移入の能動性は、したがって、まさしく感情移入が遂行された作用として原様相において経過するとした場合、それゆえ、非本来的で二次的な経験（ないしは、知覚する現実化）であることになる。

感情移入はいまや、その直接性と間接性の固有な段階をもっている。直接的に感情移入する共現前は、身体性ないしは、知覚することとして身体を支配することにかかわる。この身体の支配とは、たとえば、そのつど、手で触り、当の触覚の現出を綜合的に統一しながらとおり抜けることであったり、同様に、目で見つつ、当の視覚の現出（視覚的な現出の多様性の枠内で）をそのようにしたりすることである。しかし、このことは、「そこから」〔起こっていることであり〕、私がそこから、触ったり、見たりするかのように起こっているのだ。したがって第一のものは、自我的‐キネステーゼ的に動機づけられた現出の経過にさいして、空間物体的な構成に属するものである。そのさい、他の自我《フレムト》は、能動的な自我として共現前しており、注意して把握しつつ解明する自我として、したがって私の側から理解された、「私がそこにいるかのように」と追理解されて共現前している（私固有の経験する行動と体験は、そのさい、根源的に能動的に現実化する一方で、別の自我は、その人の経験とそこで経験されているものを私が経験することにおいて、まさにただ追理解されているだけであり、私固有の能動性は、そのさい、再想起する再生産に類比した二次的な性格をもつ）。

そして第二のものは、低層における行為、つまり純粋に物体的な自然そのものへと入り込んで働きかけるような行為である。すなわち、持ち上げる、運ぶ、押す、ぶつけるといった、他の身体の物（的身）体的な器官をともなう行為である。

第三のものは、このような行為とそれによって影響されたものを、こうしたことを超えて理解することである。たとえば、食べ物をつかむこととして理解したり、かみ切って食べることとして、また、森のなかを走ることを逃走することとして理解し、投げられる石に対して隠れることを、投石に対して固いものの背後に身を置くことを防御として、また事物の使用を帽子や衣類などとして理解することである。こうして、一般的に、物理的に身体的ふるまいをとおして成し遂げられた出来事を、役立つ運動やそれに属する有益な対象として理解し、しかも、人間らしい仕方で継続して（つまり、ふさわしい状況にさいして繰り返されて）利用された、また利用できる、持続的にその目的をもつ対象として理解するのである。

しかし、このことが該当するのは、身近でもっとも一般的な人間の目的だけであり、それらは、もっとも一般的で、いたるところ、くり返し人間に生じる欲求と欲求充足の形式（類型）に関係しており、個別類型的に同等の外的な客観に関係したものにかかわっている。

436 客観の個別的類型を私が知らない場合には、人間の欲求への可能な関係についてもまた知らないことになる。たとえば、それが〔いまの〕食事のために役立つのか、ないしは、後の食事のために前もって準備されているか分からないという場合である。南洋諸島の住民のように熱帯の周囲世界だけしかもたない人間は、毛皮やスキー、温める暖炉などの特別な目的の意味を経験することはできない。私がそれによって物理的自然をもつような端的な感性的経験と、私の身体を事物や器官として端的に経験することは、こうした観点において、同時に、他の人間をその身体の自我、そしてそこでその身体を支配する自我として、また物理的事物を経験する者としての別の人間を、端的に共現前的に理解することを可能にする。しかし、すでに、もっとも単純な目的の客観、すなわち身近の欲求に関連づけられた目的の客観において、理解がなりたたないことがある。そこでは、原始的な欲求の枠内で、特別な事物類型に関連する特別な目的行為に関して、私に経験が欠けているのである。

この問題系全体が、基礎的な観点から新たに論じられなければならない。ということは、私にとって、〔むしろ〕私たち（ギリシア人、ドイツ人など）にとって、「それ自体第一の」民族的に原初的な周囲世界、すなわちまずもって私たちにとっての世界そのものは、世代的な現実存在の生き生きとした根源的な歴史性のうちで成長し、さらに成長し続けている「神話的」周囲世界であり、もちろん、（前理論的に理解された）普遍的なアニミズム〔の世界〕である。

この原初的な周囲世界から、他なる《フレムト》周囲世界の「発見」への道が通じている——「民族的な」感情移入において。次にこのような感情移入を解明し、それによって、より高次の私たち（たとえば、私たちヨーロッパの国々）にいたる相関的な構成における同一の世界の構成を解明することが課題となる。

〈さらに解明されなければならないのは、〉他なる《フレムト》ものについての無理解から理解への移行において、同一的な核がどのようにして段階的にきわだってくるのか、最終的に共通の客観的世界が、まさに最終的に、現実のつながり、また可能なつながりにあるすべての既知の民族や未知の民族にとって同一なものとして、普遍的に理解されてきわだってくるのかである。

437 その民族的な周囲世界は（これら世界に分属する人間にとって、それぞれ、世界そのものとして経験されて）、民族主観的な「統覚」へと、すなわち、この現実的で客観的な世界を世界そのものとして表象する仕方へと変転していく。

これによって私たちは、しかし、客観的世界と世界統覚、客観性と主観性という、より深い問題の前に立つことになる。

この適切な考察には、いくつかの補足と修正が必要となる。より厳密に証示されねばならないのは、妥当の基づけの段階系列であり、それを基盤にして、私たちにとってすでにできあがっているとはいえ、未知であり、経験をとおしてよく知ることができるようになる他なる《フレムト》人間の周囲世界が構成されているのであり、構成されつづけていくのである。発生的には、私たちのだれでも、他なる周囲世界について知るのは、自分たち固有の周囲世界とは違っているという知を初めて獲得することによるのでなければならない。発生的には、他なる周囲世界が、その人の地平に入り込んでくるのは——学校〔で学んだり〕、旅行者の話をとおして、また自分で旅行のさい、その他なる《フレムト》周囲世界に入り込むことをとおしてである。自分で旅行する場合は、自分固有の統覚の能作と直接の発生にかかわり、他の場合は、もちろん、仲介されていることは確かである。ここで、きちんと整理することが、「世界観」という問題に導くことになる。そのさい問題になるのは、私たちは、何を根拠にして体系的な発生の「物語」を、基づけの構築のまさにこの形式において構想することができるのか、ということであり、この「物語」はたんなる物語ではないが、他方で、現実的で完全な発生を再現できるわけでもないのだ。

さて、これまでの記述に関して、鋭く指摘されねばならないのは、この草稿では次のことが考慮されてこなかったということである。すなわち、前学問的なものとしての私たち固有の周囲世界は、根源的に成長してきた（「根源的に」歴史的な）神話的な周囲世界であること、そしてこのことがとりわけ構造の探究を必要とすることである。そのさい問われるのは、他なる《フレムト》周囲世界との対照において、ないしはどのようにその無理解が意識され、理解に、すなわちつねに新たに修正される理解へと移行するか、その仕方とともに、何がそれらの構造をはじめてきわだたせることができるのか、ということである。緊張関係にある具体的な無理解に対して、同一のもろもろの核をきわだたせる道、そしてこうして同一の世界へと至る道は、たんなる民族的世界統覚や「世界表象」としての、固有な周囲世界と他なる周囲世界〔という考え〕から区別され〈ねばならない〉。

原注

＊1　ライプニッツ『人間知性新論』第二巻、二七〈九節〉、クノ・フィッシャーによる独訳、〈G・W・ライプニッツ（新しい哲学の歴史、第二巻）、第三版、ハイデルベルク、一八八九年冬〉、四六九頁。――〈編者注：引用はフィラレス（ロック）の言葉を取り上げている。〉

＊2　朦朧とした（裸の）モナドにおける自我と自己への問いは、もちろん、デュナミス〔アリストテレスが導入した対《つい》概念である「可能態《デュナミス》」と「現実態《エネルゲイア》」の前者〕の問いである。そのようなモナドにとって、自我は実質的に計画づけられているわけではなく、内在的時間において「構成されて」はいないだろう。ライプニッツが、自己意識と境界づけられた体験は必然的に相ともなう関係にあると考えたのは正当である。独自の体験がきわだつことと自我中心化は必然的に共属している。

＊3　純粋に内的に構成されるのは、極としての自我であり、習慣的自我は私のなかで構成された（原本的な）経験世界に関係づけられており、この世界は、私の身体をめぐって中心化されており、この身体を貫いて、あらゆる経験や外的行為が遂行されている。このことは、連合から生じる普遍的統覚を、根源的（原本的）で完全に統一的なものとして生じさせる。感情移入、したがって他《フレムト》なる身体の統覚において、この全体が類比的にともに統覚される。

最初の「心的なもの」は、私自身に自我論的に第一に意識される自我的なものである。私は見る、私は聞く、私は触発される、私は押す、私は書く、私は抵抗を見いだし、抵抗を克服する、私は事物から何かをこうむり、私は事物を恐れ、私は事物を気に入り、それに従事しながら行為する。ときには何かについての現出も生じるのであり、客観へ志向的に関係づけられている主観としての自我も生じる。

＊4 主観性の客観化と一つになっている客観的＝間主観的な自然となることで、いまや客観的世界が構成される。

＊5 「第一の」自然、独我論的自然、原本的な空間的経験（外的経験）の領土。第一の主観性（第一の自我）、独我論的な自我は、まだ自然化されていない。

＊6 しかし、実在性の連関が保持されている場合には、虚構的に変更された事物と同様に虚構的に変更された自我も実在的には不可能である。

＊7 同様に私たちはそこにない事物や現実と反する仕方で変更された事物を、世界の任意の位置に想像上で置き移すことができる。しかし、まさに因果的連関に対して衝突する場合には、虚構的変更も隠れた衝突をはらむことになり、それは曖昧なものを直観化することによって前面化する。

＊8 あるいはむしろ、私が現実に虚構的に変更したのは現実に現出しているものだけだ。現出しているものの暗い地平もまた一貫した仕方で作りかえられている。空虚な地平に関する直観的可能性とは、本質法則的に次のことを意味する。すなわち、地平はそこに適した直観

的可能性（つまり組み合わせる直観の包括的な統一の意味で）によって補完され、この可能性自体もふたたび無限に続くということを。あらゆる内在的ないし超越的な現象（あらゆる直観的に現出するもの）は特定ないし不定の地平を、しかし、必然的に何らかの予描された地平をもっている。現出の変形はいずれも、純粋な可能性の保持のために、地平の要求への拘束を条件づけている。そして、関数的に相即する地平の変化なしには、いかなる虚構的変更も不可能である。地平が同一のままに保たれているなら、隠れていて解明されるべき衝突のうちで合致がなりたっているのである。

*9 しかし、立ち現れ《ファントム》は実在ではない。しかし、実際に実在が虚構的に変更されると、それは私自身にもかかわり、別の世界が私を別様に動機づけることになろう。しかし、もちろん現象的な自然は固有の層である。

*10 私の自我の多くの可能性。

*11 感情移入の明証が相互交流のなかで強められるのはいかにしてか。またそのことは、自然が与えられていることの明証に対してどのような役割を果たすのか。これらのことについて特別な考察が徹底して必要となる。

*12 ここには間主観性への言及が欠けているのではないか。他者の生の中断《フレムト》。

*13 実践的自我としての私は、私にとって構成的なものとして、私に固有の可能性の地平をもっており、私はこの地平をともなったものとして私にとって構成されている。

*14 キネステーゼの担い手として。別の（古い時期の草稿の）箇所では、空間構成の可能性

は《ゼロ客観》なしに、したがって中心としての身体物体なしに、考え抜かれている。

＊15　位置とは触覚にそくしていえば、初めから、立ち現れ《ファントム》に向けて客観化されたキネステーゼである。そして間隔もまた、ある位置から別の位置へといたるために必要なキネステーゼとしてある。

＊16　間隔はおそらく、ちょうど隔たりであるといえよう。しかし視覚的な呈示においては、私たちは、すでに感覚領野において対《つい》となるものを、領野における局所性の類似性の程度差においてもっている。

＊17　空間の構成段階は、なお私の身体が動かされることによる構成段階である。

＊18　根源的な場所の体系は、遠いキネステーゼの体系の相関者であり、したがって、あらかじめ身体に関係づけられている。たがいに関係しあっている、たがいに隔たっている二つの場所ということそのものが、一方の場所から他方の場所へと進むこと、まずもって一方の場所へと進むことを要求している。

＊19　もう一度間隔について。まずはどの物(的身)体も、どの物(的身)体の点も、規定されたものとしてのその場所を、私のゼロに関係づけられて（しかも関係のうちに置くという働きによってではなく、そしてこの意味で非相対的に）隔たりとしてもつのである。それから、遠いキネステーゼを任意に変化させる場合に、反復（全体の歩みを遡ること）をとおして、ふたたび変化しないまま、そこに見いだされうるものとしてもつのである。さらに私が任意に別の位置を取り、そこに関係づける場合も同様である。しかしこのことは、〔いまだ〕分

かりにくく、不明瞭である。対《つい》の現象——二つのことなった位置に置かれた、一方が他方の場所とことなった形態が二つであることが表示すること、すなわち一方の形態の点は他方の形態の相応する点に対して間隔をもっており、場所の違いは、私に対するもろもろの位置の違い（「隔たり」——非相対的に理解されている）によって規定されている。この区別が自身の等価物を、私がとおり抜ける隔たりのうちにもつのは、私が一方の位置に身を置き、そこから他方へと進むときである。

*20 ここに再録されたテキストの草稿に、フッサールは「フィンク」と記載している。一九三一年の春にフッサールは、助手であるオイゲン・フィンクに、ドイツ語の『デカルト的省察』への改訂を初めて委託した（『フッサール全集』第一五巻の編者序文を参照）。—編者注。

*21 このことは、私と直接的-間接的に現実の文脈においてあるすべてのものに妥当する。

*22 「知覚」——ここでは当然ながら他なる《フレムト》ものの知覚と、人間と動物の類比化というそれの変化様態も考慮に入れられている。

*23 とはいえ、これではまだ不正確である。この共同体は、人間の総体性として把握されねばならない。たとえいまだ間接的であるにしても、この総体性は経験結合のうちに存立する。

*24 発達段階としての年齢の類型に関係づけられ、しかも身分や職業層の類型にも関係する。

*25 したがって、ひとつのではなく多くの平均性が存在し、それらのもとで最上位の、もしくはいくつかの最上位の平均性がある。

*26 このことはしかし、より具体的には何を意味しているのだろうか。さしあたり、私は故

郷世界の主観として他なる《フレムト》者と知り合いになり、その他なるものによって想定され、その想定のもっとも一般的で分かりやすい形式においても、私にとって「理解できない」ような他なる故郷世界を知るようになる。現に存在するのは、共通性と差異、そして他なるものの共存の事実と、その人々の「世界表象」や「世界でのふるまい方」および真理の問いとのあいだの区別である。経験世界は、故郷世界の意味において実践的な世界である。そしてそのようにして初めて、存在する世界と故郷世界とが、いまや多くの故郷世界が存在し、それらがさまざまな実践的な外観をもっていることをとおして区別される。

＊27　人間の自然な発達は、幼児期から故郷における人間へといたる。彼に妥当するものとして故郷世界が相関項〔としてある〕。しかしここで、歴史の問題、すなわち、相関性と共存における複数の故郷世界と人間性の発達の問題が現れる。私たちの故郷の自然、私たちの歴史、そこにおいて私たちは生成し、私たちの歴史的外観という環境世界や文化の外観を〈獲得して〉きたのである。他の人々の〈他なるもの《フレムト》の〉故郷世界と、その人々の歴史。かりに現実的にうまくいくとして、この私は、追理解とは別の仕方で、つまり歴史的な感情移入をとおして自分自身をいわばその人々の世界へと置き入れ、その人々とともに生き、決断し、その人々と同意できるのであろうか。世界は、進展する歴史的な有限性の綜合なのであろうか。学問——現象学と有限性。

＊28　批判の問題＝真正なる相対的な意味の問題。

＊29　ここで問題になっているのは、明らかにそこにおいて人類が存在する歴史性の問題であ

り、どのようにして人類が唯一の歴史を構成し、どこまでこの歴史が到達することになるのか等々にかかわるあり方の問題である。

＊30　共存の問題。間接的な結合におけるもろもろの故郷世界の無限の可能性という問題。それは、無限の故郷世界的な自然に基づいた無限な自然の構成の問題とのかかわりにおいて、広大な探究を要求する別の側面を、なおも呈示している。

＊31　たしかにこうした歴史性は、第一に、神話的な世界という周囲世界の構成を意味する。――すべてはそのうちで、神話的に作り上げられている。

＊32　このことは、いつでもすでに起こっていたことといえる。もっとも、原民族のその神話の形式は、より原始的な基礎段階を指示しているのではあるが。とはいえ、《故郷のような》と《異郷のような》、あるいは《同種族的な》と《異種族的な》は、つねに前提にされており、さまざまな類型において（ギリシア人と同種族の、「野蛮な〔非ギリシア的〕異種族」など）前提にされている。

＊33　神話的に異なる《フレムト》ということは、「異なる《フレムト》」地域の未知の動物や植物などにかかわる本来的でない他なる《フレムト》ものから区別されている。

＊34　文化――神話的‐アニミズム的なものは、後者が文化になっていくとはいえ、区別されねばならない。

訳注

［1］ Bewusstsein　ここはライプニッツからの引用文であるが、フッサールのいう「意識」については、『その展開』第一部訳注［12］（一五九頁）参照。

［2］ フランス語で soi-même と記されている。

［3］ Bewusstseinsleben　『その方法』第一部訳注［40］（二四〇頁）参照。

［4］ konstituieren→Konstitution　『その展開』第一部訳注［14］（一六一頁）参照。

［5］ Erscheinung　『その展開』第一部訳注［46］（一七〇頁以下）にあるように、もともとギリシア語の phansis が使われていたが、やがてこの語は表舞台から姿を消していき、それに代わって、「現出 Erscheinung」という用語が、「射映 Abschattung」「パースペクティヴ」「アスペクト」といった用語とともに使われるようになる（『フッサール全集』第二八巻「倫理学と価値論について講義」三〇七頁以下、及び、一九〇九年の講義、『フッサリアーナ資料集』第七巻「認識の現象学への入門」一五七頁参照）。

［6］ affizieren→Affektion　触発の概念がその重要度を示すのは、『受動的綜合の分析』（フッサール全集第一一巻）において、受動的綜合の働きとしての連合の分析と同時に、その連合によってあらかじめ構成された時間持続の統一体が、自我極に働きかける触発する力によって、自我がその触発するものに注意を向ける（対向する）ことが解明されるときである。連合によって生じる意味内容の触発する力は、自我のもつ本能的関心や理性的関心との相互の意味の覚醒（相互覚起）をとおしてその程度差がきまってくる。

［7］ ego cogito　ラテン語で「私は考える」とも訳せるが、デカルトの「我思う、《コギト・》ゆえに我《エルゴ・》

あり《スム》」を念頭においているような箇所については、それを思い起こすために古文調で訳している。

［8］ immanente Zeit　内在的時間は、「内的時間意識 inneres Zeitbewusstsein」に相応し、「客観的時間 objektive Zeit」が現象学的還元をへて、内的意識に与えられているがままを、その現出の仕方にそくして記述分析することで解明される。

［9］ retentional←Retention　『その方法』第一部訳注［5］（二二八頁）参照。

［10］ abschatten→Abschattung　『その展開』第一部訳注［26］（一六四頁）参照。

［11］ ideal　『その方法』第一部訳注［8］（二三〇頁）参照。

［12］ irreell　この語は、reell（『その方法』第一部訳注［52］二四三頁参照）の否定であるから、「実質的《レエル》にはそこに含まれてはいない」ことを意味しており、後述「イデエル ideell」（訳注［60］）とほぼ同じ意味で使われている。

［13］ Einfühlung　『その方法』第一部訳注［6］（二二九頁）参照。

［14］ egologisch←Egologie　『デカルト的省察』によると、超越論的現象学は、まず第一に、「超越論的な自己経験の広大な領土が遍歴されねばならず」、その最初で唯一の対象は、「哲学する者としての私の超越論的な我《エゴ》であり、また、それのみでありうるかのように思われ」、したがってこの学問は「純粋な自我論《エゴロジー》として始まり」、それは「一種の独我論であるかのように見える」という。しかし、やがてそれが一貫して遂行されると、「超越論的な間主観性の現象学へと導かれる」ことになる（『デカルト的省察』浜渦辰二訳、六四頁参照）。それは、

フッサール現象学がデカルト的・独我論的な「自我論《エゴロジー》」からライプニッツ的多元論的な「モナド論《モナドロジー》」へと展開されることとも言いかえられよう（同書、三〇七頁、訳注（4）参照）。

［15］ natural 『その方法』第二部訳注［12］（三六三頁）参照。

［16］ Leib 『その方法』第一部訳注［4］（二二九頁）参照。

［17］ Sachlage 『その展開』第三部訳注［9］（四七二頁）参照。

［18］ solipsistisch←Solipsismus 『その方法』第一部訳注［23］（二三五頁）参照。

［19］ motivieren→Motivation←Motiv 『その方法』第一部訳注［28］（二三六頁）参照。

［20］ Apperzeption 『その方法』第一部訳注［19］（二三三頁）参照。

［21］ Umwelt ここでは「周囲世界」と訳したが、他では「環境世界」と訳した箇所もある。『その方法』第三部訳注［3］（五一九頁）参照。

［22］ Aspekt 『その展開』第一部訳注［17］（一六二頁）参照。

［23］ Ich kann 『その展開』第一部訳注［30］（一六六頁）参照。

［24］ real 前述の訳注［11］ideal とともに『その方法』第一部訳注［8］（二三〇頁）参照。

［25］ Kinästhese 『その展開』第一部訳注［24］（一六四頁）参照。

［26］ Sphäre 『その展開』第一部訳注［22］（一六三頁）参照。

［27］ Konditionalität フッサールは、個別的身体における心身関係を、正常な「心理物理的条件性 psycho-physische Konditionalität」に依拠するとしている。『イデーンII』第一八節では、この条件性が詳しく論じられている。また、『その展開』では、心理物理的条件性の

「正常／異常」の違いが、間主観性の問題圏において論じられている（同書、第四部参照）。

［28］ Existenz 「現実存在 Dasein」についての『その方法』第一部訳注［2］（二二八頁）参照。

［29］ Kausalität 『その展開』第一部訳注［23］（一六三頁）参照。

［30］ auffassen→Auffassung 「統覚 Apperzeption」についての『その展開』第一部訳注［2］（一五五頁）参照。

［31］ a priori 「より先なるものから《アプリオリ》」と「より後なるものから《アポステリオリ》」という対語は、アリストテレスに由来し、カント哲学の認識論においては、経験に先立ち、経験を可能にしている形式的条件が「アプリオリ」と呼ばれ、「超越論的なもの」も同様に「アプリオリ」と呼ばれた。しかし、フッサールは、カントの形式的なアプリオリを時間論において乗り越え、本文にみられるように、「時間持続を可能にするアプリオリ」を、（過去）把持の縦軸に描かれた交差志向性における時間内容の成立にみていた。時間内容の成立なしに形式としての時間は成立しえない。時間内容の成立については、フッサール『内的時間意識の現象学』第三九、四〇、四三節を参照。

［32］ Leibkörper Leib に関する『その方法』第一部訳注［4］（二二八頁）、Körper に関する同［16］（二三三頁）、Leibkörper に関する同［42］（二四一頁）参照。

［33］ Appräsentation 『その方法』第二部訳注［2］（三六〇頁以下）、および『その展開』第一部訳注［45］（一七〇頁）参照。

［34］ Analogon←analogisieren 『その展開』第一部訳注［11］（一五九頁）参照。
［35］ fremd 『その展開』第一部訳注［7］（一五七頁）参照。
［36］ Anzeige 『その方法』第二部訳注［13］（三六三頁）参照。
［37］ Äusserung 『その展開』第一部訳注［13］（二七〇頁）参照。
［38］ Assoziation 『その展開』第一部訳注［8］（一五八頁）参照。
［39］ An-sich 『その展開』第一部訳注［13］（一六〇頁）参照。
［40］ Dasein 『その方法』第一部訳注［2］（二二八頁）参照。
［41］ Horizont 『その展開』第二部訳注［18］（二七三頁）参照。
［42］ hyletisch←Hyle 『その方法』第一部訳注［43］（二四一頁）参照。フッサールは『イデーンⅠ』におけるノエシスとノエマ（『その方法』第一部訳注［41］二四一頁参照）への区分にさいして、ヒュレーはノエマに属する対象的契機ではないので、広義の意味で、意味づけを遂行するノエシスに属するとされるが、ヒュレーそのものは、いかなる志向も含まず、意味づけのさいの材料とみなされていた。しかし、後期の発生的現象学においては、受動的綜合としての連合においてあらかじめ構成されたヒュレー的契機が、自我を触発するという積極的役割を果たしているということができる。
［43］ originär 『その方法』第一部訳注［47］（二四二頁）参照。
［44］ Urimpression フッサールによれば、時間意識は、（過去）把持、原印象、（未来）予持という三つの位相からなり、原印象は、持続する客観とそれを構成する意識自身がそこから

産出される、あらゆる存在の源泉点である。しかし、他方では同時に、それは抽象的に取り出される極限にすぎず、具体的には、(過去)把持と(未来)予持という背景(地平)に囲まれた「生き生きした現在」のうちでのみありうる。

[45] Deckung 『その展開』第二部訳注[30](二七八頁)参照。「合致」とは、意味内容の合致として、「内的時間意識の現象学」(『フッサール全集』第一〇巻)の四三節(九三頁)において、時間図表とともに、原所与(原印象)と(過去)把持的変様との意味内容の合致が示されている。この内的時間意識における時間内容の合致が、のちに「類似性と対照(コントラスト)」による原印象と(過去)把持されている空虚表象(ないし、空虚形態)との相互覚起(連合)による意味内容の成立として現象学的分析にもたらされることになる。

[46] Phantom 『その方法』第二部訳注[5](三六一頁)参照。

[47] Individuum 「個体」と訳されるが、もともとラテン語の dividere「分ける、分割する」という意味の動詞に否定を意味する in- がつけられて、「分けられないもの、不可分なもの」という意味の語として成立した。キリスト教的背景のもとで語られる「人格 Person」が他の人格との関係性において語られるのに対して、個体、個人は、不可分で独立した性格が強い。

[48] Leervorstellung 『その展開』第二部訳注[16](二七二頁)参照。

[49] Evidenz フッサールの『デカルト的省察』で述べられているように、明証性には、疑いの余地のない《アポディクティシュ》明証性と十全的《アデクヴァート》明証性の区別がなされる(前掲『デカルト的省察』三八

頁以降参照）。「明証〔性〕とはすべて、存在するもの、あるいはある様態で存在するものを、「それ自身」という様相において、それゆえ、どのような疑いも排除するような完全な確実性において、そのもの自身を捉えることである」（同上、三九頁以下）。フッサール現象学の明証性の理念は、絶対に疑いきれない、疑いの余地のない明証性によって基づけられた絶対に確実な存在内容の基礎の上に、完全に明瞭な十全的明証性をめざすことをその内容とする。その疑いの余地のない明証性の観点を徹底させて「時間と他者」を定題化している「哲学入門（一九二二／二三年講義）」（『フッサール全集』第三五巻）の第三部は、明証性の解明にとって重要である。

［50］ Monade『その方法』第一部訳注［35］（二三八頁）参照。詳しくは、本書第二部「モナド論《モナドロジー》」に集められた論考を参照されたい。

［51］ Luitzen Egbertus Jan Brouwer　ライツェン・エヒベルトゥス・ヤン・ブラウワー（1881-1966）はオランダの数学者で、トポロジーにおいて不動点定理をはじめとする多大な業績を残し、また数学基礎論においては直観主義数学の創始者として知られる。数学的概念とは数学者の精神の産物であり、その存在はその構成によって示されるべきだという立場（フッサールの処女作『算術の哲学』に近く、フッサールから影響を受けているとも言われる）をとり、形式主義のヒルベルトとの間に論争を引き起こしたことで知られる。

［52］ Körper『その方法』第一部訳注［16］（二三三頁）参照。

［53］ vergegenwärtigen←Vergegenwärtigung『その展開』第一部訳注［6］（一五七頁）

参照。

[54] Perspektive 『その展開』第一部訳注[32](一六六頁)参照。

[55] Normalität←normal 『その展開』第一部訳注[35](一六七頁)参照。

[56] primordial 『その方法』第一部訳注[48](二四二頁)参照。

[57] Vermögens-Ich 「能力がある vermögen」と「自我 Ich」を合わせた語で、「能力のある-自我」と訳した。「能力がある vermögen」から派生した「可能力性 Vermöglichkeit」については、『その展開』第一部訳注[39](一六九頁)参照。

[58] Mannigfaltigkeit 『その方法』第一部訳注[12](二三一頁)参照。

[59] reell 『その方法』第一部訳注[52](二四三頁)参照。

[60] ideell 『その展開』第一部訳注[19](一六二頁)参照。

[61] transzendental 『その方法』第一部訳注[30](二三七頁)参照。

[62] Appräsenz/Kompräsenz/Kompräsentation 『その方法』第二部訳注[2](三六〇頁)参照。

[63] Allzeitlichkeit 『その展開』第四部訳注[3](五六七頁)参照。

[64] Anomalität 『その展開』第二部訳注[11](二六八頁)参照。

[65] φύσις 古代ギリシアの「自然」を表す語であり、世界の根源とみなされ、「生成や誕生」という意味も含まれ、フッサールがここでいう「人間の経験世界の全体」を指す概念とされていた。

[66] Isaac Newton　アイザック・ニュートン（1642–1727）、古典力学の完成者であり、近代物理学の祖とされる。
[67] Albert Einstein　アルバート・アインシュタイン（1879–1955）、現代物理学の父といわれ、特殊相対性理論、一般相対性理論、光の粒子と波動の二重性などの理論により著名。
[68] Leistung←leisten　『その展開』第一部訳注［40］（一六九頁）参照。
[69] Abbau　『その方法』第三部訳注［1］（五一九頁）、および『その展開』第四部訳注［2］（五六六頁）参照。
[70] Genesis　「起源」について『その方法』第一部訳注［46］（二四二頁）、「超越論的発生」について『その展開』第二部訳注［5］（二六六頁）、「発生的現象学」について、『その展開』第二部訳注［9］（二六七頁）をそれぞれ参照。
[71] Empiriographie　フッサールの速記草稿AVI7をドイツ語に起こしたファン・ケルクホーヴェン（G. v. Kerckhoven）によれば、草稿のテキストの標題にこの「Empiriograhie経験構図学」が使われており、その内容として「経験の世界の記述。自然——人格の構造の記述。経験構図学の端緒の問題。……実践的周囲世界の類型。人格性の存在論とその人格的周囲世界」（『フッサール全集』第三九巻付論二六）と記載されている。
[72] Vermöglichkeit　『その展開』第一部訳注［39］（一六九頁）参照。
[73] ur-　『その展開』第一部訳注［15］（一六一頁）参照。

第二部　モナド論《モナドロジー》

11　一〇　自我とモナド

〈内容〉　発生の統一つまり時間を充実する統一としてのモナド。その統一のなかで、必然的な連関が時間充実を貫いている。発展の統一としてのモナド。モナド的自我の統一。モナド的主観性の規定可能性の問い。なぜ個体は《未来に向けて生成すること》において、まさにこうであって、別様に生成するのではないのかという、「充足理由律」[1]（の問い）。すなわち、モナド的個体についての特別な認識の仕方についての問い。自我の規定可能性と自由。すなわち個体性。合理的な規則と不合理な規則。理解できることを原理とする人格的自我。人格的自我と個体性。個体性についての内的に知られることと、外的に感情移入をとおして知られること（連合的・帰納的な認識に対立する）。人格の規定可能性、および人格の起源などの問題。人格の自由。多くの自我の個々

の固有性が本質的にことなっていること。あらゆるモナドの個体的な規則。対象極に対する自我極としての自我。機能の中心としての自我。体験の変化によって私の主観性の変移が可能であっても、その体験の変化は、機能の自我としての私を変化させることはない。そしてこのような自我の変化の可能性とそのような自我が維持されること（個体性の維持）。分身《ドッペルゲンガー》[2]の問題。

12

何かがあるという事実は、そのつど共存可能性の領域を、つまりともに存在しえたりしえなかったりするもののすべてを、あらかじめ指定している。あらゆる個体的に存在するものは、必然的に具体的な個体であるか、あるいは個体の非独立的契機や断片や特質であるかのいずれかである。あらゆる具体的な個体は時間のなかで持続しており、現在から現在へとつねに生成しつつ移行することで、まさにそれがそうあるものなのである。この個体は、現在からいつも新たな現在へと移行するそのつどの状態としての存在をもっている。また個体は、時間持続をとおして伸び広がる、そのつどの状態の持続的経過として、そのつどの状態の時間存在を、すなわちそのつどの状態をともなう具体的に満たされた持続をもっている。

私たちは、具体的に充実された持続を時間として分割し、ある意味で断片化できる。しかし、それだからといって、こうした時間断片のすべてが具体的な個体として考察されうると言われているわけではないし、そうした時間断片が、独立した具体的個体の充実されている持続と考えうると言われているわけでもない。

一つの主観（具体的モナド）を取り上げるならば、その場合に、生成における存在の統一が意味しているのは、発展（特別な意味での発生）の統一ということである。そのさいに明らかなことだが、あとから生じる時間断片の内実や、持続の位置における時間位相の内実は、それに先立つ内実がなければ、考えることすらできない。ある位置に設定される統覚は、別の位置ではなくまさにこの位置で動機づけられるのであって、自分自身のうちにおいてみずからのうちで発生しているという拭い去ることのできない刻印が押されているのだ。

ヒュレー的所与の場合には事情はことなっている（モナドの統覚的機能に関してではないが）。同様のことは、物理的事物、つまり客観的時間のうちにあるような厳密な意味で知覚された事物的な持続充実に関しても言える。純粋な視覚事物はそれ自身において、つまりその内容において、それに先立つもの、その歴史を示しているわけではない。他方、実在的特性をともなった実在的なものとしての物理的事物そのものは、それらの特性とともに、現実的ないし可能的な別の事物を指し示しており、このような特性は因果的特性である。

さて、私たちは、あらゆる個体をその充実した時間持続に関して考察できるし、同様にそのような持続のあらゆる断片をも考察できるだけでなく、一般的に、満たされた時間持続を可能にするアプリオリな条件をなしているものは何かと、問うこともできる。たとえば、無限に多くの非連続性が可能であるわけではない。したがって、ここには、時間充実
13 のなかで、絶対に結びつくことのない恣意が存続しているわけではない。したがって、あらゆる個体やその持続の充実した時間断片はそれだけで、こうした条件を満たしているのでなければならない*1。

さらに、まったく別の様式の本質法則が存在する。それは、こうした時間充実の法則を越えて、個体的な生成を規則づけ、満たされた持続において先行するものと後続するものとの連関を規則づける。このことは、上ですでに気づかれていたことである。たとえば、モナド的[3]発生の本質規則がそれである。事物に対する因果法則も同様であり、それは次のように理解される。もしも、ある物理的事物の、その個体的本質を手にしているとした場合、そのことが意味するのは、その事物の物理的な特性やこの特性の状態としてのそのつどの物理的状態を手にしているということである。ということは、私たちは、この因果の法則において、それらの状態に関して、別の可能な事物にかかわるその事物の可能な因果

性の体系全体をもっている。しかし、そこでは、状態とともに与えられる「周囲状況」は、つまり、いまの顕在的な因果性を規定する対象事物は度外視されている。事物の「本質」には、そのような実在的な可能性の関係点であるということが属している。しかしもちろん、こうした「本質」は、個別の事物や充実された持続のうちでその事物に含まれているものとともに与えられるわけではない。したがって、これは、まったく別の事態である。事物はそれ自体それだけで、直観されうるものとして、したがって本質として、一般的なものとして、種的に含まれているものに関しては、時間的に分割された本質内容によって本質的に要求される「因果性」を何ももってはいない。また、先行するものから後続するものへと至るいかなる必然性ももっていない。〈そのような必然性〉が事物の断片を互いに結びつけるような場合には、条件性をたずさえうるようないかなる本質連関も存在していない。因果連関は決して合理的な連関ではなく、因果的必然性は、決して洞察的必然性ではない。こうしたことは、古くから知られている考察である。

しかし、私たちは一つのモナドのうちにおいて、時間を充実する統一を手にしており、その統一において、必然性の連関が発生の連関として、時間充実の全体を貫いている。こうした連関がどこまで及ぶのか問われ、また、未来の本質内実が、それに先立つ本質内実、
14 すなわち、あらゆる時間点の非独立的本質内実の共存の本質関係と絡み合っているような

先立つ本質内実によって規定される必然性は、はたして、一義的な必然性であるのか、またそうでありうるのかが問われる。

あらゆるモナドには、自我の統一が属しており、時間持続を越えて伸び広がる自我の統一がすべての自我的なものをともなって属している。またそれだけでなく、自我に対して他なる《フレムト》ものも、やはり「主観的なもの」として、すなわち必然的に自我に対して他なるものであるようなモナドの範囲があらゆるモナドに属している。したがって、内在的時間を貫いて伸び広がる、ヒュレー的対象の範囲が、ときには、そうした内在的な対象のなかで現出において描出される、超越的に措定された対象の範囲が属している。過去のヒュレーはモナドのうちにおいて、未来のヒュレーにたいして、到来することの本質必然性をその規定性においてあらかじめ指定してはいない。ヒュレーは偶然に生じ、持続的な時間充実の一般的な本質規則のもとでのみなりたっている。モナドそのもののうちで発展する、まえもって解釈する予期は、その正当性をもってはいるが、推定するものとしてだけ正当なのであって、本質的には、到来しないという可能性の地平をもっているのだ。

したがって、モナド的主観は、その完全な具体的な姿において捉えるならば、すなわち、自我的なものと自我に対して他なるものの周囲との本質必然的に相関する存続体において、どのようにして、一義的に規定され、その完全な規定可能性のうちで認識されうるのだろうか。

ところで、個体の「内的なもの」や「固有本質」、すなわち個体について直観的に与えられ、種別化されるすべてが、形相的に把握されうるとするかぎり、私たちは、次のように言わねばならない。つまり、いかなる個体についても、その本質が合理的に、その形相的必然性のうちにおいて、その未来の生成を、すなわち完全に規定された未来の本質存続体を、一義的にあらかじめ指定することはなく、ここで問われるのは、個体の本質はそもそもこうした点において、未来に対して何かをあらかじめ指定しているのかどうかということである。

最初に研究されるべきなのは、モナド的個体が消滅しうるのかどうか、あるいは、未来の生成が、無限《イン・インフィニトゥム》に続くような生成と引き続き生成することのなかでの存在が、内的本質の本質根拠によってあらかじめ指定されているのかどうかということである。モナドが「そもそも」始まりうるのかどうかという問題も同様である。事物個体に関して初めからはっきりしているのは、その内的本質（すなわち、その瞬間的な立ち現れ《ファントム》の連続やその時間的に伸び広がる立ち現れ）は、現在や過去から未来に対して、何も本質に応じてあらかじめ指定することはできないということである。いずれにしても、モナド的個体についても、確実であるのは、未来は過去から一義的に内容の上で規定されてはいないということとである。あらゆる共存を、あらゆる瞬間における共存を規則づけるような本質規則は、初めから、共存するものの究極の差異を交互に開いたままにしておくような規則である。

充足理由律

しかし、次のことには、それに足る十分な理由がなければならないのではないのか。すなわち、生成においてそのようなものとして存在する個体が、《未来に向けてこのように生成すること》において、まさにそうであって別様にではなく生成することの理由である。したがって、このような充足する理由は、どんな過去からしても、まえもって、その未来を認識させねばならないのではないのか。充足理由律の問いは、すでにその始まりに関係づけられる。個体が現実に存在するようになる。その始まりなしには、個体は個体でないだろうし、この始まりの何故に関してと同様、まさにこれまでこのような充実された持続が経過してきて、未来においてまさにそうであって、別様には経過しないという無限の事実に関してと同様、充足理由律の要請はとどまることになろう。となれば、しかし、充足理由律とは、ある認識様式に相関する表現であることになり、その認識様式において、独特なもののあらゆる本質認識に必然的に付随している未規定的一般性がそこで補足されて、その独特のものが個体へと決定づけられるのである。あるいはまた、個体としての個体に特殊なものとして固有であるような認識様式、すなわち、そこで個体化するものが、その与えられ方とその規定にいたるような認識様式に相関する表現であるか、どちらかである。そしてこのことは、あらゆる観点からして、完全に個体化するものにかかわっているのである。個体は必然的に生成において存在するものとして与えられている。そしてそこに必然的に含まれていることは、個体がたとえ、「まだこんなに小さい」としても、すでに満たされた持続の幅のなかで与えられていることである。さらに必然的であるのは、個体が、本質様式において（過去に応じて）予描された開かれた未来地平をともなって与えられていることである。この未来地平の規定される充実はまだ生じておらず、規定する知覚において生じるはずのものである。ときには生成の中断も、開かれた可能性であるが、定立は、まさに、内実や中断しうることがどれほど未規定であっても、こうした方向へと向かって
16 いくのである。そして、これらの可能性の一つが「到来しなければならない」ということ、このことは、この可能性は一つの本質様式のみを予描しうるだけであるから、一体どの可能性であるかを、認識する者としての私が、本質根拠から知っているわけではないにもかかわらず、絶対に確かなことである。したがって、未規定であるが確実に到来するものの理念、そしてそれ自身において完結し、その存在の時間全体に関して規定されてはいても、知られてはいない個体の理念は、個体にかかわる経験の意味にともに属している。しかし、

このことで意味されているのは、個体が存在する場合には、それが生成しているあいだに、しかも完成したものになる前に、その持続のうちでまえもって認識されうるのでなければならないということなのだろうか。さらには、別の系列に属するものは、その個体に偶然に属している現実の経験に対して、それ自体として存在するものとして認識されうるのでなければならないということなのだろうか。

ここで認識ということに訴えかけることは避けられない。どのような個体もやはり、私たちに対して現在と過去と未来を遡って示しており、必然的に現在の個体である、等々。現在と規定するものは主観性にほかならない。主観は生成のうちにあって、それ自身のうちで自分の現在や自分の過去を構成し、地平として前方に向かって開かれた未来を構成している。そして、個体はそれ自身のうちで現在を構成し、自分自身を現在的なもの（現在において過ぎ去った過去をともないつつ）として見いだすということだけで、別の現在と過去と未来を与えられたものとしてもつことができ、その主観とその現在から、根源的な意味を受け取るものとして与えられている。

いずれにしても最初に求められるのは、「モナド」としての主観の本質分析、すなわちモナド一般の具体的本質の本質分析であり、その分析は、すべてのモナドの特有な自我的なものと自我に他《フレムト》なるものの構造について、またモナドの一般性が純粋な可能性に応じて類型的に分別できるような可能な形式についての本質分析である。

ここで言いうるのは、そもそもモナドは一義的に規定された生の経歴をもちうるのだろうか、そうしたものはすでに本質的に排除されているのではないか、ということであろう。モナドにはやはり、自由な自我が属している。この自我はまさに自由を手にしており、あれこれのことを考えたり、あれこれのことの再現を繰り返すことができるのである。それとともに、しかし、そのような自由な活動にともなって、新たな体験がモナドに登場してきて、それらの体験がさらなる生の経歴をともに規定していくのである。

とはいっても、そのような自由な作用は、なんの動機もなく、無から生じるものだろうか。そして、「個体性」がすでに、自由な作用を統率する規則ではないだろうか。私であって、他のだれでもない私としての私が、場合によって、別様ではなくまさにそう決断す
17 るのであって、もともとの素質や能力をもったこの私が、こうした着想をえて、こうした思考の歩みを見いだし、別の素質のもとではそれを見いだすことはできなかっただろう。たしかにそう言える。しかし、このことが意味しているのは、規則づけの原理が存在するということだけであり、しかもそれは非合理な原理であり、本質アプリオリの原理ではないということである。もちろんここでは区別が求められており、非合理であることと本質アプリオリでないこととが同一のものとされている。もともとの素質といったものは非合

理と呼ばれるだろう。しかし、人格的作用の（人格としての）中心的自我に関してはどうであろうか。そこで言えるのは、この自我は、理解可能性の原理、したがって合理性であることである。自我から生じ、自我から生じるのを見て取れるかぎり、この作用は、理解できるものであり、規定されたものとして、その規定性のなかで、まさにこの自我によって必然的になされたものとして認識される。たしかに、自分自身や他者について思い違いをすることがある。しかし、その理由は、実際の動機づけ状況を明確にし、完全に直観的なものにして、自我から湧き出ているあらゆる動機を完全に直観的なものにしていないからにすぎない。もしそうすれば、たとえば、私がある状況へと自分を生き生きと置き入れ、想像のなかで可能的な状況であっても、自我として擬似的に動機づけられているかのような状況に身を置くとき、そこで私が目にしうるのは、私の決断は確固としたものだっただろうし、自我として私がそうなし、そうなさねばならなかっただろうということである。

人格的自我、人格的個体性

しかし、私はそこで、私の自我が私にとって「本質」として与えられていて、決断との本質連関を認識し、したがって、特殊な本質において基づけられた合理的な必然性を認識する、と言うことができるだろうか。言うまでもなくそういうことが語られているのではない。もちろん、次のような違いはある。すなわち、私は自分や他者を「経験的に」判断するのか、つまり、外から帰納的に、自我のふるまいを予想し、さらに一般的な規則（彼はこれまでしばしば信頼できなかったので、今後もそうだろうなどと）を立ててみるか、あるいは、内面から、自分をその自我のふるまいのうちに置き入れながら判断するのかどうかの違いである。しかしそこで問われるのは、顕在的コギトに入り込んで生き、これまでなしてきた（習慣的になった）態度決定の連関や動機づけ連関に入り込んで生きることにおいてのみ把握しうる、この自我とはいったい何であり、私と同一なものとして一貫している人格自我として、いったい何を見いだすのか、ということである。

18

自我が内的に変転する、回心するなどと言われることは、何を意味しているのだろうか。私は、回心するまえに、確信をもって、そのような状況では、こうするとか、やがて来る状況（その状況が実際にそうしたものであり、それゆえ、動機づけ状況として変化しないと前提されている）では、こうするだろうと言う。しかし回心したあとでは、それは当てはまらず、もはやそう言うこともできないだろう。

人格としての自我は、作用の「我《エゴ》」の瞬間的な断片なのではなく、すべてのこれまでの作用を遂行したまさにその自我なのであり、そのかぎりで、これらの作用のうちに、動機づけられるその人なりの仕方を示している。この自我にとっては、そのつどの動機づけの絡み合いにおいてその動機づけのそれぞれは、色感覚が登場するときのように、偶然で不可解といったものではなく、必然的で「理解可能」なものである。そのつどの動機づけは一義的であるが、本質に応じてそうなのではなく、この自我にとって一義的なのである。

主観性の、すなわちモナドの「個体性」としての人格は、《我思う《エゴ・コギト》》という形で特殊な能動性の領分に関係している。こうしたコギトの多様性において、個体性としての一つの同じ我《エゴ》が展開し、発展し、変化する（ときに逆転などもする）。[*2] そのエゴは統一であり、自我の作用を自分で発展させ、あるいはむしろ、活動的に自分から遂行しながら、固有の様式において構成され、それだけで構成されている。こうしてこの統一は、そのような自由な作用（評価や態度決定）のなかで、個体的人格としての自分自身を、もろもろの人格的な性格特性の統一基体として知るようになることができる。このような統一に対して、作用というのは、つかの間にすぎて行く人格の行動様式であり、このうちで、人格的個体性が、現実や想像のなかで、何かをしていたり、されたりして、そのつど刻々と告知される。[4] 私が刻々とと言うのは、個体性は告知されない場合（眠りの場合のように）にも、そこに存在しているからであり、実際に未来のものであれ、可能的なものであれ、別の作用のなかでもまったく同様に告知されうるからである。それが現実の告知となるのは、自我が状況のなかにいる自分に入り込んで想像し、その想像のなかで立場を取りつつ決断する

ときである。もっとも、その作用は想像作用ではある（たとえば、隣人愛への決断はその
19 実際の活動なのではない）のだが。個体性としての人格的自我は、現実的ないし可能的な態度決定の、すなわち、その自我にとって現実的ないし可能的な態度決定の多様性全体をとおして同一のものである。この全体性は、この自我にとって、しっかりと規定され、個々の行動様式において「内的に」告知されるものである。*3 ここで問われるのは、完全な告知をなすのは何であるのか、それはそもそも可能なのか、またどのようにして可能なのかということである。人格は、本当に、またどのようにして、自分自身だけで、そのように構成されているのかが問われ、人格がそのようなものとしてあり、このように確固として境界づけられることで、決断に関するすべての可能な周囲状況に対して、統一的に確定された仕方で、決断を予描していて、またそのことを確信できることになるのか、ということが問われる。*4

さらに問題になるのは、感情移入は何をなしうるのか、それは他者の個体性を実際に把握しうるのか、感情移入が想定されるとおりそれができるとした場合、他者の個体性がそうできるのと同様に把握できるのかという問題である。

内的告知と対置されるのは、外的な、連合的・帰納的な告知である。一人の人格の体験の多様性の枠組みのなかで、その主観的な体験領分においては、連合が支配している。そ

こには、また自我から発する作用が、体験流におけるその動機づけをともないつつ、その外的な類比をもつような体験として登場することから、そうした作用も連合の規則のもとに服している。そして、もろもろの期待が、つまり、同じような周囲状況のもとで登場してくるものとしての類似したものに対する期待が、そこで根拠づけられている。このようにして私は、自分を、そこで決断すべき自我として、ある動機づけ状況のなかに置き入れることなしに、状況のイメージが（純粋な受動性において）心に浮かぶやいなや、「そこに属する」行動が生じるというように、まえもって期待されるのである。このような連合的予料は、決して個体性の本来的な告知ではなく、せいぜいのところ、場合によって取り上げられるにすぎない予料なのである。動機づけ状況やそれに類似した状況の準現在化において、私がaと決断して、まさにこの個体としての私が、そのように決断した後に、別様に決断しなければならなかったり、そのように決断することになろうといった場合がありうる。期待の「期待外れ」は、ここでは始まったメロディが終わるといったときの期待の場合のように偶然なのではなく、その「内的」な根拠をもっている。したがってここには、一つの「期待」（まえもって決断して、あとでまったく別のものになってしまうような決断なしに、未来の行動がまえもって確信されていること）があり、それは、外的・帰納的な期待（通常の意味での連合）ではなく、内的に動機づけられ、自我の個体性からなるまえもっての確信である。

個体性が示されるのは、その個体が何を愛し、何を憎むのかにおいてであり、感性的な快の感情や苦の感情のうちにではない。すなわち、何をより評価したりしなかったりするか、そのさいどのようにより高く評価したり、評価しながらも後回しに（価値づけたり、価値づけて優先したり）するのか、においてではない。そうではなく、その個体が実践的な活動において何を目的として措定するのか、何を「好む」のか、したがって実践的に優先するのかにそくしてである。受動的な衝動において個体性の何かが示されることは決してなく、感性的な快や苦の感情のなかで示されないのと同様である。衝動に対置されるのは、実践的な態度決定である。衝動的に何かを実現することは、すなわち純粋に受動的な実現は、決して人格性の告知ではなく、自我の側から感性的な衝動受動性に屈すること（屈服の習慣）、あるいは、屈することに積極的に反抗すること、抵抗することである。

個体性は受動的思いなし《ドクサ》のうちでは告知されない。そのような思いなし《ドクサ》においては、感性的所与が、たとえば知覚や再生産のうちで、現在や過去において存在するものとしてそこにある。[5]個体性が告知されるのは、気分や推測の受動的なたわむれにおいてではなく、活動的なドクサ的考慮や決断においてであり、また能動的な思考やすべての知的な活動性においてであり、それらは「根拠」にしたがって決断する自我の能動的態度決定をともな

21っている。理性の判断に服する自我は、人格的自我であり、このことは私たちに規範の本質法則を指し示しており、この本質規則は、基準となる規則としてすべての人格的自我に向けられている。

しかしここで、まえもって次のように言うことができる。たしかに、人格的自我は個体的なものであり、さまざまな態度決定のなかで告知される「固有のあり方」であり、それがこの自我をきわだたせてはいる。しかし私たちはやはり、人格一般について、個体一般について語り、人格を類型概念のもとに置く一方で、人格の本質概念をもっている。人格一般という本質についての明晰性が獲得されうるのは、当然、人格性がそれ自身、本質に応じて作りだされる構成の様式が完全に解明されることを基礎にしている。

人格的自我は自由であり、まさに決断するがままに決断するのであるが、別様にも決断できるのである。ということは、人格的自我とは、さまざまな体験のもとで決断がともに登場するといった、もろもろの体験の受動的な舞台なのではなく、また、その上で、すべての体験が、すなわち、本質法則や経験的（帰納的）法則に応じてもろもろの体験に見て取れるような確固とした規則秩序にそくして経過するような舞台ではない。もちろんここで、適切なことを言うのはきわめて難しい。しかし、次のように表現するのが適切かもしれない。内在的時間における体験の時間継起の規則秩序があって、それが帰納の確固とした規則を可能にし、体験流そのものにおいてしっかりと秩序づけられた経験的な期待を根拠づけているといったことは見られないということである。また、流れの体験の固有本質とその本質法則が、作用に関して何らかの規定性を指定することもない。すなわち、仮に私たちが二つの体験流が、ひとしく秩序づけられたヒュレー的所与とその他の根源的な受動性をともなっていると考え（それが共可能的である場合）てみたとき、したがってひとしい仕方で連合を形成していると考えてみたとき、作用もまた同じものでなければならないかのようになってはいないのである。ある作用が体験流に登場する場合、これまでそうであったような、同じ体験流における作用ではなく、それ自身においてそれと両立しない作用も登場しうるかもしれないと言うことができるだろうか。いまや自我とは、人格的個体性とは、いったいどのような原理なのだろうか。

本質法則的に妥当するものは、その「本質」からして、偶然なものに妥当するのであり、すなわち、《このこれなるもの》が純粋な可能性の領域へと高められ、そこでは、この種のものに対して、一般的に、これこれのものが妥当することのゆえに、それが偶然なものに妥当するのだ。私が《このこれなるもの》を確保して、可能性としてその規定を把握し
22 ようとするとき、それと並んで、同等の権利をもつ可能性として本質のあらゆる別の個別化をもっている。個体の赤を受け取り、未来のものとして何らかの可能性を考えるとき、

それは可能な色の総体のうちの何らかの一つのものである。しかし、私が、いずれかの今に一つのコギトを考えて、自我をともなう体験流のなかでもっとも近い未来にそれを置いてみるとき、私はたしかに、一般的な本質に応じて、すべての他のもろもろのコギトを、つまり（もっぱら）同じ種的意味のコギトを等しく可能なものとしてもっており、したがって色の場合のように、本質規則によって、特定のコギトを設定したわけではない。しかしまえもって、この自我（いま存在する自我）をとおしてこの可能なコギトの一つが（設定された状況において生成する必然性のあるものとして）、しかもその自我のものとしてきわだたせられるのである。そしてこれは経験的予期という様式においてなのではない。こうしたことは、もっとよく詳論されねばならないだろう。

　したがって、私がここで考えているのは、体験流のなかであらゆる決断はこの流れの自我（発展に応じていまあるような自我）から生じたものであり、別様にも登場しえたかもしれないようなたんなる事実、すなわち帰納的な事実として登場するわけではなく、また他方、それがそのように生じるのは、一般的な本質根拠に基づくのではなく、したがって純粋な可能性の総体を、個体を越えて規則づけるような法則に基づいて登場するわけではなく、たんなる可能性からこの決断は規定されているのであり、ある新たな特有な意味においてアプリオリに規定されている、ということである。与えられた連関のなかで可能性として考慮されるそのコギトは、すでにその可能性のなかで決断されているのである。そしてこの現実の決断は、分りやすいように、唯一可能な決断なのであり、すでにそのたんなる可能性の考慮のなかで、したがって、想像による考慮のなかでも分別をもって決断しえたのであろう。体験流のなかの、すなわち特定の主観性（モナド）のなかのあらゆる作用は、純粋な可能性からその必然性をもっており、この流れのなかで同一のものである自我は、そのなかで個体性（個体の固有のあり方）をもっており、この個体の固有のあり方において、他の流れの自我と決して同一ではありえない、と言ってもよいだろう。自我を（この今における）この流れのこの自我として受け取る場合にのみ、あらゆる可能な決断は、流れのなかで登場するあらゆる位置に対してアプリオリにまえもって規定されており、そのことから、この自我にとって、あらゆる現実の決断が一義的に必然的なものとして規定されている。自我はその固有のあり方を、具体的な種的本質の個別化による一回性とい[23]う意味においてもつのではない。もしそういうことであれば、その種的本質をもつ複数の自我が可能であるということになろうし、その自我は、この流れのなかで個別化を経験する複数の本質と一つになることでのみ個別化することになろう。

　自我は決して一般的な事象を含む固有なあり方をもつのではない。すなわち、自我はそれそのものとしてはまったく空虚である、というようなあり方をもたない。自我はただコギトのエゴであり、コギトがその全内実を与えるのであり、自我は体験流と関係しつつ、この体験流に対して非独立的なものでもあり、その逆に体験流も自我に対して非独立的である。他方、自我はその自由のうちにその固有なあり方をもつ。どのような自我が（特殊化にあたって、どんな違いも示さない空虚な一般性として）そもそも可能であるかはさまざまであるが、あらゆる自我にとって、場合によっては、ただ一つの自我が可能なのであり、このことは自我にとって、必然的なのである。したがって、あらゆる自我にとってその必然性が存在するのであり、それは設定された外的規則（経験によって認められる規則）をとおした外的規定の必然性ではなく、内的な必然性であり、現実を規定する「アプリオリな」可能性として理解可能な必然性である。*5

次のように言うことができよう。コギトの自我は、事象にかかわる特殊な本質に関しては完全に空虚であり、別の自我と比較可能であっても、この比較において空虚な形式なのであり、それが一回性という意味において「個体化」[6]されるのは流れをとおしてのみである。私たちは、このような一回性の個体化と、個体的な固有なあり方とを区別する。この一回性の個体化は、自我という一般的「形式」を、すなわちその一般性において言えば、あらゆるモナドにとって特殊な同等のものを経験し、あらゆる個々の作用体験を経験する。それに対して、個体の固有なあり方とは、あらゆる今における自我という形式のあらゆる個別化に属する、可能な作用の特定の総体からなる。この可能な作用というのは、個体的な特定の体験流の個別的な自我にとって、〔それぞれの〕与えられた瞬間において、一義的な仕方で「アプリオリ」に予描されており、しかも唯一、この自我やこのモナド的統一に属するという仕方で予描されている。つまり、あらゆる作用は、この流れのなかで、すなわちこのモナドのなかで、与えられた瞬間という顕在的な今において、意識されたりされなかったりする前提との関係において、一義的に必然的であり、アプリオリなのである——ということは、そのつどの作用が具体的に遂行される以前に、可能な作用（態度決定）の多様性が考えられうるのであり、直観的に表象されうるのである。しかもそれは、24（このモナドそれ自身における）この自我それ自身にとってそうなのである。しかし、このように直観的に表象する（自由に虚構する）ことにおいて、すでに唯一の態度決定が、このモナドにおけるこの自我にとって、この連関のなかで顕在的な今に必然的なものとして予描されており、この自我そのものにとって一義的に必然的なものとして与えられている。私がそれであるこの自我は（したがって、私であった私、これまで存在するものであって、いまは暗い未展開の習慣性のなかで見失われているこの体験流の自我としての私）、ただこの一つの態度決定だけが（いま）でき、またこの一つをしなければならない。私は特定の「私は意欲する」＝「私はするだろう」を、個体的必然性としてもっている。私は多様なものを空想して虚構でき、それによって私の未来の人生と行動とを多様に考えることができる。しかし、あらゆるそのような可能性に対して私が認識できるのは、(現在から任意の未来にまで至る私の人生を、私のこれまで経過した人生を顧慮しつつ、完全に具体的に私の人生として構築するならば)、それがそもそも私にとっての可能性であるかどうか、あるいはまた、その可能性が、私を別の自我と別のモナドへと虚構によって変化させたとき、いまある自我と折り合いのつかない可能性であるかどうか、ということである。私がそれである自我として自分を確定するとき、すでに想像や、私の具体的な活動的な人生(現実的なこれまでの人生、あるいは私の人生としてすでに具体的に継続され、表象された人生)の継続として想像されたコギトを見積もることにおいて、私が「直観的に」現実にそのコギトの見積もりを遂行しうるかどうか、そして私は、あらゆるコギトの見積もりを遂行しうるのではなく、可能性におけるただ一つの見積もりを遂行しうるのかどうか、ということが明らかになる。

私が私の過去を考察し、そのなかで再生しつつ暗い領域に入り込むとき、私はそのような過去を、かつて現実だった過去、したがって想起においてあった過去とは別の仕方で多様に考えることもできる。このようにして、あらゆる過去の作用はその位置に関して、その現実的な過去性において一義的に規定されているのであり、それらは次のような可能性に対置される。もし私たちがその可能性を現実性として見積もろうとすれば、私たちはその現実的なモナドを失い、そのモナドと折り合いのつかない別のモナドに、もちろん別の自我とともに見積もることになろう。

　このような観点においては、作用に関してもヒュレー的所与に関しても事情は変わらず、ということは、過去に関してもまた未来に関しても事情は変わらないことになり、未来に対して、それを人生の内実によって規定され充実されたものと考えるための見積もりが必要とされるのである。私たちがそのように行なうとき、私たちは一般に、何らかの時間の
25
幅が内実で具体的に満たされ、存在するものとして見積もられていると考え、こうして、それによって、あらゆる別の見積もりが、まえもって与えられた見積もりと抗争するものとして排除されている。

　しかし一般的に言って、具体的内実が経過しても、それは未来に到来する内実に対して、どんな一義的な必然性をもまえもって指定することはなく、その具体的内実は、それが規則的に起こった場合、認識する者にとって経験的な予料をもたらしうるにすぎない。そして、この具体的内実は、そのような予料に応じて規則的に経過するものとして、すなわち経験的法則のもとにあるものとして帰納的認識において成立し、帰納の規範に基づいてそのようなものとして、経験のなかで確証されるのである。しかし、モナドは、その「体

験」のすべてに関して、それだけで（そして感情移入をとおして、ときとして他者にとって）時間的に存在し、継続して時間系列を満たすものとして与えられているにもかかわらず、時間における任意の連関なのではない。こうした時間系列のヒュレー的存続体に関して、すなわち周囲にある私に他のもの《フレムト》として与えられる存続体に関しては、いかなる新たな状況も成立しているわけではない。しかし、自我や自我的なものに関しては新たな状況が成立する。作用が、体験の経過のなかにあって、類似性の順序づけられた継起のなかに登場するとき、それに応じてそうした作用がふたたび期待されうるのであるから、内在的時間の出来事としての作用にも経験的な規則がかかわっている。そうした規則を度外視しても、作用は固有の法則をもっており、しかも個体的な法則をもっている。この法則によって阻止されるのは、二つのモナドが完全に等しいものでありうるということである。たしかに、二つのモナドは、そのヒュレー的存続体に関しては、すなわち一般に主観性の領分にもともと受動的に属しているものに関しては、おそらく完全に等しいものとして考えることができるかもしれないとしても。二つのモナドがこの点において完全に等しく、受動性にかかわるあらゆる発展の存続体が等しいとしても、やはり、作用や作用から規定される発展の存続体に関しては、等しいということはありえない。

あるいは、もろもろのモナドは、一般的なものをもまたもっており、種的本質をもっている。モナドは、その契機に関して含有しているものすべてに応じて種別化可能なものをもっている。こうしてモナドは、作用にかかわるものすべてに関して、本質一般性の法則としての本質法則（一般的アプリオリ）を根拠づけている。モナドは、他方、その《我あり》において一つの原理をもっており、その原理は、種別化可能なものを含んでおらず、「内容」を含んでいない。この内容は、個体的差異として、あらゆる自我が共有している
26 一般的なものと結びついている。ということは、そうしたあらゆる内容は、どれも反復可能なものであり、種的差異であり、結局のところ最終的な最低の差異であるが、しかしなおも一般的なものということになる。

対象極と自我極についての基本的な描写、機能中心としての自我*6

自我は、多様な現出のなかで同じものとして「置かれている」志向的対象の場合と類似していないだろうか。そこにおいて「それ〔志向的対象〕」が思念されているあらゆる志向的体験において、それは「同じもの」であり、同じものとして認識されうる。だが、私たちがその体験を時間的な出来事として考察すれば、やはり次のように言うことができるだけである。すなわち、そこで対応する連関のなかに登場するそのつどの二つの体験（たとえば、知覚体験と想起体験であるが、想起体験は、想起の持続性や、同時にこの持続性

のあらゆる位相によって媒介されている）は、別のものであって、それらが同一のものを現出させるという点で「等しい」のであり、同一のものへの「方向」のうちに等しさが見いだされる、と。そのような体験はその本質において、等しさのうちで結びつけることができるものをもっている。だが、同一のものそのものは、それらの体験のそれぞれのなかで等しい契機となっているのではなく、まさに、同一のものなのである。他方、それは個体的に共通の契機がもつ同一のものなのではなく、したがって、まださらに考えられうるような等しさの（その二つの全体の等しい部分の一方を変化させて同一性の合致にもたらす場合にみられる）極限事例として考えられる同一性ではない。むしろ、それはまったく比類のない同一性であって、志向的体験のなかで思念されたものについて、まさに志向的体験だけが示しうるような同一性である。もろもろの体験に共通しているのは、「実質的《レエル》に」同一のもの、存続する断片ではなく、むしろ志向的（「志向対象的《イデエル》」）に同一のものであり、ある意識と別の意識が同一性の極としてそこに「向けられている」極であり、意識がそれについての意識であるような極としてある。

　対象とは同じもののことであり、同じものとして「その対象」へと向かうあらゆる志向的体験において〔内容としては〕空虚であり、空虚な形式である。そしてこの空虚な同一
27 のものとしてのみ至るところで同じものであり、体験のなかの至るところで等しいものを

規定している。しかし、この空虚な何かは、ある体験のなかでは、αβγ…として思念され、別の体験のなかでは、αβ'γδ…として思念され、それは空虚な同一のものであっても、同時に変化しており、しかじかの「述語」(概念把握に先立つ述語づけられるもの)の「担い手」として思念されている。これらの述語は、それ自身新たな、依存的な、担われた同一性、属性の極であって、その担い手に属している。思念されるX(担い手)は、一方ではこの述語、他方ではあの述語で思念されたものとして、こうした規定の仕方に関してことなったものではあるが、このXは同じものである(思念された属性は作用に対して新たな依存した方向づけを示すのであり、それとともに変化する同等性や差異性を示す)。

しかし、意識やそこに含まれる作用意識は、もう一つ反対の極をもっている。対象極へ向けられてあることは、自我が意識の「うち」でこの極へと向けられてあることである。そしてこの自我もまた一つの極である。

いまやこの反対極である自我を考察しよう。モナドの流れのなかに身を置くならば、自我極は、どんな方向性をもつ作用であれ、X、X'等々に方向づけられており、またこの担い手のどの属性にともに方向づけられようとも、同一の同じものである。それは同一の「体験」や「流れ」における体験の契機ではなく、もしそうであれば、不合理なことになってしまい、モナドの流れが、一貫して構成的な流れ、すなわち生成の構成でありながら、その流れのなかで「存在」があるのは、構成された生成を貫く志向的な同一のものとしてのみであり、さまざまなモナドの流れの区間のなかで同一の断片を含みうることになる、といった不合理になろう。

モナド的流れの他と比較できない固有の特徴である（比較できないというのは、すべての本来的な「流れること」や、すべての対象一般と比較できないからであり、これらはモナドのなかで構成されたものとしてのみ考えることができるからである）のは、モナドの流れが自我極化とともにのみ存在し、存在しうるということである。この固有性に応じて、あらゆる「意識」はモナドのなかで（それ自身が一つの意識であるような連関する多様な意識のこうした宇宙のなかで）、「同じ」自我の意識として、絶対的に同一の自我の意識としてのみ存在できる。私は顕在的現在のうちで生き、活動的に経験し（経験対象をあらゆる面から考察し、把握し）、関係づけ、思考し、評価しつつ、私の現在の（私の志向的な[28]周囲世界としての）周囲世界との関係において活動することもできよう。あるいは反省しながら、対象の私の主観に与えられる仕方や私の感覚所与、現出の仕方や私の感情、私の態度決定を主題にすることもできるし、あるいは何らかの再生的な過去に思いをはせるか、過去をいわばふたたび生きながら、過去の志向的なものや、過去の与えられ方、過去の感情などを主題として「もつ」、すなわちすでにもったものとしてもつこともできよう。私は過去から過去へとそのようにして、過去の様相の主観性を考察し、順を追って巡りながら、過去という様相において「現在的なもの」が相前後すること（そのときの私の志向的な周囲世界をともなった以前の時間点における「私」の生）を持続的に変化しつつ相前後することとして見いだすだけではなく、むしろ私は、あらゆる時間点において、「私はしかじかのように活動した」ということを見いだしている。わたしはこうした時間点におけるすべての活動を、まさに同一のエゴにおけるコギトという形式において中心化されたものとして見いだすのである。また私は、時間位相の連続と体験の流れや作用の流れについて、ただ等しい中心化を見いだすだけでなく、同じエゴへと関係する中心化を見いだすのである。いま存在する私は、かつて存在した私と同じであり、いま私にあい対するものと過去のあらゆる位相にあい対するものは、私の、この同じ自我にあい対するものであり、持続的な「流れ」に属しているだけではない。すべてのものが中心化されているのであり、顕在的ないし潜在的に、すべてのものは私にとって現に存在しており、私の主題であるか、あるいは私を触発して、ついでに気づかれていたり、私を触発するが、気づかれなかったりしている。それは私にとって現に存在しており、私を触発「できる」のであり、把握されうるのであり、作用の主題になりうるのである。このような同一の自我極、すなわち触発と作用（さらには反作用）の中心は、それ自身だけで現に存在している。この極にとって、すべての自我に他なるもの《フレムト》と同じように、すべての「登場した」触発と作用もまた、それそのものがこの同じ自我をふたたび触発しうるものとして現に存在しているのだ。あらゆる「登場した」意識のうちにおいて、自我は極として「含まれて」いるが、そのつどの意識の志向的対象とはことなり、意識の方向がそこに向かっている、ないし、意識のう
29 ちでそこで自身を方向づける自我の方向がそこに向かっている対象とはことなる。というのも、この極を把捉するためには、つまり、この極を、第一の、時間対象的（存在的）に構成されるようになった（あるいはむしろ触発的になった）意識の極として把捉するためには、第二の反省的意識が必要とされるからである。その場合、この極は新たな意識においては対象極になるのであり、そこでは主観の極は対象的になってはいない。そして、にもかかわらず、それは同じ極であるのだ。

自我は自我の生のうちで生きつつ、そこにあって自我は触発的ないし能動的に作動する [7]
自我である。そのような自我として、自我は、極として対置される機能、すなわち、触発し、主題的、存在的となったりできる通常のものと同じように、自分自身を触発して、主題にする機能より前に位置している。このような機能は、その自我にとっても、すべてのその触発や作用にとっても、それ自体で第二のものであり、必然的にあとから生じるもの

である。そのさい、このあとから生じることの意味はそれなりの困難をもち、時間や平面や系列のなかでの通常の前後関係をいわば意味することはできない。いつも区別されなければならないのは、根源的に生き生きとした作用における根源的に生き生きとした極（その極はそこにあって、ということは、そこで作動しつつ、それだけで現在を創設するのではあるが、それ自身は現在[8]、すなわち、あい対する今を意味しないのである）と、あい対するものとなったことでもはやそのようなものとして生き生きしていない極とであり、後者は、新たな根源的に生き生きした極にとって存在しているのだ。しかし、この新たな極も、根源的に生き生きとした新たな機能において同じ絶対に同一の極である。自我とは機能中心であり、この中心は、いつでも次のような機能の機能中心であることができる。すなわち、その機能は、同じ自我を、すなわち「それ自身」を、しかじかに作動する、あるいは作動した中心として主題化することができ、そのようにしてそれだけで現にそこにあるのだ。

　私たちはこうして同一の自我をもっているが、それはそれだけでは何ものでもなく、それ自体それだけで抽象的に考察すれば、内容の点で完全に空虚であり、それ自体それだけで考察すればただ、次のような特殊な固有性と一般性をもつだけである。すなわち、一般的に機能中心であり、ここでこの流れにおいて、一般的にその機能中心であるという固有

30 性と一般性である。この機能中心が機能中心であるのは、受動的（触発的）であれ、能動的であれ、何らかの機能のうちにおいてであり、こうして、自我は一方では、状況に応じて「私は何かをこうむる」（触発される）、「私はこれを感じる」、「私はあれを経験する」、「私は快不快を感じることで何かをこうむり、受動的に引きつけられ（欲する）、欲しながら何かに触発される」ということがあり、他方では、また「私は考える、私は評価する、私は何かを気に入る、何かに喜ぶ、私は何かを悲しむ、私は欲求する、私は愛する、私は意志する」という機能のうちにある。

こうしたことは、ある程度、対象極（触発極、主題極など）が対象極であるのは、変化する偶有性や属性の担い手である基体としてあることと類比的である。しかし、それはまったくことなってもいて、自我極*7が自我極であるのは、触発や作用などの基体としてではなく、まさに自我であり、入射点、触発にとっての機能中心であるとともに、放射点、活動や作用の活動中心である。自我極は、その状態の「うち」において（その反作用的状態においても、また受動的な実在化においても）、そしてその方向づける作用の「うち」において、自我とは異なるもの《フレムト》、すなわち、触発されたものに向けられている。

　したがって、多様な機能のこの中心は、根源的にあとから事後的にのみ、まさにこの同じ中心からして、自我が向けられることで機能が向けられてあるようなそうした機能にお

31

いて把捉されうるのである。それゆえ、一つの同じ体験流の統一において把捉されうるということであり、その体験流において、すべての機能が、自我から発出することの契機や自我へと向かうことの契機をともなって、そこにともに存在しているということである。*8

　しかしこの自我が、それに固有な機能において、感覚所与や周囲世界、それらにかかわる作用と触発の体験についての別の可能性を検討してみるとき、多様な変化が（虚構によって作りかえるという機能のうちで）生じてくることになる。その変化とは、同じ自我がその現実的なものとして、現実に体験の主観性の領土として見いだしうるような、そのような現実的な体験流の変化である。*9

　しかしいまや私たちは、二つの根本的にことなる変化の可能性を見いだす。（一）その変化に応じて体験の主観の領土がたしかに、私の現実の自分の体験主観の領土との抗争において、変化することがあっても、そのことによって機能中心としての私の同一性は妨げられることはない、というような変化がある。私がいま赤として経験している表面が、いま赤ではなく緑だとしても、それによって私が少しも変化したことにはならないだろう。同様に私が変化することのないのは、私がいま、目の前にある果物を食べたいという空腹感や衝動として体験するような本能的衝動が欠けたり、〔逆に〕ここでこの木の破片を食べたいといった衝動が体験になったとしても同様である。（二）私が多様な触発の領土において変化を考えることができても、それは同一の極としての私の自我にかかわることはないのに対して、それに代わって能動的な機能が、すなわち「理性の評価」のもとに服する機能が変化すると考えるとき、事情はことなってくる。しかし、理性にかかわる「規範的正義」のすべての問いは別にしても、私がそれらの機能を、虚構によって作りかえた触発的な存続体とともに同じように任意に空想しようとすれば、私は自分が拘束されているのがすぐに分かる。というのも、私にとって明証的になることだが、私が任意の触発的存続体のもとで同じ同一の自我であり続けることができるのは、私が一定の仕方で行動する場合にかぎられるからである。同様に明証的なことだが、私が私の触発的存続体を現実にもっていたものとして確定するとき、私がそのつど活動にもたらしうるのは、自分が〔現に〕活動していた作用だけであるということなのだ。こうした作用の結果、触発的な存続体が私によって喚起されたものとして生じるとき、こうした新たなものや、それとともに統覚的な存続体などに関する過去の遺産として私の習慣的背景に存在するものすべて、そして体験となりうるものすべては、まさに私がなす作用の前提であるにすぎない。私がそれらを空想によって作りかえるとすれば、私は私の自我の同一性をもはや保証できない。私がそれによって生じるのは、私たちの個体的な自我を維持する私たちの具体的モナドの作りかえを、すなわち私たちの「個体性」、すなわち自我の個体性を廃棄するような作りかえを考えることができるということである。私たちがさまざまなモナドの変化を、共存する複数性としての複数のモナドに割り当てて考えようとするとき、二つのモナドがヒュレー的で根源的に受動的な領分の同一の触発的存続体をもつことができるかどうかは、一つの独自の問いなのである。考慮すべきことは、すべての能動的なものが触発的なものに変化するのだからという理由によってすでに、すべての触発的なものは共通であるということはできない、ということである。

32 この能動的なものについて、ここですぐにも主要な命題が表明されなければならない。しかし、原理的にまえもって言わなければならないことがある。二つの共存するモナド的統一体は、同じ自我をもつことはありえないことであり、さらには、あるモナド的統一体の自我は、別のモナド的統一体の自我と同一でないだけでなく、どの自我も、これまで記述を試みたように、自分の固有のあり方をもっていることだ。どの統一体においても、この固有なあり方は一義的で必然的なものにする態度決定なのであり、触発（そこに先行した活動も属する）の前提のもとでしかじかの決断をなす一義的で必然的な仕方である。[*10]

このような固有なあり方を別様に考えてみることは、自我を別様に考えてみることを意味している。二つの自我が固有なあり方で、その活動の一義的必然性において、等しいものでありえないことは、形而上学的主張ではなく明証性なのであり、私の自我を上記のよ

うに虚構によって作りかえるときに与えられている明証性である。私が私の固有のあり方
を別様に考えて、さらに可能なこととして、体系的に閉じた固有なあり方を可能な固有な
あり方として構築するやいなや、私は必然的に、ヒュレー的等々の存続体にかかわりなく、
別の自我をもつことになる。すべての可能なモナドやすべての可能な自我を、私は私の虚
構による作りかえにおける個体的な合致においてもつ。そこで私が見て取るのは、「個体
化」の原理としての、すなわちモナドを必然的に一回的なものにするものとしての閉じた
固有なあり方である。[*11] 私が別の周囲世界をもちうるのも、その周囲世界が、私の主観的存
続体にとって私の志向的な周囲世界としてありながら、他の周囲世界として変化を意味す
るからである。しかし、私の主観性のあらゆる変化が、私の主観である自我の変化である
わけではないのは、私たちが主観性のもとに「主観的」と称されるすべての存続体を、し
たがって、心理学的態度の心理学者にとって主題となるものを考えるときである。したが
33 って、別の周囲世界というのは、私である自我とは別の自我を意味するわけではない。私
は私の環境世界を維持しながらも、私がいま行動するのとは別様に行動し、行動するだろ
うし、そう行動することを直観的に確信することができる、と虚構することもできる。し
かしそのときには、私はたしかに私の自我を斉一的に可能な虚構的作りかえをもつのであ
るが、そのとき私はもはやこれまでの私ではないだろうし、私は自分を他者へと虚構的に

作りかえたことになろう。任意に虚構によって作りかえられた周囲世界のもとでも事情は同様であり、そうした世界へと、ときには私がいま現にそうある自我として、同一の変化しない自我として自分を移し入れて虚構することができ、ときには変化した自我としても、また別の自我としても自分を移し入れて虚構することができる。

第二のモナドは個体的に同じ自我を保持できないが、それは、そのときには第二のモナドが同じ機能的な固有のあり方をもつことになってしまい、二つのモナドが同じ機能的な固有のあり方をもつことは考えることができないからである、と言うことができよう。[*12] これまで考えてきたことを逆転させる試みを証明するためには、何を引き合いに出すことができるだろうか（というのも、私たちがこれまで与えられているものとしてきたのは、二つの共存するモナドが同じ個体的自我を含むことはありえないということであった。そこに含意されるのは、機能中心の「固有なあり方」を問うことなしに、中心の非同一性を語ることができるだろう、ということであり、モナドにおいても、固有なあり方への問いに先立って、同一性が与えられたものと見なされるということである）。

複数のモナド、これは共通の構成された世界を必要とする。モナド達の世界であるこの世界のなかで、すべてではないにしても、多くの人間が、それも同一の同じ人格的な固有なあり方をもち、「同じ」自我であり、身体《ライフ》だけがことなっているといった多くの人間が歩きまわっている、ということがありうるだろうか。もちろん、それぞれの人間はその特有の経験をもち、別の周囲状況のなかにいて、それによって別の習慣性、別の認識などをもっている。しかし、それらは、すべて「同じもの」として互いに認識されうるものであろう。私たちが、同じ両親の子どもたちのように、ほぼ同じ周囲世界で育ったとすれば、私たちは自分たちを分身《ドッペルゲンガー》として、心的分身として感じることになるだろう。往々にしてありうることだが、外から見て体つきが等しい場合、まさに分身と見なされるだろう。したがって、私たちは分身の問題に直面することになろう。

34 最後の性急な論述は原理的な明晰さを欠いている。ここで重要な課題となるのが、真正な原理的問題を鋭く定式化して、それを現象学的に適切に整えることである。

自我の能動的な行動の個体的なものは、自我にとってこうした行動の一義性のうちにあり、この一義性はどの自我にとっても成立していて、私たちが示そうと試みてきたように、どの自我も別の受動的基盤をもつということにその根拠があるわけではない。

34

一一　モナドの現象学

（一）可能な「現象」の現象学、そして現象的連関とそれらの構成的能作の現象学、それら構成的能作は、モナドのうちで一般に生起しうるものである。
（二）モナド的個体性の現象学。それは、次のような規則の探究である。つまりそれは体験の法則に付け加わり、何がモナドの個体的統一性と閉鎖性を要求するのか、何がその固有本質として個体的モナドに必然的に属しているのか、また、モナドがどのような普遍的形式を必然的にもつのか、この形式が要素や契機からなるどのような類を必然的に含みもっているのか、また何がこの形式においてそのような契機に、モナドの統一性と閉鎖性を保証するのか、これらのことを確定するのである。モナドが必然的に生成の統一という形式を、たえまのない発生の統一という形式をもっているとすれば、モナドは次のような「要素」のみからなる具体的構造をもっている。すなわち、モナド全体と同じように、それ自身が生成の統一であり、位相からなる抽象的な構造をもっているような要素である。どの位相もその固有の必然性をもっており、両立可能性だけをもっているのではない。このようにして、それだけで「境界づける」体験は、その「背景」を、すなわち地平を要求し、位相におけるどの契機も、生成に関するその要求をかかげている。こうして、このことは、時間性の要求を構成するいずれの流れ去ることのさらなる発生に対しても妥当する。しかし私たちは、自然主義的概念で近づいてはならない。[9]モナドは生き生きした統一であり、働きかけたりこうむったりすることの極としての自我をそれ自身のうちに担っている。それは、目覚めたり隠されたりする生の統一であり、能力や「性向」の統一である。隠されたものや「無意識のもの」は、モナドの閉鎖性に対する固有の様相であり、その必然的意味は固有のあり方で根源的に汲み取らねばならない。

35

だが、この標題（一）は、十分にはっきりと規定されているわけではない。私たちが探究しているのは、「超越的」な現実を超越論的にカッコ入れすることにおける現象である。[10]そこには引用符つきの事物世界が、直観的世界としてそれ自身のうちに担っている必然性と可能性にそくして属しており、経験されたままの自然が属している。私が記述するのは、時間と空間に応じた方位づけ（パースペクティヴ）という与えられ方であり、側面に応じた与えられ方や現出する側面、側面の現出の仕方や、～の射映としての感覚所与や統握、統一性と同一性を構成する知覚現出そのものの連関などである。さらに私が記述するのは、自我への関係や把握すること、関係づけることや解明すること、「概念把握すること」（一般性のもとで思考すること、概念的に）や述語づけることであり、[11]さらには、思念された事態や命題、結論、自我が注意することの様相や、触発や対向の様相、そして思惟する自[12]

我‐活動である。私は前提を判断し、それに動機づけられ、その結果、結論を判断する等々。こうしたことすべてが「内在的時間」のうちの、「体験」の時間のうちの出来事である。私たちはモナドについて考察することで、モナドに属する内在的時間とその体験、およびそのうちで構成された統一の連関をもっている。そしてこのような全連関そのもの（一歩前に進んで）が、対応する原体験における根源的な時間の流れのうちでその構成をもっている。

これらすべてによって、現象学的考察の決まった道が予描されており、それは出発点となる現象学的還元を遂行した後での道である。一歩ずつ歩みを進めなければならず、さしあたりまだ、意識流が内的に構成されるということを私は分かっておらず、それを学問的に確定してもいない。ましてや、モナド的個体性やそこで構成される能力をもつ自我などを確定してはいない。

したがって、考察は次のことを示すところまで続けなければならないのではないだろうか。すなわち、それは内在的時間における発生の統一であり、それだけで時間的に構成されたモナドが内在的時間において構成された統一であり、このモナドは、根源的に生き生きしたモナドに遡って解釈されねばならない。このモナドの絶対的な存在は、幾重にも重なった《流れること》のうちに存立し、そのなかで、充実された内在的時間、すなわち現象的内在的モナドの内在的現象が構成されているのである。

そのとき、モナドの個体化の探究は次の双方へと向かう。一方では、内在的に構成されるモナドの個体化へと向かい、他方では、根源的に構成する《流れること》の法則性へと遡及することで、絶対的モナドの個体化へと向かう。そこでその研究は、充実された内在的時間のこうした統一の必然的形式に向かい、あらゆる位相がともにあることと、相前後してあることにおいて、あらゆる内実に必然的統一を、またすべての個体的な存続体やそこにおける契機に唯一の分離できない連関を与えるものへと向かう。モナドは、断片化できない「単純な」本質であり、すなわち、時間のうちで連続的に生成するものとしてある
36
ものであり、そしてモナドに属しているものは、すべて、この連続的生成のいずれかの位置にあって、この内在的な充実した時間における時間充実としてその存在をもち、しかし、それがそれだけでは何ものでもないのだがそれというのも、この充実が連続的であり、一つの同じ同一の自我極へと関係づけられているからである。そして、同一の自我極に関係づけられているものは、唯一の充実した時間の連続的な生成の流れに属しており、この時間は唯一の自我とともに唯一の時間である。二つのモナドについて語られるとき、等しい時間形式をもつ二つの生成の流れが考えられているが、二つの自我をともなった同一の生成の流れではない。一つの自我の内在的時間が満たされないことはありえず、すきまがあ

ったり、多くの分離した流れに分かれていたり、休憩で分離していたりすることはありえない。モナドのうちでは、すべてがすべてと結びついている。

しかし、私たちがいまモナドという標題のもとで視野におさめたのは、その生き生きした生成、すなわちその歴史の統一である。しかしモナドはその生き生きした現在をもち、この現在において生成してはすぐに去って行くのである。この現在の本質に属しているのは、それが一方で、「印象」という形態の新たに湧出する現実的な生の契機として、原印象的現在であり、他方で、過去の遺産としていわば印象と一つになって、その暗くときに照射される地盤をもっている。この現在はそれぞれの今において、その歴史を地平としてそれ自身のうちに担っており、その地平へと入り込み、ふたたび通覧し、個別のあるいは関連する再想起という形態において、いわばふたたび生き抜くことができる。モナドの存在の本質に属しているのは、その生成のそれぞれの位相がこのような構造をもち、そこに属する驚くべきものすべてをともなっている、ということである。私たちは、内在的時間の満たされた統一を、原印象の結果をとおしてもっているが、これが生成のなかにあった、またあるものすべてなのではない。すべての位相のうちに私たちは、このそのつどの位相の沈澱した歴史をもっており、それぞれの位相のうちで、モナドはその隠れた「知」やその習慣的なものをもっていたのである。ときにはこれが、ときにはあれが、顕在的に再想起され、過去がふたたび生き生きとなり、現在への関係を獲得した。モナドとは、たんにいまそうであるものであるだけでなく、かつてそうあったものでもあり、その過去について顕在的に知ることができ、その過去に思いをはせることもでき、現在と過去とを結びつけるなどの作用をもつこともできる。[*13]

　しかしとりあえず、これで十分だろう。それゆえ、こうした方向において、私たちはモナドの統一をそれ自身で考察し、この統一が本質要求においてそれ自身のうちに含んでいるものを考察することができる。そして、流れのなかには偶然的なものがあるにもかかわらず、そうである。すなわち、すべての感覚所与は、たとえそれが経験的動機づけをとお
37 して予期されて登場するとしても、偶然的なものであり、にもかかわらず別様に生じるこ
ともありうる。[*14]しかし、ここにいかに多大に偶然が成立していて、また何らかの感覚する自我に属するという色感覚の理念が予描されて、その理念的《イデアール》な一般性において感覚する自我としての可能な自我の未規定の無限性が開かれているとしても、やはり、個体の色感覚に対しては、別様である。しかしその個体性は、一般的特徴を越えてその個体性に属するような特徴や契機だということではない。そうではなく、感覚所与が、このモナドのなかでその規則的に形成された時間の連関において構成されるものとしてのみ、いまそうあるものであり、感覚所与は流れる生の統一としてその存在をもっており、そのなかで志向的

に一つのものとして、この統一のなかで、モナドの自我によってくり返し同一化できるものとしてその存在をもっている。こうした個体性の形式として、感覚所与は唯一の時間位置を、すなわち根源的に構成する生の指標をもっている。モナドのうちで構成されるものは何であれ、モナドに属しているのだが、それはそれだけで存在して、次いでこうしたモナド的連関に項として登場でき、それどころか最後には別のモナド的連関にも同様に登場しうるもののようにしてなのではない。すべての内在的なものはたしかに個体的であるが、しかし非独立的に個体的であり、独立的であるのはただモナドそれ自身だけである。モナド的連関、ないし、そこで内在的時間という構成されたものの連関において区別される個体性を与えるのは流れであって、これが、その位相をとおして、体験の内在的に客観化された秩序をとおして個体性を与えるのである。しかし、すべてのこの特殊な個体性は、一つの位相の個体性が独立した一つの具体的なものの個体性に対して非独立的であるのと同じように、非独立的である。モナドにおけるすべての具体的なものは非独立的であり、私が『論理学研究』[13]において示したように、独立的なものという概念を具体的なものという概念と同一視できないことは明らかである。

私はいまや体験流の形成体をその一般的類型においてノエシス・ノエマ的[14]に考察でき、その可能な変化とその本質連関などを〈研究する〉ことができるが、そのさい、モナドの個体性の法則性への問いを追究することなく研究できる。現象学的‐形相的還元[15]によって、私は可能なモナド一般という地盤に立つことになるが、そのモナドは個体的に同一のものと考えられてはおらず、個体的同一性をその可能性と必然性に応じて記述し直すという要求のもとにはない。しかし私は、このような新たな課題をたてることもでき、もちろん、作用や、構成される形成体などの本質論を利用しながらそうすることができる。おそらく
38 次のように言われることだろう。私は、個々の発生をも記述できるし、発生の法則を、しかも、モナドの普遍的発生の問題やその個体性の本質に体系的に取り組むことなしに記述できる、と。

私が静態的[16]と特徴づけることができる現象学的研究は、構成する意識と構成される対象との相関関係を追究し、およそ発生的問題はこれを除外する。それに対し、それから区別すべき現象学的研究は、体験や発生のさまざまに呈示される形態の類型を、本質可能性や両立可能性などの点から考察するが、個体の問題を連関において考察することはない。やっとここで私たちは、モナド的個体性の現象学をもつことになり、そこには、相互に関連し合う発生の現象学が含まれており、その発生のなかでモナドの統一が生成し、モナドが生成することでモナドが存在するのである。

私が考えてきた体系的現象学は、可能な構成の段階を追跡し、もっとも低層では、内在

的時間流とモナド的存在が内在的な時間統一としてつねに必然的に構成され、次に、発生的に高次の段階は、超越や立ち現れなどの段階であり、自然の構成や、自然における動物的なものの構成、すべての「感性的なもの《ファントム》」の構成である。さらに次に、考えるという能作があり、これは、すべての段階で始まることができ、これら段階（自我の能動性）に応じてそのさまざまな形態を追跡する。それゆえ、これらは発生的な考察であり、すでに構成された形成体とその構成の記述として発生的研究の連関のなかに引き入れられている。このような相関関係を、その類型において、またその相関するものが共属し合うことの必然性において記述することもできる。発生においては、その生成は構成的に低い段階から理解されるようになる。

モナドがより高次の発展を遂げるのに応じて、すなわちより高次の構成へと進展するかどうかに応じて、体系的な研究の進め方のうちに、モナドの体系的な段階論への根拠も置かれている。そしてそれぞれのより高次のモナドは、より低次のモナドから発展してくるのであり、それは、より先なる発展の段階ではより低次のものであった。しかしそのとき、モナドの個体化の独自の考察が必要になる。ただし、そこでは、それはより包括的な理論でなければならないのかということが、なお問われる。いずれにしても、その問題が視野にとどめられていなければならない。

どのような問題がここで研究全体を動かしているのだろうか。いくつかの問いを区別せねばならない。

(一)モナドの可能性には何が属し、理念的《イデアール》な可能性と必然性におけるその固有本質には何が属しているのか。

(二)自然を構成することができるというモナドには何が属しているのか。

(三)別のモナドを与えたというモナドについて、共存するものとしてのモナドの数多性
39 は何を経験し、認識することができるというのか。そして、これらのモナドが交流《コメルキウム》のうちにあることができるというとき、これらモナドそのものには何が属しているのか。

(四)モナドとしてのモナドの本質可能性には、概念的認識の本質可能性が属している。この概念的認識にはどのような種類と形式が「存在」するのだろうか。どのような概念的認識が構成されうる可能な概念や判断、判断連関に関して、また真理に関して、調和的な可能性となっているのか。ここでは一般性において、可能な認識一般、可能な意義、可能な真なる存在が、認識するモナドにとって認識されうるものとして考察され、私たちはつねに可能なモナド一般の枠組のなかにいる。したがって、私たちがここでモナドについての認識を獲得するのは、私たちがすべての数一般に対して一般的真理をそれぞれ個々の数に対して妥当するものとして獲得するような仕方においてではない。しかし、私たちは純

粋な数一般の本質に〈属する〉ものとして、数は数列に組み入れられることを認識しており、素数や数集合や積などの、どんな与えられた数にも該当する規則ではない特殊な数の法則の体系が生じていることも認識している。あるいは、私たちは幾何学的に可能な空間形象を研究し、形象の種や類の法則を見いだすが、それらはあらゆる形象の本質固有性を表現しているわけではなく、ちょうどこれと同じように、私たちが可能なモナドに対して見いだす本質法則は、それぞれのモナドがそれ自身のうちに必然的にもっていなければならない固有性の表現やその必然的表現なのではない。あらゆるモナドが論理的に思考する者である必要はなく、あらゆるモナドが道徳的行為をなす者である必要はない。だが、論理学的意識や道徳的意識の本質法則は、可能なモナド一般の学問の一般的範囲に属するものとしてある。

（五）別の問いとなるのは、モナド的意識の体系的可能性への問い、しかじかの可能な根本形態（類）への問いであり、可能な出来事や作用、状態、対象的統一や思考内容などの構成の体系的連関の形成を法則づける本質法則への問いである。さらに別の問いとなるのは、モナドの個体的同一性がそのもとにあるような法則への問いであり、[17]相互に動機づけあい、相互に精神的に規定しあうことができるとされるモナドの共存可能な多数性がそのもとにあるような法則への問いである。もちろん、これら二種類の法則性は相互に連関しあっている。しかし、まさに自我や自我体験にとってすべての本質可能的なものが、一つのモナドの個体的統一のなかで共存可能であるわけではない。本質におけるどんな両立不可能性も、モナドの個体的統一において何かを排除することもある。しかし、一つのモナドの必然的な形式的構造に属するものを積極的に指示するような法則も存在し、それに加えて、特定の個体的な内実がすでに存在しているとき、何が生成しなければならないかを指示するような法則も存在する。こうして発生の原法則は、根源的な時間構成の法則、連合と再生の法則であり、それによってモナドがそれだけで統一として構成されるような法則である。

40 発生の特殊な法則は、個体化の法則であるか、またはモナドの生成に関係する法則の一つの分枝にすぎず、別の分枝が、共存の法則となるのだろうか。しかし、これはよくない始め方ではないか。

共存における両立可能性の法則はどれも、可能な発生に対しても法則を指示している。時間的共存の両立可能性の法則は、時間の構成をすでに前提にしており、そしてそれに並んで、継起における両立可能性の法則をもっている。これらが、同時にあるいは相前後して共存できることの一般的法則である。これに加えて私たちは、たんに両立可能性にかかわるのではなく、継起の必然性にかかわるような法則ももっている。一方の法則は、a

が存在するならば、bが（それと共存して）存在することはできない、ということを述べるものである。それに対し、他方の規則が述べているのは、aが存在するならば、時間的な同時あるいは継起において、bが存在しなければならないということである。しかし、時間的なものは構成され、私たちは、《流れること》の原連関へと至るのであり、そこではやはり、ふたたび二つの法則がそれぞれの役割を果たすことになるが、変化した意味においてのみそうなのである。

これらは、区別にかかわる根本問題であるが、また、必然的な現象学的研究の秩序にかかわる根本問題でもある。私はそこでつねに、静態的現象学と発生的現象学について語っている。そこでは何が本来主導的な観点だったのだろうか。私は外的知覚から出発することができる。私はこうした体験の類型を取り上げ、思念された対象への関係をもち、この対象を確定し、思念された特徴に対して、知覚そのものにおいて感覚や射映にあってその特徴に関して見いだされるものを対立させ、さらなる知覚の可能性、すなわち、出発点の知覚と連続的に一つになっている同じものの知覚の可能性を追究し、変化している感覚を記述し、統握や綜合的連関などの形式を記述する。私は、現出する対象の統一性とノエシス的に斉一的に一致する現出の多様性とのあいだの相関関係を追究する。ここで私は、そのような体験や体験連関に対する本質可能性を構築し、それとともにそれらがそのうちで

登場するようなモナドに対する本質可能性をも構築する。モナドはそのような可能性をそ
れ自身のうちに担うものとして可能である。私がここで問うのはモナドにおける発生では
なく、そのような現象が生ずる仕方ではない。私が追究するのは、同一として維持される
自然客観にかかわるような斉一的な経験連関の理念であり、それに並んでまた、別の可能
性として何らかの位置で不一致が枝分かれすることであり、もちろんそれとともに、私は
そのモナドやそこに属する発生を変化させることになる。あるいは私には（以前の物理的
事物性と同じように）目的となる客観や、精神的形成体、書籍などが与えられており、い
かにしてそれらが与えられるのかを問う。私は一般的に対象的なもの、概念的思考や数学
的命題のような理念的《イデアール》なものも含めた対象的なものから出発して、それらについての意識
がどのように見えるのか、それらについての多様な意識はどのように可能であるのか、ま
た、それらはどのようにして、それ自体が与えられたものとして意識において「構成」さ
41 れるのかを問う。それらはここではいたるところで構成的な問いであり、その構成は、認
識の対象と認識との本質相関関係にかかわっており、存在的連関や、対象と概念との連関、
真理などもそこにおいて構成されるような、ノエシス的連関の考察である。私はやはりい
つも対象を「私にとって存在する」という理念のもとにもっており、内在的なものに狙い
を定める場合もそうであり、私は意識の様相を考察し、よりはっきり言えば、そこで構成

的に作動しているノエシス・ノエマ的に相関する様相を考察し、あるいは、把捉や考察、比較などといった活動の様相を考察する。しかもこれらの様相は、より高次の対象に対してさらに構成的となる。私たちはつねに、私たちの視野に入ってきた、真なる存在という理念のもとで考えられた対象的なものへの関係において、可能な意識様相を追跡する。そのさい、そうした対象はやはりその実存を現象学的に遮断[18]されて、志向的なものとして視野に入っており、連関の共存秩序を導いている。構成を追跡することは、発生を追跡することではない。すなわち、まさに構成の発生であり、モナドのうちで発生として動いているような発生を追跡することではない。静態的現象学はまさに手引きの現象学ではないだろうか、すなわちその存在における対象的なものの主導的な類型の構成の現象学、そして、その非存在、たんなる仮象、否定性、不一致などの構成の現象学ではないだろうか。私はここで本質の共属性を相関関係の共属性としてもっている。しかしこれは決して発生の条件性ではなく、ここでは条件づけられたものが条件づけるものから生じるわけではない。発生の現象学が、時間流における根源的に構成する生成であるような根源的生成と、発生的に作動するいわゆる「動機づけ」を追究することによって、その現象学は、いかにして意識が意識から生成するのか、そのさい、生成のなかで構成的な能作もまたつねにいかにして遂行されるのかを示すことになる。それはまさに、動機づけるものと動機づけられたものとのあいだの条件性連関であり、あるいは印象から（過去）把持への必然的な移行であり、そこにおいて、まさにこうした生成することや、それに相関的に《今がたったいま過ぎ去った今へと変化する》ことの意識が構成されるのである。

にもかかわらず、私は手引きとしての対象にかかわる構成的可能性だけを静態的に記述するわけではなく、私は何らかの発展段階の意識における連関の類型をも記述している。そのようにして『イデーン』[19]においては、純粋意識の構造を、内在的な現象的連関の統一において可能な仕方で立ち現れる現象の構造として記述している。*15

しかし、モナドの個体性が確定されているとすれば、あらゆる可能性が選び出されていなければならない。つまり、個体的に一つであるものが、現実存在において要求される。要求されるということは、法則に応じてのみ可能であり、それは、統一形式の内部に登場
42 するものが、様式の法則にしたがって統一へと適合する、また、統一の法則をとおして適合したものが、連関をとおして要求されたものである（『論理学研究』〈第二巻〉、第三研究[20]参照）、という規則である。

したがって、私たちは一方で、モナドにおける可能性や両立可能性の法則そのものをもち、他方で、それから区別されるような、個体的な統一としてモナドの統一に属する法則をもっている、ということなのではないか。個体的統一は、しかし発生の法則のもとにあ

る。それゆえ、絶対的個体性の現象学、すなわち個体的統一としてのモナドの現象学は、それぞれが個体性の法則をもっているような個体的位相の発展を別々に解明しなければならない。そして、こうした位相の個体性の一般的法則を〔解明しなければならないのだろうか〕。

42 一二 モナドという概念

私たちは次のことを区別しなければならない。

(一) 純粋自我、すなわち、我思う《エゴ・コギト》におけるエゴ、知覚しながら、知覚された事物に向かい、自分から向き合うまえにその事物から触発され、そしてそれら「において」快や不快の気持ちをもち、気に入ってそれに向きあったりする私であり、あるものと別のものとを比較したり、何かを欲したり、悲しみをこうむる私である。この自我は、それ自身が特殊な自我経験の対象であり、そこにおいて自我は自分自身に向かっている。どうしてこうしたことが可能なのか、どのようにして自我は、自我としての自分自身を触発して対向を呼び覚ます対象でありうるのか、という問いは、ここで脇に置いておこう。こうした自我は抹消不可能であり、自我経験のなかでいま存在するものとして、いま顕在的に持続するものとして与えられ、ときにはいま持続するものとして、自分自身の過去や、過去の作用や触発の主観としての自分へと立ち返るものとして与えられている。そのような立ち返りのなかで、自我は自分を持続するものとして、持続の流れ去った位相と流れ去った作用の自我として絶対に同一のものとして把捉する。同一であるというのは、自我はかつて別の作用やさらにまた別の作用を遂行したし、現にしており、将来もするような自我として同一なのである。

(二) この純粋自我、エゴは、私たちが述べたように、持続するものとして与えられ、しかも、自我知覚、自己知覚において、いま持続するものとして与えられる。しかしまたそれは、再想起された持続や再想起された生の時間の同一のものとして与えられることができ、しかも、まさにその持続のすべての位相において同一の自我である。そのさいに注目されるべきは、このような同一性は、まったく別の意味で持続する存在の同一性から根本的に区別される。後者の存在が同一であるのは、持続するものとして、その瞬間的な位相をもっていて、それによって持続を満たしつつ、持続を越えて「延長し」、変化するか変化しないかに応じて、それゆえさまざまな位相において内容的にことなっているか、あるいはすべての位相において内容的に等しいかに応じてそうとどまるかぎりにおいてである。したがって、たとえばある音が、変化するか、あるいは等しいままにとどまるように、私
43 たちはそこで二つの相関する対象的なものを区別することができる。つまり、充実した持続と、そこで持続して、変化したりしなかったりするものとを区別できる。自我は持続するが、それは本来、あたかも、持続をとおして伸び広がり、持続の位相が等しいものを連続して反復するかのように、自分自身と等しいわけではなく、それどころか、自我として本当に変化できるかのように、すなわち、時間の区間が空虚に考えられて、まるで音が二つの等しい音に別々になるように、自我が二つの〔区間として〕ただ等しいだけの自我に別々になるかのように、なっているわけでもない。純粋自我としての自我は、絶対に同一の同じものであり、この時間のあらゆる点に属しているのであるが、とはいっても広がっているわけではない。

（三）自我はその自我の生を作用と触発のうちにもつ。ただ非本来的意味でのみ、自我は時間を満たしている。すなわち、この時間を満たす生の時間野として時間が自我に属すかぎりで、自我は時間を満たすのである。*16 それぞれの作用は時間において始まり、時間をとおして広がっており、それはどの触発も同様である。自我はそれ自身と完全に同一であり、

まったく質的差異がないのであり、それぞれの瞬間でことなってはいても、それはくり返し別様に活動したり活動をこうむったりする自我であるかぎりにおいてである。この自我と自我作用ないしは自我触発とのまったく比類のない関係において、自我は伸び広がる内実を獲得する。しかし他方、こうした作用は（通常の意味での）その他の時間の出来事のように、時間をとおして連続的に広がりながら、それが自我であるかのような広がるものとして、この広がりの統一をもっているわけではない。自我とは、作用の性質を欠いた極にほかならないのであり、この《極であること》からすべての規定をもっている。そのさい、作用そのものは比較できないものなのであり、自我と並んであるようなものではないし、自我も、何らかの仕方で、ようやく作用に関係づけられるというわけではない。自我は作用のうちで生きており、その作用を退去させたり、外から何かを経験したり、何かに触発されたり、触発されて生きている。そうしたなかで自我はその状態性をもっており、それが比較できない固有の意味をもっている。その意味は、自我をそれだけで、ある何かあるいは何らかの仕方でそのうちに性質をもつものと見なすことを禁じてはいるが、それでも、そのつどの作用や触発によって規定しており、そのことからして、それらすべてがその「本質」特性をもっている。

（四）私たちはいまや具体的自我について語ることがゆるされるだろう。これは、みずからの能動と受動のうちで規定されるものとして、そうあるようなものである。この具体的自我は内的経験の現実的自我である。というのも、経験されるものは十全に捉えられた具体的なものであり、純粋自我は抽象的に同一のもの（ただし、もちろん、この抽象というのは、私たちの論述の意味においてであって、作用の一貫して等しい内的契機としての抽象的「契機」という通常の意味においてではない）だからである。具体的自我は内在的時間をとおして広がる同一のものであり、その「精神的」規定内実に応じて、またその作用と状態に応じて変化するものであり、そのうちにつねに絶対的に同一の自我極を担いつつ、
44 他方でそれは、その生を、すなわち極において同一的に中心化されている作用の具体的連関を生き抜いている。[*17]

しかし、自我生の統一における具体的自我は、正確にみれば、それなくしてはそのような生そのものが具体的ではありえないものすべてを引き入れないかぎりでは、いまだ本当に具体的ではない。何かをなし、何かをこうむることとしての自我生の統一は、本質的に、交代する対向するものへと関係づけられており、つねに充たされる内在的時間へと関係づけられている一方、また、内在的なものと同じように自我にとって「意識されて」存在するような「客観的」対象をともなう、満たされた「客観的」時間へと関係づけられている。それに加えてなお、ときとして「たんなる虚構」のうちに漂うものとしての「かのよう

に」において存在する想像の対象にも関係している。*[18] 能動的な「私は考える」、すなわち《我思う《コギト》》（私は把捉する、私は比較する、私が何かを気に入るなど）は《思われたもの《コギタートゥム》》の《我思う《コギト》》である。あらゆる《私はなす》も、自我が自我に意識される何かへと関係づけられてあることである。自我がそもそも何かに対向できるためには、何かが自我にすでに意識されていなければならない。そして対向することなしには、この何かへと関係するいかなる活動もない。対向は触発を前提にしているが、触発することができるのはふたたび意識されているものだけである。意識されたものだけが、自我に対して多かれ少なかれ「刺激」を与えることができる。

私たちはここで次のことを検討しようとは思わない。すなわち、この触発に程度があることは、一般的に意識をもつという様相を意味しているだけではないのか、また可能な活動に先立って、さしあたり対向の可能性に先立って、受動的に意識にもつという様相にすぎないのではないか、そして、さしあたり、対向すなわち自我の「関心」が始まる可能性や、何かのもとに居合わせて、それに関してまさに「活動する」可能性以前の受動的に意識にもつという様相を意味しているだけではないのか、ということを検討しようとは思わない。いずれにしても、意識にもつとはその一般性において意識されたものを自分に対してもつこと、まえに与えられてもつことであり、このことはときには、触発する刺激を自我に行使するという形態をもち、あるいは何かに向けられてあるとか、それにかかわっているか、把捉やそれとともに特別な意味で与えられてもつとかいった形態をもつ。これらの形態の本質にあるのは、意識されたものは自我への特別な関係に踏み込むことであり、特殊な自我の能動や受動への関係に踏み込むことである。そのさい、何かについて意識にもつということは、別の意識にもつことやさらに別の無限に多くの意識にもつことともに、意識にもつことの統一に踏み込むことができるということなのである。この意識にもつということのなかには、同一の何かが、同一のものとして、すなわち、いくえにも重なって、実にさまざまな仕方で意識される同一のものとして意識されている。さらに、あらゆる意識にもつこと、あるゆる意識体験は、私たちが言うように（志向的体験ではあっても、能動的意味でまさに志向しているというのではなく）、それそのものがふたたび意識
45 されており、自我のすべての意識体験は、内的意識の統一によって包括され、内在的時間の統一のなかに秩序づけられ、それぞれの時間位相において、そのようにその何かを意識してもち、それ自身を体験として意識するような、あれやこれやの体験で満たされたものとして秩序づけられている。

　そのさい、体験という語は、まさにこのような体験されてあることを、つまり、内的意識において意識にもつことを表現しており、このことをとおして、体験されてあることは、

自我にとっていつでも、まえもって与えられている。体験——それがヒュレー的所与でない場合には[*19]——は、それ自身、ふたたび何かについての意識であり、志向的であり、志向的内容をもっている。志向的内容ということで私たちが理解しているのは、直接的な体験の成分、したがって内的に意識されたものではなく、この内的に意識されたものに行使する志向性のおかげで、第二の系列において意識されたものすべてである。志向的体験は、ときにさまざまな「内容」をもっており、その内容は志向的体験によって、そこで意識された何ものかとしてまえもって与えられているが、それは体験の実質的《レエル》な成分であることなしにである。こうして、志向的体験は、外的知覚において知覚された対象をもち、外的再想起において再想起された対象をもち、他方ではパースペクティヴ的現出などをもっている。自我が対向のうちで、関係づけたり結びつけたり、その他のそのような活動を行なうとき、そのような活動の経過において、連関する意識体験が組み立てられる。それは、意味の統一や命題などの統一をともなった意識の統一であり、それが基づけられてあることにおいて、基体対象や命題主語などへの関係を含んでいる。このような体験が体験としてあるのは、自我が活動するものとして作動することによって、すなわち、自我が意味形成体や主題的統一を産出し、それが産出されたものとして意識され、そのさい産出されることなく意識されたものへと関係することによってである。意識はすべての産出に先立っている。自我とはその普遍的意識にとっての主観であり、多様な志向的体験の意識統一にとっての主観なのであり、そのどの体験もそれ自身が意識なのである。それゆえ、このことは、自我が活動し、産出し、関心をもつ自我であるということを言おうとしているのではなく、また、自我がつねに触発された自我であるということをさえ、言おうとしているのではない。むしろ、意識の統一とそこで把握される志向的体験流の統一は媒体であって、そのなかで自我が生きており、それは自我の能動的および受動的な関与の媒体なのである。この流れの意識体験がもつ志向性の固有性によって、自我はそのつどの志向的内実への可能な関係を獲得し、これらの志向的内実が、そのようにして自我にとって現に存在し、自我はその志向的内実をそのつど考察や考慮などの対象にできる。自我が眠っているとき、自我はいかなる活動も行なっていないことになる。もしかするとそれどころか、自我は志向的内実からの刺激を経験していないといえる。自我が眠るということがそのときに意味するのは、受動性とは触発されることであり、きわだったものから刺激を経験し、こうむることを意味するとすれば、自我は受動的でさえないことである。

こうして私たちは、自我の生についての二重の概念をもつことになる。（一）その体験
46 流をともなう自我の普遍的意識であり、それは自我がそのうちで活動的に生きている生であり、自我がそれを介して活動を行なったり触発をこうむったりする志向的媒体である。

自我はそうすることで、この媒体を新たな体験の分だけ豊かにする。*20（二）〔他方では〕多様な活動や触発されることそれ自身や、自我の関与の生、自我として計画をたてる生や「自我において」遂行される（前述の普遍的媒体という契機をへることによってではあれ）能動と受動によって体験流を豊かにするような生である。

自我という中心はつねにそこにあり、それが立ち現れ、目覚めるか、目覚めているか、そうでないかにかかわりなく、体験流あるいは意識流はつねに流れているのであり、それは、意識流が特殊な自我作用を含んでいるかいないかにもかかわりはない。中心である自我は、本質的な相互関係性あるいは共属性であり、部分からなる全体なのではなく、絶対的な統一である。ある種の潜在性が、自我ないしほかでは目覚めている自我が眠っているような「自我を欠く」意識と、目覚めた意識すなわち目覚めた自我の意識とを結びつけている。自我はその流れのすべての体験に関して目覚めることができ（それでその流れはその自我の体験と言われる）、その志向的内実に対向することができるのだ。

体験における普遍的生のこの統一は、自我の関与があるにせよないにせよ、いずれにしても可能な関与のもとにあり、私たちはこの統一をモナド的生と呼ぶ。そして、私たちはそれを完全な具体性において受け取り、この生の自我に属する本質事実をその共属性において受け取り、それゆえ、私たちは、この自我の体験への関係における自我と、自我への関係における体験の二つを一つにして、モナドについて語ることになる。*21
しかし、モナドという概念を汲み尽くすには、これまで述べたことで十分であろうか。まだ論究されていないのは、能力の主観としての自我であり、自我とその習慣的なものである。さらには、自我とその「周囲世界」、その対向するもの〔についても論究されていない〕。

さしあたり、モナド的意識に関してさらに次のような補足がなされる。

もちろんのこと、私たちは、内的時間を構成し、内在的時間の統一としてのすべての体験を構成する意識の研究に応じて、次のことを区別しなければならない。（一）内的意識の連続性。これは、内在的時間の構成に関して原時間化するその固有の形式をもつ。
（二）体験の連続性。これは、内在的時間形式をとおして一貫して流れる意識生の連続性
47 として、内的に意識されている。そして、したがって、その究極の、絶対的な形態あるいは原形態におけるモナドと、「内的意味」の統一としての、すなわち内在的時間の形式において構成される統一としてのモナド〔とが区別される〕[21]。このような意味でのモナドは、存在の内在的で絶対的な真理のあり方をもち、具体的なあり方をもっている。

（五）周囲世界。さらに考察を進めていこう。あらゆる意識体験は《何かについての意識》であり、その実質的《レエル》内実に対置されるその志向的内実をもっている。そのさい私が区

別したのは、対象的意味（引用符がつけられた対象）とノエマ的様相におけるその意味である。いずれにしても、このようなあり方で《何かについての意識》としての体験に属しているものはすべて、またそれなしではこの体験が考えられないものはすべて、モナドに対して一緒に考えなければならない。私たちは可能な意識体験の謎めいた独自性をもっていて、それは、対象は意識体験のなかでは、あると「信じる」ことのうちで現実的なものとしてそこにあり、それゆえ、自我がそれに向かうことで自我に対立する現実として見いだす何かとしてそこにある（その成果が「現実」の形成体においてあるような作用の場合にも同様で、この形成体は、それに単一光線的に対向することで、自我にとって対立する現実として、たとえば現実の事態、現実の判断内容すなわち真理として与えられている）ということである。

いずれにしても、自我はその志向的体験をとおして、対立する現実や対象、そして、現実における対象や対象の連関をまえもって与えられてもっている。しかしまた、蓋然性や疑いや可能性、それも、たんなる想像の可能性、すなわち、虚構（想像体）[22]としての可能性においてもまた、そうである。

これらのすべてがいかに問題含みであり、解明を必要としているとしても、私たちがここに見いだしているのはやはり、自我が本質的にその意識をとおして「現実」に、すなわちもっとも広い意味での周囲世界へと関係していることである。そしてこの周囲世界は、志向性によって内在的対象が構成されるかぎりで内在的であり、かつ、対象がまさに超越であるかぎりで超越的な周囲世界なのである。

周囲世界が、厳密な意味で自我に「対立して」あるものすべてであり、すなわち、反省ないしに与えられ、あるいはまえもって与えられているものすべてだとすると、このすべては、自我にとっておよそ対象的になりうるすべてのものからは区別されるべきである。構成されたモナドの本質に属するのは、それは内的意識の対象そのものとして、自我にとって与えられうるということであり、そして内的意識そのものがそれ自身にとって構成されていること、つまりは自我にとって与えられるものとなりうる（そのことなしには、私たちは与えられることについて何も知ることはないだろう）ということである。したがって、あらゆる体験だけでなく、自我にとっての現実もまた、その自我の内在的な周囲世界に属していて、そのようにして、モナド全体と自我それ自身もまた、自我の周囲世界に属している。この内在的な周囲世界は、自我にとって必然的な周囲世界であり、超越的な周囲世界は、内在的意識体験をとおしてのみ自我にとってそれであることができ、この内在的意識体験は、それ自身のうちで超越的な意味付与と現実の措定を遂行し、これらの固有性そのものとともに内在的周囲世界に属している。

48 内在における特殊な位置をもっているのが、ヒュレー的所与であり、それは内的意識において内在的統一として構成され、それ自身は志向的体験ではないが、内在的時間における志向的体験の「質料」になる。それは、たとえば実質的《レエル》断片として、統握の質料として外的知覚に入り込んでいく。しかしそれは、志向的機能を獲得するが、感覚所与としてはそれ自身のうちに志向性をいっさい含んでいない。感覚所与を構成する内的意識の志向性は、構成されたものであるヒュレー的所与にとって他なる《フレムト》ものである。*22

一三　自我‐意識‐対象と裸のモナド

極としての自我、すなわちその作用や触発の中心としての自我は、志向的体験の必然的な主観として存在し、そのことによって、自我はその作用の「対象」を意識しつつもつの
51 であり、〔他方〕その対象は自我が対向したり、たずさわったりするものであり、ないしは、触発の対象であって、自我を触発したり、触発するかもしれないものなのである。

したがって、《自我－意識－対象》は本質的に共属し合っており、自我は自我の対象とまったく別の種類の同一のものである。多様な意識において同一のものとして意識されるものは自我とはまったく別ものであり、自我は同一のものとして意識されるすべてのものの同一の主体であって、多様な意識のなかで、一貫して保たれ、能動的に同一化される一つのものとして存在している。

対象という標題のもとで、私たちは、ここですべての区別されるものを同じように扱っている。自我はその多様な意識についても内的意識（それは自分自身へと関係し、それ自身ふたたび意識されうる）をもっている。自我は特別な意識をもちうるのであり、それが特別な意識へと、すなわち個々の志向的体験へと「向け」られている。そして自我は、多様な意識の同一の自我としての自分自身についても意識をもっている。

しかし自我には必然的に対象的なものの領土が属しており、この対象的なものはそれ自身意識でもなく、さらには自我でもない。およそ対象的に関係づけられていることの中心としての自我は、とりわけ「客観」[*23]への関係の中心である。主観極はそれ自身に対して多様な客観極をもち、どの客観も意識されてはいるが、意識ではなく、直進的に意識されているのであって、「反省」によって意識されるのではない。[*24]

私たちが意識と呼ぶものはすべて、自我の生の媒体として、特別な意味で自我的、主観的であるが、別の意味では、もちろん、活動やこうむること（触発されること）として自我的、主観的である。客観的なものは、自我やすべての主観的なものによって対置されて投げられたもの[*25]であるが、とはいえ、意識という主観的なもののうちで意識されたものであり、「志向的なもの」という仕方で「相関者」であり、自我との「関係」において意識されている。

　そのさい私たちは、〔一方の、〕対象性を潜在的に対象としてそれ自身のうちに含んでいるような、したがって潜在的な対象極であるような客観的なものと、〔他方の、〕現実に客観になっているような客観的なものとを区別する。それぞれ別々に意識されるどの客観（特別な意味での客観）も、可能な客観の「領野」から、すなわち無ではない「混乱した統一的な」開かれた領野からきわだって与えられている。

　さらに、客観的なもののなかで段階の連続がみられる。すなわち、（一）内在的なものとしてすでに内的意識に属していて、内的に自我とは他なる《フレムト》ものと意識させるような客観的なものであり、それはヒュレーやヒュレー的感性である。（二）超越として外的感性の客観、すなわち志向的体験の客観であり、これらの志向的体験は、内的意識において意識されており、このような間接的な様式においてのみ、しかも「現出」をとおしてのみ、つ
52 まり多様な現出の統一としてのみ意識されることができる。ここでは、ヒュレー的所与は、

「射映」として、「統握」の担い手として役立っている。原客観として内在的で自我とは他なる客観を介して、自我にとって超越的なものが、射映しつつ現出《フレムト》するものとして、現出をとおして思念されるものとして構成される。それぞれの自我にとって次のことが、必然的であるかどうかは、決定しないままにしておかねばならない。すなわち、自我が超越的客観を、存在するものと思念しているのか、推測的に存在するもの、あるいは可能な仕方で存在するものと思念しているのかどうかということである。

このことは、客観的および主観的ということの新たな概念を生みだすことになる。自我がヒュレーなしに意識をもつことは考えられず、ヒュレーが自我的なものと実質的に一体になったものとして与えられるかぎりで、ヒュレーもまた主観的と呼ばれる。いかなる超越も、主観的なものと実質的に一体になって与えられることができず、その必要もないかぎりで――その超越するものが思念され、ありありと経験されているにもかかわらず――、また、思念されていることと知覚されていることに依存しない（それが正当であるとして）何かとして存在するというかぎりにおいて、超越的なものは客観的と呼ばれ、厳密な意味で客観的と呼ばれて、自我やすべての主観的なものや、自我や自我生から分離できずに実質的に一体になっているすべてものに対置された非主観的なものなのである。

意識にかかわるすべてのものの具体的連関、すなわち、個々の志向的体験やヒュレー的所与や背景において実質的で不可分に一体になっているもの、またこの一体性においてそれ自身それだけで存在するものすべての具体的連関が、モナドを形成している。

しかし、困難なこととして一つのことがまだ残っている。自我ないしモナドには自我の能力や習慣的主観性も属している。私はこうした自我をも検討しなければならないが、それと言うのは、自我が顕在的な生のうちで、いま現在的で顕在的に経験されている存続体をともなったいま現在のものとして自分自身を見いだし（知覚し）、また過去や未来の主観として、無限な時間に関係するものとして自分自身を見いだすからである。したがって、さらに体系的に進めなければならず、こうしたことすべてが以下の根本問題に属している。現象学的還元の残余とは何か、純粋なエゴやその《思うこと《コギト》》として抹消されずに残るものは何か、私は自分自身をモナドとして、心《メンス》として、魂《アニムス》として、思惟実体《スブスタンチア・コギタンス》として獲得することになるのだろうか。どのような意味で私は自分自身をそのように獲得するのか、そして一連の基本的な概念形成は体系的に遂行されうるのだろうか。

この草稿で論じられていることはまだ十分ではない。

還元において、すなわち内在的考察において、私は以下のことを見いだす。《自我－意識－対象》、しかも引用符のない内在的に〈対象的なもの〉のみにかぎられるのであり、私は［そこで］体験流の統一を内在的な志向的統一として見いだすのであり、引用符において見いだすのではない。しかも、体験の統一は、無限《イン・インフィニトゥム》に構成されるものとして、また抹消不可能なものとして、原印象的に与えられる今と与えられない今などとの相違をともなって与えられている。

私が見いだすのは、多様な意識において意識され、信じられ、証示されるなどする、超越の「世界」であり、それがヒュレー的射映をとおして呈示されていることである。

53 私が見いだすのは、自我、すなわち活動的であったり、受苦をこうむったりする自我である。

私は発生を、すなわち受動的動機づけにおける意識から意識が生じる仕方を、そして再生産と連合と現在の体験における過去の体験の沈澱とにかかわる必然的な規則とを見いだす。

しかし私は、「自我における沈澱」や私の自我に特有のものをも見いだす。「私は行なう」のうちで私から生じるものと「私はこうむる」のうちで私を触発するものは、自我と関連しており、連合の受動性によって条件づけられたりしていない様式や規則をもっている。意図や未来へ向かう意志というように、自我が自分の生へと介入する。そこからさらに進展することができる。自我を理解することとこの自我の個体性を理解すること、「とはことなるだろう」。

したがって、その一般的構造におけるモナドは、それほど単純に認識することはできない。はじめは、すべてが開かれたままにあり、私たちは進展や《与えられ方》の段階の連続をもち、構成するものとされたものとの段階の連続をもっている。そして、すべてに先立って、純粋自我と流れる意識（終わりのない純粋自我や意識流ということではなく、「生き生きした」現在における《我思う《エゴ・コギト》》という現象にすぎない）がある。

さらに以下のことが重要である。ぼんやりした「裸の」モナド[23]においては、自我は、すべてのものが関係づけられているような中心的極として、実質的《レエル》に見いだされるわけではない。そこでは本来はいかなる「すべて」も存在していないのであり、それというのも、すべてというのがまさに流れ去った統一であるからである。とはいえ、ここで問われるのは、「実質的に見いだされる」とは何か、それはたんなる潜在性であるのかどうかなどである。

しかしいずれにしても、言われるべきことは、次のことであろう。自我が目覚めていて、無意識的なものが先行する状態のある区間をさっとつかむことができたとき、それは、遡及的に向かう反省によってそこにかつて属していた自我としての自分が見いだされたわけではないこと。こうしたことは疑わしい、と言うことになろう。しかしやはり確かと言えるのは、自己意識と境界づけられた体験とは必然的に連関しているということであり、きわだった体験がそこにあるときにだけ、自我も「そこに」まえもって与えられているのであり、たんに体験するだけでなく体験された自我がそこにあるのである。体験がきわだち、ヒュレー的所与がたとえば「それだけで」ととのっているときにだけ、そして表象がそれだけで、同様に空虚表象もそうであるときにだけ、そこに触発が生じうるのであり、必然的に生じているのである。きわだったものは、自我へと関係しており、極としての自我が機能しており、それだけでそこにある。そのときにだけ反省が生じうるのだ。自我は自我の対象的なもの（それだけで意識され、それだけで何らかの仕方で表象されているもの）の反省によってのみ与えられ、しかもつねにまた可能的にも与えられている。明証的であるのは、対象がそこにある場合に、そこへと表象しつつ向かっている自我も反省的に把捉できることである。境界づけられた表象（ライプニッツのいう知覚《ペルツェプチオン》というもっとも広い意味での、それ自身において閉じた統一的に表象すること）、すなわち、それだけできわだった対象的なものとしての表象されたものと自我中心化は、必然的に共属しあってい
54
る。したがって、そのとき、対象からみて二重の反省が存在するのであり、対象へと向けられている自我への反省があり（対象によって触発され、新たに対象に向かった反省、これもまたすでに反省である）、他方では「表象すること」、意識やその特性への反省があり、その「なかで」向けられていたのは、知覚することや再生の表象することなどである。

明らかにこうしたことすべては、もっとも内的な意識の学説にとって重要でもある。そもそも多様な意識流がきわだつものとともにそこにあるとき、その自我も覚醒している。つまり、自我は触発と作用の同一極として絶えざる機能における恒常的にきわだつものとしてともにそこにあって、それだけでまえもって与えられており、いつでも可能な反省において与えられている。すべての「意識」、あらゆる志向的体験やヒュレー的体験は意識され、それ自身意識され、そこで体験と同等に位置する自我にとって、把捉可能であり、把握されてあることに先立ってすでに意識されているものとして把捉されうるのである。結局のところ、意識にもたらされる無意識もまた《私に-とって-そこ-にあること》およぴ、《まえもって与えられて-あった-こと》というあり方をもっているのである。

次のように言うことができないかどうか問われる。気絶と覚醒との対比において、それまで把捉されずきわだっていなかった体験が、たとえばヒュレー的なものがきわだってくる、ということが言えないか。また、私が同じ私としてそこにいたが、ただ「自己意識」であることが可能でなかったのであり、自分自身にとってきわだつことや可能な反省にとってまえもって与えられていることが可能でなかったにすぎないと言えないだろうか。これがまさに眠りなのであり、何もそれだけで触発することなく、それによって自我もそれだけであるのでなく、変化する触発と作用の〔中心にある〕同一のものとして存在してはいないのである。
　となれば、したがって、きわだっていることと触発することとが分けられることになろう。ないし、触発の概念が新たに捉え直されねばならないかもしれない。きわだっていることはさまざまな触発の力をもっている。しかし自我はさまざまな感受性をもっている。自我が触発されるのは、場合によって対象が本来の「意識」に至るための力が十分なときである。

244

一四　自我論《エゴロジー》の拡張としてのモナド論《モナドロジー》＊26

〈第一節　自然の超越と他の《フレムト》主観の超越。自我と非我の不可分性。さまざまな内在の概念〉

　自然客観の超越は、他の《フレムト》主観の超越、他のモナド的主観性の超越とは、その本質からして根本的に別の事柄である。
「我あり」。だがこの自我（エゴ）は実在性という意味における対象ではない。私は私を自我極として、すなわち触発と作用の中心として見いだす。そのさい私は、私を実在的な周囲世界にかかわっているものとして見いだす。しかし私がそのとき、形相的に洞察するのは、私は、極としての私が実在的な周囲をぬきにしては考えられない、ということである。自我は非‐我を抜きにしては、すなわち、自我が志向的にかかわっているその非‐我をぬきにしては考えられない。こう言ったからといって、この場合の非‐我が実在的な時空的‐因果的世界、すなわち自然であるといったことはまだ述べていないし、また、この場合の自我が自分自身と「並ぶ」別の自我をもっているとか、あるいはもちうるだろう、といったことも、まだ述べてはいない。だがいずれにせよ、純粋な内部考察において、すなわち「我思う《エゴ・コギト》、我あり《エゴ・スム》」の意味内容をその考えうる可能性の変化のうちで考察することによって、私は自我が非‐我と切り離しえないということを見いだしている。すなわち、自我は「私は意識している」としてしか考えられないのであって、たとえ私がたんなる感覚所与の雑多な寄せ集めだったとしても、私は「実在的なもの」を意識しているのだとい
245 うことを、見いだしているのだ。自我はみずからの作用のうちで生きている。別の意味でいえば、自我は意味付与の環境《ミリユー》のうちで生きているのであり、その意味付与とは、自我において「意識生」という標題のもとで遂行され、そのうちのあるものは受動性として、内的な本質規則性にしたがって展開され、またあるものは本質規則的に境界を定められた作

用（自我から発する措定をともなった自我によって遂行される活動）のうちで経過する。こうした進行する意味形成の過程すべてにおいて、根源的核として作動しているのは、ヒュレー的所与である。このヒュレー的所与は、やがて構成される世界が、それを組み合わせることによって、文字どおりの意味でそこから構成されるような要素といったものとして作動しているわけではない。そうではなくむしろ、直接にヒュレー的所与にそくして遂行される統握の意味付与をとおして、ヒュレー的所与が射映的機能を行使することによって、主観極に対する志向的対極としての志向的統一が構成されるのである。このとき主観極にとっては、自身の生そのもののうちで意味を形成したすべてのものが、そしてそのようなものだけが、実在的にそこにあり、そこにのみありうる。そしてまた、主観自身が、この主観極に対して、相応する意味の作用の活動的遂行において、また、現実に行なった、あるいは自由に行ないうる同一化において、対象の価値を、すなわち同一で規定可能な対象の価値を付与したものなのである。

いまや自然とはたんに以下のような志向的統一に対する標題にすぎない。それはすなわち、その根源からして、自我の現実的ないし可能的な経験において、理念的《イデアール》に貫いている確証の一貫性以外にいかなる真正の一貫性ももちえないような統一である。つまり、意味付与という観点からすれば、自然事物とは「現出」、あるいはアスペクトに対する同一性の極でしかない。事物とは、そのときどきにより、あれこれさまざまに自身を呈示するものであり、この呈示あるいは現出（アスペクト）のうちには意味の構造がある。このアスペクトそのものは、この意味構造によって、反省の場合とは違って、対象となるわけではない。そうではなく、アスペクトは、もろもろの契機からなる体系《システム》であり、これらの契機において何かが、しかもそのつどことなる完全性の度合いをもって、自身を呈示したり、それによってさらなる経過を指し示したりする。あらかじめ描かれた、キネステーゼ的に自由に産出されうるさまざまな現出のうちで、意味の極である対象そのもの（現出において現出するものとしての同一者、規定可能なX）の認知が遂行される。このことは、場合によっては何らかの意味の契機（たとえばある部分平面の色合い）によって指し示された系列で進展し、さらにその最適なものに向かって進展する。この最適なもののもとでは、
246 当の意味の契機に関して、そのもの自体が見てとられることになる。事柄がとても、複雑なものになっていくのも、このすべての最適なものが、事物の構成の進展において、相対的なものでしかなく、場合によっては偶然的な関心に適うものでしかないからである。となると、真の事物というものは、最適なものの統合体であり、開かれた未来の経験すべてにおいて、もはや相対化されることのない究極的な性質の統一という理念にほかならないことになる。もっとも、より詳細で満足のいく記述を与えようとするなら、はるかに多く

の複雑な熟慮と論述が必要になるだろう。いまは以下のことを言えば十分である。私たちが実在の自然客観と呼ぶ対象は、ここでは主観極として前提されている純粋自我の経験の対象として、さまざまな性質の同一的基体である。この同一的基体は、さまざまな呈示のうちで推定的統一として自身を呈示しており、その呈示において、それらの性質そのものも、それぞれの仕方で再び推定的に、そのつどことなる完全性をもった射映において、呈示されている。そのさい、たえず開かれた地平は空虚であり、そもそも現実に呈示された、ただカテゴリー的形式だけが予描されているような性質からなるわけではない。

　直観的事物の超越、すなわち実在物として、私にとって「有体的に」そこにあるものとして知覚のうちに与えられているものの超越は、いわば、それ自体、内在の一形式にすぎない、それもよき意味での内在の一形式にすぎないということができる。[*27] 我思う《エゴ・コギト》の地盤の上に立ち、自然を「カッコに入れる」ところから始めるなら、それが意味するのは、自然が私にとってたえず留保つきで、自然の現出をとおして与えられていることを、私が反省的に見ていることである。したがって、私は、（事実「存在している」）私がそもそも存在しうるために、私と不可分であるものへと、すなわち現出の水準へと連れ戻される。この現出の水準には、すべてのヒュレー的所与もともに含まれている。私が連れ戻されるのは、私が存在するのをやめることなしに、多様に変更を加えて考えることのできるものの領域であり、そこにはこの自我が次のように語ったり認識したりすることも含まれている。すなわち、現出している事物、現出している自然が存在しなかったり、私が幻覚をみている、あるいは、一つの自然に固執する正当な根拠がもはやなかったりする、と。別のそれと同じような水準と一つのものであるこの現出の水準と、痛みの感覚といったものや努力などが絡み合うことで、反省の目にとって、特別自我的な出来事になっている。したがって、
247 そこには、なおさまざまな層も存在するが、いずれにせよ私たちは、ここ、内在的時間の統一形式において、自我に属する体験の領野をもっており、それはこの領野にとって、知覚的現在、あるいは再想起によって再生されうる過去の現在、という時間により方向づけられた形式において構成されている。そのような体験の領野にこの自我は「目を向ける」ことができ、ここで、自我に固有な体験流の無限の領野が、《いま、かつて、やがて》という流れる様相において与えられる持続体として、〈構成され〉うるのである。

これこそが、私たちが実質的に内在的なものと呼んだ、第一の意味での内在的なものである。この実質的なものそのものは、それ自身を呈示するものとしてのみ存在するのだが、このことは、〔一方の〕内在的で等質的な時間そのもの、すなわち、実質的所与の形式そのものと、〔他方の〕実質的に内在的なものが時間射映において呈示する方向づけられた時間とを区別しなければならないことと関係しており、それ自体重要な事柄である。この

事柄は、究極段階の内在としての根源的に内在的なものへと私たちを連れ戻す。

しかし、この第一の内在のうちには「意味」が「含まれている」。すなわち、そこには志向的関係があり、私たちが読み取る理性の関係、つまり存在しないものを抹消しつつ真の存在に根拠を与えるような関係の体系《システム》が含まれている。真の存在、すなわち現実に存在するものとしての志向的対象は、正当に根拠づけられた次のような確信の相関者にほかならない。その確信とは、「存在するもの」、あるいは存在するものについての確信の措定が、対応する動機づけられてすでに横たわっている現出の多様を自由に通覧することによって、また、その成果のうちで斉一的に経験されたものにふたたび的中することで確証されねばならないとされる思考によって、たえず確証可能であり、またいままでも確証可能であった、という確信である。したがって、現実の自然とは、自然を経験する自我としての私の体験流の理念と相関する理念にほかならない。だが、この理念は任意のあり方において考えられたものではなく、ある理念のもとで、すなわち、以下のような妥当な理念のもとで考えられた理念である。それは、体験流が一貫して流れることで、体験流が、自然を証示するのに十分なものとして、いかなる別の経験も（確信の命題、ないしそれに結びついた可能性と蓋然性の命題をともなった現実の経験）それ自身のうちに形成しえず、発展にもたらしえないという理念である。したがって、私たちにおいて現実にそうであるように、自我が自由に試行錯誤しつつあらゆる経験を、一方では保持したり、他方では抹消して別の経験に置きかえたりすることができるという仕方で、またこの試行錯誤の過程のなかで、経験から斉一的な物体が形成され、この経験の斉一性のうちで、真の自然が維持され、たえずより完全な認識に至るのである。

となれば、したがって、自然はいつも「現出するもの」以外のなにものでもなく、そして一つの現出するものは複数の現出の相関者であり、現出がそれだけで何かであるわけではないように、現出するものもそれだけで何かであるわけではない。このような志向的統一は、理性の理念《イデー》にほかならず、事物も、個々の実質《レエル》的な現出や現出系列とは違って、理念的《イデアール》なものにほかならない。しかし、だからといって事物は無なのではない。事物は理性の理念、明証的な根拠づけの理念である。そして、ここでいう根拠が何のための根拠なのかといえば、現出するものがたえず斉一的に確証され、たえずより完全な仕方で明示され、たえずよりよく認知されるということの根拠である。そのさい、事物が事物であるのは、事物の固有の意味に属する相対性においてである。そのつど事物は、その意味を規定している相対性において、まさに現出のうちで規定されているとおりのものであるのだが、それは現出そのものにたえずついてまわる留保をともなった仕方でしかない。事物はその本質からして、状況に応じてさまざまに見えるなかで、まさにそのように「見えて」おり、見え方の変化において性質を担うXという理念のもとにある何かにほかならない。この何かとは、可能な認識の過程において、より近づいていくことで、より完全な手がかりが得られ、より完全に到達されうる目的《テロス》であるような何かにほかならない。こうした理念を何ものかへと実体化すること、すなわち構成する主観性から分離可能な何ものかへと、純粋に客観的な見方（構成する自我に反省の目を向けないため、自我において、また自我によってしか構成されないものを絶対的とみなす見方）のうちである事物が別の事物に関係するように、たまたま箱のなかに入っていって、その箱といかなる本質的な関係ももたないといったような意味で、それ自体をもつような何ものかへと実体化することは、無意味《ナンセンス》である。

だが私たちはいまや、主観性から決して切り離せない、このように主観的に構成された超越と本質的に絡み合ったものとしてではあるが、ここに、動物や人間という超越を見い249だす。私たちは他の《フレムト》身体と、事物と一体になった他の《フレムト》主観を、私たちの経験の領分のうちに見いだす。しかし他の身体と他の人間はたんなる事物として構成されているわけではない。他の人の身体物体は、たしかに私が直観する事物だが、他の人の身体物体としてそうあるわけではない。私自身の身体は、一方で私にとって現出する事物であるが、他方で新たな統握の層によって、自由に動くもの、感覚態[24]の担い手などとしても与えられている。

いずれにせよ、私の身体は、私の主観性にそのまま属するのであり、知覚によって私のうちで、私にとって構成されている領分に属するのである。まさに内在的に根拠づけられた超越である。*28 だが、私が私の身体物体に類似した外的物体を身体として統握する場合には、この他《フレムト》の身体物体はこの類似性によって、「表現」という仕方で共現前の機能を果たす。ここに属するのは、類型的な仕方で発展する多様な内面性がともに措定されていることである。この内面性は、それはそれで、それ相応の外面性を要求し、それは、内面からの前もっての予期に応じて実際に現れる外面性を要求する。こうして共現前的な統握がなし遂げられ、また相応の表現の進展によってそれ自身のうちで確証される場合、共現前が維持されることになる。*29 場合によって、私たち自身に固有な周囲世界に介入するとき、私たちは次のような出来事を生みだす。それは、感情移入の意味にしたがって、他《フレムト》の内面的周囲世界においても、それに相応するような現出様式で示されるに違いないような出来事であって、さらに、有効な類比にしたがって、他者の行動に対して、他者の身体性においてであれ、その行為や音声的表出など、その他の表出においてであれ、何らかの仕方で表現されねばならないような動機を生みだすような出来事である。共現前によって他《フレムト》の自我として措定されるものは、他の内面的周囲世界をともなう完全に他の主観性であるが、この他の内面的周囲世界も自然として、私に経験される自然と同一である。私が私の自然を与えられたものとして、あれこれの現出においていま現実に経験しているものとしてもち、それとは別の「私にとって到達しうる」可能な現出において見ることもできるものとしてもっているのと同様に、私はその自然のうちに他の身体物体を見る。このとき私は、与えられているものとともに他者をもっているのであり、しかも、共現前してはいるが、私に与えられてはいない現出をともなう、すなわち私が私の身体をもってそれに相応した空間位置において他者の身体に取ってかわったとしたらもつであろう現出をともなう他者をもっている。ここで問題になっている現出は、私にとっては可能な現出だが、この同じ現実の現出をもつ主観として、私は他者を措定するのである。もっとも、そうした現出が本来私にとって可能な現出であるのは、他者がいるところに私が前もって行くことができ、他者がいまもっている現出を私がいまもつことができたとしたらのことでしかない。というのも、もしそうでなかったら、現出している当の事物が静止していて変化しない場合にしか、他者と同じ現出をもつことはないことになるし、しかも現実存在のもつ、いまよりも後の時点に関してしか、この同じ現出をもつことはないことになるからである。

〈第二節　現出（眺め）の客観性と間主観性の問題〉

ここで、私が以前の論述においてくり返し突き当たった不明確な点がふたたび現れてい

るように思われる。いま問われるのは、すでにくり返し考察したことだが、『イデーン
Ⅱ』の最初の下書きでも保持されていた古い見解を変えるべきではないか、ということで
ある。この古い見解は、現出は「モナド」に属しており、実在性そのものとは違って間主
観的ではない、あるいはむしろ、間主観的ではありえない、という趣旨のものだった。[*30] こ
251 こではすでに、孤立した（単独で考えられた）主観の立場に立って考慮すべきだったのだ
ろう。私の周囲世界のなかのもろもろの見えていない事物が、私にとってそこに存在する。
すなわち、私はそこに行ってそれらの事物を見ることもできたであろう。そして、見られ
ていない事物が、現在という規定性において、現在あると考えられた事物であるとすると、
私はいまそれらの近くに行って、そこに辿り着いたら、それらを見ることができる。そう
した事物はその持続的な同一性において、私にとって自由に利用可能な所有物である。し
かし、それらを見るということは、何らかの現出をとおしてそれらを手にするということ
であり、私が現出の方へと態度を向けるなら、現出も私にとって自由な所有物となる。と
はいえそれは、心理物理的と呼ばれる種類の条件について見落とされるものがない（そう
した条件をつねに前提にしている）かぎりでのことだが。「眺め」としての現出は、事物
の状態の因果的秩序に応じて、固有の規則的秩序をもっている。私が現出に注意を向ける
と、現出は予期に応じて、また私のキネステーゼ的自由に応じてしかじかに行ったり来た

252 りするものとして与えられる。これは、事物に向かう態度のもとでは事物が予期に応じて因果性を行使し、それによって状態をしかじかのように変化させるのと同様である。

たしかに、現出の体系《システム》は二重の法則性をもっている。すなわち、一方で、事物の因果性に相互に対応する法則性であり、他方では、ここでつねに仮定されていた心理物理的条件性の法則性に対応している。すなわち、後者は「正常な」経験の場合に対応する法則性である。しかし、私が自分の身体の置かれている状況を知っているかぎりで、そしてキネステーゼ的活動の自由、すなわちまさに知覚的活動の自由によって、私の身体を知り、その状態を考慮するかぎりで、私は、場合によっては正常な場合から逸脱する現出を予見することができ、現出が私にとって利用可能なものとなり、したがって、私にとってのその現実存在、すなわち自体存在[25]をもつようになる。*31 このようにして私たちは、山頂のさまざまな見え方（これには少なくとも眼の運動が属している）などや、ある地点からの街路の眺めなどを、確固とした事実として扱っているのであって、瞬間的な「体験」として扱っているのではない。この客観的に私にとって存在する（利用可能な）体系における現出は、事物の現出であり、一つの恒常的な現出連関に属している。この現出連関のうちで、私にとってつねに存在している恒常的な自然の一つの連関が与えられている。自由に産出可能な任意の内容、たとえば自由に産出可能な任意の音の系列といったものが、どれも現在において持続的なもの、自体存在するものであるわけではない。自然はつねにそこにあるものであって、私がいま経験しているものは、そこに属する産出可能性の特定の体系を、私に対して表示している。そして、ただこの特定の体系が、まさにそれだけが、私による産出の枠組みを与えるのである。だが、音の系列について言えば、経験されているものによってはじめから表示されているわけではなく、私は現に産出された音の代わりに、別の音を産出することも、同じく可能だっただろう。

それによって、たんなる感覚、すなわちそこでは知覚的呈示において何も呈示されていないもろもろの所与と、持続的所与および瞬間的アスペクトの存続体として呈示する所与とが区別される。後者の現出の契機は、アスペクトそのものと同様に「客観的」であり、たまたま知覚され、知覚的に顕在化されるものにすぎず、それそのものが自然なのではなく、自然の客観的現出である。

253 こうも言うことができる。客観的実在の構成は、ある種の「理念的《イデアール》」統一の構成であり、この理念的統一は、別の理念的統一、たとえば形相的統一との類比性をもつ。この形相的統一は、それそのものとして、実質的《レエル》内実をともなった実質的意識を前提にしている。となれば、自然の構成には、さまざまな前段階の理念的統一の構成を前提とする、ということが含まれている。その理念的統一のうち、もっとも低次のものは瞬間的アスペクトである。いまやここで明らかに区別されるのは、〔一方の〕私が知覚体験としてもつ体験や瞬間的感覚や統握などと、〔他方の〕私がくり返しもつことのできる同一の眺めないしはアスペクトとである。アスペクトは、変化しない対象における持続的統一であり、変化するアスペクトとしてのアスペクトは、たまたま知覚のうちにある（そしてそれ自体も知覚されている）にすぎない。他方、それは知覚されていない場合でも、知覚される用意ができているのである。*32 可能な知覚体験の宇宙は、理性的に動機づけられた自由な可能性の閉じた体系《システム》として、まさに一つの客観性である。そして、この客観性の客観的形式は、空間的方向づけと時間的方向づけが一体となった体系的持続体である。この客観性は、究極の客観性としての自然の客観性の観点からすれば「たんなる主観的現出」と呼ばれるが、それは以下のような根拠による。

どんな眺めにも自我の立場が属している。私たちは自我のキネステーゼ的演出の体系をもっている。この体系によって、自我はその身体を「動かす」ことで方向づけの体系を起動させ、同一の事物をたえず別のアスペクトにおいて現出させ、またそのことによって事物を別の方位づけにおいて現出させる。それに加えて、たえず新たな事物を顕在的経験へともたらし、また以前はたんに到達可能な可能性にすぎなかった事物の現出を、顕在的現出へと変化させる。向こうに行くことで私が確信するのは、あらかじめ私の経験に基づいて知覚可能なものとして、あるいはそこに存在するものとして私が措定していた事物が、実際にそこにあることである。しかしまた、向こうに行くことで私は、当の事物の「知覚」が、すなわちそのしかじかの位置からの眺めが「そこに」あることを確信する。しかし、特定のアスペクトというものは、強く強調された主観性をもっている。それというの
254 も、特定のアスペクトを対象として、いつでも利用可能な対象としてもつためには、主たる対象から出発して、まず、それに該当する立ち位置に立たねばならず、あるいはそうした立ち位置に身を置き移さねばならないからである。主たる対象が見られているあいだは、まだその対象のあらゆるアスペクトが私にとって規定されているわけではない。私は行為しなければならず、あちこちに行かなければならず、さらに、ある客観がその場所からどのように見えるのかを知るためには、私はすでにその客観を、あるいはよく似た客観を、すでにそこから見たことがあるのでなければならない。

より正確に言えば、一方では、単一の点的な知覚可能性（瞬間的アスペクト）でさえも、その客観性をもっている。しかし他方で、そのような知覚可能性の持続のうちで構成される統一体、たとえば眼を動かしたり、その他のキネステーゼを通り抜けることで得られる眺めのような（山頂からのパノラマのような）統一体も、客観性をもっている。こうして、事物そのものの手前にあって、事物そのものに対してたえずさまざまな段階の現出である

中間的な統一体もまた、客観性をもっている。

さて、ふたたび「他者」の話に移ろう。感情移入の意味の本質には、私自身にとって利用可能なその同じ現出体系を、他者にも等しく利用可能なものとして、私が他者に挿入するということがある。しかし同時に、私は他者に、私とは、別の対応する顕在的現出や顕在的知覚、そして別の位置や、それに応じた別の方位づけを挿入している。しかし、〔そこで〕制限されているのが、現出体系の自由な利用可能性なのであり、この利用可能性は、私にとってと同様、他者にとっても、別の事物によって制限されている。この別の事物は、私が自分のキネステーゼを自由に働かせ、それが占めている空間位置を立ち位置として占めることを妨げ、また、すでにその位置を占めている事物としての他者の身体によって妨げている。他者の経験は私の経験ではないが、他者は、他者の経験において私の現出体系に属しているのと同じ現出をもち、そこには、同じ事物が現出している。私たちはみな、同じ事物と同じ現出への通路をもっている。

とはいえ、ここに不明確な点が残ってはいないだろうか。私の可能な知覚、可能なアスペクトは、私にとってたえざる現実存在をもっている。それというのは、それらをあらかじめ見とおしている範囲で、自由に利用でき、既知の経路をへて、与えられているものからの確固とした動機づけにおいて、それらを自由に生みだすことができるかぎりにおいて

である。だが、それらはやはり私の可能な「体験」なのであって、それらの統一は私の現
255 出の統一である。私が他者の身体を身体として理解するとき、すなわち他者に属しているモナドと自我と周囲世界を共現前によりもつとき、私は同一の現出を表象においてもっており、それは、私がそこにいたとしたら、そこで多少なりとも変化した身体をもって周囲を見回したとしたら、そのときに私が知覚現出としてもつであろうような現出である。そのとき、私は内部形態における別の身体を、さまざまに現出する私の身体としてもつことになろうし、また周囲の事物を、そこに属している現出の仕方においてもつだろう。しかし、私はここにいるのであって、そのような私がもつ身体は、やはり私の身体ではなく、それに似た身体でしかない。そのさい、類似性は方位づけの違いによって媒介されていて、私がもつそれらの現出は、私がそこに行ったときに経験としてもつような現出ではなく、他者が現在もっている現出である（私がいま顕在的に準現在化している、私の実在的に可能な現出の類比体は、措定的準現在化という性格をもつのであって、再想起という性格をもつのではない）。私がそれらの〔他者がもっている〕現出に帰属させている現在は、準現在化された現在だが、やはり実在的に動機づけられた現在である。私が「感情移入」において準現在化した他者の現出は、共現前による準現在化として措定されている。すなわち、それらの現出は現在の現出として措定されていて、仮定的ではなく現実的な知覚現出

として措定されているが、私がもっておらず、他者がもっている現出として措定されている。私は、ただこの現出をもちうるだけであり、あるいは適切な場所にいたとしたらそれらをもつことができただろう、ということである。さらに、それに加えて間接的に（あるいは含蓄的に《イムプリチテ》）共現前しているのは、他者にとって可能で、私にとっても可能である他者の可能的現出の体系全体なのであり、他者の可能的現出の体系と私の可能的現出の体系とは、ある種の合致の関係にある。他者のいま現実にもっている現出と、私にとっていま動機づけられた同等の可能な現出も、同様の関係にある。共現前ということの意味からして、それらは同じ事物の現出なのである。

256
〈第三節　主観の存在位階[26]に対して下位に置かれる実在性と理念性の存在位階〉

主観性の本質に属するのは、主観性において自然が構成されうるということである。この自然の超越は、以下のような規則の相関者である（まずは、相関者にほかならない）。それは、主観性の枠内で感覚所与が現れては去っていくこと、空間事物性の統覚の根源的形成、つぎにこの統覚の類型についての経験の規則的な進展、これらを支配する規則の相関者である。この統覚の類型についての経験において、無限で普遍的な自然が、自体的に存在し、主観に与えられるものとして、たえず進展する知にもたらされる。

また、この主観性の本質に属するのは、次のような理念的可能性でもある。それは、「この」自然における事実として、主観の身体に類型的に似ている事物が、共現前する層の基盤として構成的に作動しうるという可能性である。そして次に、新たな経験の種類(新たな統覚)が形成される。この新たな経験によって、自然のなかの事物が、心にとっての、すなわち別の主観性および自我主観にとっての身体として、たんに表象されるだけでなく、経験されるのであり、この種の経験に固有な仕方で継続的に措定され、理性的に確証されるのである。

このことは、もちろん、私の意識の出来事であり、この確証も事物を経験することや確証という経験もまた、そうである。しかし、経験されるものは実質的《レエル》な意識所与ではなく、どちらの場合もそうである。経験される事物は「意識の外部の」統一体である。あるいは、それは実質的《レエル》な意識流に対して、理念的《イデアール》な志向的統一体、しかし原理的に意識の呈示に依存する統一体である。こうした志向的統一体は自体的に存在し、私がそれを知っていようがいまいが関係なく存在する。それ(すなわち事物)は、「普遍的理念」や「色」が自体的に存在するというのに類似した意味で自体的に存在するのだが、必然的に、理念化《イディーレン》する[27]自我の何らかの理念視的過程を、すなわち自我にとってつねに可能で、顕在的になるときには理念を瞬時に「顕在化」するような過程を遡及的に指示している。しかし、このことは、本質的に、自我が再想起の意識の統一のうちでこの顕在化の反復を結びつけ、そのことによってたとえば「色一般」という理念的なものの絶対的に超時間的な同一性を覚知できるような仕方で行なわれる。

　以上とはまったく別の対象性が、他の《フレムト》自我である。その身体性に関して言えば、他の自我は私にとって、「呈示する」可能な現出の統一体にすぎない[*33]。だがこのことは、他の自我そのものと、他の主観性一般についてはあてはまらない。他の自我は、私と同等の自我であり、たんにそのようなものと思い込まれているだけではなく、その措定は理性的に確証されているし、たえず確証され続ける。他の自我は、自我として、あるいはむしろ、自我、体験流、現出、現出する周囲世界をともなうまったき主観性として、ある何かなのであり、その何かに対して、またその何かにおいて、現出が展開し、現出の統一が構成されうる。しかし、この何ものかそれ自身がふたたび同じ意味で現出することはなく、規則づけられた仕方で呈示の統一体として構成されるということもない。実在性も理念性も下位の存在位階であって、上位にあるのは、《我-思う-思われるもの《エゴ-コギト-コギタートゥム》》をともなう主観性の存在位階である。後者が究極にして最高の存在位階であるのか否かは、ここでは、そのままにしておこう。しかしいずれにしても、自我は「それ自身において」存在するのであって、他のものにおいて存在するのではない。自我は存在しており、存在するものとしてそれは同一的なもの、同一化可能なもの、原本的《オリジナル》に与えられうるもの、把握可能なもの、思考可能なもの、規定可能なものなどである。それによって、自我は必然的に、同一化したり規定したりする主観（あるいは、一つの同一化する主観）を遡及的に指示する。しかし、自我が存在するものとして認識可能であるためには、それ自身で十分であり、それ自身のほかに別の存在するものを必要としない。自我はそれだけで存在する。自我は存在することで、それ自身を意識しており、それが何であれ、自我に自体的にそれだけで適合するものすべては、自我自身のうちで、また自我に適合するものそのもののうちでも意識されている。また自我は自我として、自身について、それ自身の思考とともに、すなわち、自我がその志向をただ意識していて、直観するだけでなく、思考することができる、といった思考とともに、思考することができるのである。自我について言うことができるのは、「それ自身において存在し、それ自身によって考えられる」*34[28]ということである。自然という意味におけるすべてのもの《レース》の概念表象《コンケプトウス》は、純粋に自我そのものから汲み取られなければならない。しかし、自我はたんに直接、それ自身から汲み取られた自身についての概念表象（表象および概念）しか、すなわち自我がそれ自身から生みだした概念表象しかもたないというわけではない。自我は他の自我主観によっても概念的に表象されうる。感情移入の経験においては、私のうちで、他者が告知される。他者は、事物のように原本的《オリジナル》な根源性において知覚されるのではない。それに対して事物は知覚によって、まさに私の範囲に属するものとして告知され、この点は、理念的なものの世界全体と同様に私固有のものとなるあらゆる理念的《イデアール》対象性と同様である。これに対して他者は、共現前をとおして、他者としての根源的告知において経験される。すなわち、それは自我として経験され、私ではないし、私の主観性でもなく、私にあい対するものであるようなまったき主観性として経験されるのである。258

〈第四節　主観性におけるあい対する自我の告知と構成的統一体の間主観的同一化。モナドは窓をもつ〉

以下のことは、（それ自身のうちですでに外的客観性を「自然」として構成している）主観性の根本的特徴である。つまり、主観性のうちであい対するものとして第二の自我が根源的に告知されうるということである。というのも、受容性そのもの《エオ・イプソ》の本質は、それからまた同時に、この第二の自我に対して、同時に私の自我も告知されうることにある、からである。私にとって何らかの別の自我が経験されうるとき、その自我はたんに自然に即して経験される身体性における根源的告知をとおしてのみ、そうした身体のうちで自身を表現するものとしてのみ、経験されうる。こうした根源的告知に属するのは、私が私にあい対する自我を次のような仕方で経験するということである。すなわち、あい対する自我がそこにおいて私にとって自分を表現していて、私の空間事物的経験の構成的統一体であるようなそこにある身体物体的事物が、同時に、同じものとして他者の経験の構成的統一体であるという仕方であり、また、他者によって、特有の身体現出（内面現出）において他者の身体として経験されているという仕方でもある。また、同様な仕方で、私が経験し、私の可能的経験の構成的統一体であるのと同じ事物が、まさに同じ事物として、ただし、別の現実的ないし可能的現出において、他者の可能的経験の構成的統一体でもある。このような根源的告知に基づいて、私たちは、理念的可能性と事実の正当な経験的現実性の根源的洞察において、以下のことを意識する。それは、呈示する可能な現出の志向的なそれ自体は、ある主観性の枠内において、同一的で同じものであって、その同じものとして経験され、認識されうるのであって、まさにそのようなものとして、別の自我の呈示する現出において、志向的なそれ自体として構成されているということである。私の言葉で言えば、こうなる。私の現実的ないし可能的な呈示する現出の対象極は、たんに単独の私にと
259 って可能な理性的に措定する同一化の統一であるだけではなく、感情移入によって共現前する第二の主観性が、別の顕在的な、私の見るところ、必然的に私が現在としてもつものとは別の現在的な現出をもっているにもかかわらず、〈別の自我〉は、たとえば私が見て、

その人も見ているその人の身体の一部について、同一のものの現出をもっているのである。別の自我の現実的ないし可能的なすべての現出が、その人にとって、すなわちこの別の自我にとって現実的ないし可能的であるのは、私の現実的ないし可能的なすべての現出がまさに私にとってそうあるのと同様である。私の現出において、志向的な呈示の統一体が、対象極として、すなわち自然客観として私に顕在的に与えられ、他者の現出においては、その人の現出の対象極が同様に顕在的に与えられる。しかし、その極そのものは、すなわち事物そのものは明証的に同一である。他者の呈示する現出の構成的統一体としての共現前する自然の意味内実には、その構成的統一体としての自然が、私の対応する呈示する現出の構成的統一体としての自然と同一のものであるということが属している。そしてまた、他《フレムト》の主観性を共現前によって措定することは、それ自身のうちに、〔私と他者の〕双方の呈示する現出の統一体を、同一のものの互いに調和する知覚統一体として措定することを含んでいる。双方の知覚は対象的な合致統一のうちで与えられている。すなわち、まず、私にとっては外面現出において与えられ、あい対する自我にとっては内面現出において与えられているあい対する身体の、事物としての統一が与えられ、ついで、未知で未規定の、一部は私にとって既知であり、一部は他者にとって既知であるような地平をともなった、双方にとっての周囲が、同様にして与えられている。

単独の自我にとって構成される自然は、さまざまな意味で同一の自然として構成されうるし、実際にそのように構成されているのだが、このことは感情移入の関連によって（あるいは、少なくとも理念的可能性のうちで表象において思考された、第二の身体の虚構が属する感情移入の関連によって）初めて可能になっているのである。

同一の仕方において、別の構成的統一体、たとえばあらゆる種類の理念的《イデアール》な対象性、数学的対象、すなわち数や数に関する真理などの統一も、さしあたりは理念的同一性として、自我に関係づけられている。この自我は、それらの統一を覚知し、場合によっては、それらの理念的なものの類や宇宙を、自身にとって到達可能な開かれたものとして、詳細を得ることがなくても、見て取るのである。[*35] しかし、別の自我が私にとってそこに存在するよ
260 うに、別の自我が同一の理念的対象性を「いつでも」私と同じように構成しうるということを私は認識する。さらに、考えうる新たなあい対する自我はいずれも同一の理念的対象性をもちうるということをも、すなわち同一の理念的《イデアール》対象性があい対する自我にも属しうるということをも認識する。もちろん、そこで私は、私の自然を自由に変化させた場合でも、そして、可能な感情移入によって結びつけられるあらゆる共同体が何らかの虚構的に優先された自然との関係において、やはり同一の理念性をもつということも認識する。これに対して実在の事物は、それ自体で《ア・セー》それ自体によって《ペル・セー》存在するのではなく、自我を要求

し、事物にも、事物が属する自然にも帰属する現実性である。そして、この自我と感情移入の関係に立ちうるそれぞれの自我だけが、共通の同一のものとしての自然をもつことができる。こうしたすべての自我、あるいはむしろ、同時に存在するはずの（したがって原理的に集団として、複数として認識されうる）すべての主観性は、そのうちに、同一の自然を構成しているのでなければならない。この同一の自然にあらゆる自我主観がかかわっており、また個々のすべての自我主観はこの自然のなかで自身の身体をもっている。また反対に、複数の自我が感情移入の連関に入りうるとしたら、それらは、同一の自然にかかわる複数の自我でなければならないし、またそれらの自我はいずれも「身体を与えられた」生気ある《アニマーリッシュ》[29]自我でなければならない。

それぞれの自我はそれだけで存在し、またそれだけで一つの統一体であり、体験流をもち、そのうちで呈示される実在的極や、理念的《イデアール》形成物の産出などをもつ。それぞれの自我は一つの「モナド」である。だがこれらモナドは窓をもつ。それらのモナドは、別の主観が実質的に入り込むことができないという意味では、窓も扉ももたないが、別の主観は窓をとおして（窓とは感情移入のことである）経験されうるのであって、それは自分の過去の体験が再想起をとおして経験されうるのと同様である。だが、このことによって、感情移入するそれぞれのモナドにおいて、たんに新たな体験や経験する新たな思念が権利性格をもって育ってくるというだけではない。

いまや、あらゆるモナドにとって一つの世界がある。それはたんに自然だけではなく、生気ある《アニマーリッシュ》主観および人間の主観をともなう世界である。したがって、これらの主観はこの世界のなかで身体性をもっている。それらの主観は、そのうちでモナドが自身を表現する事物であり、こうした表現によって、また物理的なものとモナド的なものの規則的な条件性（この条件性は認識されることで、新たな告知の可能性と表現の仕方を開示することになる）の開かれた可能性によって、身心の現象的な二重統一体を構成する。そのさい、こうした生気ある《アニマーリッシュ》二重統一体のすべてと、それらをともなう世界全体は、いまやすべてのモナドにとって同一の世界として構成されている。

261

〈第五節　私のモナドおよび可能なモナド一般への現象学的還元。志向的相関者としての人間と動物〉

私たちは経験を遂行し、その経験のなかで生き、自然に即した経験とそれに基づく感情移入的共現前を生きているとき、私たちは、それゆえあらゆる自我は、経験に与えられているものとして私たちが世界全体と呼ぶ宇宙をもっている。私の意識と私の主観性全体と私の純粋自我のあいだの純粋な関連を反省し、そのうちで経験される世界についての素朴で直進的な判断をすべて遮断するとき、私は私のモナドを獲得することになる。この私のモナドにおいては、世界はまさに経験された世界として、すなわち顕在的経験の相関者として、また経験の志向的統一体として、与えられている。

私が形相的に考察を進める場合でも、私は志向的相関者をともなう純粋主観性一般の可能性を取り扱うことになる。そのさい私はまた、そのうちで経験による世界措定の斉一性が生じるような可能なモナド一般を研究することができ、またさらに、次のようなものとしてのモナドを研究することができる。すなわち、たえず世界経験をもつ自我が、その経験の自由においてどのように〔世界に〕介入し、継続的に〔世界についての〕知見を得ようとも、また理論的理性作用によって経験される世界をどのように規定しようとも、この自我にとって経験される世界は、存在するものとして斉一的に保持され続け、そのように無限《イン・インフィニトゥム》に続いていく、というあり方をしたモナドを研究することもできるのである。

私自身と私の事実に関して、私は現象学的態度において形相論[30]を用いることなしに、次のように検討することができる。私の体験流と私の（いま反省の主題となっている）経験および理論的考察のうちでは、たえず自然が、そして世界が、存在するものとして与えられ、確証されている。私は、これがずっと無限《イン・インフィニトゥム》に続いていくと仮定してみる。すると、この関連の全体は、どのようなものになるのだろうか。それはどのように確定され、

根本性格にそくしてどのように記述されうるのだろうか。この問いはふたたび形相的現象
262
学的態度へと私たちを導く。

いまや私は、この態度のうちで、私の純粋自我と合致する自我の可能な変化の体系をもっている。それはすなわち、私の現実的モナドと合致するモナドの可能な変化の体系であり、場合によっては（特定の類型をそれ相応に優先させることで）その措定の相関者としての、この体系のうちで証示される、あるいは証示可能な現実的な存在における可能な経験世界であり、そこには人間世界と動物世界が属している。

さて、こうしたモナドのどれかを純粋な可能性において（私の純粋な反省的態度のうちで）考察するとき、私がそこに見るのは、そのモナドのうちで、ある事物の経験（他の身《フレムト》体）と一体となった仕方で、第二のモナドが共現前的に経験されていることである。私が他の《フレムト》人間を主題化するとき、そこには物理的な身体物体も主題として含まれるし、心という標題のもとにそれのモナドも含まれ、両者の統一体も含まれることになる（他のモナドの純粋な本質とその本質法則性は、必然的に、私のモナドの変化に関する本質および本質法則性と同じである）。次に、私は自然な態度に立ち、場合によっては、精神物理学[31]や形相的心理学に従事する。私が現象学的態度に立って、しかも私の純粋モナドへの還元を行なうとき、私は、純粋主観性の可能性を、すなわち何らかのモナド一般に関する純粋モナ

ド論を手にすることになる。このモナド一般というのは、私の《我あり》を変化させることによって、他のモナドを「カッコに入れる」ときにのみ獲得することができる。

私は、この根源的な現象学的還元の枠内で、何を解明できるのだろうか。純粋自我としての「私のうちで」、あるいはむしろ、私のモナドの具体的統一のうちで生じるもの、純粋自我としての私によってあらかじめ与えられ、経験され、自然として考察されるもの、さらには厳密な学という形式においても考察されるもの、こうしたもののすべてを、私は反省的に、私によって考えられたものなどとして、私の〈うちに〉見いだす。しかも私のモナド的関連のうちで、どのような仕方で、すなわち、どのような所与や統握や措定などといったあり方で意識されているのか、そのようなものとして、私の〈うちに〉見いだす。また、この私のモナド的関連のうちに純粋にとどまりながら、私は以下のことをも確認する。すなわち、理性の措定や理性的根拠づけや理論化という特殊な関連において、純粋な認識自我としての私にとって、何が「対象」となっているのか、私がそこで何を措定しているのか、何がそこで進展する理性認識(理性的で洞察に富む規定)の成果であるのか、そしてこの「真なる」規定の同一の基体は、そこにおいて志向されているものであるモナド的関連に対してどのような関係にあるのか、といったことを確認する。こうしたことは、あらゆる種類の対象措定と、真に存在するものとして与えられている対象性、思念されている対象性について、したがってまた「人間」と動物、国家、民族などといった対象についても同様である。

だが、よく考えてみよう。私たちが現象学的還元において《我なんらかの思われるもの《エゴ・コギト・クワエクムクエ・コ》を思う《ギタータ》》[32]ということを研究するとき、それは「私は隣人を経験する」こととともにあるのであって、このことは、以下のように私に与えられている。すなわち、私がそこに一つの身体物体を経験し、この経験と一体となって、しかも私の身体性と類比に動機づけられて、第二のモナドが共現前化している、というように。こうした最初の段階の基づけによって、ここで役割を果たしているかぎりでの事物を経験する理性の本質が、研究され解明されていなければならない。そこでその考察の主題となるのは、そのつどの純粋自我とその現出の多様性、そしてそのうちで単独に構成される統一体だけである（そこで私はいまだ間主観的な事物と自然をもってはいない）。以上のことがなされたなら、私は、私によって、あるいは私に収斂されるモナドによって構成される自然一般の純粋な意味ないし純粋な本質を解明し、しかも構成するモナドのその（現出の）多様性との本質的関係のうちで解明したことになる。さて、このように存在するものは「自分の身体」の独特の与えられ方に関係づけられており、この与えられ方も、まずもって、同様に、この関係において解明されなければならない。これによって、他の《フレムト》身体および主観を、純粋に自我によって措定された意味にそくして、すべての構成的関係のうちで解明する道が開かれるのである。

〈第六節　単独的還元と、自然の遮断を使わずに残すこと〉

ところで、以下のような方針で進めるべきではないだろうか。現象学的還元は、ただ、ある種の方法論的目隠しにすぎなかった。すなわち、純粋自我における意味付与と意味そのもの以外の何ものにも効力を与えず、したがってそうした意味を自我が思考において現実に、しかもまさにこの思考の意味としてもっているとおりに、純粋に取り出すための方法的な目隠しにすぎなかった、というように。したがって、私が自我を経験する自我として純粋に受け取り、また自我が経験されるものをどのように、どのような意味で思念し、264 証明し、確証したのか、まさにそのとおりに受け取ろうとするとき、しかも、当の自我と交流をもつ別の自我がその経験によってそこに何を加えようとも関係なく、ここで言われているように、純粋に当の自我が経験したものとして受け取ろうとするとき、私はまず「他の《フレムト》身体」と生気あるもの《アニマーリエン》のすべてを捨象し、必然的に、私の変化したものである単独の自我を考察することになる。言ってみれば、私は現象学的還元と並んで、単独の自我（モナド）への単独的還元を遂行するのである。そのうえで、徹底した解明を突き詰めていったとき、自然を遮断する必要性はなくなり、単独の目隠しだけが必要なものとして残ることになる。すなわち、いまや私は自然そのものを直進的に考察し、理論的に扱うことができる。いまやこの考察にあたって、害するものは、皆無になる。私がここで知っているのは、まさにこうすることは、純粋自我の働きの成果であることであり、その成果が何を意味しているか、また、それが反省においてどのように見えるか、さらに、私がその成果や規定されたものにいかなる意味を要求することが許されるのかということである。そして、形相的な次元にとどまるとき、私は以下のことを認識する。すなわち、モナド的主観のうちでしかじかの理性関連が展開され、ないし学問的に活動する認識自我によって、そのような理性関連が行使されるのだが、そのようなモナド的主観は、それ自身のうちに、志向的相関者としてしかじかの対象性、たとえば自然を担っているということである。そして、まさにこれは、真に存在する自然であり、真に存在する自然に求めうるのは、ほかならぬこの意味だけだということでもある。そして、この直進的な意味と並んで、この自然は、さらにその相対的意味を、すなわち、まさにそうした可能な理性関連の相関者であり、そうした可能性から切り離すことができず、それによって自我からも切り離すことができないという相対的な意味をもっているということである。このことを認識した私はいまや、「意識」の本質関連あるいは可能なモナドと一体となったかたちで、可能な真の自然をもっている。この可能な真の自然は可能なモナドと不可分であり、それと一つになっており、そのうちに理念的《イデアール》な相関者として含まれている。自然な態度のうちで現実の自然と可能なもろもろの自然一般を絶対的な与えられ方として研究しているさいには（存在論）、きわめて多様な構成的源泉からして見いだされるものの混乱させる混合態をとおして、ただ不完全な主張に至ることしかできないのに対して、私のいう現象学的目隠しをとおして、また、さしあたり一つの認識するモナド（純粋自我）の構成的関連への反省をとおして、私は真の存在を手にし、真の自然の意味、すなわち、構成的な産出におけるあれこれの領域の真の対象性の意味を獲得する。これによって私は、構成の場における、すなわち明証における純粋で混じりけのない意味を獲得するのである。こうして私は明証を研究するのだが、これは産出を研究することであり、そのさい私は産出と産出されるものとの共属関係を見る。そして私はこの関係において純粋な意味を確固たるものとして手にするのだが、この意味に一義的な確定性を与えるのは、この関係のみである。

〈第七節　絶対的なものとしてのモナドの数多性への移行〉

以上のことがなされるとき、私はこうした意味の対象性の存在を、しかももっぱらこの相関関係におけるそうした対象性の存在を、自由に利用できることになる。それも、現実性が問題になっているときには、現実に利用するのであり、その他の場合には純粋な可能性として利用することになる。このことは、純粋に単独の経験における自然としての、私の自我にとっての自然についても言える。おなじように、自我によって単独に経験された自我の身体という意味での「私の身体」についても言える。ここから感情移入へと移行すると、私が端的に単独な純粋経験の意味において、可能な自然や可能な身体性を取り扱ったとしても、この現象学が失われるわけではない。そして、そのとき、私は感情移入とその相関者の現象学から、別の身体と別の自我に関する意味付与を獲得することで、私は、このときふたたび構成的能作の新たな産物を手にし、端的にそうした産物を要求することが許される。

このとき私は、その範囲のうちで感情移入の体験をもつ自我ないしモナドと、感情移入に続くさらなる体験としての充実化の類型を可能にする規則、そして何らかの同一化の作用など、ただそれだけをもっているのではない。そうではなく、私はそれ自身において別のモナドに関係づけられた一つのモナドをもち、そのような別のモナドを第一のモナドに関係づけられたものとしてもつか、あるいは、感情移入をとおして関係づけることのできるようなモナドとしてもっている。こうして私は、現実的ないし可能的なコミュニケーションのうちにあるモナドの数多性をもつことになる。さらにそのさい私は、モナドの数多性と関係して同一の自然を、すなわち間主観的な自然、共存するすべての可能なモナドに

266
とって共通の可能な自然をもち、私と現実にコミュニケーションするモナドと可能的なコミュニケーションのうちにあるすべてのモナドにとって現実に共通の自然をもつことになる。私はいまや、もろもろの閉じた体系《システム》のうちで、すべてのモナドに分け与えられている現出の多様性をともなう一つの自然をもつ。これは、単独の経験の構成の体系であるが、感情移入によって、こうした体系を「交換」することで、間主観的に同一の自然の構成を包括するような体系である。

　これによって、私は客観的自然とそれを規定する学問の意味を、構成的意味付与へと遡及的に関係づけたのだが、そうした意味付与は一つの純粋自我によっては遂行されておらず、また遂行されることができず、モナド的自我の純粋で普遍的に閉じた〈数多性〉、すなわち共可能的な総体性によって遂行されている。純粋な可能性において、私は、私が自身を起点として（私との収斂性において）形づくる何れかの純粋自我から出発して、可能な共存する複数のモナドの宇宙の理念を作り上げることができる。これら複数のモナドの相関者は、必然的にそれらに属する客観的自然である。その客観的自然には、それらのモナドが、自然な態度において、生気《アニマーリエン》あるものとして組み込まれているのでなければならない。純粋自我のあらゆる別の可能性は、別の総体と別の自然へと私たちを導く。そのさい問われなければならないのは、自然の形式としての永遠の必然性をもつ構造に対して、偶然性として残るものは何か、ということである。

あらゆる可能な自然が前提とする絶対的なもの、すなわちモナドの数多性と、たんなる措定の相関者であり、モナドの総体性におけるたんなる構成的「産物」である客観的自然そのものとは区別される。後者はそれだけで個々のモナドにおいて、また、多くの必然的な段階において、もろもろの主観的自然の純粋な産物に基づいて構成される。

この意味での絶対的なものから、別の意味での究極の絶対的なものへの道がつながっているのでなければならない。「真の意味での」（それを構成する存在を何も前提しないような存在者として）「諸実体」の体系《システム》から、究極の意味での絶対的実体への道がつながっているのでなければならない。

〈第八節　同一の自然の構成におけるモナドの連関〉

複数のモナドはそれぞれ孤立した統一体であって、それらに対してはたんに内在的な経過に関する「予定された」調和が、すなわち互いにぴったり一致する規則性の統一が支配しているだけなのだろうか。このことを表面的に捉え、モナドの状態の展開における包括的な秩序の何らかの統一が、不可解な奇跡という仕方で創設されているかのように理解するとすれば、そうではない。

共可能的な複数のモナドすべての共存として考えられうるはずのモナドの総体性は、一つの自然を共通にもつのでなければならない。このことは、それぞれのモナドが孤立して存在し、感覚所与など可能な自然経験についての同種の規則的秩序をもっているはずであり、それぞれその固有の自然を志向的統一として構成しつつ、そうした自然の理論的規定がいずれのモナドにとっても等しくなっている、ということをたんに意味するのではない。私たちにすでに知られていることは、自然は数的に同一のものであって、これが意味するのは、これらのモナドそれぞれにとっての自然の構成には、別の身体および生気《アニマーリエン》あるもの（したがって別のモナド）の経験へと進展する可能性が、ないしは、この進展が高度に進んで、それぞれのモナドが〔他のモナドの経験に〕対応する統覚を遂行しうる可能性が、含まれているということである。ここからさらに、間主観的自然を構成するというさらなる可能性が、そして認識するモナドが経験する自然と、認識されるモナドが経験する自然とが同一であり、その逆も同様であるということを認識するというさらなる可能性が生じるのである。

このように言ったからといって、あらゆるモナドがこうした発展を現実に遂行しているとか、こうした発展が特殊な経験的条件に結びついていないとか、そのように言っているわけではない。——まさに、ここにいくつかの問題がある。それに加えて、生と死の問題、

268

生気《アニマーリッシュ》ある世界の有限性と無限性の問題、モナドの生成の問題などもある。

複数のモナドとは、そこで立ち現れる体験に対して、規則が外から課されているような孤立した統一体のたんなる集積なのではない。複数のモナドは互いに「方向づけあっている」。一つのモナドのうちで自然が構成され、モナド的自我は自然に活動的に介入する。すでに知覚活動は、一つの介入であり、自然を変化させる。ただし、自然の秩序そのものはそれとして変化することはない。また、自我は事物を作りかえ、人間はその人間の大地を改造する。だが、ある個別の自我が能動的に生みだしたものも、別のすべての自我にとって、そこにあるものとしてまえもって与えられて、そこにある。ということは、自然に、あるいは一般に世界に向かうモナドのあらゆる活動は（あらゆる主観はその自分の志向的統一体に向けてしか、したがって、その内在のうちでしか、行為しつつ働きかけることはできないのだが）、当のモナドのうちで生じることであり、この生じることは、別のモナドに向けて行為することなのではない。しかし、それは、「因果性」であり、それは、別のあらゆるモナドをその圏域に巻き込み、内容の面で別のあらゆるモナドを必然的に変化させるのである。あらゆるモナドは一般に、その「内面性」の全体にわたって、別のあらゆるモナドにとって到達可能であるかぎり、別のあらゆるモナドに対して規則を指定するわけではないような何かがモナドのうちで生じることはない。またモナドは、自分の生の内部のある場所において、別のモナドだけを、そしてそのうちで発展してきた内的状態だけを見いだすようにしてのみ、生き抜くことができる。直進的に世界を認識し、したがって自然な直進的な認識の方向づけにおいて自然に向かい、また自然の関連のうちで身体と結びついている生気あるものすなわち人間に向かうモナドは、まさに次のようなものを見いだす。それは、実在的存在の普遍的統一体であり、その統一の関連のうちにあって、同時に経験や認識や評価や行為の主体として働く実在的主観であり、この主観が、この同一の世界全体に関係し、また、事物や身体に関係したり、身体と結びつき、身体において自分を表現したり、身体と規則的に結びついた心やモナドや主観に関係したりしていることである。現象学は、こうした自然で素朴な外からの考察や、そのうちで端的に与えられている世界に対して、絶対的な内からの考察の必然性を示す。現象学が示すのは、この世界が絶対的なモナド的主観性の構成の産物だということである。このモナド的主観性の発展は、その主観性の生のうちで、とりわけその認識の生のうちで、普遍的な同一性の体系《システム》、すなわち普遍的世界の志向的構成へと導く。そしてそのさいには、主観性自身がこの普遍的世界のうちで客観化する形態において客観化に至る。世界として客観化されるものは、存在するすべての主観を、物理的自然に媒介された実在連関において提供する。しかし、この客観的な実在連関は、その絶対的意味を、絶対的なモナド的依存性においてもっている。絶対的存在におけるモナドは、互いに条件づけ合っている。私たちが実在（事物的統一体）を世界の実在として、つまりモナドのうちで主観的、ないし間主観的に構成された統一体として理解するなら、モナドは実在ではない。だが、世界内の心理物理[33]的因果性には、絶対的領分においては、複数のモナドが互いに「及ぼし」合う「絶対的」因果性が対応している。

〈第九節　人格的働きかけ、相互共存的な生と相互内属的な生〉

人間は世界内で互いに「精神的影響」を及ぼし合い、精神的結合に至る。彼らは互いに
269 自我から自我へと働きかけ、私が何かを行なうのは、それを他者が分かり、それが他者を規定するように、その人の側からすれば、「それに調整する」ように、行なうのである。しかしまた、彼らは互いに影響を及ぼし合い、私は他者の意志を自分の意志に受け入れ、その人に仕える。私が行なうことは、たんに自分からするだけではなく、その人の指図でするのであり、私の働きかけにおいてその人の意志が効果を現わす。ともに苦しんだり、ともに喜んだりしながら、私はたんに自我として苦しむのではなく、私の苦しみのうちに他《フレムト》の苦しみが生きている。あるいはその逆に、私が他者のうちに沈潜し、その人の生を生き、とりわけその人の苦しみを苦しむ。私がその人の判断をともに判断する（たんに、私

が自分で形成した判断がその人が自分で形成した判断と合致するので、私がその人に「同意する」という仕方ではなく、その人の判断を追理解し、あとからの肯定がまったくなくても、ともに判断するという仕方で）のと同じように、私はその人の苦しみをともに感じるのである。これと同様に、その人の意志を私がともに意志するということはできないが、その人の行為に参加したり、従属あるいは主導する側としてその人とともに一つの意志統一を形成することはできる。

私は自我（汝）と一つになることができ、私は特有の仕方であい対する自我に触れ、それと合致する。〔そのとき〕一方の自我がすることと別の自我がすることは、たんに並行する別々の行為なのではなく、等しい一つの行為が調和的に共鳴し、統合されて統一的な和音をなしている。しかし、この統一性はさまざまにことなったものでもありうる。感情移入された他者は私の外にとどまり、私と一つにならないこともある。その場合、私はその人をただ眺め、追理解する。私はその人とともに思考し、感じ、触れ、ともに態度決定することができるのだが、他方、私の意志生活の一部のみにおいてその人のうちに生き、私に従属するものとしてのその人において意志することもできる。このとき、その人はその人自身において生きており、自分の義務の範囲内で、すなわち自分の「仕事」の領分の内部で、自分の意志のうちに、私の意志を背負い込み、自分の行為のうちで、私の行為をなすものと意識する。また私は、他者を私のうちに、自分の中心的な自我に完全に受け入れた模範として取り込むという仕方で、他者を担うこともある。私が何かをするとき、まるでその人が私に成り代わっているかのように、私はそれを行なうのである。

270

〈第十節　さまざまな仕方でのモナドの結合。共同体的かつ目的論的な発展の全体としての絶対的現実性〉

したがって、私たちは、モナドの自我主観が結合されることによって、さまざまにことなったモナドの結合の可能性とその仕方をもつことになる。それぞれ自我主観はその固有の体験をもっているが、自我主観は、それらの体験の志向性において、とりわけ感情移入において、他者を、しかもその自体性において他者を把握する（自我主観が自分の過去を想起するときに、たんなる準現在化を遂行しているにもかかわらず、過去自体を把握するのと同じように）。そして、自我が他者に及ぼす働きかけや他者からこうむる働きかけは、一方が他方の身体を外から見て、そこに内面性を置き入れるといったことを前提するにもかかわらず、（たとえば自我が他者に「直接」何かを指図するような場合に）直接的な働きかけなのである。

他者に活動的に影響を及ぼしたり、他者からこうむったりするような、特別に自我的な働きかけにおいて、自我共同体や人格的結合ないし人格的全体をさまざまな形態で創設するのは、まさに複数の自我主観なのである。こうしたことをとおして、完全に具体的な人格は、自然な世界のうちで具体的統一をもつ。この場合、継続的な共同体の統一は一種の「有機的」統一であって、代謝を行ない、場合によっては増殖し、その生と死をもつ。ただし、それはあくまで自我によって能動的に構成された統一なのである。

　他方で、絶対的な考察においては、絶対的形式における複数のモナドは、このモナドの純粋自我主観が原創設する能動性によって絶対的に結合されている。とはいえ、他方においては、それらモナドは、その受動的基盤に関して、その絶対的結合をもち、受動的形式における絶対的相互規定をもっている。この受動的形式とは、すなわち絶対的かつ受動的な因果性であって、それは能動的な相互規定や、共通の目的ないし共通の理想の充足に向けて互いに結びつくような結合形式などとは対照をなすものである。

　したがって、絶対的現実性とは、たんに（一人の時計職人が作って等しく動くようにした複数の時計のように）互いに同調している複数のモナドの集積ではなく、唯一の連関で
271
あり、複数のモナドの全体である。この全体のうちのどのモナドも、原本的《オリジナル》な（知覚的な）仕方でそれぞれ自分の生を生きているが、それぞれが受動的で因果的な結びつき、ないし能動的で活動的な結合によって他者と結びついており、それは、おのおのが相互内属

的に影響を及ぼし、またこうむるような統一である。この相互内属的な影響関係によって、すべてのなかで、それ自体において第一のものとして、自然という共通の産物が、しかも確固たる法則をもつ物理的かつ生物学的な自然として、存在しているのである。人間と動物はこうした自然に働きかけ、その働きかけをとおして文化を生み出し、同時に自然そのものをその開かれた存在内実において変化させる。ただし、いつも、「自然の本性」すなわち確固たる法則性が破棄されることはない。しかもこの自然は、自我主観が能動的に介入しないかぎり、「それ自身に委ねられたたんなる〔裸の〕自然」として、一義的に定まった道をひたすら進んでいくというあり方をしている。

この全体的なモナド的過程は、発生の普遍的規則のもとにあり、そのなかでもとりわけ、それを解明しつくすことが現象学の最大の課題であるような本質法則がある。あらゆるモナドは、単独で考えるなら、固有の内在的な発展の法則性*36をもっている。そして、ここでいうこの本質法則というのは、あらゆるモナドにとって、それ自体それだけで妥当するような本質法則である。しかし、複数のモナドの交流《コメルキウム》それ自体も、基づけられた発生の本質法則をもち、意識的な交流、すなわち社会的共同体（絶対的なるもの、すなわちモナド的なものへと移されている）は、その歴史および歴史の本質法則をもっている。当面の課題は以下のことを示すことにある。すなわち、複数のモナドが共可能的であるのは、それらが発展の法則にくまなく支配され、この法則にしたがって一義的に規定された一つの全体、すなわちそのすべての位相が予描されているような共同体的発展の一つの全体としてのみだということである。この共同体的発展は、以下のようにしてのみ可能である。すなわち、世界がその発展において客観的世界として構成され、客観的な生物学的発展が起こり、それとともに動物と人間が客観的存在として登場し、人間が真の人類史を構成するように努力することに向けて客観的に発展していくというようにしてのみ可能なのである。そして、こうした目的論的な理念としてのこの行程のうちに、発展を規定するもろもろの理念として機械的自然の理念や生物学的類型の理念などが取りだして認識され、それだけでなく、活動する人格的主観の行動や共同体の理念の発展に対しては、さらに実践的理念ないし目的理念として認識されるのである。これらの理念のあいだには階層性があり、受動的理念（受動性の生成を規定する理念）と、理想ないし実践的理念とを区別しなければならない。〔前者の〕受動的理念は、その目的論をもつが、それは、受動的理念が人格的歴史というより高次の発展の可能性の条件であるという点においてのみである。他方、〔後者の〕あらゆる実践的理念には規範的な真正の理念への傾向が根ざしており、この真正の理念は、はじめは具体的に把握され、やがて主観によって意識的に把握され、意識された目的として措定され、そのようなものとして発展を規定している。そして、その目的《テロス》が達成されると、それが、それを目指した者であり、その達成を自覚する主観の「浄福」を呼び起こす。モナドの発展は必然的に、人格共同体[34]における人格性の発展に向かっており、この発展は、浄福に、すなわち活動的な生と目的をはっきりと自覚した生に向けて努力されており、このような生は、自分で活動的に作り上げた、絶対的価値をもつと観取された理想を実現するのである、等々が当面の課題となる。

290

一五　モナドのあいだの調和

〈超越論的統覚の自我は心理学的なものではなく、〉超越論的能力の総体であり、すべての自我主観にとって同一の世界が存在する世界であり、したがっていずれの自我主観にとっても認識可能な世界であることができるために、いずれの自我主観もこの能力を有しており、また他のすべての自我主観と共有していなければならない。それゆえまた、いずれの主観も客観的真理としてのあらゆる真理の総体をみずから認識することができ、しかもいかなる他者もそれとは別の真理を認識することはできないという点で、いずれの主観もが同等にあるためにもその能力を共有していなければならない。しかし、詳細に見てみるなら、たんに同等の一般性として超越論的能力が前提とされているだけではなく、一切の
291 事実的主観の（そして唯一のものとしての世界に関係しうるあらゆる主観の）連関が、意識の非合理的な内実に関してもまた前提とされていて、この非合理的内実は、合理化して生気を与えることによってはじめて特定の事物を現出させ、それとともに認識可能にするのである。それゆえ、いずれにしても前提とされているのは、事実上のヒュレー的所与の相互調和であり、あらゆる主観へと広がるヒュレー的所与が法則的に互いを秩序づけているという事態である。それは一つの合法則性である。では、超越論的能力とはいったい何なのだろうか。いまや、超越論的能力とは、たとえば感覚野をもつことのような、それぞれの感性の特定な機構ではなく、その能力はキネステーゼ的な能力（何らかの持続的秩序を有する自由な経過のうちで主観の意のままになるような運動「感覚」）である。受動的発生の法則はこれとは別の線上で数えられるべきものであって、まったく別の超越論的アプリオリ（主観的所与性に基づいた客観的空間と客観的時間の構成の可能性の条件）を指しているだろう。では、カントの「範疇《カテゴリー》」はどうなのであろうか。それは精密性の論理的条件であり、実在的なものに転用され、超越論的能力に関係づけられているかぎりでの

確定的多様体である。

間主観的に構成された世界が一つの論理的に規定可能な世界であり、無条件に（そこに属するいずれの主観に対しても制限されずに）妥当する真理の基体であるためには、何らかの「能力」と何らかのアプリオリな調整がいずれの主観にも属していなければならないか、それとも、主観の包括的多様性に属していなければならない。

能力と本質構造一般との同等性だけでは明らかに十分ではなく、いずれの主観のうちでもなされるべき秩序と結合のための包括的な法則がなければならない。そして、そのことに対応するのは、いずれの自我に対しても個体的規則というかたちで規定する法則――この規則は自我の主観的「性向」やその能力に対応しているのだが――がそのうちに表明されている「能力」であるのだが、それは同一のものではなく相関的なものなのである。

それでは、超越論的統覚の自我すなわち「意識一般」については、何が残るのだろうか。意識および意識能力の一般的な本質成素を「超越論的統覚」という名称のもとで解明するだけでは満足できず、そうした本質成素に加えて、事実性の一般的で包括的な秩序を想定しなければならないということは、明らかである。

超越論的統覚の自我。私が自分自身を他者と並んで、他者とともにある同一の人格的主観と捉えることができること、私が他者を客観としてもち、逆に他者が私を客観としてもつことができること、私が他者と社会的に結びついてありうること、私たちにとって一つの物理的世界が、現実存在と活動の共通の地盤として現にあり、また共通の人間世界が道
292 徳的活動の、そして一般に精神的活動の基盤になりうること、これらのことの可能性の条件は何だろうか。それは同一の客観世界への関係である。しかし当然ながら、そのことが正確かつ正当にはどのように限界づけられるべきかは、より立ち入って明らかにする必要がある。

一六　実体とモナド、モナドは窓をもつ*37

存在するすべてのものは、それ自身によって存在するか、別のものによって存在するかのいずれかである。

（一）それ自身によって存在するということが意味するのは、とりわけそれだけで存在し、自分自身を意識しているということである。すなわち、それだけで「知覚において」（絶

対的原本性において）与えられていること、それだけで「想起において」また予期において与えられていること、それだけで根源的に経験可能かつ思考可能であること、それだけで経験においてかつ認識において構成されうること、そして思考する認識に先立って受動的に生成しつつ構成されていること――また、それだけで実践的であること[*38]である。

それ自身によって存在することとは、すなわち「具体的」な主観性であるということである。

（二）別のものによって存在することとは、ある他者のうちに自身を担う存在根拠をもち、この他者の方はそれだけで存在することによって、自分自身のうちに存在根拠をもっている、ということを意味している。

（三）それ自身によって存在するとは、実体である（絶対的にある）ということである。すでに述べたように、それ自身によって存在することは、それ自身において存在することでもある。それゆえ、ある意味で、実体とは自己原因《カウサ・スイ》[35]である。さしあたり、それだけで存在するものだけが自己規定を行なうことができ、実体のみが場合によっては自由な自己規
293 定を行なうことができ、こうして内的で自由な因果性を遂行する。さらに、あらゆる実体は、実体であるかぎり、因果性を発揮するとともに、因果性をこうむりもする。だが、非自我に関係する因果性、すなわち実体ではない何かに関係する因果性はすべて、同時に内

的因果性であり、自由ではないにせよ純粋に内的な因果性である。実体的ではないような「実在的」なものはすべて、それ自身においてかつそれ自体によってではなく、むしろ、すべての実体のうちで綜合的に調和する現出の潜在的ないし顕在的な統一体として存在する。したがってそれらはまた、実体が及ぼす受動的で内的な、あるいはまた潜在的な因果性の指標として存在する。すなわち、自由で能動的な働きかけの「制約」であり、あらゆる能動的な経験をある内容をもった規則に結びつけるような、可能的経験の規則の指標として存在する。非実体的なものが実体のうちにあることとは、志向的な実体極[36]であることを意味し、真なる存在をもつ志向的な極はすべて、それぞれの実体における極であり、それゆえそれぞれの「うちに」存在する。

したがって、個別のモナドとしての一つの実体は、すべての実体との調和のうちにある。それぞれの実体はそれぞれに「依存」している。このことは、それぞれの実体がそれぞれに「因果的に」依存しているということを意味するのではないか。私たちが自然因果性と呼ぶもの、すなわちそれぞれの極のあらゆる変化に属する確固とした因果法則性は、すべての実体にとって唯一の因果法則性である。それはそれぞれの実体にとって、すべての実在的なものおよび自然の可能的経験による構成に対する一つの規則であり、*39 そのかぎりで、あらゆる実体における内在的で構成的な因果性の規則である。この確固とした規則は、それだけですべてのモナドのうちに完結してなりたっており（それはパースペクティヴ化されてであるが）、それは次のような法則である。すなわち、感情移入においては、私が遂行するもっとも広い意味での経験しながらの綜合はすべて、それぞれの感情移入し合っている者にとって、みずからのもっとも広い意味での経験において極の統一として与えられてもつことができるのと同一のものの綜合として認識可能であり、そのかぎりで、あるモナドのうちでそれに属する規則はいずれも、すべてのモナドに共通の規則である、という法則である。因果性とは、時空のうちで「延長」していて、法則にしたがって時空のうちで展開するような変化の間の依存関係なのだから、モナドのあいだには因果性は存在しない。しかし、モナド同士は互いに合わせて調整されており、一つのモナドにおけるどんな内世界的変化や因果的経過も、数的に同一であり、したがってまた、他のすべての自我のうちでそれ自身そこで《エオ・イプセ》時間的にも同一なのである。

さらに、私が経験のうちで自由に活動することで物理的自然に介入するとき、それは自然の因果法則性にとっていかなる変化でもなく、私が自由に引き起こしたり、主観的変化を通じて（非恣意的かつ再帰的な仕方で）引き起こしたりするのは、自然の因果法則性によって支配された経過の変様なのである。あらゆる物理的変化は二重の法則性に服している。物理的自然がいかなる主観的介入もなしに一義的に存在しうると言えるような場合に

294

は、物理的変化は純粋に物理的に生じる。いずれにせよ私たちは一方では純粋に物理的な法則性をもち、他方では介入の法則性、すなわち身体的行為の法則性、意図的で恣意的な「私は行為する」の法則性をもっている。

主観的に引き起こされた変化はすべて客観的であり、万人にとっての変化である。すべてのモナドは、自然とその二重の法則性に関して機能的連関のうちにある。物理的身体的な法則性と、身体性にかかわる自我の自由で恣意的な行為の法則性は、あらゆる自我にとって唯一[*40]の法則性であり、そのさい、複数のモナドは、たんに法則形式に関してだけではなく、現出そのものに関しても、したがって、それによって共通の実在性が相関的に存在することになる感情移入の可能性の条件である感覚内容に関しても調和しているのである[*41]。

モナドないし実体はこのように互いに依存し合っているだけでなく、にもかかわらず、それ自身でそれだけで閉じている。それらは、それだけで存在することによって、同時に（コミュニケーションないし感情移入において）互いにとって存在し、そして互いとともに存在している。それらが必然的に互いにとって存在するのは、それぞれのモナドが、物理的な極、他者の身体、すなわち、それ自身で経験し自分の身体との類比において〔他者の〕身体として理解するような事物、これらと「ともに現在する」ものとして与えられることによって、すなわち、それらがこの事物に共現在すなわち他我《アルター・エゴ》の表示された現存在を帰することによってである。

いずれのエゴも感情移入のうちで、すなわち、このように他者のうちに入り込んで理解することのうちで、他のエゴたちをともにあるものとして知っており、他のエゴたちに対してみずからを表明し、伝達することができる。また、他のエゴである彼らに影響を与えることが、しかも彼らの体験に関して、能動的に彼らのうちに入り込んで影響を与えることができる。それだけでなく、彼らがすることにも影響を与え、動機づけることができるし、社会的行為によって彼らがすることを人格的に規定することもできる。この種の人格的規定を通じて、自我は他の自我たちと一体化したり、彼らに対して自我として争ったりすることもできる。モナドとしての実体はそれぞれ、みずからのうちに、人格性の原理ないし中心である自我を担っている。そこには、人格に特有の影響関係と、人格に特有の結合、すなわち人格の綜合的統一と人格のあいだの抗争が属している。あらゆるモナドは、自然に自由に介入し、目的に応じて自然を形づくることができる。あらゆるモナドは、みずからを反省することによって、みずからを人格的に自由に規定し、そのような自己規定において、人格としての自分自身との整合的な調和を保ったり、自分自身と不調和に陥っ
295 たりする。そしてまた、あらゆるモナドは他のモナドに、しかも他の人格性に、自由に介入することができ、人格的共同体あるいは反共同体（抗争の共同体）をつくることができ

る。

それゆえ、モナドは他者からの影響を受け入れるための窓をもっている。それは感情移入という窓である。

具体的に捉えるなら、モナドは、それについての概念表象《コンケプトゥス》が究極的にはモナド自身から取ってこられたものである場合にのみ、「概念的に表象」されうる（「〔実体とは〕その概念表象を形成するために他のものの概念表象を必要としないもの〔のことである*42[37]〕」）。

さしあたり、よりはっきり言えばこうなる。モナドとその認識する自我は、みずからが認識するすべてのものを、自分自身を通じてしか認識できない。モナドは自分自身についての原概念を、根源的には自分自身から汲み取るのである。モナドが他のモナドについて形成するあらゆる概念は、自分自身の地盤《フォーン》から取ってこられたもっとも根源的な概念資源から形成される。他方でモナドは、みずからが生得的に有している概念を用いてではあるが、他《フレムト》のモナドの概念を形成するのであって、自分自身の完全に具体的なありようについての概念を得て、みずからを思考によって認識するためには、他のモナドの概念を必要とするのである。*43

モナドはそれだけで存在しており、あたかも絶対的に単独のモナドであるかのように考えられうる（実際そう見えるように、一つのモナドしか存在しないことが考えられる）。

だが、多くのモナドが存在するとしたら、どのモナドも十全な意味で自立的ではないということになる。あるモナドが単独のものとして考えられうるとしたら、それは自立的でありうるが、しかもそれはまた非自立的でもありうる。そして、それが実際に非自立的であるとしたら、それがそれだけで存在するかぎりでの固有の内実は、必然的に他《フレムト》のモナド的存在を要請するものということになる。一つのモナドは自分自身のうちで、感情移入によって自分自身を越えることを要請するのである。

絶対的に自立的なのはモナドの総体だけである、と人は想定するだろう。だが、個別のモナドとモナドの総体とでは、事情がことなるのだろうか。二つのモナドの対《つい》も、自立的だと考えることができるように思われる。しかし、その場合もさらに他のモナドが存在しうるだろうし、以下同様に続く。

モナドの本質に、自分自身のうちで新たなモナドを構成する可能性が属しているとするなら、この自然が本質的に内的にも外的にも無限であることのうちには、そこにある物理的なものが身体であるという開かれた可能性が存しており、また、たえず他我《アルター・エゴ》たちがきわだってくるという開かれた可能性が存している。

ここには以下の問題がある。自然の本質には無限性が属しているのだろうか。生物・物理的な統一体が特殊な統一体であるとするなら、自然は——共存ないし継起において——

無限に多くの生物・物理的な統一体を含みうるのだろうか。そして、生物・物理的統一体に属するものとして、無限に多くのモナドが存在しうるのだろうか。

296
そしていずれにせよ、自我の総体あるいはモナドの総体がみずからのうちで完全かつ本質的に閉じていて、それによって絶対的自立性を有するための可能性の条件とは、どのようなものだろうか。

「複数のモナドのなかのモナド」ということで、多数のモナドのこうした絶対的に自立的な結合を考えるなら、私たちは、「複数のモナドのなかのモナド」だけが（絶対的に自立的なモナドとして）デカルト的な意味でよりの高次の実体概念を満たしうると主張することになるだろう。その場合、そのような実体は一つしか存在しえない。なぜなら、もし二つあるとしたら、一方が他方にとって存在し、両者が関係したり相互に影響し合ったりする可能性が開かれていることになるからである。*44

371
一七　モナドの個体性と因果性

私の超越論的主観性のうちには、その構成的な能動性と受動性から、また、この主観性
が根源的に獲得した能力およびその本質的に固有な連合の持続性から生成してきた、そし
てなおも生成しつづけている意味統一と妥当統一として、世界が含まれており、世界は、
この主観性のうちで、この主観性にとって、たえず予見され、たえず相対的な仕方でそれ
372 自体が与えられ、それ自体として確証された意味の習慣的統一として持続している。言い
かえれば、可能的な経験（統覚）の地平をともなった普遍的経験（知覚）からなる統一と
して、たえず持続している。

世界のうちには、人間たち、すなわち私というこの人間と、別の人間たちが含まれている。現象学的還元を通じて、私が私の超越論的自我および現象としての世界を、すなわち私の構成からなる妥当の統一としての世界の存在を発見したとき（この相関のうちでのみ世界は現象学の研究テーマとなるのだが）、私はまた、私の存在構成からして存在するものとして、超越論的他者たちをも発見したのであるが、これらの他者たちは、（人間としての私と同様に）彼ら自身人間として経験世界のなかに世界化された仕方で登場する。世

界、すなわち、すでに言われたように、空間時間的な実在的世界としてのそのつどの具体的な全存在意味をともなって私のうちで構成された形成体を、私は普遍的意味形成として認識する。この意味形成は、私自身すなわち超越論的自我に、世界的な意味を、いわば私の役割（世界のうちでの私の身体的現実存在という役割）として課すのであり、そして、別のすべての超越論的自我には別の特別の役割、とはいえ普遍的なものに関していえば〔私と〕等しい役割を課す。すなわち、まさに人間として人間たちのあいだに存在し、彼らにとって共通に存在している世界、彼ら自身それに属している世界のうちに存在する、という役割を課すのである。しかしそのさい私は次のことを認識する。すなわち、あらゆる人間、私と私の同胞をともなった客観的世界が、私の構成からして存在するのと同様に、超越論的他者たちもまた、私の超越論的自我にとって、その（私の、つまり超越論的自我の）構成からしてのみ存在するのであって、それゆえ意味統一と妥当統一として私のうちに超越論的に含まれており、このことがまさに、世界という現象の構成の解釈という超越論的方法によってあらわになってくるのである、と。しかし、超越論的他者たちが、他者——別の自我、という意味をともなって私の超越論的妥当のうちに存在しているとしたら、より詳しく見るなら、そこには「私と超越論的に共存している」という妥当意味が明らかに含まれている。すなわちそれは、私の立ちとどまる自我と他者の立ちとどまる自我との共存、私の超越論的現在と他者の超越論的現在との共存、私の超越論的過去と他者の超越論的過去との位相ごとの共存等々という妥当意味である。私が超越論的に時間的伸び広がりのうちにあり、変化しながら私の内在的な時間性の形式を充実していく超越論的存続体において存在しているとすれば、私と共存している他者は、まさに別の自我として、彼の満たされた時間のうちにある。しかし双方の時間は、共存が及ぶかぎり互いに「合致する」のであり、つまりまさに、私たちは、現在等々のうちでたえず共存しているものという仕方で、実存しているのである。私にとって、私の構成からして妥当し存在しているあらゆる他者は、一つの超越論的時間性のうちにある。あるいは同じことだが、彼らの流れる時間性をもったあらゆる他者は、時間性に関して私と互いに合致する。

　さらに私のうちで、私に固有の原初的存在のうちで、別の原初的存在、別の人格的自我をそなえた他者が構成されている。それは、もろもろの能動性、能力、体験の自我であり、彼の現出をともなった経験の自我である——他者がそなえているこれらすべてのものをとおして、他者は意味と妥当の統一としてのこの原初的存在のうちで「その」世界を自分の世界として構成する。それゆえ私のうちでは、構成のある種の間接性において、《他者が
373
世界を構成すること》もまた構成されており、世界の同一性が構成されている。この世界は、私にとってとりわけ、私が経験し、かつ他者が経験する世界として構成されているの

であるが、他者が経験することおよび経験したものそのものを、私のうちで間接的に遂行された経験することにおいて、そのように構成されているのである。私のうちで他者が構成されているが、それは自己自身を身心をもった人間というあり方でつねに構成しているものとしてであり、しかしまた、場合によっては、私のことを《彼を経験する者》として経験している他者としてである。この他者はまた、そもそも他者として、私が彼をそうしているのと同様に、彼の世界のうちに、つまり私が構成してきて、そして経験しているのと同じ彼の世界のうちに、同じ世界を構成する者として私をともに含み、私を自分と共存する超越論的他者としてみずからのうちで妥当する仕方でまさに構成してきた、等々なのである。私にとって存在するあらゆるものは、私の構成的意味形成体と妥当形成体であり、究極的には私自身もまた、私自身にとって自己構成からして存在している。私にとって一般に存在するものとしてすでに妥当し、ひきつづき存在するものとして妥当するようになるものを辿っていくなら、私は普遍的な共存をもつことになり、この普遍的共存は、超越論的還元のうちでは、絶対的な超越論的間主観性として示されるのに対して、絶対的なものを蔽い隠す素朴な自然性のうちでは、あらゆる自我主観の開かれた宇宙として示され、これらの自我主観は、みな同時に共存し、彼らが自分たちの世界として同時にみずからのうちにもっている一つの世界のうちに生きているのである。そのさい、存在する絶対的な

「世界」は、実は普遍的で絶対的な間主観性なのだが、切り離された複数の超越論的主観の開かれた無際限の多様体となっており、これらの超越論的主観は、相互外在において存在し、同一の世界現象の構成において存在するのであるが、そこでは、彼らは人間として客観化され切り離されており、空間時間的に相互外在的となっている。このような空間時間的客観化においてのみ、私のうちでそもそも他者の存在が構成されうるのであり、あるいは、それと等価であることが示されるように、私がみずからを私の原初性全体において直接に客観化することによってのみ、すなわち順序からすれば基づけとなる、それゆえ最初の、つまり原初的世界のうちに、しかもそのうちに身体化された自我として、私を客観化することによってのみ、私は別の自我たちを構成しているのであり、そして彼らを、私自身と同様に必然的に身体化された自我として、私と同様の人間たちとしているのである。このような世界化において、それらの自我主観は「心」となり、世界のなかの従属的契機となり、それ自体世界内の実在的契機であり自然物体であるような身体をともなってのみ、具体的に実在的となる。複数の人間的人格、自我主観が、お互いに人格的関係に入り、人格的に結びつき、共同化するとき、また彼らが世界のうちで生き、生命のないたんなる客観と、あるいは人間や動物とかかわっているとき、さらに後者に関していえば、彼らの物(的身)体、あるいは身体化された人格としての彼らとかかわっているとき、これらすべては世界のうちでの出来事であって、宇宙のなかでの、空間性と時間性という地平形式のうちでの出来事なのである。しかし超越論的には、私たちは複数の超越論的自我主観の超越論的な共存をもっており、これらがここでは、みずからの超越論的生をともなった具体的な「モナド」として理解される。世界におけるすべての実在的な人間の心には、そしてそのうちで一人の人間という抽象的‐非独立的契機には、一つの超越論的自我が対応していて、いずれの超越論的自我も、みずからの原初性におけるモナド的固有存在をもっており、一つの原初性のいかなる契機も、すなわちその時間性におけるいかなる個体的なものも、別の原初性の契機と同一ではあり得ないという点に、超越論的な分離がなりたっているのである。

374 私たちは個体的と言ったが、「個体的」とは現実存在の一回性を意味する。それゆえ個体性という概念は、時間に関係した概念であり、個体的であるのは、時間的存在者として、ある時間位置にのみ（一回的に、何度もではなく）存在しうるものである。そのとき、「個体的なもの」というノエマ的意味は（しかも、この個体的なもの、この家、この人としてまったく規定されているそれも）個体的ではない。私が（そしてまた誰かある人が）、みずからの主観的（内在的）時間性のうちで思考しつつ、多くの思考作用、任意に多くの、それはそれで個体的な思考作用のうちで、同一の個体的なものを思考しうるかぎり、そうである。
個体性は二重の形式をとりうる。（一）みずからの時間においてある個体的なものは、同等性という形式において反復されうる。そうして、この同等のもののうちには、同一的で非個体的な《何であるか》があり、これについて、時間位置によって個体化される、と言われる。こうして私たちは、客観的な空間時間性のうちに、同等の個体的なもの、つまり形、色、運動形態等々に関して同等であるようなものがありうるし、実際あるのだと思うことになる。（二）絶対的個体性、それを私たちは、みずからの時間において反復されるようなものとしては考えられない個体的なもの、より適切にいえば、みずからの時間のうちにそれと同等なものをもちえないような個体的なものとして理解する。

さらに、「考えられうる」という表現も二義的である。「それは考えられない」というのは、存在するものとしては考えられない――つまり、すでに存在するものと衝突することなしに、それによって廃棄されることなしには考えられない――ということを意味しうる。そこに含まれているのは、存在するものとしては基礎づけられえないということ、さらに同じことだが、存在するものと衝突するかぎりそれは存在しえない、ということである。他方、存在しないものもまったく問題なく考えることができるのであり、場合によっては可能なものとして考えられる。考えられたものとしては、それはくり返されうるし、本当はやはり存在しないのに、好きなだけ何度でも、この同じものとして考えられうる。ところで、絶対的に個体的なものは、なるほどそれは、あらゆる思考可能なものと同様、くり返し考えられうるし、それによって、考える者のうちで、しかもその内在的時間性のうちで、みずからを時間化する意味、任意に何度でも時間化する意味である、という特徴的な性格をもっている。しかし他方で、それはみずからと同等なものをもちえず、したがって、その時間には、《いずれかの時間位置において個体化されうるような一般的本質》が、さらにこうも言えるであろうが、《偶然的な時間位置を、そのときでなくいまもっている一般的本質》が対応していない、という特徴的な性格である。

さて、さらにこう言えるように思われる。どの普遍的時間野のうちにも、相対的に個体的なものと絶対的に個体的なものとがある。そしてその相違は、おそらくしばしば抽象性と具体性の相違と重なる。しかし、両者は次のような仕方で密接な関係にあるだろう。すなわち、抽象的領分には、どの時間的宇宙のうちにも《同等のもの》があるが、しかし具体的領分には、すなわち、もし私たちが具体的なものを相対化せず、抽象的なものとの厳密な対立として理解するならば、そういうものはないのである。それゆえ、空間時間性のうちでは、したがって世界のうちでは、一つの事物は、それがもつそのつどの因果的状態性において受け取るなら、二度とは現に存在しえない。多くの同等のものが実存すること

375 は、同時的にせよ継起的にせよ、ありえない。しかし抽象的《イン・アブストラクト》には、内的規定、関係、結合形式などに関して、同等のものがそれでもやはりありうるだろう。それにもかかわらず、時間性を通じて伸び広がっている本質として、つまり本来的時間充実としての実在物の固有本質と、実在的な（実在的‐因果的な）関係とを区別するならば、時間性における実在的同等性、その具体的な固有本質におけるもろもろの実在物の同等性が考えられうる。自然のうちで私たちは、自然物体にとっては固有本質的な同等性の可能性がなりたつということから、あらゆる変化を不変化（静止、質的不変化）という限界事例に関係づけてきた。このことはまた、さらに因果法則性によって規則づけられている変化における物体の持続という概念をも規定している。

そのとき、世界そのものは、その時間のどの瞬間においても、この瞬間のうちに比較しうる第二のものが存在しないかぎり、絶対的に個体的であるだろう。そして、時間継起のうちで、どの世界位相も、それが同等性において何度も反復されえないとしたら（そのことが示されうるとしたら）、一回的であろう。他方で世界は、時間すなわち世界時間のうちにある一つの事物、すなわち多数のうちの一つのものと同様に、時間性をもつわけではなく、その一方で、具体性と遍時間性における世界は、あたかもまさに多くの世界を包括する一つの世界のうちに存在しうるかのように、どんなものとも共存することはありえない。

ところで、モナドに関していえば、それはその時間的に延長している存在を、自らの立ちとどまる時間化からしてもっており、第一のもっとも本来的な意味においては、モナド自身がこの時間化なのである。それだけで、また自己自身によって時間化されたものとして、モナドはもろもろの事物からなる一つの世界の類比体では決してない。もろもろの事物は、変化と不変化のうちで持続する統一体であるが、これに対して世界そのものは、それとは別の仕方で、まさに時間的に持続するものの宇宙として持続している。しかしモナドは、絶対的にそれ自身において、それだけで存在している。なるほどモナドは、みずからの時間性において、その変化のうちで持続するものとして存在している点では、事物と同等である。しかし、モナドに関しては、その不変化の〈うちに〉あるとは言うことはできない。というのも、二つの時間位相が同一のモナド的内実をもつということは原理的にありえないからである。それは、私たちがここで、モナドの全体的な変化を、それはそれで変化しつつ持続しているある種の事物の個別態の変化したものへと分割することができないのと同様である。モナドは一つであり、しかも、モナド的時間のうちで同一的な一つの自我であり、みずからの必然的に変化していく作用、変化していくもろもろの触発、変化していく意識の仕方、そのうちには特殊な仕方で経験する現出の仕方、受動的な〈自我から湧出するのではない）連合、融合等々も含まれるが、これらにおいて同一的な一つの自我である。それは自我であるかぎり、自己から切り離せないものとしてみずからのヒュレーを、みずからの統握、感情、衝動のたえず変化する核としてもっている。ここに私たちはヒュレー的な同時的共存と継起をもち、そのうちには同等性が存在するが、よく見ると、そこではいかなるヒュレーも具体的ではなく、その連合的自我的様態をもたない。というのも、これらの様態は、あたかもそれ自体は時間充実そのものの契機ではないかのように、またきわだってきたヒュレー的統一がやはり事物のようなものであるかのように、実在的関係（因果性）のようなものに解消されえないからである。そういうわけで、ここにはたんに相対的な、固有の意味で抽象的な類似性と同等性がある。そこにはさらに、細分不可能性としてのモナドの不可分性が付け加わる。すなわち、すべての世界的具体的な実在物が細分可能であるのに対して、モナドは文字どおりの意味で個体[38]〔不可分者〕なのである。

それゆえ、モナドに内在的な時間性によって、なるほど一つの個体化の形式が与えられているのだが、それは、具体的個体としてのモナドが、もろもろの具体的個体へと分解することはできず、細分不可能なのであって、みずからの具体的時間を、分割不可能で細分不可能な具体的位相でもって次々と充実していく、という仕方においてである。このよう

376

な具体的位相は、あらゆる成素において「比較不可能」で一回的であり、ただ契機において類似性をもちうるのみであって、具体的な同等性という点では反復をもちえないのである。

それでは、モナド的間主観性についてはどうであろうか。モナド的主観の総体は、やはり一つの「世界」であって、そのうちで個々の主観は「事物」なのであり、しかも、同時的であれ継起的であれ、彼らの普遍的共存の形式としてのこの世界の時間のうちにある。この時間のうちで、それぞれの共存が変化のうちで持続している〔これらの変化にはいかなる不変化も対応していない――もし夢のない眠りとか死などが、限界事例としてそのような〔不変化という〕統握の可能性を提供するのでなければ、であるが〕。もろもろのモナド的主観はまた、互いに「実在的な」関係のうちに、その「実在的な」因果性という関係のうちにある。世界内におけるすべての人格的関係には、モナドの絶対的なものにおいては、モナド的因果性が対応しているが、しかしまた、たとえば周囲世界についての人間のすべての経験や認識や実践といった仕方でのすべての意識関係には、そしてまたたんなる物理的関係には、明らかに絶対的因果性が対応している。しかし、空間時間性における現実存在のたんなる非本来的な一回性を意味する、世界的な実在物の個体性と、モナドに固有な真なる個体性という、この両者の本質形式のまったく原理的な相違は、世界的実在物の因果性と、モナドの因果性との根本的本質的な相違を条件づけており、さらにまた、あらゆる実在物に規則的秩序の統一を与える、あるいはより詳しく言えば、あらゆる実在物に対して、普遍的時間空間性を満たすそれらの具体的に固有本質的な充実に関して、可能的な現実存在の規則を与える普遍的因果性と、あらゆるモナドを一つにしている普遍的因果性とのあいだの根本的本質的相違をも条件づけているのである。

さしあたり明らかなのは、世界に対して成立している、細分化（普通の意味での分割）および継ぎ合わせ（延長的全体への結合）という因果性の根本様式は、モナドに対してはまったく無意味だということである。一つのモナドから何かある一部分が切り離されて、他のモナドのなかにその一部分として埋め込まれたりすることはできない。この意味では、いかなるモナドも、そこをとおってモナド的「質料」が飛び込んでいったり飛び出してきたりしうるような窓をもたない。このことは、モナドの個体性に属しているあらゆる契機にあてはまる。これらの契機は、絶対的に一回的な仕方でそのモナドに結びつけられているのである（もっとも、結びつけるという言語上の比喩は、またしても、それがたんに自体的には思考可能な分離を禁ずる法則にすぎないかのような反対の見方の仮象を含んでいるのではあるが）。このことはまた、モナドが心として自己を客観化するときには、純粋
377 にそれ自体として見られた、この心にも妥当する。これは反対に、あらゆる純粋に心的な

ものが、現象学的還元のうちで、モナド的なものへと連れ戻されるのと同様である。人《ペルゾーン》から人への伝達は、真面目に考えるならば、一方の人の一部分（その人の内的時間的固有本質に帰属している実質的な契機）を他方の人へと転用することなどではない。伝達がなりたつのは、次のような場合においてである。たとえば一方の人の思考のうちで、何か理念的《イデアル》なもの、判断や思想が生じ、それにしたがって、相互的な因果性によって、他の心ないしモナドのうちで、純粋にそのうちで経過する第二の思考が推移し、この第二の思考のうちで、同一の思想、同一の判断が生じ、さらに、一方は他方が伝達しているということを意識し、またその逆も生じている。つまり一つの意識が、またしても一方と他方のうちでおのおの経過しているのである。

しかし、複数のモナドの因果性を理解するのにやはり困難が感じられる。それは、自然のうちに基づけられた世界としての空間時間的世界のうちでそれなりの普遍的役割をともに果たしている自然の因果性のようなあり方をした因果性ではないからである。

それぞれのモナドの実存は、それぞれのモナドのうちに含蓄されている。すべてのモナドは、その「意識」のうちに同一の世界を構成してもっており、「含蓄的には《イムプリチテー》」、それぞれのモナドのうちにあらゆる存在者が含まれており、超越論的には複数のモナドの全体が含まれており、個々のモナドのうちで、また共同体において構成される一切のものが含まれている。他方、複数のモナドは絶対的に分離されており、いかなる契機も、いかなる実質的なものも共有しないまま、モナド的全時間のうちで共存している。

それはさしておかしなことではない、と言われるだろう。すなわち、実質的な相互外在は、もちろん志向的な相互内属と折り合うからである。同じことが、世界のうちでは、すでに心に関してもあてはまっていた。もろもろの心は相互に外在しているのであって、この場合、空間のうちに外的な現実存在をもっているそれぞれの身体の、心的‐実在的付属物として、空間的に相互外在している。しかし、それぞれの心は、自己自身ではないもの、理念的可能性からすれば、みずからの外にある一切のものを認識する。認識というものは制限されているように聞こえるし、通例そのように理解されている。それなら、意識と言うことにしよう。つまり、それぞれの心はみずからの世界の意識をもち、しかももちろん地平的な仕方でもっているのであって、それが顕在的に意識しているものは貧弱なものではあるが、それでも、それは開かれた無規定の暗い地平をもっているのである。

580
一八　始原的自我《エゴ》とモナド論《モナドロジー》

主観的なものを経験しつつ、私は間主観的に存在する人間としての私についての経験をももっている。

社会的共同化と社会的な物質文化。社会的行為。

「私の」自我によって直接に発動させられる「自分の」キネステーゼは、「私の」原初的な領分の現出経過を条件づけ、私に与えられる自然を条件づけている。感情移入とそれを貫いている存在妥当とによって、私のキネステーゼはいずれも、それぞれの原初性をそなえたあらゆる他の自我が行なう活動を条件づけている。私においては、次の二つが区別される。すなわち、たんに知覚し、たんに経験する活動と、〔他のものを〕変えていく活動とである。たんに知覚する活動は、私の身体を変化させるだけであるが、それは、そもそも自然へと入っていくいかなる活動も、とにかく私の身体を変化させるのと同様である。しかし、その活動が行為するような種類のものであるならば、その活動は身体外の自然をも変化させることになる。だがこのことは、私にとって妥当しているあらゆる他の原初性《フレムト》にも入り込んでいく。私の原初的身体のどんな変化も、いかなる他者にとっても現にそこにあり、私の働きかけによるいずれの外的事物を変化させることも（おのずから生じるあらゆる外的事物的変化と同様）、間主観的に眼前にある。

しかしいずれの外的事物を根源的に変化させることも、私の身体が外的事物を「扱うこと」であり、「私の身体」という物体と外的な物体との機械的結合である。もし他者が同一の事物を扱い、〔私と〕同時にそれをしようとするならば、彼の身体と私の身体と同一の
581 事物とが機械的に因果性の統一に入るのでなければならないだろう。ここでは、次のような自然としての間主観的自然の統一が構成されている。すなわち、そこにおいて、おのおのの身体が自分自身の運動性と可変性のうちで妨げられることなく持続するがゆえに、それが知覚するものとして機能し、みずからの外的世界へと変更しつつ介入するものとして機能しうるような自然である。誰にとっても、すべての他者の身体は外的物体として現にそこにあり、しかもその身体的な、妨げられることのない運動性において現にそこにある。

しかし、誰もが自分の身体を、他のどの事物に向かっても動かしていくことができ、そのさいみずからの原本的な近くの領分において、どの事物に触れることも、それを触って調べてみることもできるが、また力を加えてそれを突くこともできる。あらゆる自然事象、自然のなかでのあらゆる運動は、私にとって、また各人にとって、方位づけられた仕方で呈示され、また可能な方位づけの変化において呈示される。しかしそれは、こうしたもろもろの方位づけの変化の一定の調和において呈示される。私が行為すること、すなわち、

私は空間内で何かを押しやる――主観的に言えば、私は右の方へ押したり、上の方へと押したり、直接的な行為において方位づけの仕方を変化させるのである。他者が同じ事物のそばにいて、それの方へと動いていったとしたら、私はそのことを私の方位づけられた自然のうちで経験し、また、彼がこんどは同じ事物を押すとしたら、彼は自分から見た同じ方位づけの方向においてさらにそれを押していくことができる。しかし、もし私が右に〈動かし〉、彼が左に〈動かす〉なら、われわれは互いに妨げあうことになる。もし彼が、まさに私のいる空間位置を手に入れようとするなら、彼の身体は私の身体を押しのけなければならない、等々。ここで何が可能であり何が不可能であるかは、自然の統一が空間時間性の統一のうちで感情移入の結合をとおして構成される仕方からして解明されねばならず、それを通じて、心理物理的な関係や可能力性が、その自然に即した外部アスペクトにおいて、またその内的意味において、解明されねばならない。

社会的行為の解明。第一になすべきは、他者が私にとって存在することと、〔私と他者が〕互いに出会いうる開かれた可能性とを解明することである。私にとって現にあるということ、そのうちには、他者たちにとって私が現に彼らにとってあるということが含まれているし、私たち全員が互いにとって現にあるということも含まれており、さらに私たちの身体性に関して言えば、私たちに共通の自然のうちに〔私たちの身体が〕現にあるということが含まれている。そしてそれぞれの身体は、それぞれの原初的な統覚的作用の生をもったそれぞれの自我の身体である。したがって、《方位づけられた先所与性においてそれぞれの原初的自我に呈示される自然としての空間時間的自然》の構成的合致のなかで、誰にとっても、それぞれの自我が人間として、すなわち、《この身体を通じて自然のうちに局在化されている主観およびそのあらゆる主観的なもの》をもった身体として心理物理的に現出するという仕方で、同一の客観的自然のうちにある。

582

事物を変化させる私の活動、自然に即して遂行される私の行為、すなわち、私の原初性のうちで私にとって原本的に知覚において呈示される原本的行為は、他者にとっては彼の顕在的知覚野のうちにあるが、ただしそれは、他者もまた同様に私の原初的領分のうちで直接にそこにあるものとして、知覚において、しかも（私は引き続きそれを前提にしているのだが）、ある空間的位置に、ある方位づけられた呈示の仕方で呈示されるかぎりにおいてである。そのような方位づけられた呈示の仕方は、直接的な相互的感情移入にとって必要であり、そのような呈示の仕方において、私は他者を端的に統覚するのである。あるいはより簡潔に言えば、他者が私にとって知覚において現にそこにおり、同時に私を知覚する者としてあるならば、私の知覚野における自然に即したあらゆる変化と同様に、（突く、押す、持ちあげるなどの仕方で）私が根源的に引き起こすあらゆる変化もまた、他者にとって同時に彼の知覚野のうちにあり、彼を取り巻く環境のなかで現実に見られる、等々となるのである。他者は、自分が実際に「見ている」もののすべてに気づくわけではないのであって、この点では私も同様である。それは、顕在的に働いている関心に依存している。こうして、私は他者を初めからそのように理解しているのであり、つまりまさに他の自我として理解しているのである。ところで、知覚領分のなかでかなり強くきわだってくる感性的出来事(動き、音など)が私の注意を引くということは、私にとってなじみの事柄であるが、そのかぎりで私は、そうした出来事がその共同的な存在意味において他者たちに提供され、他者たちにも働きかけるということを確信して、他者の注意を引こうという意図でそのような出来事を生みだす。しかしそれはまだ本来的な伝達ではないであろう。本来的な伝達には、伝達するという意図を相互に理解しあっているということが属しているからである。

成人たちの伝達や交流は、成人になる以前の伝達および相互交流の形成を前提している――すなわち母と子のあいだのそれである。それは、根源的・本能的に形成されていくある結びつきであるが、もちろんそれは、母が子を授かっても、まだ一度も子を子として理解したことがなく、それをこれから初めて学ばなければならないような形で始まりがあるかのようにというわけではない。〔なぜなら、〕母もかつては子だったのである。母は、

《子であること》や《母の子であること》を、自分自身の過去からして、初めから理解している。ただし、こうした理解が成立することは、そこでは母にとっては隠されており、何らかの想起によってふたたび呼び覚ますことはできない。私たちが《子が発達すること》を最初のものと捉えれば、やはり私たちは〈それ〉〔最初のもの〕であって、つまり
583 成人である私は、あらかじめ与えられた世界における成人という存在の仕方から遡って、どのようにして私は成人になったのかを問い、そしてまた、どのようにして私は、あらかじめ与えられた成熟した世界をもった《人間‐自我》となったのかを問うのである。成人である私は、《人間の幼児》期という自分の幼年時代を想起し、そのような私を、成熟した世界、すなわち万人つまり「成人たち」にとっての世界のなかにいる《人間の子ども》として統覚する。しかし、そこから出発して、私はまた自分自身を、さらにその先の想起できない過去地平とともに統覚し、つまりその発達段階における原《ウア》‐幼児性[39]という形で実在的・世界的に存在したものとして、しかも心理物理的に統覚する。私がそれについて形づくる表象は類比化であって、その原型は、私にとって、私の成熟した世界のなかで私が見知っている幼児段階の子どもたちのうちにある。しかしそこで問われるべきは、そうした幼児の生物・物理的存在にとってと同様に心的存在にとっても、その現実的な経験意味は何なのかということである。開かれた無際限的な全時間性においてあらかじめ与えられ

ている世界は、世代の連鎖のなかで、両親によって作られ、世界へと生まれ落ち、いつか生物・物理的に死を迎えるものとしての私を包含している。すなわち、そこにいるすべての人と同様に、誕生から成熟した人間に至るまで幼児の発達をへていくものとしての私を包含している。そのさい、幼児と成熟した人間というのは生物・物理的形態であり、それはあらゆる動物の種におけるのと同様である。

さて、しかし自分に対して次のように言ってみよう。こうした統覚の全体は、あらゆる存在妥当をともなっており、そこにおいて私にとって存在者が存在し、私にとって流れる変転のうちで存在する世界が、私にとって存在する一切のものをともなって存在しているのであるが、このような統覚の全体は、まったくのところ私の主観的な統覚的生にかかわることであり、この生の自我としての私の存在にかかわることである、と。つまり、そこに含まれていることだが、私の人間的存在もまた、私の統覚的形成体なのであって、それは、成人へと至る幼児の発達のあらゆる段階をともない、私の成熟した人間的現実存在のさらなる段階のうちにある、と。私がこのように言うとき、それによって私は、超越論的 - 現象学的な態度と方法へと強いられることになる。この態度と方法において、私の心的内在は超越論的内在に転化し、しかも、私の心的に内在的な流れる現在は、私の絶対的な超越論的現在へと転化する。私の内的で心的な発達についても同様である。私の超越論

584

的現在のうちに、私の超越論的過去が含蓄されており、私の超越論的な「幼児の」存在のあらゆる段階が、そのつど相関的に構成された私の「世界」をともなって含蓄されている。

しかし、私が現在や過去について――もろもろの時間様態について語っているとき、私はまだ究極の超越論的なもののうちにはいない。究極の超越論的なものは、流れつつ生きし生きした現在と呼んではならないものである。それは、絶対に超越論的な自我の、始原的な、絶対に根源的に流れる生である。流れることとか生きることという言葉すら、ここでは文字どおりの意味で理解してはならない。では作用はどうであろうか。時間化することのうちの原存在《ウアザイン》、時間性のなかに入り込んでいく原活動性は、それ自体、時間化された時間の流れのうちにあり、すでに数多性として、すでに同一化として、作用が同じであることと、ある作用と別の作用とが同じであることである。流れることは原時間化であり、超越論的分析はもろもろの含蓄の展開である。これらの含蓄は、反省しつつ分析する自我にとって、含蓄され時間化された時間化と時間化する時間化として、すなわち含蓄された発生として現れてくる。この反省しつつ分析する自我は、流れることのうちにみずからの先存在《フォアザイン》をもっており、みずからの可能力的な「私は同一化でき、しかもくり返し同一化でき、さまざまな段階の存在者を含蓄されたものとして、すでに存在するものとしてきわだたせることができる」ということをもっている。可能力性としての始原的な流れとみずからのくり返しをもつ行為、すなわち、くり返し時間化することは、くり返し反省すること、反省することをくり返し時間化されて見いだすことである。どうすればそれを理に適った仕方で言い表すことができるであろうか。なにしろ、そのように言い表すこと自体、すでに、根源的な流れることのうちで新たな同一化によって確定する働きなのだから。

だがどうやって。含蓄されているのは、あらかじめ与えられた世界であり、私の世界内の過去、私の世界内の幼児性であり、そしてもちろん同胞としての人間たちと動物たち、ならびに彼らの世代的連関、誕生、幼児期の発達、成熟、老化と死――心理物理的、すなわち生物物理的および心的な意味で――である。つまり、もろもろの始原的な過去の連続性を含蓄された時間性として含蓄している始原的現在を、私はどのようにして誕生でもって途切れさせ、将来の死でもって終わらせてよいことになるのだろうか。

私が何かしら確定するものはすべて、流れることを前提とするのではないだろうか。この流れることは、絶対的「生」をともないつつ、あらゆる存在者に先立って存している我《エゴ》ではないのか。それは、それ自身存在するものとして要求され、名づけられ、言い表され、それどころか記述されるなら、それ自身すでに、これに対してまたしても前提とされるような始原的我《エゴ》ではないのか。反省しつつ、私は流れることをさっとつかむ。しかし私は、すでに同一化を行なっており、すでに私は、流れる原存在《ウアザイン》のうちで遂行される統一形成と

585 時間化に、もしくはそのうちで時間化されたものにしたがっており、すでに私は、同一化しつつ反復し、再想起の生、反復する想起の生、再想起された統一体などを同一化する生を生きているのであって、そこで私はふたたび絶対的反省を行なうが、またしてもすでにこの能動性にとりこまれてしまっている。もちろん、生は能動的生であるが、しかし、素朴性の最終的な克服は、まさしく流れることを振り返って見ることであり、あらゆる能動性を禁止することである。というのも、能動性は、みずからのテーマをもち、同一化の反復等々を保持しており、こうしてみずからの背後に生の環境《ミリユー》をもっていて、この環境は、能動性のうちでは決して目にとまることはないからである。作用は始原的な自我の始原的な生のうちにあり、始原的自我は、時間化と時間化された自我性のあらゆる段階において、それ自身、一にして同一なる自我であり、端的に自我である。なぜなら、この自我は始原性の自我、始原的な生の自我であり、このうちに、あらゆる時間化する働きが「存している」からである。素朴性の克服の方法、それは、見るまなざしを絶対的に始原的な生へと向ける究極的な還元である。すなわち、始原的な《我あり》へと、流れることへと、原受動的な流れることへと、《私は為す》、《私は同一化する》等々へと、ただし流れることのうちで流れ去るものとしてのそれらへと見るまなざしを向ける還元であり——そしてそこから、流れることのうちに含蓄された、同一化する行為のもろもろの可能力性としての同一的なものへと、あらゆる段階における「形成体」等々へとまなざしを向ける還元である。しかし、そのなかで私が可能力的に行為しつつ存在しているような、流れることという絶対的始原的な先存在《フォアザイン》から、私はたえず目を離さないでいる。たしかに、この絶対的な流れることは、ただちにもろもろの時間様態をともなった時間流となってしまい、この時間様態は、またしても《流れること》という名で呼ばれる。すなわち、現在の流れること、たったいま流れること等々である。流れることは、《流れ去り流れ来ること》であり、流れ去ることのうちに、私が向かうことのできるような統一を担っている。しかし、おのれを向けること、堅持すること、おのれを向けることのさまざまな様態、これらは私にとって、まさしく後から来る同一化の作用によって存在しているのであり、こうした同一化の作用そのものが、以前は流れることのうちにある統一だったのに、またしても後から来る同一化によってのみおのれの存在をもつのである。

しかし、いま私はこのような還元を行ない、いま現象学するという活動を遂行し、現象学的にあれこれを確定し、次いでこの事象をそのままにしておき、明日また現象学を行ない、それを継続し、伝統性からして、私にとって統一的に伝承された一つの理論を獲得する。そしてこのことを、私は他者たちに対して、他者たちとの共同体のなかで行なう——彼らは、私の方から見て、私にとって他者たちなのである。

そうすると私は、昨日と今日の始原的現在を区別し、昨日と今日の作用、すなわち同様586 に区別されるべきもろもろの還元の作用等々を区別しなければならないのではないか。しかし、昨日とか今日というものは、どこにその場をもっているのであろうか。やはり始原的自我の始原的な生の場においてである。始原的な流れることは、それ自身のうちに過去を、現在の志向的変様として含蓄している――なるほどたしかに。しかし、過去が過去であるのは、このような含蓄においてのみである。そうすると、流れること、すなわち、私が解明するときには始原的な生き生きした現在と呼ばれるもの、それがすべてではないのか。それはすでに志向的変様をみずからのうちに担っている。あるいは、作用の自我は、能動性を通じてみずからの習慣性を獲得する。この自我は、流れることのうちでのみ、「現にあるとおりのもの」たりえている。このようなものとして、自我は、おのれが流れのなかにもっているすべてのものをもつ。この自我は、始原的な流れることのうちに含蓄されたすべてのものをともなった、この始原的な流れることの自我以外の何ものでもない。解釈を行なうとき、私はもろもろの時間化と、時間化された存在統一を見いだす。流れることのうちで、おのれ自身を確信するようになり、みずからの過去を、みずからの獲得する働きを自覚できるのが自我である。それは流れることのうちで、世界をもつ自我であり、もろもろの同一化等々のさまざまな段階に属するあらゆる可能力性をともなった自我である。世界をもつものとして、自我は自分の仲間をもつのであって、それは自分自身の過去を、固有性のうちで自己自身に対する自我として、想起と自分の未来の自我としてもつのと同様である。こうして自我は、他者たちと共同体のうちにある、等々。

自分に固有の存在を、他者たち《アルテリ》[40]に対する我《エゴ》として、みずからのうちに含蓄された仕方でもっており、そうして、他者たちの感情移入における存在を、みずからのうちに含蓄された仕方でもっているのは、自我であり、すなわち始原的生の始原的自我である。それらの他者たちは、自我の固有性のうちには含まれていない（彼らはもちろん固有な自我とは違った自我たちであり、それぞれが自分自身の固有性のうちにある）が、しかし、始原的現在の自我としての、自我の絶対的存在のうちには含まれているのである。この自我は、現象学のうちではさしあたり、還元によって導かれる自我の表現として、《我思う《エゴ・コギト》》と呼ばれるが、これは両義的な表現《アエクィヴォクム》であって、絶対的に必然的な両義性をもった端緒なのである。というのも、始原的な流れることの自我が絶対的自我であり、みずからのうちに固有な自我としての自我を担い、別の自我たちを固有な自我の志向的変様として担う——過去の自我たちが現在的な固有自我の志向的変様であるのと類似して——ということは、後になって初めて見えてくるようになることだからである。絶対的自我は、決してこわれることのない恒常性において一切の存在者に先立っており、一切の存在者をみずからのうちに担い、

587

一切の具体的なあり方に先立つその「具体的な姿《コンクレチオン》」[41]において、考えられうるありとあらゆる存在者をみずからのうちに担っている自我なのだが、このような絶対的自我は、還元の最初の「我《エゴ》」である——それにとっては他我《アルター・エゴ》というものが何の意味もないがゆえに、そう呼ばれるのが誤りであるような我《エゴ》なのである。

そしてモナド論《モナドロジー》なのだろうか。始原的「我《エゴ》」、始原的で絶対的に具体的な「自我」、それはモナドなのか。そして、それは複数のモナドの総体を、自分と同等なものたちとしてみずからのうちにもち、しかも同時にみずからの外にさえもっているのか。

始原的「我《エゴ》」は、互いとの関係においては他者《アルテリ》たちであるような本来的な我《エゴ》たちを担っている。そして、それは、原初的自我としての私がそれであるところの唯一の自我を、みずからのうちに担っている（もろもろの感情移入をも含めて）。絶対的に具体的な自我から出発して、私は、確定しつつ、私にとって存在する多数の自我たちを獲得する。すなわち、第一の、基づける自我としての私の「固有の」自我を獲得し、そこから別の自我たちを獲得する。超越論的な、と私は述べた。いまやこのことが、その意味に関して純粋に規定されねばならない。

ここで私はやはり、それぞれの自我をともなったもろもろの原初性の志向的絡み合いにおいて——絶対に具体的な自我のうちで——モナドの共同体を獲得する。モナドは存在しており、構成的統一体であり、モナド的世界のモナド的時間のうちで時間化されている（とはいえ、人間主観および動物主観に対しては、そして世界に対しては、超越論的である）のだが、他方、絶対的「我《エゴ》」は非時間的であり、あらゆる時間化とあらゆる時間の担い手であり、あらゆる存在統一の、あらゆる世界の担い手であり、第二の意味でも超越論的な担い手である。

しかし、これで話が済んだことになるのだろうか。こういった仕方のモナド論は、正当でありうるのだろうか。また、超越論的な露呈が到達可能にするすべてのものを含みうるのだろうか。やはり私は、私の始原的な生き生きした現在への還元と、他者たちによるそれぞれの生き生きした現在への還元とを、またしても区別しなければならないのではないか。とはいえ私すなわち私の生き生きした現在の絶対的自我は、他者たちをも、この生き生きした現在から、解明によって初めてとりだしてくるのではあるが。他者たちは、自分から、還元によってみずからの始原的我性《エゴ》へと到達しうるのだということ、私は他者たちに関して還元を遂行し、他者たちにそれぞれの始原性を帰属させうるということもまた、そこに含蓄されているのではないか。

そうすると、私はまたしても、私の始原的我《エゴ》は始原的な我たちの「無限性」を含蓄している、ということへと立ち戻ってくる。これら始原的な我たちはいずれも、すべての別の我を含蓄し、自己自身から出発して、まさにこの無限性を含蓄しているのであって、そのなかには私の我《エゴ》も含まれ、この我《エゴ》のうちにはこれらすべてのことが含蓄されており、同様に、まさにこの私の我《エゴ》がそれぞれすべての我《エゴ》のうちにまたしても含蓄されている。考えられうるかぎりあらゆる意味で存在するあらゆるものは、私のうちに存している――全一性としての総体性を可能にする目的論的調和をともなって。しかし、あらゆる他者は、その
588 無限の全体性において私のうちに存しており、あらゆる意味で存在する一切のものをみずからのうちに含蓄するものとして、私のうちに存しているのである――その点では、どの我《エゴ》もみな私にとって同じ価値をもつ。

原注

＊1　あるいは、異質のものは共存している異質のものに対して、あらかじめ指定することはなにもない。本質的に充実された持続は、継起のうちにある別の持続に対して、あらかじめ指定することはなにもない。

＊2　自我としての自我は始めからこの個体的な自我であり、その活動的な作用の経過やその自由な動機づけのうちにおいて、この同じ「個体」が構成され、展開され、発展し、変化する。

＊3　より正確に言えば、人格的個体は発展の瞬間的な段階において、個体的な自我統一であり、この統一は、現実的および可能的な態度決定について確定した宇宙において、この瞬間からして当の個体に対して表示される。人格的個体はモナド的生全体の完全な広がりにおいて、個体的統一であり、この統一は、すべての瞬間的な個体を貫いて、すべての瞬間的宇宙の持続を宇宙としてもっている。

＊4　この問題は先ほど述べた注によってより詳しく確定されることになり、任意の発展段階や人格の今へと関係づけられるのでなければならず、この今において、人格は決断のまえに立たされると考えられるのである。それに付け加えられて問われるのは、どの程度まで、い

ま存在している人格によって、未来に存在する人格が、したがってその未来の可能な決断の範囲が予描されるのか、ということである。どのような前提のもとで、この予描は、類型的にあり続ける「性格特性」に応じて規定され、その人格について一般的に表明されうるものになるのだろうか。

ようやく、人格的自己形成の起源と影響の問題が問われ、すでに以前に述べたように、人格的自己経験や自己評価（明らかにこれは、感情移入において遂行される他者経験や他の人格の評価や他の人格への影響によって条件づけられている）の起源や影響が問題になる。そして次のような大きな倫理的問題がある。すなわち、どの程度まで、自己措定はただ取り消されるだけでなく自己形成のために機能するのだろうか。自己意欲は、自分の自己の理念に応じて絶対的なものでありうる、つまりそれが永遠に取り消されることのない決断であるほど絶対的で中心的でありうるのだろうか。

＊5　このことは、あらゆる顕在的な今に妥当する。

＊6　ここから始まるのは、対象極と自我極の関係についての独自の考察であり、〔原文で〕三〇頁まで自我極そのものの固有性の基本的な探究がなされ、それからこれまでの主題に立ち戻ることになる。

＊7　自我は触発と作用の極として、対象へと、内在的ないし超越的な対象などへと関係している。

＊8　自我極と対象極についての基本的な叙述の終わり。――編者注。

＊9　内在的時間の領土。「体験」の、内在的ノエシスとそのノエマの領土。しかし、内在的時間とは、根源的に構成する生の絶対的に主観的なものにとっての導きの糸である。

＊10　二つのモナドが種的共通性をもつのは、それぞれのモナドが機能の中心をもち、それがそれとして共通の形式であることにあり、また、機能の根本的あり方が他の意識構造と同じように、すべてのモナドにとって同一である本質類型をもっていることにある。

＊11　これは性急にすぎ、誤った推論である。個体的合致において私の個体的自我はあらゆる他者の個体的あり方と一致することはないのであり、それは、私のヒュレー的なものが虚構によって作りかえられたヒュレー的なものと一致しえないのと同様である。両者は互いに依存することはない。しかし、ここで現れてくるように見えることは、自我という類が存在し、最低の差異が、人格の差異がアプリオリに存在しているということだけである。あらゆる詩人がそうした差異を直観できるものにしてくれる。

＊12　いや違う。同じ人格をもった二人の人間が存在しえないとすれば、それはまったく別の根拠によるのでなければならない。直接的な直観から汲み取られた必然性がその根拠ではありえないのは、さもないと、詩人が分身《ドッペルゲンガー》の「問題」を取り扱うこともなかっただろうからである。詩人はその問題をより難しいものにしてしまう。というのも、分身は、まさに同じ自我として経験されるからである。

＊13　こうしたことすべては、モナドの流れのたんなる受動性に該当するのではないか。自我にとっては、一般的潜在性、すなわちそこで触発と作用の野をもつことができるという一般

的「能力」に該当するのではないか。しかし、自我は特殊な意味でその個体性をもち、つまり、自我によって作用を規則づける原理をもち、それによって、流れに新たな体験を付け加える。この個体的な自我は、個体的な自我能力の統一のうちで、事物の統一と相対するものではないか。そし、事物の個体性はまた、構成の一般的法則によって記述し直されるのではないか。

＊14　感覚所与は偶然的である。感覚所与の規則づけの事実は、そして事物統覚の形成、すなわち自然や世界の構成への方向において、事実として偶然的である。個体的自我についてはどうであろうか。それはたしかに偶然的なものによって規定されているが、その個体性においてはやはり同じ意味で偶然的とは言えないのではないか。私は「必然的事実」であって、私の偶然性は、私の心的（モナド的）発展をともに規定する質料という不可解なものによってのみ規定されているのではないだろうか。この必然性の本質は、その抹消不可能性と、別の前提のもとでは、同一の個体性になってしまい、決して別の個体性ではなくなるような、そういう前提のもとで理解できる統一のうちにある。

＊15　問われるのは、純粋意識の構造を、はじめから構成的出来事としてみなさねばならないかどうか、ということである。

＊16　メモ。最初にすべきことは、自我の時間野への関係において、周囲世界やまさに対置されて（反省されずに）与えられている客観、感覚の客観、超越的経験の客観への関係について語ることであろう。その後で初めて、「意識」とその対象、その時間性が語られる。

＊17　しかし、こうした考察全体は、私が最終的に見るように、具体的な姿を与えるものではない。自我はやはり人格的自我として、その習慣性や能力や性格をもった自我としてつねに「構成されている」（完全に独自の仕方で構成されている）。――習慣や能力を検討する適切な箇所は、どこにあるのか。

＊18　第一のものは、「客観性」という対向するものであり、私たちは、内在的客観性と超越的客観性とを区別しなければならない。客観（対置されたもの）は志向的体験ではない。

＊19　くり返し検討されねばならないのは、ヒュレー的所与それ自身が体験として、そしてその内在的な《流れること》は自我の生として特徴づけることがゆるされるかどうかである。――もちろんそうではない。

＊20　この普遍的な生には、いかなる客観も属しておらず、内在的客観、すなわちヒュレーも属していない。こうした内在的客観性は本質的に相関者として生に属しているにすぎない。あるいは私たちは次のように区別する。一方の、内的意識の、ヒュレー的ではないすべての内実をともなった自我、すなわち自我とその志向性と、他方の、自我と内在のすべてを区別する。となれば、こうしたすべてが生の媒体となるだろう。しかし、後者の概念はつまずきを生じさせることになろう。

＊21　ここで普遍的な生には、ヒュレー的所与の流れが付け加えられている。

＊22　この「自我」はこれまでの論述では抽象的であり、未規定のままである。それはまさに、自我がモナド的自我として必然的に「人格的」であることから抽象される。

＊23 「客観」のもっとも広い概念（客観極）。

＊24 〔ここで〕考えられているのは、自我とは他なる《フレムト》個体的なもの、すなわち個体的なものとしての客観である。しかし、誓いやそうした「形成体」がどうしてともに考慮されえないのかは、予測されえない。

＊25 しかし、「対置されて投げられたもの」は、より正確には、外的「実体」に適合するのであり、そのなかで感情移入が構成的役割を果たしてきた。

＊26 本質的には、一九一八年から一九二一年のあいだにベルナウで書かれた（多くはいまくずかごの中に放り込まれている）古い論稿の再論と要約。これらの古い論稿自体も、ゲッティンゲン時代のいくつかのさらに古い論稿のより詳細な展開である。

＊27 根源的で第一の意味での内在とは何だったのか。

＊28 少なくとも根源的にそう〔内在的超越〕であり、私の身体が知覚において構成されているものとして、すなわち、私の身体が、ただ感情移入を基づけることで問題になるものとして、そう〔内在的超越〕なのである。

＊29 このことはすでに構成的な意味をもっている。ある石が別の石に「ぶつかる」ことは、私の手が石にぶつかる場合と似ている。しかし、この場合の類比的な想起には、新たな想起を動機づけられた仕方で覚起するようなものと結びつける何ものもなく、この新たな想起は、表現を主観的内面性の表現として確証するような仕方で確証される。

＊30 この文章は次のように理解されねばならない。すなわち、フッサールの『イデーン

Ⅱ』の最初の下書きでも保持されていた古い見解」とは、「現出は「モナド」に属しており、実在性そのものとは違って間主観的ではない、あるいはむしろ、間主観的ではありえない」という趣旨のものであった、と。『イデーンⅡ』の最初の下書きは一九一二年十月から十一月にかけて書かれ、一部は遺稿として（草稿番号 F Ⅲ 1）保存されている。この保存されている遺稿の一部は『フッサール全集』第五巻の付論一として公刊された。そのなかで、フッサールの「古い見解」が以下のように略述されている。「そのこと〔自分から引き離すことができない事物としての自分の身体をもつという点が、感情移入される他者の身体にも共通であること〕とともに同時に与えられていることは、他の《フレムト》純粋自我の周囲世界は私の純粋自我の周囲世界と同一である、ということである。それはつまり、周囲世界の事物は高次の段階の統一体であり、解釈移入[42]を経て構成されている、ということである。二人が互いに交流している場合に、ある実在的事物をI_1に対して構成する現出の多様性（その全段階においての）と、「同一の」実在的事物をI_2に対して構成する現出の多様性とは、異なる別の多様性である。一方は、可能的な現出の無限ではあるが規定された総体として一方の意識流に、つまりI_1の意識流に属しているが、他方は別の意識流に、つまりI_2の意識流に属している。解釈移入において、その「意味」に応じて、ある統握が、つまりこれら両者の現出多様性を対応させるということが生じてくるのであり、この対応のおかげで「客観的」事物が「同一のもの」として構成される。解釈移入によって措定されたいずれの新たな純粋自我I_xも、現出多様性の閉じたグループの数を増加させ、こうして客観的事物は、現出多様性のグループの無限定的な多様性の統一体となるのであり、解釈移入ないし感情移入は、すでに外的事物性にとって経験のさまざまな根本形式の一つなのである」（『フッサール全集』第五巻、一〇九頁以下）[43]。だが、フッサールはすでに一九一五年頃に彼の「古い見解」を変えている。この時期に書かれたあるテキストで、フッサールは以下のように述べている。「それぞれの人間が自分の意識、自分の主観性、自分の思うこと《コギタチオネス》の連関をもっている。正常な人間だけを取り上げるなら、どの人間も自分の現出のグループをもっているが、それらの現出のグループは、どの人間もそれぞれの空間位置においてそれぞれの事物について「同じ」現出をもつことを考慮すると「交換可能」なのである。このかぎりで、現出は相対的なものにすぎず、ただつかの間、自分のものであるにすぎず、それはある意味で、あらゆる正常な人間に共通なものである。したがって、事物の「眺め」もまた客観化される。それぞれの人間は、同じ空間位置から同じ照明のもとで見るなら、風景の同じ眺めをもつ」（草稿 E I 3 I, S. 160a）。この新たな見解は現行の『イデーンⅡ』（『フッサール全集』第四巻）でも表明されており、一九一八年に〔当時フッサールの助手であった〕エーディト・シュタインによって、関連するテキストとともに『イデーンⅡ』の推敲のさいに採用された次の一節においてであるが、この一節に対応する箇所はフッサールの原草稿には見当たらない。「他者によって措定された事物は私の事物でもある。すなわち、感情移入において私は、他者が行なう措定をともに行ない、たとえばαという現出の仕方で私の対象になっている事物を、βという現出の仕方において他者によって措定された事物と同一視する。このことに属するのは、立ち位置を交互に交換できる可能性であり、人間は誰でも同じ空間の位置に立って、同じ事物について「同一の」現出をもつのであり——私たちが想定できるように、万人が等しい感性をもっているならば——、それゆえ、一つの事物の「眺め」もまた客観化される。つまり、だれでも、同一の照明のもとで同一の空間位置にいれば、そこから、たとえばある風景の同一の眺めをもつことになる。しかし他者が私と同時に（他者にあてがわれた原本的《オリジナル》な体験内実において）私と同一の現出をもつことは決してありえない。私の現出は私に属しており、他者の現出は他者に属している」（『フッサール全集』第四巻、一六八頁以下[44]）。現出の間主観性の問題について、フッサールは他の多くのテキストでも論じており、たとえば、『フッサール全集』第一三巻（三七七頁および四一二頁以下）のテキスト一四番（一九一五年から一九一七年のあいだ）とテキスト一五番（ベルナウ、一九一八年九月）、および「現象学の根本問題」講義（一九一〇／一九一一年[45]）を一九二一年に再読したさいに書かれた本巻（『フッサール全集』第一四巻）のテキスト一番においてである。—編者注。

*31 このことは瞬間的な眺めにもあてはまり、したがって瞬間的な眺めの持続体のうちで構成される高次の「現出」には、なおさらあてはまるのであって、立ち現れ《ファントム》だけにあてはまるわけではない。

*32 より高次の基準においては、このことは聴覚的アスペクトおよび立ち現れ《ファントム》にもあてはまる。

*33 私の原本領土における物体性として。

＊34　スピノザ『エティカ』第一部、定義三を参照。──編者注。
＊35　私が別様でありうる可能性の自己変遷も〔同様に見て取られる〕。
＊36　連合法則。
＊37　この当時はまだモナドが互いに含蓄し合っていることが見て取られていなかったのか。
＊38　ただしここで、それだけで存在することを、原初的なものとより高次のものとに区別しなければならない。つまり、それだけで存在する多数性としての多数の存在者と、個別的にそれだけで存在するものとの区別である。
＊39　一九二一年のすべての草稿と、おそらくそれまでに私が書き残したすべての反省においてそうであるように、ここでも、それ自体で存在する自然（少なくとも、そしてさしあたりは自然）としての世界が本当に存在する、と明示的に定式化できるとする前提が置かれている。これはつねに推定的かつ経験的に確証された理念にすぎないのだが、私たちがそれを絶対化する場合には、この理念に定位する哲学にとっての導きの糸になるかもしれない。しかし、この理念がたんに「相対的」な妥当しかもちえないとすればそれはどのようにしてなのか、またそうだとするとモナドの体系にとって、そして哲学にとって、何がそこから帰結するのか、ということが探究されなければならないし、私はそれを探究してきたのである。
＊40　しかしもちろん、正常な身体は異常になりうるし、身体はいつでも意志にしたがうわけではない。自由は妨げられ、行為は邪魔される。
＊41　それゆえ、共通の現出世界そのものが正常性の理念に合わせて調整されている。

＊42　スピノザ『エティカ』第一部、定義三を参照。—編者注。

＊43　間主観的に構成された世界を通る道においては、私は、いま私の意のままになる現実の自己経験の領分を越えることによって、はじめて私自身を具体的に認識する。

＊44　以下の法則も述べるべきかもしれない。多数のモナドの集まりはつねに個別のモナドと同じく、それだけで存在する。それは多数として自己意識を獲得することができ、高次のモナドとして、個別のモナドと同じく、自分自身の外にはモナドしかもたず、またあらゆる外的な存在と意識関係をもちうる、等々。

訳注

［1］　zureichender Grund　充足理由律は、ライプニッツ『単子論』第三二節で、「なぜそれがそうあって別様にないのかという十分な理由〔充足する理由〕なしに、いかなる事実も真である、あるいは存在するとすることはできない、またいかなる命題も真であるということはできない。もっともこれらの理由は、ほとんどの場合、私たちに知りえないのではあるが」と述べられている。フッサールは、未知の理由の生成を、具体的個体としてのモナドの発展をテーマに、発生的現象学の課題にしようとしている。

［2］　Doppelgänger　自分とそっくりの分身を人が見たり自分で見たりする現象で、精神医学においては、自分の姿を見る現象として「自己像幻視 autoscopy」、あるいは「二重人格（解離性同一性障害の一種）」として論じられたりする。文学のテーマとされることも多い。

［3］ monadisiche Genesis 「発生」については、本書第一部訳注［70］を参照。ここで語られる「モナド的発生」とは、フッサールのモナド論的現象学の展開において、モナドの発生という観点からの現象学的発生の解明を意味する。

［4］ sich bekunden 『論理学研究』第二巻第一研究「表現と意味」において、kundgeben という語とほぼ同じ意味で使われて、ある表現（たとえばある名詞）が、(1)「名指している nennen もの」（対象）と、(2)「意味する bedeuden もの」（意味）と、(3)「告知する kundgeben もの」（心的体験）とを区別している。

［5］ doxisch←Doxa 『その展開』第二部訳注［19］（二七三頁）参照。

［6］ individuieren この直後の「個体化 Individuation」は、その名詞化であり、ともに「個体となること」の意味であるが、「個体 Individuum」については、本書第一部訳注［47］を参照。また、この前後に「個別化 Vereinzelung」という語も使われているが、これは「バラバラにする」というニュアンスであるのに対して、「個体化 Individuation」は、一つのまとまりをもった「個体 Individuation」に分けるというニュアンスをもつ。

［7］ fungieren 『その展開』第四部訳注［6］（五六八頁）。

［8］ 原文には、Gegen-wart というように、gegen（対する）と warten（待つ）の wart を分けてハイフンでつないでいる。対峙して待ち受ける意味として現在を表現する意図があったと思われるが、ここでは、「現在」と訳しておいた。

［9］ naturalistisch←Naturalismus 自然主義とは、すべてを自然（しかも自然科学的に考え

られた自然）と考え、人間や精神をも、この自然の一部として説明できるとする考え方のこと。前掲『デカルト的省察』第四省察訳注(28)（三一三頁）参照。

[10] Einklammerung 『その展開』第二部訳注［3］（二六五頁）参照。

[11] Sachverhalt 「事態」は、「事況 Sachlage」（本書第一部訳注［7］参照）と対比的に述べられる。『その展開』第三部訳注［9］（四七二頁）参照。

[12] Zuwendung 自我が受動的に先構成されたものに向かう（注意の眼差しを向ける）ことである「対向」については、触発が問題にされる『受動的総合の分析』を参照。

[13] 『論理学研究』第二巻第三研究「全体と部分に関する理論について」では、「非独立的内容と独立的内容」の相違や「相互的基づけと一方的基づけ」の相違などをとおして、感性的統一形式とカテゴリー的統一形式の規則性が論じられている。

[14] noetisch-noematisch←Noesis-Noema 『その方法』第一部訳注［41］（二四一頁）参照。

[15] phänomenologisch-eidetische Reduktion 現象学的還元は、私たちが自然に生きているときの態度から現象学に至るための「方法」または「道」と言えるが、フッサールは一九〇七年の講義「現象学の理念」から、晩年の一九三六年の『ヨーロッパ諸学の危機と超越論的現象学』に至るまで、それをさまざまな仕方で構想し直している。その中間点である中期一九一二年刊行の『イデーン』の緒論では、心理学から超越論的現象学に至る現象学的還元として、(1)事実から本質への「形相的還元」と、(2)「実在」から「非実在」への「超越論的還元」という、二つの段階が必要であると述べていた。

［16］ statisch 『その展開』第二部訳注［9］（二六七頁）参照。
［17］ kompossibel ライプニッツが『単子論』で使った用語に由来するが、詳しくは、前掲『デカルト的省察』第五省察訳注（63）（三三六頁）参照。
［18］ Ausschaltung 「（回路を）遮断する」という意味で、現象学的還元を説明するために使われる用語の一つだが、ほかにも「カッコに入れる Einklammerung」「働きの外に置く ausser Aktion setzen」「エポケー Epoché」「中立性変様 Neutralitätsmodifikation」などが同義語として使われる。
［19］ 『イデーンI』（純粋現象学と現象学的哲学のための諸構想、第一巻　純粋現象学への全般的序論）のとくに第二篇「現象学的基礎考察」を参照。
［20］ 前掲訳注［13］を参照。
［21］ 番号が欠けているが、ここで区別された二つのモナドが、（三）と（四）と思われる。
［22］ ficta（imaginata）　ともにラテン語で記されている。
［23］ nackte Monade　モナドには、その発達の段階に応じて、表象の仕方の違いがあり、もっとも不明瞭、不鮮明な表象能力の段階が「裸のモナド」あるいは「眠れるモナド」と呼ばれる。非生物の段階のモナドに該当する。
［24］ Empfindnisse 『その方法』第二部訳注［3］（三六一頁）参照。
［25］ An-sich-sein 『その方法』第一部訳注［17］（二二三頁）参照。
［26］ Seinsdignität　Dignität はラテン語の dignitas に由来し、神学において「尊厳」、数学

において「指数」を意味する。ここでは、自我の主観性と自然や理念の構成関係が問われていることから、構成の階層にかかわるという意味で、「存在位階」と訳した。

〔27〕 ideieren　フッサールは「理念的《イデアール》なもの」と「実在的《レアール》なもの」とを区別し（『その方法』第一部訳注［8］二三〇頁参照）、それに基づいて、《私たちは常にすでに理念的なものを見ていること》を『論理学研究』第二巻では「範疇的直観」として論じ、『イデーンI』では「本質直観」として論じていたが、やがて、それを「理念視 ideieren/Ideation」と呼ぶようになる。

〔28〕 in se est et per se concipitur　原文はラテン語でこのように記されている。

〔29〕 animalisch　『その方法』第二部訳注［11］（三六二頁）参照。

〔30〕 Eidetik　形相的記述による論説のことで、「eidetische Beschreibung 形相的記述」は、質料的で個別的記述に対置され、現象学的還元をへた意識の相関関係の記述として、形相的で一般的でアプリオリな本質規則性を本質直観をとおして記述する。しかし、それはまた、たんに形相と質料との区別にとどまらず、「形相的 - 存在的思惟 eidetisch-ontisches Denken」の存在する判断基体を前提にすることなく、「形相的 - 現象学的思惟 eidetisch-phänomenologisches Denken」（『フッサール全集』第一三巻、二一〇頁参照）の領域における記述であることに注意せねばならない。前出訳注［15］も参照。

〔31〕 Psychophysik　『その方法』第一部訳注［10］（二三〇頁）参照。

〔32〕 ego cogito quaecumque cogitata　原文はラテン語でこのように記されている。

［33］ psychophysisch 前掲『デカルト的省察』第一省察訳注（32）（二九三頁）参照。および、前出訳注［31］も参照。

［34］ personale Gemeinschaft 『その展開』第二部訳注［12］（二七〇頁）参照。また、「共同体」については、『その展開』第三部「共同精神（共同体論）」および同訳注［1］（四六八頁）参照。

［35］ causa sui 『その展開』第三部訳注［8］（四七一頁）参照。

［36］ Substanzpol 「自我極 Ich-Pol」や「対象極 Gegenstand-Pol」と同様、「実体 Substanz」と「極 Pol」とを結合した語。

［37］ cuius conceptus non indiget <conceptu alterius rei, a quo formari debeat> 原文は、スピノザの『エチカ』からのラテン語の引用である。

［38］ Individuum 「個体」という訳語および「不可分なもの」という意味の背景については、本書第一部訳注［47］（一四八頁）参照。

［39］ Urkindlichkeit 「幼児（子ども）Kind」から作られた「幼児性 Kindlichkeit」に「原＝根源的 Ur-」をいう接頭辞をつけた語である。この接頭辞については、『その展開』第一部訳注［15］（一六一頁）参照。ここでは、「想起できない過去地平とともに統覚」する幼児であることを「原《ウァ》-幼児性」と名づけている。『その方法』（四九八頁）にも「原-幼児 Urkind」という表現が見られる。

［40］ alteri ラテン語「他者 alter」の複数形。

[41] Konkretion 「具体態」とも訳せるが、日常語として通用しやすいように「具体的な姿」とした。
[42] Eindeutung 「感情移入 Einfühlung」を言い換える表現として使われているため、「解釈移入（入り込んで解釈する）」という訳語を使った。この時期のフッサールは、他者経験としての「感情移入」を、言語表現・身体表現の理解としての「解釈」と類比的に考察し、「感情移入」を「一種の解釈 Interpretation」として論じていた。
[43] 邦訳（渡辺二郎・千田義光訳）『イデーンⅢ』（第三巻「現象学と諸学問の危機」、みすず書房、二〇一〇年、一三八頁以下）を参考にしたが、必ずしもそれにしたがってはいない。
[44] 邦訳（立松弘孝・別所良美訳）『イデーンⅡ-1』（第二巻「構成についての現象学的諸研究」、みすず書房、二〇〇一年、二〇〇頁）を参考にしたが、必ずしもそれにしたがってはいない。
[45] 『その方法』第一部テキスト一「現象学の根本問題」として訳出されている。

第三部　時間と他者

288

一九　想起・想像・準現在化*1

知覚に与えられた質料を私は、〈他者《フレムト》の身体物体の場合には〉物体統握に対してのみもち、身体把握に対しては、これらすべてを表象的にもっていて、「自分の身体」の統握の場合のように統握質料として表象的にはもっているのだが、この質料は、準現在化という仕方でただ再生産的にのみ意識されるのであり、それとともに私たちは、そのような統覚の準現在化へと、つまり、「自分の身体」を知覚において構成したような準現在化へと遡るよう指示される。しかしそれはどのようにしてであろうか。

「他者《フレムト》の身体」という統握を見本にして明らかにしながら、私は、準現在化の意識において（「想像」において）その物体身体《ケルパーライプ》[1]の場所にむけて運動を行ない、私はいわばこの物（的身）体のうちに滑りこむ。とはいっても、私の物（的身）体をもって滑りこむのではなく——それはむしろそのままにとどまっている——、私は自分をその場所に置き入れ、いわば私の物（的身）体をそこの物（的身）体へと変化させる。それによって私は、そこの物（的身）体に、それによってそれが身体物体《ライプケルパー》という形を受け取るような現出の仕方を与える。〔たとえば〕その人の頭が見えなくなる、等々。私の身体の見える部分が変化して、他者の「手」が私の手となる、等々。

ところでもちろん、容易に想像することができるのは、私が自分のいる場所を離れて、別の対象のある場所を占め、私の手や私の足等々がその形態にそくして変化し、しかしそのときまた、私の感覚領野〈のうちで〉、現実に私がもつのとは別の感覚所与をもつ、ということなどである。しかし私はそれによって、ただそう虚構しているだけで、それも、私が現実に体験するのとは別様に体験し、現実にいるのとは別様にいると虚構しているのである。事実上《デ・ファクト》、私は人生の経過のなかで、大きく変化してきたし、いまもなおも変化しており、したがって私はくり返しある別の者になってはいるが、変化しながらも同一の者である。私はいまや変化する者として、非常に多様な仕方で自分を表象することができ、身体的にも精神的にも別様にある者として表象することができる。しかし自分を別様に存在する者と虚構することは、ある別の主観、第二の主観、ある「他者」を私にあい対する者として虚構するということではない。私は依然として、虚構のなかでも私である。結局のところ私がそうあるのは、私が自分を誤って判断し、考えていたのとは別様にある（私はおそらく、まちがって自分を「他の人が」ということもあろう）という結果になったとしても、やはりそうあるのだ。しかし、私は自分を私としてしか措定できないのだから、自分を一人の他者として措定することはないとしても、それでもやはり一人の他者を措定し、さしあたり表象するということに、どのようにして「至るのだろうか」。すなわち、私ではなく、私の客観であるような一つの自我に〔至るのだろうか〕。

一つの根本的前提は、他者の身体物体《フレムト》は私のそれに似ており、この類似性とは、もし私が私の身体を私から離してみたら、それは〔他者の身体物体と〕似て見えるだろうし、またその逆に、私が他者の物(的身)体のうちに自分を置き入れ、それに向けていわば私に特有な身体的なものを投影してみるなら、それは私にとってそのように現出し、つまり私の身体に類似したものとして現出するだろう、ということを意味している。そしてそれに加えて、他者の物(的身)体が私の物(的身)体との類比をもつだけでなく、さらにまるで私の物(的身)体のように「ふるまう」、つまりあたかも《私が動く、持ち上げる》などという形でそれが動くかのようなのだ。したがって私は、私の身体をもち、私はそれを動かし、そこにおいて感覚し、それをとおして動き、それをとおして働きかけたりする。他者の物

(的身)体がそこにあって、私が自分をそのうちに置き入れ、それを私にとって私の身体として考えることができるようになっている。〔しかし〕このことが何の役に立つのだろうか。というのも、「類比推論」は可能ではないのだ。

いまや問われるのは、私の自我を置き入れることの代わりに、私自身の体験の想像変様
290 が可能かどうか、つまりまさしく「私の」自我をともなうのではなく、むしろ自我と別の自我との分離が可能となるような、そういった想像変様が可能かどうか、ということである。

私がケンタウロス[2]の国や火星の世界などを虚構し、自由に形成したり変形したりして、事物や出来事を虚構するとき、私はいったい、どの程度までそこに居合わせているのだろうか。私は虚構する自我としてそこに居合わせ、いまとここに、この身体をもってこの事実的世界のうちに生きながら、経験的な人格である私(この自我)が虚構している。しかしここで、まずもって、次のように言われるかもしれない。つまり、私は、虚構のうちに生きながら、この同じ経験的な自我をその身体などとともに想像世界のうちに置き入れて虚構することができるが、私はそんなこと〔身体をもって居合わせること〕をする必要はない、と。私は、私(経験的自我)を傍観者として付け加えて虚構しなくても、あるいはそもそも虚構された世界の成員として、そのうちで生き、行為する者などとして、付け加

えて思い浮かべなくても、それらを虚構することはできるのだ。他方、私は想像においてその当の事物の現出をもち、それらの事物は、ほかならぬある一定の方位づけにおいて、一定の擬似‐感覚所与（感性的に立ち現れるもの《ファンタスマ》）と擬似‐統握を介して擬似的に知覚されている。そして擬似的に顕在化が遂行され、それに基づいて、想像のうちで擬似的に判断している。さらに、意欲しながら、実践的自我としてこの〔想像〕世界のうちで存在することができるためには、私はそのうちですでに、身体が想像世界に属するかのように、身体をそなえた自我として存在するのでなければならない。私は感覚領野を制する力をもっていなければならず、現出のもろもろのグループを変化させる能力があるのでなければならないだろう。

私たちは、意欲する自我を遮断してみよう。私たちはたんに知覚し、顕在化し、概念把握し、判断する自我であるとしてみよう。

私はこの世界の「像」をもち、私はそれを想像し、私はこの世界の観察のなかを生きる。つまり、私は、そこに私の身体や私の人格をともに置き入れて虚構するのではない。ちょうど、私がラファエロの画像の画像空間と画像世界のうちに自分を置き入れて虚構することはないのと同様である。私は先に、それは可能であると述べたが、しかしそれはこのうえなく鋭い注意を必要とする。それは〔本当に〕可能であろうか。

私は画像に描かれているギリシアの墓場をながめる。私はそこで想像世界における一つの立ち位置を、すなわち相対的な場所をもち、私が現に見ているようにそこから墓場を見ているのではないだろうか。事物の現出は一つの《ここ》、すなわち方位づけのゼロ点を指示しているのではないだろうか。たしかにそのとおりだ。その風景がいわゆる「理念的《イデアル》な」風景、純粋な虚構である場合でも、まったく同様であり、そのさい、たしかに私の身
291 体的‐精神的な自我についての多かれ少なかれ明瞭な表象も浮かび上がり、そのことへと反省するまなざしが投げかけられることもありうる。しかし自我は、この偶然的な経験的自我として、そこに属しているわけではない。身体は任意に変化することがあっても、像がそれで変化をこうむることはないだろう。ただ、現出の構成に属しているすべてのことは取り去られることはできないし、それとともに方位づけのゼロ点——それ自体では変わるのだが——もまた取り去られることはできないのである。

「像」とは風景の「相貌」である。それは個々の現出ではなく、多様な現出が経過するなかで構成される統一であり、それはちょうど、ある山頂やある窓からの「眺め」がそのような統一であるのと同様である。私は、まなざす場所をさまざまに変えながら眼であちらこちらを眺めることができ、こうして、ある「場所」から見わたすことのできるもののアスペクトを獲得する。それは像の場合も、またどんな虚構の場合でも同様である。私はそ

こで一つの「像」をもち、それを見上げたり、見下ろしたりする。ただ私は、芸術絵画や山頂の場合のように、一つの固定的な、あるいは相対的に固定したアスペクトをもつわけではないというだけである。私は場合によっては私の立ち位置を変え、それも豊かに変えることがある。私は想像においてケンタウロスの争いを思い浮かべたり、あるいは地獄や、地質学上の風景を思い浮かべたりして、自分をあちこちに「置き入れてみる」。一つの現出系列において未規定のままにとどまっていたものが、その後、別の現出系列において、もちろん虚構しながらではあるが、適切なアスペクトが浮かびあがってくることで、より詳しく規定されたりする。したがって私は、やはり必然的にそこに居合わせていると言える。

そのとき私たちはある困難な二律背反のうちにある。経験的な人間である私は、たとえば地質学上の風景を思い浮かべるとき、自分をその風景のなかにいるものとして虚構しなくてもよいというかぎりでは、私はそこに居合わせている必要はない。ある地質学上の風景を端的に思い浮かべることと、自分がその風景のなかで生き、経験し、それを享受している者として想像するというように、この風景を想像することとは別のことである。

他方ではしかし、私はやはり必然的にそこに居合わせており、方位づけの中心として、現出がそこへと関係づけられる主観として、想像上の顕在化や想像上の判断の主観として、そこに居合わせている。そして私はたんに虚構する者として居合わせているだけではない。理念的《イデアル》な像の場合には、私は現実の自我であり、私が見つめている壁にかけられた絵画に直面している。そのさい私は虚構する作用を遂行し、理念的な風景を見つめているのであって、この壁にかけられた物を見ているのではない。そのさい私は、眼を動かし、顕在化していく。しかし私はそのさい、いわば想像のうちにあり、理念的な風景のなかを動き、まるでそのなかで「理念的な」眼となっているかのように、理念的に観察を行なっている。したがって私は一方では虚構する自我であり、虚構の目的のために実際の作用を遂行し、実際のキネステーゼ的運動を行なったりする。像統握に役立つ視覚的な所与が、一方では知覚的所与であり、任意の知覚現出の場合とまったく同様に、知覚的統握を経験し、そして他方では、統握全体が像統握への変様を経験するのと同様に、ちょうどそれと同じことがキネステーゼ的所与にも当てはまる。そしてそれらの所与は、顕在的な眼の運動としてまた同時に像として、統握可能であり、統握されもする。ところが別の〔虚構の場合の〕統握においては、それらは擬似的な眼の運動であり、すなわちその眼の運動にとっての像（知覚的像）である。視覚的なアスペクトの構成にとって、そのようなキネステーゼ的系列が構成的であり、それゆえそれらは感覚のグループに属すことになり、これらのグループは、動機づけるものと動機づけられるものとに配分されるさいに、知覚的な事物の現出を構成的に可能にするために欠かせないのである。そのようにして視覚領野における視覚的な所与の配分が、知覚《ペルツェプティフ》[3]的なものである（その所与は私の顕在的な領野に属し、そうして私の眼や、眼によって感覚されたものに属する）のと同様に、キネステーゼ的な系列もまた知覚的である。しかしすべての感覚所与は私の身体に対する関係をもつ。キネステーゼ的系列は、眼の運動として統握可能であり、視覚的所与は知覚的な現われ《アパレンツ》[4]として統握されている。たんなる所与が視覚的感覚領野に組み込まれ、この感覚領野は身体への、とりわけ眼への関係においてその固有の存在をもつのである。

しかし、知覚《ペルツェプティフ》的現出において、ある別のもの、類似したものが呈示され、そこでは類似したものが像として形成され、キネステーゼ的な運動の系列においてある一定の仕方で、呈示されたものとその構成に属する運動系列が像になっていくのである。

私は〔見るとき〕実際に眼を動かす（そう私が述べるのは、反省においてかつ身体知覚
293 の統握においてであるが）のだが、模写の意識のうちに生きているとき、私はたしかに眼を動かしてはいるが、そこでは想像上の眼の運動が作図されているのである。想像のうちに生きながら、私は眼の運動を反省するわけではないが、それは事物の観察においてそのように反省しているわけではないのと同様である。運動する現出を知覚としてもつことには、眼の位置の感覚についての知覚《ペルツェプティフ》的なグループが属しており、そのどの位相にも複雑

な位置感覚が属している。現出を像として体験するということは、これらすべてを変様されたものとして、したがってキネステーゼ的感覚もまた変様されたものとしてもつことを要求する。

しかしこれまで私は視覚的な現出のみを考慮してきた。とはいえ、私は触覚的にも、またあらゆる感覚とともに、そこに居合わせているのではないか。想像上の風景はすばらしい香りのする花々を含んでおり、岩場のあいだに冷たい泉が湧き出て、こんもりとした苔が休息へといざなっていたりする。そして私はそのさい、観察する者、顕在化する者、価値評価する者としてそこにいるのではなく、意志の傾向性を感じている者、場合によっては意欲する者としてそこに居合わせている。すなわち、虚構は容易に、私がそこに腰をすえ、このすばらしい世界にあって幸福な気持になり、その美しさを飲み込むような気持に移行することになる。

したがって私は、身体的‐精神的自我の全体としてそこに居合わせているのではないだろうか。たしかにそのとおりである。私はそこから何を取り去ることができようか。私の身体は別様にもありうるかもしれない。それがなくなってしまうということもありうるかもしれない。そこで一貫して必然的であるのは、キネステーゼのシステムであり、それに動機づけられて依存している現われ《アパレンツ》のシステムであり、しかも視覚的、触覚的等であるようなシステムである。それらのシステムは私にとって、私の類型的に規定された身体表象に結びついている。すなわち、私は私の手を自由に動かすさい、手が動くのを見ており、眼の位置を自由に変更できるキネステーゼの系列が変化するさい、まさしく眼がその位置をどのように変化させるかを、私は触覚的に知覚している。これらのすべてはどうでもよいことなのではない。したがって、私はいかにして身体を取り去り、またそれと一緒に、観察や顕在化といった精神的作用もまた取り去ることができるだろうか〔それはできない〕。もちろん、ここで問題になるのは、身体がまさしく、私の身体が事実的にあるようにあるということ、また私の人格的自我がまさしく、そこに実際に存在し、それらの特定の性格的性質や知識や精神的な能力などをともなってあるということ、そのことではないだろうか。

294

ここで空間的世界を想像し、私がその世界に対して、実際の空間世界を与えたものと想像してみよう。想像された空間世界があると想定してみると、私たちは、次のような公理が妥当すると仮定することになる。つまり、私にとって証示されうるはずであって、それが存在すると根拠をもって言いうるはずであるようなどんな空間的存在も、私に与えられている一つの無限の空間のうちに存在しなければならない、という公理である。想像された世界をともなう、どんな想像された空間も、それが実際に存在しうるのであれば、一つの現実的な世界に属するのでなければならない。私はまた次のように言うこともできる。私によって想像された世界が存在しうるとするのであれば、その世界は私にとって、どのようなものとして想像されていたかが、多かれ少なかれ証示されうるのでなければならない。その世界がそうありうるのなら、その世界は与えられた空間‐時間‐世界との空間的な関連をもち、その世界に組み入れられ、ないしその世界と合致するのでなければならない。

現在を取り上げてみよう。私はここに存在する。私はどこにでも存在することができよう。私は私の空間世界である世界の、任意のどの点にも存在すると考えることができる。私は世界のどの点からも、眺めをもつことができるのであり、それは視覚的な眺めではなくてもそうありうる。というのも、事物は私にとって暗闇のなかでも与えられているからである。このような可能性はいったい何を意味しているのだろうか。

海面下千メートルでは、私は私の身体をもって存在することはできないし、また太陽の上に存在したりすることもできない。にもかかわらず、現象的な世界の意味に内属すると言えるのは、世界のどの点も私の《ここ》になりうるということであり、その《ここ》から見られた眺め、しかも一定の、秩序づけられた眺めが、知覚可能性として存続していなければならないということである。そして同様のことが過去と未来についても〔妥当する」。

私はいま存在しているが、私は過去のどの点にも、そこにそのとき居なかったとしても、そこに存在しえたということができよう。時間の経過において現実上、私の《ここ》であったような空間の領野、あるいは空間のもろもろの点の総体は制限されている。どの時間においても私はどこかに存在しているが、時間のなかで私はどこにでも存在していたわけではない。

私はいつも存在していたのだろうか。時間領野、すなわち、可能な再想起の私の領野は、無限の領野なのだろうか。私は自分を現実の世界における空間の何らかの点に置き入れてみる。私はどこへでも動いていくことができ、あるいは動いたと考える（あるいは動いている自分を考える）ことができる。私はまさしく空間のなかのどんな位置もとることができる。これは、理念的な可能性であって、現実に私の身体がどこにでも存在しうるわけではないにしても。理念的にはどの客観的な空間点にも（現在における）特定の現出多様性
295 が、すなわちキネステーゼ的に動機づけられた現出多様性が属している。そしてこれらのシステムすべてが、一つの全体システムを形成しており、そこにおいて、「私はそこや、あそこに向かって動く」という意味での、時間における持続的な移行が起こりうるのである。そしてそこで世界は、一つの持続統一として構成されていることで、以後のものが以

前のものを確証している。その統握は空間的－時間的－因果的なものである。世界はたんに空間的な立ち現れ《ファントム》ではなく、事物からなる世界、実体的－因果的であり、それとともに機能的に関連しているもろもろの統一であるような事物の世界である。

私が想像で事物Aがあるとし、それを一定のアスペクトにおいて想像において現出するとしているとき、この想定が真となりうるのは、ただ、世界を構成するアスペクトのもと、このアスペクトが〔現に〕「現れてくる」場合にだけである。このアスペクトの自我は、そのとき、私の自我でなければならない。私はたしかにここにいるのであって、そこにいるのではないが、しかしこの《そこ》ということ、すなわちそのように現出する事物、ないしは経過がそこにあることは、以下のようなことを意味している。つまり、そこには動機づけられた可能性が存続し、ここから早かろうとゆっくりであろうと、自由にわずかな時間で、私の現出系列を新たな現出系列へと、斉一性の意識において移行させうるのであり、徹底して私にとっての動機づけであるような特定の動機づけが存続している。アスペクトの主観は動機づけられた仕方で変様された自我であり、このアスペクトが知覚であって、変化した時間位置において知覚であるのであれば、私のいまの自我と、以前はそこにいて、いまはここにいるものとして同一化させられるような自我なのである。

過去に関してはどうであろうか。

私たちは〔ここでは〕別の自我を排除する。私はさしあたり想起の持続性、すなわち一つの想起の区間（私にとって体験にそくして与えられる存在した過去の区間）の統一へと関連しているようなもろもろの多様な再想起をともなった想起の持続性をもつ。事実上私は、一つの限界点に至るのだろうか。私の想起は幼児期へと及び、そこで（パースペクティヴ的にではなく）一つの暗い踏み越えられない領圏に突き当たる。私たちはそのさい、一つのアプリオリに予描されている時間点に「収斂」していくことを確かめることはできない。したがってそれは、本来的な限界点ではない。誕生は主観にとって、現象学的に与えられたもの、予描されるものではない（いわば現出する空間の造形物が、一つの境界線をもつような具合に与えられてはいない）。なぜ私は、私の誕生以前の時間を想起することができないのだろうか。それは理念的に排除されているのだろうか。私は私の誕生以前の出来事を直観的に表象することができ、そのさい、聞いたことのすべてや、歴史によって伝えられているすべてを排除してみる。与えられた想起の領野における私のその出来事は、因果的に関連するものである。その時間点において与えられていたものは、私の想起の領野のうちにもっていないような、共存するものやそれに先行したものを遡って指示している。

私の想起のどの過去の点においても、共存の世界が構成されていたのであり、その世界は時間を自身の背後にもつような世界であった。〔その世界で〕私はどこにでも動いていくことができたであろう。以前は知覚されるに至らなかったものや想起のアスペクトにないようなすべてのアスペクトが、もろもろの想起のアスペクトにおいて（より一般的には、顕在的な現在にまで至る経験のアスペクトにおいて）動機づけられている。そしてそのようにして、それらのアスペクトを準現在化にさいして担う自我は、現実的な自我にほかならないが、動機づけられた仕方に相応するように変様されている自我である。そしていまや私たちは、想起される以前の過去へと帰っていく。この過去は全体的な経験において、しかも顕在的な想起と現在の経験において構成された世界によって動機づけられている。私がそこで言えるのは、もし私が当時生きていたならば、ということである。しかし私は生きていなかった。にもかかわらず、以前の知覚の可能性は、やはりそこに存続する。それは空虚な可能性なのではなく、つまり、表象可能性として一般的に成立するような理念的な可能性なのではなく、顕在的な想起において動機づけられた想起の可能性なのである。空間のどの場所にもいることのできる可能性、すなわち現在における可能性は、動機づけられた可能性であるが、しかしその可能性は現実には、一定の事実によって排除されている。同様に、かつて存在していた可能性、そのような知覚をかつてもったという可能性は、動機づけられた可能性であるが、しかし現実には排除されている。私がそれを知覚していなかったということは、たしかなことである。もちろん、それによって私がかつて存在していなかったということが言われているのではない。

この考察を拡張して、次のように言わなければならないのだろうか。すなわち、純粋な想像による与えられ方に相関する者として作動する自我は、そのつど想像するその自我と同一である、と。もちろん、経験的な主観、つまりあれこれの身体をもち、あれこれの一定の人格特性を備えた主観（人間）と同一というのではなく、純粋自我と同一であると言えるだろうか。純粋な想像（中立性変様[5]）が措定へと変様するように、私たちはそこで「私たちの」自我を、あるいは純粋な自我を、もちろん未規定的な身体性において（あるいはまったく身体性なしに）、また、未規定的な人格性において、相関の機能へと置き入れているのではないのか。私は想定された虚構物の可能性をはっきりさせようとするとき、それが現実に存在する可能性を一貫して辿ってみたり、もろもろのアスペクトの多様性を「あそこ」から「ここ」まで、またその逆に辿ってみたりする。その虚構物が現実に存在するのであれば、〈私は〉この多様性を実際に一貫して辿ることができるのでなければならず、したがって「ここ」から「あそこ」まで達することができるのでなければならない。しかしこれはやはり可能性にすぎず、事物に基盤をもった《クム・フンダメント・イン・レー》[6]理念的可能性、すなわち印象によって与えられている現実性における理念的可能性である。しかし、少なくともそこでは、いつも《相関する者－自我》が、純粋自我として措定され、しかも顕在的な純粋自我であるその同じものとして措定されているのではないのか。

しかしいまや、多くの自我の可能性が他の身体性《フレムト》をとおして生じてくるとしたらどうであろうか。私が他の身体を理解し、他の感覚や知覚や思考、そして感じることなどがはっきり分かるとすれば、私は、たんに可能性ではなく、現実性を認めるような体験についての準現在化をもつことになる。そこにその人が座り、私に見えない窓を見ている。私は、その人にとって印象であっても、私にはたんなる想像による準現在化でしかないようなアスペクトについての表象をもつ。この準現在化は、それ自身において、他のどの準現在化からも区別されるわけではない。私がそこ（他の《フレムト》《ここ》）へと動いていき、頭を適度に回しながら、窓に向かうなら、私がもつだろう準現在化と同じものなのだ。私が（すでに構成された他の人間の意識なしに）唯一の自我として、見えていない窓の現実存在を措定するとすれば、この「もし～ならば、そのときは～」[7]という動機づけにしたがって、そのことが起こり、私はそのことによって、私がまさしくもっているものとは別の体験や別の現出を何らもつわけではない。もっとも、可能的な現出、一定の仕方で動機づけられた現出としてもつということはあったとしても。私がいまや他者を措定するなら、私は私がもっていない現実的な現出を措定し、そうした現出をもつような、そうした現出の主観を措定することになり、他方、私はまさしくそれとは別の現出をもつことになる。同様に、その主観は持続する他《フレムト》の自我であり、その自我は現出をもっていたのであり、私がもっていない想起をもっている。そしてその自我は、その過去のあらゆる点によって動機づけられた可能な知覚をかつてもっていたのであり、それらの可能な知覚は、まさにその自我がそれらをもっていた、まさにそのようにあったのであり、それらの知覚が、その〔他《フレムト》の〕自我を動機づけていたのであり、〔この〕私を動機づけたのではなかったのだ。

私はこれらのすべてを理解することができ、これらすべての、他者が印象としてもつも 298 のを想像において表象することができるのである。私はそのほかに、それらを準現在化や「表象」そのもの、もしくは純然たる想像表象（措定を欠いたもの）としてもつことができる。あるいは私は、あれこれの空間位置や何らかの時間位置のうちに自分を置き入れるという形式において、そうした表象をもつことができる。しかし一つの命題が、与えられていない体験の現在をもつのは、身体が私によって他の事物と同様に措定される場合だけなのであるが、しかしその場合、まさに身体として、〔措定されており〕、それとともに、私のものではない顕在的に現在的な体験の把握の要求が〔措定されている〕。

いまやどんな準現在化についても、私がある一定の仕方で居合わせる、ということが当てはまるのではないだろうか。私は「自分に固有の」体験以外のものを準現在化できるだろうか。そして私は自分に固有のもの以外のものを、そもそも表象することができるのだろうか。いかにして、固有の体験と他者《フレムト》の体験とのあいだの区別、また固有の自我と他者《フレムト》の自我とのあいだの区別を意識するに至るのだろうか。私が何を準現在化しようと、それは準現在化されたものとして志向的体験において、すなわち《現れ《アパレンツ》》や感覚所与や統握、そして対向などにおいて現出しており、さらにそれらの体験は再生産的に変様されてもいる。しかし私がそれらの体験のうちに入り込んで沈潜するとき、それらの体験は私の準現在化された体験として現にそこに存立するのではないのか。私が想像のなかで音の感覚所与を自由に虚構しながら準現在化するとき、私はそこで想像のなかでともに居合わせているとは言えないか。また、私はそれによって感覚所与を体験流のなかで虚構しているのではないのか。しかも、私はこの体験流に対する主観なのである。私は虚構していて、しかも「いわば」〔音を〕聞いているといったふうに虚構しているのであり、それは〔音を聞く場合にかぎられず〕あらゆる体験の場合にも同様である。

私はある別の世界へ、〔たとえば〕ケンタウロスの世界などへと自分を置き入れて想像することができる。私がその存在を想定する場合、その世界はあらゆる想起、もしくはあらゆる想起された時間の幅のもつ与えられた世界と抗争することになる。どんな想起もそこになく、その世界に矛盾するような経験の動機が存在しない場合には、その世界は空虚な可能性としてそこにある。つまり、その世界を支持するものは何もないのだ。私はこの想像の世界のなかでどのように居合わせているのだろうか。私はどのようにして、想像の体験の主観であるのだろうか。その想像の体験のなかでは、その想像の世界が、変様された感覚や統握などをとおして呈示されているのであるが。私はそのさい、私がこうした体験の主観であるかぎりで、また想像‐自我でもあるのだ。

しかし以下のことが注意されなければならない。私が想像の世界の現実的存在を想定する
299
るとき、私は一方で、与えられた現実性や現実の自我を、つまり、その廃棄しがたく与えられた体験をその顕在的な流れのなかにたずさえた絶対的に与えられた自我をもつことになる。また私は、それらの体験のなかで、それらの体験とともに構成された空間時間的な世界をもつ。それに加えて想定された想像の世界をもつわけであるが、この世界はそれはそれで、構成的な観点においてともに想定された想像の主観と想像主観的な体験とに関係づけられている。これら両者の現実性、つまり原本的《オリジナル》に与えられた、ないしは原本的《オリジナル》な与えられ方のうちに碇をおろしている現実性と想定された現実性とが、関係することになる。そしてこの関係がどのような種類のものであるかは、もちろんここにおいて、アプリオリに予描されている。その想定された世界が存在するのであれば、その世界は措定され、原本的《オリジナル》に与えられたものにおいて、（経験において）現実性にそくして基礎づけられてい

る世界から出発して、証示されうるのでなければならない。想像の空間や想定された空間は、現実的な空間に組み入れられるのでなければならない。そしていまや問われるのは、想像上の物体の現出や想像上の感覚領野やそれらに従属する、そこでともに想定されることになる想像 - 自我は、どのような具合になっていなければならないのか、ということである。〔そのさい〕以下のことは明瞭であろう。

すなわち、想像 - 空間世界のどんな想定も、私が自分自身をその世界のなかへともに措定することを要求している。一方では、私はこの世界の現出をもつ者として、その世界のうちに存在する（つまり想像された現出は一つの自我を、しかもまさしく私を要求する）。私は想像の世界のなかにいて、その世界を見つめ、それについてあれこれのアスペクトをもったりする。あるいはまた、私はこのアスペクトをもつ誰か他の人を虚構するが、そのときには、私は同時にその他者とともに想像の世界にいるのでなければならない。私はその世界にいて、一人の他者を「その世界のうちに見いだす」のであり、物体からなるその世界についての一つのアスペクトをもつ者として「彼を知覚する」のだ。

私がどんな想定もしなければ、そのとき欠けるものは、想像 - 世界や想像 - 自我の、顕在的自我およびそこに与えられた現実性に対する関係である。そこで欠けるのは、想像の世界へとこの自我を「置き入れる」ことであり、したがって、想定された自我と原本的《オリジナル》に措定された自我との同一化である。

もちろん、それをめぐる一定の同一化はそこにある。そしてそこには大きな困難が横たわっている。私は想像する。私はそこにいて、想像作用をもち、その想像において「現出する」のは、想像対象性である。いま私にとって巨大な中国人たちがいて、彼らの足元に
300 は美しい小人やごく小さな木々がある。それらは、私、すなわち現実の私に、まさしく想像というあり方で対峙しているが、それは、私がまさしく自分自身を観察という圏域にまで引き込むときである。もし私がそれをしない場合は、どうであろうか。

この同一化を観察するのが困難であるのは、私が私の自我に一度そうするよう働きかけていたとしたら、その自我は不断に観察のうちにとどまることになり、「そうすることで」経験的自我を想像の世界に置き入れることも容易に行なわれることになるからである。しかし、私が想像することに没頭する場合、たとえばいま強い関心をもって、戦争の時代におけるドイツ船とイギリス人たちとの戦いを虚構するとき、私は想像の対象物や出来事のアスペクトを頭に浮かべるが、これらが方位づけの点を遡及してはいても、いわばそこに私自身が居合わせるのを見いだすわけではない。決して必然的でないのは、私が私を置き入れること、私が私の現実的な身体および私の自我をともに居合わせるようにすることである。とはいっても、私は想像のなかで期待に満ちあふれ、興奮し、船の戦いという激

しい出来事に揺さぶられているのではないのか。そしてその想像のアスペクトはその主観および自我を要求してはいまいか。まさしくその自我の《ここ》から眺め、明示化し、あれこれをそのつど見て取りつつ、認識しつつ、価値づけつつあるといった与えられ方における自我‐身体をともなう、そのような自我を要求しているのではないのか。そしてこれらのすべては「たんなる想像」としてそうあるのだろうか。そしてそこで補足されたのは、まさに私の自我なのではないのか。もっとも、私の自我といってもそれは、まさしくここで筆記用の机の前に座っているような自我ではないのではあるが。私は船のなかに座って眺めていたり、船の甲板から、また岸辺から眺めたりしている。しかし私がこのように、何か特定のことを言うやいなや、私は、すぐにその困難さに気づく。

　こうしたすべてのことを私は、私の想像に付け加えて呈示した。それは想像のうちにすでにもともとあったものではなかったし、なければならないのでもなかった。私は戦いを、ともにはっきりと表象された自我‐身体なしに表象した。つまり、ともに現に存在する経験的な傍観者の主観性の意識なしに表象した。

　同様に、私がある絵画を鑑賞する場合、たとえばベックリン[8]の『聖なる森』や『ゲルマン人の進軍』などを眺める場合、私はそこに観察する主観をともに絵画に属する直観的なものとして見いだすわけではない。私は現にそこにいて、絵画の前に立つ。しかし、像のアスペクトに属する自我は、直観的に構成されているのではない。しかしその自我は〔そこで〕要求されていないのだろうか。そして芸術家によって意図された一定の気分ですら〔要求されていないのだろうか〕、聖なる場面は宗教的な気分、花の景色は喜ばしい鑑賞の気分などを〔要求していないのだろうか〕。この相関する自我が私の経験的自我であると
301 いうことは、ありえないことである。もしそうだとすれば、それはそこで描出されているゲルマン人の世界や聖なる世界にとって大きな障害、ないし見事なまでの時代錯誤などになってしまうだろう。それはまさに純然たる想像‐自我であり、規定されていない未規定の身体性や未規定の人格性をともなっており、そこで規定されているのは、ただ、観察や注意といった作用やアスペクトの所持や、芸術家によって絵画を介して惹起される気分の体験などによってである。その自我は未規定的であり、想像の客観もまた未規定的であって、一定の側面からしか規定されないのと同様であり——それが未規定的であるのは、そのより詳細な《いかに》について問いかけることができないのと同様である。そのようにして私は、絵画‐鑑賞者がどのような身体をもつのかについて問いかけることもできないのである。

私はここに、知覚《ペルツェプティフ》上の現出、ないしは現出の持続体、あるいはアスペクトをもつ。現出の（原本的で知覚的な）構成に属するのは、呈示する所与（代表象）[9]としての感覚所与と、動機づけ機能のうちにあるものとしての感覚所与である。これはキネステーゼ的感覚所与であり、特定の複合化において、また複合物の変転の特定の秩序において経過していく。

像を観察するさい私は、現実に私の眼を動かすのであり、観察する者である私は、現実にそこに存在し、反省において私自身を現実的世界の成員として把握することができる。そして反省しないときにも、やはり私固有の経験的現実存在の意識は、コギトの様相において遂行された体験ではないにしても、統覚的な体験なのである。

私（経験的に現実的な自我や、私の現実性を意識する自我である私）は、周囲の知覚の現出と同様に理念的風景の現出をもっている。私がもつすべての現出は、そこに属していようとあそこに属していようと、あらゆる瞬間において、一つの視野を形成するように一つにまとまっている。視覚上の感覚が、視覚的な感覚領野を満たしているのである。その現出に属するのはキネステーゼ的系列および感覚系列であるが、こう言ってよければ、それらはキネステーゼ的領野のなかに属しているといえる。

302 いまや風景画の現出は「〜に代わる像」であり、この機能には現出に対して構成的なものすべてが関与している。その現出は、準現在化された現出にとっての像の代表象であり、すべてのこの現出を構成するものが、像の代表像である。視覚的所与には類似した視覚的所与が相応し、キネステーゼ的所与には類似したキネステーゼ的所与が相応するのであり、他の所与も同様である。ある意味で、それ相応の仕方で、すべては「〜に代わる像」、「〜に関する類似性の代表象」である。そして現出は自我に関係づけられ、キネステーゼ的所与は、眼の運動に、描出する所与は、感覚領野および現出領野（視覚野、触覚野など）に関係づけられているので、自我と自我‐身体もまた像化のなかにともに引き込まれているのだ。まず第一に私は、現実的な自我であり、現実的世界における現実的な身体をそなえた自我であり、これらすべてが原本的《オリジナル》に与える体験のなかで構成されているのである。第二にそこに付け加わるのが、私が像の準現在化の主観であるということであり、私は私の正常な知覚現出のもとで「〜に代わる像」もまたもつのであり、すなわちそれは、知覚現出ではない知覚上の現出であって、知覚ではあっても、そのような知覚の質的な変様なのである。私がもつ現出には、私のもつ感覚領野もまた属しているのだ。第三に、像が「〜に代わる像」であるかぎり、風景は像として準現在化されているのであり、それに相関的に準現在化されているのが、一定の現出系列やこの風景の一定のアスペクトであり、感覚されたアスペクトと同じ種類の（同等のあるいは類似の）一定の感覚領野や身体をもった、そこに従属する主観である。この主観は私の自我であろうか。それは私の感覚領野や私の現出や私の顕在化などをそなえた私の身体なのであろうか。

通常の模写ではない準現在化のさい、私は想像の現出、ないし想起の現出をもつといえるが、その私は、顕在的な自我であり、経験的自我として、与えられた知覚の現実性に対して知覚にそくして構成された自我である。私が想像の現出をもつのは、いま現実に想像する体験という意味でもつのである。このことが私に属するのは、すべての私の体験の場合と同様である。想像のうちに生きつつ、私は想像の体験を対象としてもつのではなく、想像された客観に方位づけられている。そしてこの客観は想像された現出のなかで、想像されたキネステーゼ的感覚経過や感覚領野などとともに構成される。これらすべては、想像という「志向」のなかにあるのである。それがなおも「不完全」であり、なおも曖昧なままであったとしても。したがって、そこに属するのはまた、感覚領野の主観や方位づけ
303 の主観であり、その主観にとって対象が、特定の現出とともに擬似－知覚《ペルツェプティフ》的に現出するのであり、その主観がその眼を（擬似的に）動かし、対象を観察したりするのである。

想像のうちにある自我は、ここで顕在的な自我にとって、想像にそくして意識されており、この自我は模写されてではなく、再生産によって準現在化されている。

想起が問題であるとき、想起の自我は顕在的自我と同一であるが、この顕在的自我は、想起の継起をとおして、持続しつつ時間のなかで以前から存在していた自我として、遡って伸び広がっている自我である。身体は持続的に持続しつつある事物であり、感覚領野は持続的に可変的な仕方で呈示する感覚所与などによって満たされている。時間のうえで分離した現出が、いまと以前と同じ現出の意識において合致しているのと同様に、その現出の経験的主観もまた同一化され、身体の現出と身体へと関係づけられた感覚的領野や現出などもまた合致するにいたる。

最高位の主観、すなわち合致を同一化として遂行する主観は、純粋自我である（しかしそのさい、それ自身を客観とする経験的自我がふたたび土台をなすことにはならないか）。ところでたんなる想像の場合はどうなるのだろうか。想像のなかの自分の身体をもった主観は、顕在的な自我と同一といえるのか。想像‐自我が、顕在的な自我ではないといえるのは、想像上の視覚野が顕在的な視覚野（ないしは、いま現実的な、あるいはかつて存在した、あるいはそのうち存在するであろう視覚野として構成されている）のではなく、また想像された事物が、現実的な事物として意識されていないのと同じである。したがって、想像‐自我は疑似‐自我であり、自我の想像変様なのである。

私はもちろん、ある想定をすることができる。つまり、私が想像上の風景のなかにいる

304

としたら、という想定である。私は自分を、すなわち顕在的な自我を、想像へと置き入れて、本当にそこにいるように私を措定して、私があれこれの経験をしたり、見たりするというように想定することができる。私がこの部屋をここで現実として見て、措定しているのと類比的に、私は狼男などを考えてみて、想像の世界にもち込むことができたり、この机の代わりに任意の別のものを想像にもち込むことができる。そのとき私はまさしく想像の世界のうちに私（私の現実的自我）を置き入れるのであり、その想像世界は純粋な想像世界ではなく、現実と虚構の混合物である。

しかしこのことは必然的なことではない。私は自分をたしかに背景において現実として意識しているのであり、想像は想像する顕在的な自我なしには考えることもできないのである。こうしてつねに、一つの現実が構成され（この自然の現実ではないにしても）、一つの現実的自我〔が構成され〕、いわば想像の世界に眼を向けているのである。現実性と非現実性との結びつきがこのように構成されている。しかし想像世界は、純粋な想像世界でありうるのであり、どのような現実性の措定も混入していない場合がある。想像された世界に属する、必然的に属する主観、すなわち想像世界がそれに向けて現出すると言える主観とは、一つの自我‐虚構である。

可能的世界は、アプリオリに直観できるが、アプリオリに直観できるのは、ただ、その可能世界に属する可能的主観にとってのみである。あるいはその可能な世界がその主観の世界観の統一として当の可能な主観に属する、そのような可能な主観にとってのみである。可能な間主観的な世界とは、複数の主観の開かれた複数性の世界であり、この世界はそれらの主観に属し、それらの主観はこの世界に属する。それらの主観はこの世界のなかでその位置をもち、それらの位置から出発して世界についての見識をもったりする——間主観的世界は、言ってみれば、当然、感情移入を前提にしており、主観にとって構成された世界現出であり、各々の個別的主観にとっての間主観的世界の、いわば統一的な無限のアスペクトである。個別的主観にとって世界であるものが、つまり、他の主観に対するすべての感情移入の関係以前にあるものが、感情移入の関係が現れるやいなや、アスペクトとなるのである。

〔問われているのは〕自我 - 虚構なのだ。とはいってもこの自我 - 虚構は、顕在的な想像する自我とある種の合致をもっている。この合致について次のように言うことができよう。つまり、ここにある、私が経験するこの机に対して、想像のなかで第二の類似した机を虚構するとき、類似したものが類似したものと「合致」している。意識の統一において、類似したものと類似したものとが合致するという特有な関係へと入っていくのである。私は、それに基づいて、一方のものから他方のものへと移行することができ、比較をして、継続する合致を行なうことができるのであり、その合致において、私にとって、本来的な合致による同等のものと同等でないものとが区分されてくる。しかし〔このような〕現実存在においても、すでにある種の「合致」が存続しているのであり、同等なものそのものと同等でないものそのものとの特有な相互関係性が、固有の作用において構成されたすべての弁別や顕在化以前に成立しているのである。私は机を想像へと「置き入れ」、この机を虚構された世界で思い浮かべたり、あるいはこの同じ机をもう一度その世界において思い浮かべたりする。

305 そのようにして私は、想像世界のうちに自分を置き入れることができ、あるいは、自分を置き入れることがないとすれば、その世界のなかで類比的自我を虚構することができる。*2 私は完全に同じ自我を虚構することはできないが、たとえば同じような知覚する周囲をもち、他の遠くの周囲をもそなえているような自我を虚構することができる。私が単純に想像世界を虚構するとき、それとともに必然的に私の自我の類比体が虚構されている。ただしこれが〈その〉客観の側で起こっているのではないとされるのは、私は事物を外的に知覚することしかできず、まさしく私に「対する」ものとしてしか知覚できないからである。あるいはよりうまく言えば、事物知覚は《ここといま》《ヒック・エト・ヌンク》における主観を前提にしており、事物の想像は想像世界における主観を、想像の《ここ》と想像-方位づけなどをともなう主観を前提にしているのである。したがって、合致にもかかわらず、想像主観は顕在的主観ではない。私は、想像しつつ、たしかにすべての想像上見えているものに、ある意味で居合わせているといえる。しかしそれがそういえるのは、私が類似したものの類似したものに対する合致関係性にしたがって、想像されたもの（ないしは想起されたもの）を見るときに、私の眼を感じ、想像の風景のなかを歩きまわるさいに私の足や身体などを感じる、といったようにしてだけなのである。

したがって、このことは正確に熟慮されるべきことである。私は、いまいったように事象を描写することが許されるのか、あるいはここではむしろ、やはり顕在性をもつ経験的自我がつねに構成されている以上、この経験的自我がつねに想像－自我として作動するのでなければならないとされるべきではないのか。

私がまったく想像の現実存在へと没頭しているとすれば、関係項としてともに想像されていた自我は、対象的ではなく、注意されてもいない。しかしそれが私によって置き入れられた自我であるとしても、その自我はいずれにしても本質的に変様しており、そのように変様し虚構されたものとしてある。あるいはまた、私がこのインクスタンドに岩のかけらが落ちて壊れてしまったり、歪んでしまったりすることを表象してみるとき、それは一つの虚構である。ただしそれは変様であって、現実的なものの虚構された変化ではあるの

306 だが。となれば、想像‐自我は私の現実的な経験的自我の虚構的変様であることになろう。とはいっても、どのような変様なのだろうか。しかし、それは思考された変化や因果的な変転などではない。たしかに私が考えることができるのは、私が田舎に出かけていって〔知らずに〕、恐竜のいる風景に入り込むといったことだ。それは、この風景が、この現実の世界の統一のなかに組み入れられていることでそうなるのだ。同じように私が考えることができるのは、自分を特定の仕方で変化させることであり、私がもつことのない、ほとんど決して身につけることのないような才能や性格上の資質などを仮定してみることである。しかし私に向かって想像世界がふいに飛びこんでくるときには、その世界は、現に与えられている世界とのいかなる実在的な結合も想定される必要はない。

　したがって、それによって私は、本来、二様の自我をもつことになろう。それは、現実的な自我と別の自我、つまり可能な想像‐自我であるが（可能というのは、まさにたんなる表象可能性という意味であって、実在的に可能であるものや、その可能性において与えられたものによって動機づけられたもの、したがって換金ないし現金化できるものという意味なのではない）、これは現実的な自我ではなく、ただ類比体である、と言えようか。

　同じように、私が現実の世界のうちにとどまり、外国の国々を表象するとき、たとえばそれらの国々についての描かれていることにそくして表象したり、あるいは世界中の地学的風景を思い描いたりして、あるいは火星の上ではどのようになっているのだろうかなど、まざまざと思い描いたりするときにも、私が、すなわち現実的な自我がここにいる。この世界のなかの現在の風景、あるいは過ぎ去った、推測された、ないし虚構された風景の「外見」は、本質的に、擬似的に知覚する自我へと関係づけられてはいるが、事実上、ここに座っている私に関係づけられているのではない。となれば、自我の複数性を、すなわち現実的自我に対して多様に「他の」複数の自我を表象するためには、想像で十分であるということになるのだろうか。

ここで表象される自我は、私の顕在的な、したがって自己知覚された自我の鏡像であり、身体性と精神性とが「内側から」見られていて、「外側から」見られているのではない。これはどういうことだろうか。

「自己知覚」において私に原本的《オリジナル》に与えられているのは一つの自我のみである。知覚されているのは私の物(的身)体である。この物(的身)体の知覚という基盤のうえに、自我身体（私の身体）の知覚としての身体知覚が形成されている。この物体身体に関係づけられた感覚領野は、原本的に与えられており、そして原本的に与えられていると言えるのは、これらの領野のこの物(的身)体への関係であり、触覚領野の物(的身)体の部位、すなわち、それらの部位を身体部位にしているすべてのものへの局在化である。なお原本的に与えられているのは、キネステーゼ的状況のもとでの現出の所持であり、現出所与性を顕在化することであり、現出する対象を価値評価することなどである。
また原本的《オリジナル》に与えられているのは、自己であり、自我であり、その自我に属するすべてのもの、すなわち私の身体や私の感覚領野、私の運動や私の行動、私の現出などである。原本的に与えられているのは、《ここといま》で
307
ある。原本的に与えられているのは、私の《たったいま》、唯一の原本的な《継続すること》、持続することであり、私の未来地平および過去地平である。自己想起において、根源的な仕方で私に「再現されている」のは、再準現在化されたものとしての私の過去であり、その過去は自己知覚の変様として、またその地平をともなういまの再準現在化として与えられている。そして自己知覚を原本的なものにしていたすべてのものは、ここで、再生産的な変様において、措定的な仕方で再現されている。その現出は想起の現出であり、その今は顕在的に流れる今への相対的関係における想起の今であり、以前に存在したものとして性格づけられる、などである。
虚構のうちで、私たちが現実性の措定の混入がない純粋な虚構を仮定した場合、すべては質的に変様されている。しかしその性格は、その他の本質からすれば、同じものである。質的な変様が変様されていない措定へと変化するやいなや、私は現実的な自己の存続体や

現実的自我、そしてその自我のものであるものの存続体をもつことになる。どの直接的な直観的な所与性も、自我にとっての、すなわちそれ自身、再度、直観的に措定可能な自我にとっての何らかのものの所与性なのである。自我はありとあらゆるものを措定することができ、自我が何を措定しようとも、自我は自分自身を措定しうるように、自分自身を与えているのである。自我が何を措定しようとも、それは《いかに》において与えられ、直観的に与えられ、思考されている、などとなっている。そしてこの《いかに》において与えられているものは、私のものということであり、自我にとって固有のものとして、自我の主観的なものとして自我であるものなのである。

出発点を私は絶対的に与えられた自我にとらなければならず、まさしく、私が「自我」と言うときに私が表現する「自我」に出発点をとらなければならない。私は感覚領野や現出などを見いだしている。私はそれらを私のものとして見いだし、自分をそれらの主観として、また「私の」身体の主観として見いだしている。そして私が、想起あるいは予期として遂行するどの直接的な措定も、私自身による潜在的な持続の措定である。私が直観するものすべては、私によって直観されたものであり、私が思考するものすべては、私によって思考されたものであり、そしてそれが直観的に呈示されるがままに、この事物やその与えられ方の《いかに》における対象的なものは、私のものであり、私の主観性の領野に

属する。そして同様であるのは、思考されたもの、価値評価されたもの、意志されたもの
そのものである。もう一つ別の自我、およびそのような自我の可能性について、私はさし
308 あたり何も知っていない。

したがって私はたしかに、虚構において、すなわち任意の存在の虚構において、また任意の対象性を虚構する想像（直観的表象）において、ともに居合わせている必然的主観としての虚構された自我を、必然的にもつのであり、客観はこの主観としての自我にとっての客観であり、この主観にとってそれらの客観は、あれこれの仕方で現出したりするのである。しかしこの虚構された自我は、いわば第二の自我ではない。というのも措定の質的変様が措定そのものへと変化することは、虚構された自我を虚構する自我、すなわち顕在的自我へと移行させることなのであり、そのとき、虚構は想起（後の想起、あるいは先立つ想起）になるのである。このことは、たんなる想像を私たちは、端的な質的変様と考えてきた、と理解すべきなのだ。したがって、正確に相応する想定や措定もまたそうしたものと考えてきたということだ。

私にとって絶対的に与えられる私は、いったいどのようにして、もう一つ別の自我を表象することができ、それによって、どのようにして私はもう一つ別の自我を与えられたものとしてもつのだろうか。この自我は本質的に〔私の与えられ方とは〕別の仕方で生起す

るのでなければならない。絶対的に与えられている主観性の領分と、絶対的に与えられた主観性のなかで証示される主観性についての思考のあり方の領分（私の過去についての思考のような）とが、唯一の領分ではありえない。しかし私に与えられているもののすべては、私にある仕方で与えられており、そしてどの与えられたものも、《〜について》の現出、《〜について》の思考などとしてのその与えられ方において、私の絶対的主観性に属しているのだから、私は、私の可能な主観的経験領野において、私ではなく、私ではないと性格づけられてはいても、やはり主観ではあるようなもろもろの主観についての現出や表象をも見いだしうるのでなければならない。あるいはより明確にいえば、私の表象のうちで、私はある自我を表象することができるのでなければならず、この自我は、その客観性が以下のことのうちに成立することによって、客観として性格づけられるような自我である。つまり、客観に対する自我であること、またその主観的領分をもつが、それは私の主観的領分ではない主観的領分なのであって、ちょうどこの自我が私の自己、すなわち私によって直接見いだされうる、措定されうる自己ではないのと同様である。

これはどのような表象の仕方といえるのだろうか。それは像表象だろうか、類比的な表象なのだろうか。

私たちはいったんさまざまな像表象、木製の版画と木や葉を描写する絵画を考察してみ

309

よう。前者の場合に私は、現実として私に対峙する知覚対象をもち、その知覚対象は、その形式において別の対象の形式を像化している。私たちはもっともな理由で、〔立体的な〕胸像ではなく、たとえば葉や花などの模像を取りあげる。絵画の場合には、私は事物の知覚的な現出をもつが、この現出は形式要素としては、現実に与えられている事物のうちに共通なものをもたないような現出である。

以上のことと他者《フレムト》の手や他者の身体とを比較してみよう。どうしてその手は「私の」手ではないのだろうか。私の手は物(的身)体として現出しているだけでなく、その手の上には触覚面が根源的に局在化されている。すなわち、原本的《オリジナル》に与えられ、原本的な「私の」触覚面である。他者の手は物(的身)体として外的に原本的に与えられている。この手の上にも触覚面(よりよくいえば、触覚野)が局在化されている。しかし「私の」原本的に与えられた触覚野はすでに意のままにされているといえる。本質的にいって、その領野は、多面的に局在化されることはできない。「他者《フレムト》の」手の上に置かれた触覚面は、私のものではなく、私のものである(私の原本的な主観性に属する)原本的に与えられた触覚野の断片ではない。そうではなく、付け加えて覚知[10]されているというべきであろうか。

いまここで問われるのは、それはどのような覚知であるのか、という問いである。私が私の手を見るとき、私はその手との特有な現象学的な統一のなかで、その当の触覚野(全体的な原本的《オリジナル》に与えられた触覚野の部分〕との合致を見いだす。私が他者の手を見るとき――私はそこに触覚野の断片、この〔私の触覚野と〕同じ断片を見いだすだろうか。そこではさしあたり次のように言うべきだろう。すなわち、私の手の位置に応じて、また手の使い方、つまり手を開いたり閉じたりするなどに応じて、その触覚野〔「右手の触覚野」〕は、その一般的形式を損なうことはないが、別様に満たされるのであり、このことは、一定の従属し、変転するキネステーゼ的複合体に関係していて、運動する手の分肢とその他者の身体に対するそれらの位置に従属している。私はこの点にそくしてどんな変化も表象することができるのであり、一般的にいって、再生産という内的な規定性が欠ける場合にも表象できる。私は可能な位置と可能な触覚野についての「経験表象」をもっていて、これらすべてはこの同じ手に属している。

いまや、この〔その動機をもつ〕もろもろの経験可能性の領国から、一つの可能性が実在化される。私の手を私は、その位置や機能的な形式において見つめる。この手にはその当の触覚野が属している。見られた手の物(的身)体と原本的《オリジナル》に与えられた触覚野とが一つの「経験統一」をもっており、そして、手を見ることなしに触覚野を与えるとすると、そのとき私は、視覚的な手の表象を補足し、そうした表象を特定の位置と機能において、まさしくその手に属するものとして補足する。このことから、手の物(的身)体と身体物体はある種の知覚を許容するのであり、この知覚を他の物(的身)体が許容することはない。身体は、感覚的所与などについての原本的な知覚所与性によってともに知覚されてありうる。もちろん、触覚野と見られた身体であるはずの物(的身)体とが一つであることは、「経験統一」でしかありえない。したがって私たちはここで統覚の統一をもっているのであり、そこでは統一化されたものが現出するものであり、(原本的に与えられた)触覚野である。そして私が他者《フレムト》の手を見るとき、触覚野(私の触覚野)はその手に属することはありえないし、私の原本的に与えられたものや私の身体に対して知覚にそくして割り当てられたものは、何ものもそこには属しえない。私は私の触覚野をたしかに再生産的に与えられたものとしてもつことができるが、それはもろもろの想起の形式、あるいは私の身体(私の物体)への関係をもった動機づけられた可能性の形式においてでしかない。しかしいまや物(的身)体と触覚野との経験統一の類型は、見られた手の物(的身)体が触覚野をともに措定することを要求することになる。現にそこにあるのは構成された経験統一である。[*3] あるいはそれは、統一的な統覚という体験である。経験統一ＡＢが構成されているならば、Ａの種のどのA_0も、Ｂの種のB_0を要求する、という本質規則がある。この規則はここで適用できるであろうか。そしてどの程度適用できるだろうか。

手は私の全体の物(的身)体の分肢である。手の触覚野は全体的な触覚野の部分である。

311

手のキネステーゼ的なグループは、全体的なキネステーゼ的グループの部分である。自由に動かせるものとしての手は、自由に動かせる全体の物(的身)体と身体の一部である。これらすべては経験の統一のうちで要求されているものだ。ここで私たちが他者《フレムト》の手を類比的な関連のうちで、さしあたり類比的な身体物体性の関連のうちにもつとすると、その手はその触覚野を要求することになり、その触覚野は、残りの部分によって物(的身)体性に相応するように要求される包括する触覚野を要求し、そこから出発してさらに、すべてのより広範な、物(的身)体から「心」へと進展する要求に応じるものとなる。

見られた身体物体は感覚野の現在を要求する。その現在とはしかし、私の身体物体の場合のような体験の現在ではない。体験はここでは覚知としてともに措定されているのであり、私の体験なのではない。

措定された体験は、私の体験ではありえない。ということは、私の体験は原本的《オリジナル》に与えられていて、まさに本当の私の体験であり、私にとって根源的に固有のものである。それらの体験が直観的で本来的な客観であり、私がその体験に向きあいつつ直観しているとすれば、それらの体験は原本的なものであり、私の体験として与えられている。他者《フレムト》の身体に付け加わっている、ともに覚知された体験は、たしかに直観的に表象可能であるが、原則的に、原本的なものにおいて与えられてはおらず、また、原則的に知覚的ではない（さもなければそれらの体験は、私の身体に属することになろう)。

この表象(場合によっては曖昧で、空虚でさえありうる)は像の表象なのだろうか。私は他者の体験《フレムト》を私の体験において類比している、ないし像化しているのだろうか。私は私の体験を、私の身体の代わりにもう一つ別の身体の中に置き入れているのだろうか。〔しかし〕こういったことが語られているのではまったくない。私が像化するものは、直接に措定する表象をとおして、さらには知覚をとおして引き換えられてしまう。そういったことは、ここでは不可能なのである。このような了解する統握は、直接的な統握、すなわち「現在でないような現在」の直接的把握であり、外的知覚によって動機づけられている。もちろん、私は視覚野、触覚野などを直観することができ、これらすべての可能な形式を直観できるのは、私自身が視覚野、触覚野を体験し、あるいは体験したことによってのみなのである。そして私がそれらの領野を変様することができ、その可能性を把握することができるのは、それらに関する経験の類型にしたがってのみであり、それはちょうど、私が事物を思い描くことができるのは、私がかつてすでに経験したその形式にしたがって、つまりそれらの事物のもっとも一般的な類型にしたがってのみであることと同様である。私は感性的なもろもろの質を、それらの最高次の類にしたがって作り上げたりすることはできないのであり、それは私が新たな感覚を作り上げることができないのと同様である。

しかしやはりまったく別様にあるのが類比的な像化する表象作用である。すべての表象作用は、要素の類似性や結合形式の類似性にしたがっており、これら両者はともに類へと遡っている。しかしだからといって任意の表象作用が、類比化するわけではない。類比体をなすことや何かを像化することは、ある固有の意識である。私がそこでたえず感覚領野をもっており、満たされてもっているので、私は私の顕在的な感覚領野を活発にすることなしには、感覚領野を表象することができない。ある種の合致、重なり合いが生じる。私が他者《フレムト》の手を見ると、私は私の手を感じ、他の手が動くと、私は私の手を動かしたくなって 312 ムズムズしてしまったりする。しかし私は、私のうちで経験されたことを他の身体へと置き入れるのではない、それは像化の形式においてでもなければ、他の形式においてでもない。*4

完全に考え抜かれていない論述の推敲

たんなる想像主観を私は、私の現実的自我に対して同じ主観と呼ぶことはできないが、しかしまたことなる自我と呼ぶこともできない。私が想像する事物について、たとえば想像上の机について、その机がこの現実の机と同じものか、あるいは別のものか言うことができないことと同様である。注意すべきこととして、現実への関係を欠いた純粋な想像が問題である場合もあることだ。私が一つの措定を遂行する場合に初めて、それがたんに仮説的な措定であれ、またたんなる想定であれ、事情は別様となる。

純粋な想像主観としての想像上の主観の可能性は、空虚な可能性、たんなる直観可能性である。それは所与性によって動機づけられている実在的な可能性ではない。

私がある物(的身)体を想定し(それを自由に虚構し)、その物(的身)体が実存するとするとき、この想定の可能な妥当に属するのは、現実的な経験の形式における所与性との結合である。それによって私が到達しているのは、その物(的身)体が私にとって知覚可能なものとして一つの同じ空間のうちに実存しているはずであり、その空間のうちに私が実存し、私がそこへとまなざしを向けている、ということである。

私が想像‐自我を想定し、したがってその自我の現実性を証示可能なものと考えるとき、私が必然的に思い当たるのは、想像‐自我に属する世界は私の世界であること、ただし別の方位づけにおいて、いずれにしても私の知覚可能性における世界であることだ。しかしどのようにして、この自我がこの世界の相関者として自由に想像されている自我であることを証示できることになるのだろうか。それが証示できるのは、(一)この自我が想定する自我と同じ自我である場合であり、私が、つまり自分自身を知覚する者がまさしく、私がそこへと置き入れられていると考える場合であり、あるいは、私がそれをかつて体験した（想起）か、あるいは体験することになる（予期、そこへと動いていくという形式における）か、あるいはなおも体験しうる、と考える場合、つまり空間における、および空間世界における私の位置を変転させるように動機づけられた可能性を考える場合である。

313 （二）このような場合には、想定された自我は現実的な自我と同一で同じものである。このとき、はたしてどのような可能性がほかに残っているのであろうか。やはりただ「感情移入」と「類比化する措定」の可能性だけである。

手が手としての統握を動機づけるのは、その手が、特有の方位づけにおけるゼロ点の周りに与えられている私の身体の分肢として統覚されている場合だけではないのか。たしかにそうであろう。したがって私は端的に私の手と他者《フレムト》の手とを、まるでそれらが別個の事物であるかのように比較してはならないし、そこで一方の手が〈ある〉感覚領野とともに統覚されているので、他方の手もそのように統覚される、と言ってはならない。私は私の手を私の身体の関連において見いだし、他の手は類似した物（的身）体の関連において見いだされなければならないが、この物（的身）体がふたたび必然的に、身体として表象できるためには、ゼロの現出様式を要求することになる。そしてここにこうして困難が始まることになる。感情移入の固有性はまさしくこの点にかかっているからである。いったい私は「外的な」事物に、ゼロ現出という形式をどのようにもたらすのであろうか。

279 ## 二〇　想起・予期・感情移入

こうしたこと〔他我認識〕がすでに見てとれるのは、意識が理解可能な仕方で、理性的な動機づけにしたがって超越に到達することができるということにおいてであり、その超越は、意識がある連関において動機づけられつつ、その連関そのもののうちに閉じ込められてはいないような意識を予料することのうちで到達される。それは、つまり私の自我の普遍的な意識連関の内部での、いわゆる恒常的な能作であって、私はたんに意識をもち、つねに新たに体験するだけではなく、また現在の生において過去の生の自分を想起するだけでもなく、いままでの生が恒常的な（未来）予持においても、また間接的な先予期においても、未来の生の道筋を理性的に（「根拠」をもって）予描している、ということなのである。あらゆる確証は同時に、新たなあるいはことなった予描を強化することなのである。したがって、ある意識は他の意識の志向的客観であり、この意識が先取りして把握された現実性は、予料する意識にとってのたんなる出来事ではなく、その予料された意識は新たな絶対的な現実性なのであって、これはそこでこの現実性が超越しつつ措定されていた現実性と同様に、絶対的な現実性なのである。

いまやこれらすべてはもちろん、次のような超越に該当する。すなわち意識体験や意識措定が、普遍的な自我の意識流（しかし私たちはそのような超越の働きをとおしてしか、この意識流についての絶対的な知をもつことはできない）の枠内で行使しうるような超越である。

しかしモナド的な、したがって普遍的に捉えられた意識の本質には、以下のことが属している。すなわち意識はまた、理性による推測的な措定という形式において、他のモナドの意識に関して超越を行使することもできるということ、あるいは自我はたんに自分の生を内省できるだけでなく、また、自分の生に志向的に属しつつ、この志向性において自分の生にだけ拘束されているものを把握することができるだけでなく、自我は他の生や他の自我を、したがってまたこの自我をも内省することができるということである。ただしこの場合、間接的に、自分の内的な動機づけによって媒介されてではあるが。

自然を経験する自然な自我の能作についての現象学的な解明――この自我にとって他の自我がそこにいない、あるいは考慮に入れられないかぎりで――、すなわちこの自我にとっての自然の恒常的現実存在に方向づけられた解明、あるいは、主観的に自由に意のままにできる志向的関連についての本質研究、つまりそれによって、私にとって素朴な自然な態度において物理的な自然が、原本的《オリジナル》に現実存在する現実性となるような意のままになる志向的関連の本質研究、これらが私に教えてくれることは次のことである。つまりこの存
280 在する、真に存在する自然は呈示する現出の「統一」にほかならないこと、そしてこの統一は、もろもろの知覚体験の無限へと開かれた多様性の統一であり、あれこれの事物についてのパースペクティヴ的な射映をそなえた統一として、開かれた理性の推測（現実的、あるいは仮説的に設立される予期）とともに与えられていることである。また、この推測というのは、もし私が自分でできるとおりに活動的に経験することで、私にとってそのつど、現出そのものを予描するような可能な方向にそくしてさらに前進していくとすれば、そこでさらに進展する斉一的な同一化を遂行することができ、その同一化において、私にとって同一の事物、同一の自然が与えられ、内容上、その内実がさらに充実されつづけて与えられるだろう、とする推測である。私がそのとき見ているのは、すべての自然のもの、そして自然そのものが本質的に絶対的な存在ではなく、認識する者が絶対的に所持し、包括することのできない、一つの理念であることである。そしてそれは、可能な斉一的経験の、自由に意のままにできる一つの宇宙という相関的な理念に関係づけられていることで

ある。この後者の理念は、必然的な推測的思念性、すなわち開かれた未規定性をそなえた志向的なXという本質に関係づけられている。つまりそのような推測的な思念性の体系的な宇宙という可能な理念として、その本質に関係づけられているのだ。また、この思念性とは、その実在化する経過のすべての体系的な方向性にしたがって、そこで真の自然とされなければならないような真の存在の無限性を、従属的な内容的規定とともに作り上げるような思念性である。そのような無限の理念は、理性的動機づけによる形成物ではあっても、必然的な主観的形成物であるといえる。この形成物はまさしく理念の客観性をもっており、この理念の客観性は、恣意的に、空虚に正当化されない仕方で思念されているものではなく、その理念的な真理、すなわちその理念的な存在をもっているのである。しかしこの理念は、理念を動機づける根拠から分離することはできず、次のような経験から分離することはできない。つまりそれは、顕在的な経験としてではなく、「可能な」経験としてもまた、当該の自我への結びつきをもつような経験であるが、それがそうあるのは、何らかの現実的な経験においてのみ（ちょうどいままさに検討されている特定の事物についての経験においてではないにせよ）、すべての可能な経験が、自然な現実性にとって構成的であるような「実在的」可能性をもつ、というかぎりにおいてである。

認識する者はしたがって、その人がたんなる自然を経験しているさいには、ある意味で、自分自身のもとにとどまっていると言えるのであり、その人は自然を、その人〔に属する〕現出の統一として措定する。これらの現出は、ただそれらが事実としてその人の現出であるがままに（その人の現実的な、あるいは実在的な可能性として）、それらの現出に志向的に帰属している理念に関する理性的動機づけをともなっていると言えるのである。

しかしいまや、認識する者である私に属するのは、固有の身体という何かであり、この固有の身体は、事実として私に属し、またそれによって純粋な可能性として、どのように変様した自我であれ、その可能な認識者としての私に属する。このことが感情移入や志向性の可能性を根拠づけるのであって、他者《フレムト》の身体、他の現実に存在する身体は、感情移入する経験がその意味をとおして指示するような仕方で、他の主観の身体として証示されるのである。

281 素朴に言えば、私は私の身体を目の前にしていて、他の身体を、そして動物や人間を目の前にしている。私はそれらの身体を経験している。私が現象学的還元においてそうしたもろもろの仕方、すなわち斉一的な経験の進行において経験に与えられるような、これらの経験や自己確証といった意味付与や能作を探究し、たんに事実においてでなく、純粋な本質に向かう態度において探究するとき、まずもって次のことが要求される。つまり、私は純粋意識において意味付与を行なっており、その意味付与は、私がすべての感情移入以前にもっている自然の意味から必然的に形成されているのでなければならない。またその意味付与は、可能性として考慮に入れられている事実をとおして、すなわち事物がそこで、私固有の身体と同じような類型をして私に対して現れてきて、いまや身体として、しかも他の主観の身体として統覚される、という事実をとおして形成されるのである。この統覚をその純粋な閉鎖性において動機づけているもの、ないしその統覚がそれ自身において意味内実にそくして、また確証する理性の形式を推測できるような動機づけ連関にそくしてもっているものを明瞭にすること、このことこそ、感情移入の現象学の課題である。しかしこの現象学が示すことは、「固有の身体性」の現象学という側面によって明瞭にされた、私の身体物体と私の意識生の多様性との志向的な結合が、他なる《フレムト》身体の類比化する統覚のさいにも、他なる《フレムト》主観性をともに措定することを理性にそくして要求する、ということとなのである。

439
二一　内在・超越・感情移入

私たちは様相について論じた。

原本的《オリジナル》な領分において。身体と外的事物、その触発性と能動性における自我。私の自我が経験し、この自我の知覚領分のなかに客観が現れ、それらが自我を触発し、刺激を発して注意をうながし、自我は対向し、気に入ったものが覚起されたりする。事物のいわば美的に作用する触発のおかげで覚起されるのであり、あるいは、事物のとりわけ美しい外見
440 が想起されるが、その外見は、直接的な対向をとおしてもたれているのではない場合もある。たとえばある山の外見について、その山の眺めの想起が、その山の頂上に登ることを促すといった場合である。こうしたことは、このように、たしかに活動を要求するのである。事物を作りかえる活動も同様である。したがって、自我が行使し、行ないうる、非常にさまざまなすべての活動や関心の方向が、原本的《オリジナル》な経験の範囲に入れられるのであり、すべての特殊な自我的なものがそうなのである。

　価値づけし、意志する自我作用は、確信とその様相の違いや類比的な違いをも示している。価値づけする確信や、価値づけつつ懐疑的になること、また価値づけつつ抹消するこ

と。意志の確実性や決心した意志作用、意志作用において懐疑的になることや決断する気になること、つまりそう決断したほうがよさそうだといったこと、またその意志を撤回すること。

措定的作用、措定的意識と中立的意識。想像の領土の全体がここに属する。意識のなかへと入り込んで想像すること、そのなかで自分を失うこと。夢を見ること、まるで作用を遂行しているかのようであるが、夢を見ていて、想像のなかに生きているのだ。ここで問題となっているのは準現在化であって、想起や予期などの措定的なものではない。というのも想起や予期においては、準現在化されたものは、存在するという様相、あるいは存在様相において、蓋然的だったり、疑わしかったり、無効であるとして与えられているからである。しかしここ想像の領土においては、そうではなく、すべての確信様相が登場しても、それらの様相すべてに深く介入して変様させるような、《まるで〜かのように》という仕方において、登場するのである。措定性と中立性には、同じような仕方で空虚意識が属している。想像の準現在化には二重の反省がある。そこにはその想像知覚などをともなった想像自我、すなわち《まるで〜かのように》の自我が存在し、この自我は私の過ぎ去った自我ではなく、私の想像にそくして変様された自我である。

知覚にそくしたものもまた、中立化され、措定性という様相から、想像ないし中立性という様相へと高めることができる。それは私がある知覚にそくしたものにおいて、もう一つ別のものを像化するすなわち、そこで知覚されたものを、確信、あるいは確信の様相において、すなわち存在のあり方において遂行するのではなく、それを芸術の想像画像のように取り扱うのである。現在のものとして現出するものは、ここでは無に等しいのだが、そんなことは私にとってどうでもよく、何ものかを、まるでそれが存在するかのように現出させているのであり、これが知覚的な想像なのである。意図的な中立変様[11]。現実的なものがまるで存在しないかのように、画像のように、風景の美的な観察におけるようなものとして。したがってそれはすべての意識をつらぬいているような変様である。反復可能性。想像のなかで自己を失うこと、本来的に想像すること。態度の変更、すなわち私は意識しており、私の現在の領分を意識している。

態度を変更すること、そして（もっとも広い意味での）直観的な想像から、存在するものを取り出すこと、つまり表象可能性、すなわち特別な意味での可能性。可能であるのは、存在か非存在かについて問うことなしに、すなわち現実的に措定的な態度決定なしに、表象することができるものである。*5

441
原本的《オリジナル》領分は、極としての自我、すなわちこの自我に対して存在するすべての対象に対する対立極を含み、これらの対象はくり返し同一化可能で証示可能なものとしてある。しかしこの自我は、対象がそのようなものではないのと同じように、空虚な極、すなわち同一性の点などではない。対象は同一的であるが、しかし同一的な規定による同一的なものなのである。自我は同一的であるが、しかしそこにとどまり続ける態度決定という同一性であり、習慣性である。もちろんその決断について自我は変化することもあり、こうした決断が一定期間、自我にとって妥当し続け、自我自身を規定している。しかし自我のすべての行動において、またその行動においてこそ、自我がその習慣性の変転のうちで自分の様式をもち、とどまり続ける性格を保つということの本質がある。

さてここで内在と超越との区別〔が問題になる〕。自我にとって二重の存在領分が構成されている。〔一方では〕その体験の領分、その体験流の領分であり、それは特別な意味で内在的な時間領分であり、私の生の流れの時間である。他方、超越的統一が構成されており、超越的世界と、同じように超越するものである人格性としての自我そのものとが構成されている。どの経験的客観にあっても、私たちは経験されたものと経験の統一とを区別しており、知覚することにおいて知覚されたものそのもの、たとえば事物と、与えられた瞬間に主観的に与えられたものとの区別である。

超越しているのが対象であり、対象は時間対象として、次のように知覚されている。対象は一つの側面からだけ、その構成的な規定のうちの一つの部分からだけ、本来的に知覚されている。あるいは等価なことと言えるが、先取りする志向と充実との切り離しえない絡み合いがその知覚に属するとき、その絡み合いがつねに有体的に与えられたものとして、本来的に与えられているより以上のものを措定するような、まさに予料によって措定されているというように、知覚されている。したがって超越的な所与性は、どこまでもさらに可能な充実、あるいは以前は可能であった充実を指し示している。[12]

二重の存在領分と私は述べた。すべての超越的な存在は、瞬間ごとにその内在的な与えられ方をもち、したがってどのいまにおいても内在的与えられ方をもつ。すべてが内在の統一、つまり主観性の具体的な生の統一のなかに組み込まれており、すべての内在的なものは、そこにその位置をもつのであり、すなわち現在と内在的な過去のうちにもつのであって、この内在的過去は、現在の順序として、その確固とした時間的順序をもつのである。超越的な対象とは内在のうちに現出する、措定された対象であり、場合によっては空虚に前もって思念され、のちに知覚に至ることになるが、そのさいそれそのものが現出するという様相においてではあっても、つねに推測的な対象であることになる。原本的《オリジナル》な領分において、私たちは「物体的世界」や「固有の身体と外的実在性」といった標題のもとで、超越的な、たえず知覚されてはいても、推測された世界をもつ。この世界の固有性とは、どの推測もここでふたたび原本的《オリジナル》な知覚において充実に至るということである。事物であるものすべては、知覚されていないかぎり、知覚可能であるし、かつて知覚可能であったのである。すべての事物は可能な知覚の対象である。それらの事物は、そのようなものとして知覚システムの相関者なのであり、それらの知覚システムの相関者は、内在の関連においていて、それ自身、あるときは現実的に登場したり、あるときは登場したものによって動

442

機づけられたりしている。また、偶然、経験のうちに入り込んでくる新たなものも、以前の原創設に由来する動機から現出するものである。〔ここで〕感覚所与の経過とすでにその統握を、私がそれらをもつのと同じように備えている自我について考えてみよう。すべてが、私の普遍的経験がそうあるように調和している、したがって私の内在的に流れ去っていく生の内部で調和している、とするのである。そのとき明らかなことは、すべてがこの現出する世界を現実のものとして措定するように私を強制する、すなわちそのように充実していることである。私はせいぜいおのおのの態度決定を差し控えることができるだけだが、このことを私はその内在に対しても行なうことができる。他方、明らかなことは、私にとってのこの世界のこの存在が、純粋にこの生そのものの内実のうちに含まれているということであり、この存在はこの生の主観としての私から切り離しえない、ということである。私が疑うことができないのは、首尾一貫してそのように経験し、そこで経験されたものをいつも確証していることである。そのとき、この経験されたものは経験すること

そのものから切り離しえない。

世界は志向的な対象性の理念であるが、この対象性は、経験する自我のこれまでの斉一的な経験においてたえず確証されてきたものであり、この自我が自由に支配する経験において、〔必要があれば、〕その経験を他の方向に向けたり、他の規定で示したり、再度、確証したりする対象性であり、また、未来に確証され、私がどのような経験の方向を取ろうとも確証されるだろうような対象性である。しかし世界は、推測的な確信を以下のことのうちにもつ。すなわちその確信は未来の経験の歩みを先取りし、その歩みが斉一的なものであり続けるだろうことを前提にしており、過去を振り返ると——それがどうであったにせよ——その歩みはそうあったということである。これはしかし、一つの推測であって、決して必然的ではない。しかし、その推測がいつか幻滅させられるだろうということを支持するものは何もないし、いままでの経験の歩みは、そのどの位相にもこの形式的に同等な推測が属しており、その歩みは、この推測がそれ自身、つねに推測として確証されるように進行してきたのである。こうして私は、世界が存在するということを、推測的に確信し、——ちょうど私が生きているそのままに生きているかぎりで確信している。この第一の確信、すなわち私は存在し、私は生きているという確信は絶対的に抹消できない。

第二の超越、すなわち本来的な超越。主観性の本来的な存在は、原本的《オリジナル》な経験の流れる内在的主観性において推測的に措定された世界とともに、踏み越えられることはない。たんに、その固有の生のある一定の様式が推測的に予描されているだけである。純粋な主観性は、それそのものにとって絶対的であり、この主観性には、すべての原本的に経験されたものや、まさしく原本的な経験をとおして充実されうるものという性格をもつかぎりで推測的なものまでもが、属している。しかし感情移入は、この原本的な領分をも超えていき、他の自我および他の原本的な経験へと至り、したがって固有の自我やその内在、および原本的段階の志向的なものを超越するのである。この真の、真正な超越はどのようにして可能か。そして私の世界はどのようにして、この世界そのものが真性の超越的な、主観どうしのあいだの世界となるような新たな意味を受け取るようになるのか。

337

二二　モナド間の時間の構成

内的な心の（もしくは超越論的な）連関、内的な心の時間。それゆえ、（一）一つのそれだけである「世界」としての「モナド」の内部における時間化と時間。(二)間モナド的連関と、より高次の時間としての間モナド的時間。モナドの世界。

複数の心の連関は、身体を抽象的に遮断しても、心をもつモナドの本質に純粋に基づいた連関としてなおも存立するであろうか、という問いにおいて、この連関に留意するならば、次のようなことが熟考されねばならない。

私は、物(的身)体としてここにいて、〔他者である〕物(的身)体をそこに見ている。この物(的身)体は、身体として、私に一人の心をもつ他者を推測させる。身体的には、私たち二人は分離されて相互外在的であり、私たちの心は分離されて局所づけられている。しかし、だからといって、私たちの心が一つの固有本質的な連関をもちえないとか、それどころか必然的にそうした連関をもつはずがない、ということにはならない。それと密接に関係しているのは次の問いである。私たち二人は、そして人間は一般に、あらかじめ与えられた世界のうちにある客観である。こうした客観すなわち個体的で実在的な具体者がもつ普遍的な共存の形式は、空間時間性である。空間時間的共存というもっとも広い意味での共存とは、同時性であり空間における場所の相互外在であるか、あるいは、時間的な継起であるか、どちらかである。それゆえ、具体的に内世界的なものであるそれぞれの人間は、みずからの客観的な持続をもち、そうした持続のどの位相においても、空間的な位置におけるみずからの延長をもつ。そして、同時にいる他の人間は、他の場所に他の延長をもつ。だがもちろん、人間はみずからの物体性によってのみ空間性をもち、空間的な共存をもつことになり、しかも、この共存が同時性を含意しているとしたら、必然的に相互
338 外在において共存をもつことになる。他方、それぞれの心はみずからの物(的身)体をとおしてのみ時間性をもつだけではなく、むしろみずからに固有本質的な時間性をもっており、この時間性は、共存するさまざまな心的「所与」(それを私たちは究極的な基体として、形式的にいえば実在として捉えるのであるが)の全体性である心の存在のモナド的形式なのである。モナドとは、いわば固有本質的に完結したそれだけの世界であるような心という、具体的統一体のことである。多様な心的体験や、およそ一つの心のうちにいっしょにあり個体的所与として区別されうるものは、ある全一性〔すべてが一つになったもの〕へと結び合わされている。それぞれのそのような契機、たとえば個々の体験は、全体に対して、すなわちそれがそのうちで現れるような全体性に対して、非独立的である。[*6]

この世界はそれだけで、それの「実在」の共存形式として、一つのそれだけである時間、すなわち心がもつ存在の時間、生の時間をもっている。つまりそれは、そのうちで心の生の一切が経過する時間であり、心のあらゆる作用、さまざまな連合、かつて創設されたもろもろの習慣性の滞留、もろもろの習慣等々がそのうちで経過していく時間である。そこ

にある一切のものは、「みずからの時間」をもっており、すなわち、みずからの持続、全体時間の内部での始まりと終わりをもっている。この全体時間は、内容的に満たされた、しかも必然的にすきまなく満たされたものとして、モナドそのものであり、具体的な心そのものである。しかも、その物(的身)体を度外視して、純粋にそれ自体それだけで受け取るならば、そのように言える。モナドという語が表現すべき全体性には、次のことが対応している。すなわち、それぞれのそのような全体性は、みずからの全体形式を、すなわちみずからの全体時間をもっており、そのうちに、あらゆる個別的時間が、すなわち、このモナド（またはその生の出来事）のものとしてのもろもろの時間位置と時間持続が、組み入れられているのである。言いかえれば、モナドの心にとって固有本質的である「生の時間」は、より包括的な時間の断片ではありえない。それは、他のモナドの生の時間と、断片同士として継ぎ合わされるものではありえず、他のモナドとすべてのモナドがそのうちで持続している普遍的時間のうちにある一つのたんなる持続であるかのように捉えることはできない。モナドの具体的に結び合った契機の総体性形式としてのモナド時間は、さらに持続的に拡張していき、しかも、持続的な生の内実でもって必然的に満たされている生
339
き生きした拡張において、それは具体的な生き生きした流れであり、そして、ここで考えられるかぎりの仕方ではめ込まれるあらゆるものは、同一のモナドに、すなわちみずから

の生のうちで生き生きとした同一の自我に属している。したがって、私の流れる生の時間と私の隣人のそれとは、深淵によって分かたれており、こういう言い方すら、比喩としてはまだ全く不十分なのである。このような時間（まさにモナドそのものに固有本質的に基づいている時間という意味をもった時間）としての生の時間が、仮に隣人の時間と一つになるとしたら、その途端、この私たち両者は一つの生、一つの体験流、一つの能力などをもった一つの自我となってしまうであろう。

そのことと並行しているのが、私は身体をもってここにおり、他者はそこにいるということである。《ここ》が《そこ》になりえないのと同じように、また、一つの人間的（有機的）物(的身)体が他の人間的（有機的）物(的身)体になりえないように、私の心は他者の心にはなりえない。あるいはまた、物体的身体が二つであることは、心が二つであることと連動しており——そこに含意されていることだが——二つの《生の流れの時間》と連動している。この二つは、一つの時間ではないし、そうなりうるはずもなく、一つの心ともう一つの心がもつ生の契機で満たされうるような一つの形式ではないし、そうなりうるはずもない。そうすると、二つの心は、物(的身)体との結合によってのみ、それゆえ普遍的な自然の時間を分有することによってのみ、同時的であったり継起的であったりして、時間的に共存することになるのだろうか。たしかに、すべての物(的身)体は、それに固有本質的な時間をもっているのだが、ここで明証的なのは、この時間が自然に即した全時間すなわち空間時間のうちでの一つの持続という意味しかもちえない、ということである。それはただ一つの自然なのであって、それはこうした普遍性においてのみ真に具体的なのである。個々の自然物体は、たんに相対的にのみ具体的である。それらは、物体の総体すなわち全自然の内部における物体としてのみ、現にあるとおりのものなのである。それらは、それぞれみずからの延長的内実においてあるが、充実された空間時間的延長としてのこの内実は、まだ物体として十全に規定されているわけではない。物体はむしろ、因果的状況性として、そのつどの延長的な《何であるか》を備えているからである。物体が現にあるとおりのものであるのは、その「周囲状況」のもとにおいてであり、物体はまた、みずからの因果的形式をもち、そのつど個体的因果的な性質をもつ。自然の統一とは、あらゆる物体を因果的性質の基体としてもつような統一であり、これらの物体は、それらの延長的状況性が変転するなかで、同一の物体として「とどまり続ける」が、このことは、その物体が因果的周囲状況——これ自体が周囲に存する物体であるが——のもとで、それがもつ因果的規則のうちにとどまり続けることによる。あらゆる物体があらゆる物体と因果
340 的に絡み合っているという仕方で、自然すなわち物体の総体は、一つの普遍的因果性のうちにみずからの具体的な姿をもち、しかしまさにそれとともに一つの個体的で具体的な姿

の形式を、つまり具体的全体すなわち空間時間の形式をもつことになる。それゆえ時間とは、普遍的な共存と解されるとしても、個別的なものをいくらでも任意に注ぎ込むことができるような空虚で無意味な形式なのではない。普遍的時間の統一は、総体の統一形式としてのみ意味をもち、この形式は、空虚な総体としてではなく、固有本質的な内実をもった対象の総体として、具体的な姿の形式なのである。

さて、私たちの心がその身体化を介して間接的にこのような形式に関与しているのは確かである。しかしもちろん、これだけではまだ、固有本質的に根拠づけられた普遍的な時間の形式が心に与えられるわけではない。だが、もしそのような時間形式が心にとって固有のものであるならば、たったいま自然に関して詳述されたことにより、次のことがあらかじめ明らかである。すなわち、そのような時間形式は、やはり、あらゆる心が相互に固有本質的に根拠づけられた連関を前提するのであって、こうした連関の具体的な姿の形式こそ、当の時間形式であろう、ということである。自然に関しては、ここですでに延長的構造によって分かたれたもろもろの物体の普遍的連関は、普遍的因果性があらゆる物体を絡み合わせるということによって打ち立てられ、しかも固有本質的に基づけられていた。ただし、それらの物体は、とどまり続ける因果的性質のうちで構成され、それだけである存在によって、はじめて十全に構成された物体となるのであった。では、心については、何がこのことに対応するのだろうか。ともかく自明なのは、もし、ここで複数の心が他方でやはり固有本質的に分離されながらもっている総体にとって、時間という普遍的な具体的な姿の形式が存立しているとしたら、それは、いずれの心もそれだけである一つの「世界」としてみずからの時間をもっているのだから、より高次の時間でなければならないであろうということである。このようなより高次の基づけられた形式に対して、個々のモナドと、したがってまた個々のモナドに個別的に属する時間（生の時間）は、「時間内容」、すなわち充実するものとなるであろう。したがって、さまざまなモナドの内実と、このモナド自身、そしてその生の時間は、普遍的時間の意味に応じて、同時性および時間的継起という様態において共存しうることになるだろう。

さて、人間たちが世界経験の意味からしてどのように自我主観として共存しているのか、具体的にいえば、人間たちの心が、つまり、生きているという仕方で存在している複数の自我主観が、どのようにして時間的に共存しているのか、その仕方へといくらか入り込んでいくと、実際に次のことが洞察されうる。すなわち、心と物（的身）体との心理物理的結合のようなものが、複数の心とその心的な生の内実との時間化をはじめて可能にしている
341 のではなく、むしろ複数の心そのもののうちに、それ自身からして、心に固有な連関および心に固有な共存形式が根拠づけられているのである。この共存形式は、心の多数性の形

式であり、すなわちまさに、一つの心ともう一つの心、場合によってはさらに他の多くの心が可能な《ともに》という形式、そして最終的には一つの総体形式、すなわち一つの総体を、やがては際限なく開かれた総体（「無限」）を可能にするような形式である。より詳しく考察してみるならば、ここで事態は、一見自明と思われたことに反して明らかに逆転する。すなわち、はじめから複数の心があって、どのような条件のもとでそれらの心はその現実存在に関してたがいに「相容れる」のかが問われる、といったことではないのだ。そうではなく、私が一つの心を確信していて、その固有本質へと（それ自体を与える直観のうちで）沈潜していくとき、そこで私はいかにして次のことを見てとることができるのか、が問われねばならない。すなわち、その心〔私の心〕は〔複数の心のなかの〕「一つの」心であるにすぎず、そうでしかありえないのであるから、その本質そのものにおいて他の複数の心を指示せざるをえないということ、また、その心は、なるほどそれ自体でそれだけであるのだが、にもかかわらず、心自身に基づき、心自身から展開されるべき複数性のうちでのみ意味をもつのだということ、これらのことをいかにして見てとることができるかが問題なのである。

このことはもちろんすでに物体性に関しても同様である。物体はその固有本質をもっている。初めに直観されるものはその延長である。しかし、この直観は私に物体を与えるわけではなく、物体は、私がその因果性を顧慮するとき、初めてそれ自体を与えることに至る。物体は、まさに一つの因果的本質をもち、この本質によって、物体は最初から、多くの物体のなかの「一つの」物体にすぎないことになる。複数が単数に先行するのであるが、それでも、延長（これは因果的統覚の観点から見れば状態と呼ばれる）の単数は複数に先行する――すなわち多くの分離した延長に先行する。ただしこれらの延長は、普遍的因果的規則なしにはまだ物体ではないだろうということである。この普遍的因果的規則にしたがって、延長のそれぞれが、多くの状態性の特殊体系のうちでの状態となっている。そして、これらの状態性のうちで、綜合的に、同一の因果的性質をもった同一の物体が構成されているのである。

342 さて、自然時間化にとっての因果的働きに対する類比体で、心の共存を可能にすることにとっての働きに対応するものは、どのように特徴づけられるのであろうか。そして、物体の実体性に、すなわち因果的性質の基体であるというその固有性に対応するものは何であろうか。類比的に言うならば、心の実体性をなしているのは何であろうか。すなわち、心の固有の本質のうちで複数性を指示しているもの、それゆえ、私たちが心としての心の本質のうちに掘り下げていくとき、私たちが心を必然的に複数の心、つまり可能的および現実的な複数の心のうちの「一つの」心として見いだすようにしているものは何であろうか。答えは明らかに以下のようでなければならない。すなわち、複数の心はそれ自身でそれだけであるだけではなく、あるいは、複数の心は、その純粋に心的に考察された流れる生の具体的な姿においてある人間的自我主観であるのだが、しかしそうしたものとして、複数の心はまさにたんにそれ自身でそれだけであるだけでなく、それゆえそのモナド的時間性のうちにのみあるわけではない。複数の心はまた、本質的に、顕在的ないし潜在的な共同性のうちに、顕在的・潜在的な結びつきのうちにある。多様な形態においてある交渉やつきあいは、それのたんなる特殊形態にすぎない。私たちは、つきあいと言うかかわりにかかわりと言うこともできるかもしれない。複数の心はただそれだけであるのではなく、互いにかかわるのである。このことはしかし、それらの心それ自身のうちに根拠をもっている。それぞれの心はその本質においてすでに「実体」ないし人格性という本質形式をもっているが、それは、みずからの生のうちで他の同様な自我主観やそれらの生と「関係」をもっているような一つの自我としてである。心は心として、それがもつこのような構造によってのみ具体的なのであり、すなわち、心が自我的に存在するものとしてのみあり、他の自我たちとかかわり（この関係は逆転されうる）、そして他の自我たちとつきあうようになり、さまざまな仕方での交渉において共同化しうるようになるようなものとしてあることによってのみ、心は具体的なのである。

かかわりの原様態は感情移入である。自己知覚のうちで、すなわち私自身にとって原本的に現在していることのうちで、原本的に現在しているのは、私自身の生のうちにある自我である。そこには感情移入という生の契機も含まれている。しかしこの感情移入をとおして、私は第二の自我とその生へと関係する。感情移入をとおして、その自我は私にとって別の自我として直接にそこにいるのであり、私にかかわるのである。この自我が別の自我として私にすでにかかわることになるのは、私が別の自我とのあらゆるつきあいに先立って、おのずから《エオ・イプセ》この別の自我の生を——それが私にとって現実に一つの《現》[13]となる（それゆえ直観性の領分に、ともかくも規定性の領分のうちに）かぎりにおいて——経験しているばかりでなく、ともに生き、ともに知覚し、ともに信じ、ともに判断し——同意し、拒否し、疑い、ともに喜び、ともに恐れたりしている、ということによってなのである。これら《ともに》のあらゆる様態は、原共同化の様態なのであって、ここにおいて、私は私の（原初的、原‐原本的）生のうちで生きながらも、同時に私にとって感情移入的な仕方でともに現に存在している他の生とともに生きているのであり、そうして一つの生の統一が確立され、感情移入という媒介をつらぬいて、もろもろの自我極の《我と汝の一体性》が確立されるのである。自我共同化をともなった生の共通性は、さしあたっては特
343 殊なあり方において顕在的に共同化されるものにのみあてはまる。だがそれといっしょに、

双方の生の地平にもあてはまり、これが双方の潜在性の綜合を意味している。

こうして、感情移入の顕在的遂行のなかで、私の原様態的な流れる現在、私の原様態的な《我あり》——その《いま現在していること》は、原現前化する時間化からする存在である（そしてそれは、最狭義の、もっとも本来的な意味で現前的にいま存在している自我である）——は、他者の原様態的現在と、ただし私にとっては原様態的ではなく共現前された現在と「合致」する。そこから出発して、合致は双方の地平をとらえる。そのさい、私の原様態的で原印象的な今、原様態的な根源性の絶対的な源泉点は、感情移入的に準現在化された原印象的な源泉点である今と合致する。後者の〔他者の〕今は、この合致のうちで、形式に関しても内容に関しても、私の今と同時となる。《たったいま》という変様の形式が、〔他者の今の〕準現在化においても反復され、原様態的に経過する変様と、位相ごとに合致していく、しかも形式と内容に関して具体的に合致していく。こうして流れつつ、つぎつぎと新鮮な過去へと沈み込んでいくものがもつ、生き生きと流れる現在のうちで構成された同一性も反復され、それとともに、同一的にとどまり続ける充実した時間も、位相ごとに反復される。反復されるものは、形式と内実に関して位相ごとに合致している。こうして、高次の超モナド的ないし間モナド的時間の、時間的な《同時》が構成されることになる。

再想起[14]と感情移入

私の原様態的現在と、私のそのつどの再想起の現在との合致という、やはり同様の場合を考慮に入れると、人は考え込んでしまうかもしれない。私の生き生きした原様態的現在には、いま登場しては流れ去っていく《私が再想起すること》も属している（それは、いまとして登場しては流れ去っていく準現在化すること、「感情移入」という種類も含めたあらゆる種類の準現在化することが、そのつど、そこに属するのと同様である）。そのさい、流れる現在の再想起することは、そのうちで再想起されるものと位相ごとに合致するのであり、この再想起されるものを、私たちは《より以前に流れつつ現在していたもの》と見なしている。もし、合致が時間的な同時に対して構成的であるならば、ここでは
344 継起ではなく同時であることが経験されるはずではないだろうか。しかしながら、いまの体験としての再想起と再想起された体験とのあいだの合致は、それだけではまだ継起という形式を備えた共存を構成することはない、と私たちは答えなければならない。さしあたりこれらの体験のいずれも非自立的であり、いずれの体験も、その直観性においては、具体的な体験領野のうちにある体験であって、より詳しく言えば、どの体験も具体的な流れる現在の領野のうちに、すなわち、私の原的に流れる現在、もしくは準現在化された体験

をとおしてともに準現在化された全体的な現在の領野のうちにある。しかし、これでもまだ十分ではない。一方で明らかに本質的なのは、一つの現在が、その過去地平と、到来するものの地平とをともなっていて、再想起されたどの現在も、その再想起的な地平をともなっているということである。そして他方、再想起しつつ生き生きしたものとしてのすべての現在は、過ぎ去った流れいくことのなかですでに充実されてきた未来地平をもっている。そうなっていること自体が、どの再想起にも属している地平から、ないしその再準現在化的する顕在化から産み出されている。そこにさらに、再想起は本質的に一つの能力体験であるということが加わる。すなわちそこには、「私はくり返しこれこれのことを思い出すことができ、想起を反復できる」ということが属している。だがそれは、私の生き生きと流れいく現在のつねに新たな位置において（覚醒の持続という統一のうちで）、同じ現在がくり返し準現在化されるような再想起をつねに新たに生みだすことである。こうした、同一化のもとでの可能的な反復と、「私は好きなだけくり返しそうすることができる」という意識によって初めて、私は妥当することとさらに妥当し続けることの同一のものを獲得し、この同一のものは、つぎつぎと別の生き生きした現在――といっても、これらの生き生きした現在は、たがいのうちへと溢れ出しつつ、包括的な生き生きした現在（私がそのうちで反復を遂行する一つの現在）の統一を構成している――との合致によっ

て、それらの現在すべてと共存しているものとして特徴づけられるのだが、それでもやは
りそれらとは別のものとして、すなわち現在していないものとして特徴づけられる。こう
して、準現在化されており、現在してはいない現在の自我もまた、ある仕方で私によって
自我として、私がいま顕在的に現在しているようなその同じ自我として、この原様態的に
流れる現在に属しているものと見なされているのだが、それでもやはり本来的には他者で
あり、本来的に存在する者、いま現実に存在する者ではなく、準現在化された自我であっ
345 て、（目下のところ他者という語で呼ばれるべき）変様なのである。さてしかし、この変
様は、別の面からしてはじめて過去という意味を獲得する。すなわち、私はそのような変
様された多様な現在を意のままにできるのであり、それらは私に「想起されたもの」とし
てそのつど現実的に与えられている。どの現在もそれぞれ別の現在をともない、別の変様
された自我をともなっており、くり返し可能力的に取り戻してくることができるような、
同じ種類だがつぎつぎにことなる現在の地平をともなっている。そして同時に、すべての
現在が一つの総体的な地平のうちに含まれており、この地平はあらゆる個別の地平と綜合
的に合致している。ここでは、（能動的‐根源的な存在構成の再顕在化であるような）顕
在化のうちで、合致をとおしての共存がくり返し構成される。あらゆる合致しあうことが、
さしあたり、変様されて意識されたあらゆる現在ないし自我をともなった（以前のものを

準現在化している）原様態的自我のうちで、原様態的現在が合致することであるかぎり、それは、準現在化されたあらゆる現在がいま原様態的な現在と共存することであり、また同様に、準現在化された自我がいま現在する自我と共存することである。多くの過去と原様態的現在とを含む、こうした共存するものの普遍的形式は、まだ未来を考慮に入れていなかった意味での時間であり、あるいは、流れる原現在に属するものとしての過去である。それらの過去（私たちの解釈の段階では、本来はまだ過去と呼んではならないのであろうが）は、《ともに》ではないし、一つの平面での共存でもない。それらの過去は、すべて生き生きした現在と合致するだけでなく、それら同士のあいだでも合致しあい、すなわち、一つの過去が他の多くの過去より以前のものとして与えられる、という点に留意しなければならない。準現在化された現在としてのこの過去のうちで、別の過去がより以前ものとして準現在化されるが、それは何らかの過去が私の原様態的現在のうちで準現在化されるのと同様である。より以前の過去は、それとの相対的関係においてより以前の過去に対しては、それ自身また（準現在化における）可能的な相対的原様態である。他方で、いずれの過去においても、それより以前のどの過去も、準現在化のうちで、つまり直接的な合致のうちで直接に登場することがありうる。私は可能力的に、私の生き生きした現在G_m（mは対応する変様を示唆する）を想起しつつ、このG_mの自我すなわちI_mとして、I_mをともなったあるG_mを想起しつつ与えられ、そのようなことがくり返し可能である。そのさい注意すべきなのは、私、すなわちいまの自我が、可能力的にG_mを想起しつつ、G_mを可能力的かつ能動的に形成していくことができるということであり、その結果、私は第二段階の想起
346 に到達し、くり返しそのように進んでいくことができる、ということである。私が私の現在においてできることは、現在の《できること》のみではなく、あとから再想起のなかにともに入って行く仕方で、再想起のうちに志向的に含蓄されているような《できること》でもあり、それは同時に、根源的に生き生きした現在のうちで顕在的に《できること》である。それはすなわち、含蓄されたものを想起のうちでの想起という意味をもって顕在化することであり、その想起は同時にいま、私にとって現実的な想起という存在妥当をもっている。本質的にいくらでも多くの想起の所与をうちに含んでいるこの秩序は、より以前とより以後の秩序である。どんなに混乱した仕方でさまざまな想起が浮かび上がってきても、私はそれらを、より以前とより以後という仕方でただ一つの系列に順序づけることができるか、少なくとも順序づけようとする（順序があるということを確信しつつ）。だが、このような系列の本質には、もし私たちがつねに準現在化された具体的にまったき現在のみを考慮に入れるなら、それは、原様態的現在のうちに、さしあたりより以前の想起された現在があり、そのうちにもう一つ以前の現在があり、そのように絶え間ない間接性にお

いてあるという仕方で、志向的に互いに含み合っているような一連の想起であるということが属している。そのように秩序づけることができる可能力性は、そのようにどの現在においてもそれより以前の現在を見いだすことができる可能力性と一つになっている。しかし他方、任意の二つの想起には、それらのあいだの想起を探して見つける可能性が属している。あるいは、より原理的なことであるが、どの想起からも、一つの直接により以前の想起、(過去)把持的な《たったいま》の想起へと遡る可能性が属しており、他方でどの想起からも持続的に、(未来)予持的[15]な充実の方向に向かって、持続的に新たな想起へと進んでいく可能性が属している。そのように持続的な仕方で、私は覚醒状態のうちで、どの想起からどの想起へも到達することができる。*7 それゆえ最終的に肝要であるのは、可能的な再想起の世界を、持続的な時間の形式をもった持続体として認識することであり、その時間の内部では、浮かび上がってきたどの再想起も、一つの区間を再活性化された現在として顕在化するのである。

　現実の現在とすべての準現在化された現在とは、いつもすでに、一つの統一的に連続的
347 な過去地平をもっている。この地平のうちには、多様な再想起の開かれた「無限性」を覚起し、そのような仕方で、それらを秩序づけ、志向的な仕方で互いに入れ子状にすることができ、そのさい、どの再想起もそれだけで反復し、その「内容」に関して同一化するこ

とができる可能力性が隠されている。その結果、どの再想起も、すでに最初から反復の統一として、具体的・個体的な統一として妥当することになる。そこにはさらに、過去とは一つの持続的な統一であって、それを貫いて《持続的に現在し、持続的に過ぎ去り、どんどん過去になっていく自我》としての一つの自我があり、しかもこの持続性のうちで数的に同一的に同じものであるということ、それが同一の生の同じ自我であるということを認識する可能力性も属している。この同一の生がその同一性をもつのは、それがそのうちで根源的に生き生きした生であるような生き生きした現在から持続的に変様しながら、一方では先へと流れ進みつつ、持続性のうちでたえず新たなものを体験し、他方では「その」過去の「無限性」のなかへと流れ去り、どんどん遠くへ流れ去っていくということにおいてである。しかしこのことは、生き生きした現在がそれ自体で、最初のものかつ原現象として持続体であって、しかも、二つの方向に向かって流れ進み－流れ去ることをともない、原源泉にして原様態としての原印象的位相からたえず変様しつつ「流れ去ること」のうちにあり、たえず減衰しながら「覆われ」ていき、最後にはまったくの「暗闇」にまで、すなわち非直観性ときわだつものがないところまで至る、ということ以外の何かを意味しうるだろうか。それとともに、この闇、すなわち「無意識的なもの」が、「原現象」の枠外に脱落する。それでもこの闇は、そのようなものとして何もないというわけではなく、あとで明らかになるように、この闇は、その構成的な様式において、さらに流れ続けていくものなのである。暗闇に沈んではいるが、それは「ふたたび」覚起されうるのであり、顕在的な明らかさときわだつこととの、すなわち原現象的な現在の様態と枠内において、準現在化されたもの、変様された現在として（いま「体験」として登場する再想起の
348
《思われたもの》《コギタートゥム》として）、ふたたび直観的になりうるのである。

しかし、暗闇で流れ続けていて、ふたたび直観的になりうる、というこの言い方は、生き生きした現在とその顕在的に生き生きしている自我に、まさしくこのような構成の能力、このような時間化の能力が属しているということとは別の意味をもっているのだろうか。あるいはむしろ、この時間化は、自分の仕事をとっくに済ませてしまっており、すでに形成された経験が先へと進展する仕方で伸び広がっていき、確証という形で可能力的にくり返し再活性化されうることになるのだろうか。しかし、時間化、経験の形成、構成というのは、さまざまな側面をもつ。自我そのものは、時間的統一として構成されている。自我は、立ちとどまる自我としてすでに獲得された（そしてさらに獲得していくことにおいてたえず引き続き獲得されていく）存在的な統一である。すなわち、私のすべての過去が属する同一の存在する自我、時間の持続的な統一形式の内部で経過し、いままだ流れ続けている私の生が属する同一の存在する自我として、私の時間的生の同一的自我であり、そ

のような私の生が、流れ続けながら、それ自体それだけで、つねに新たな過去を、とどまり続ける過去として構成するのである。

現在とは「絶対的な現実」であり、根源的に産出するものとして、もっとも本来的な意味での現実である。そのようなものとして、現在は自己自身を時間様態へと存在者化するものであり、根源的に時間化しつつ、存在的獲得物として時間的存在をもち、根源的に産出しつつ、同時にその時間的存在を、つねにすでに根源的に産出してしまっている。自我は、つねに現在のうちで獲得されたものの「所有者」であり、つねにすでに現在のうちで私自身を、現にあり同じ自我としてかつてあったところの自我として意識しており、この自我は一つの生きられた生を私の背後にもち、そのうちでこの生を獲得してきた、等々である。そしてこれらすべては、原現象における根源的に生き生きとした様態において観取されねばならない。なぜなら、これらすべては、それ自体すでに獲得物であり、解釈されねばならないもの、すなわち——構成しつつ同時に再活性化の意識のうちで——再構成されねばならないものだからである。

主観的時間の持続性、ないし、もっとも根源的に存在している主観の時間性が構成されることの持続性に対して、もっと詳しく釈明が与えられねばならない。私たちは再想起を覚起として、覚起された多くの過去のかたまりとして、秩序づけられるものとして考察したが、未来地平のことは顧慮してこなかった。しかも、「到来するもの」として原様態的現在に属する未来地平だけでなく、すべての過去そのものに再生的に入り込んでゆくような未来地平も顧慮してこなかった。私たちは、現在の流れることによって運び去られるがままになることができる。ここでまず、「生き生きした現在」のうちでの存在と生、そしてこの概念そのものに付着している相対性が明らかにされねばならない。流れる原様態的な《漫然と生きていること》のうちで、私はもろもろの触発と行為の主体であり、まずはさしあたって、(《根源的に湧出しつつ、いまにとどまり続けているもの》そのものへと向けられているのでなければ〔〕遡るように向けられているか、前へと向けられているかであるような触発と行為が、しかも生き生きした現在そのものの内部で考察されねばならない。この現在は唯一の生き生きした様態であり、一つの原現在、一つの流れであるが、それでも、一つの原現在が新たな原現在へと、しかもつぎつぎと新たな原現在へと流れ出ていく、とよい意味で言われうることによって、やはり一つの流れである。「まだ生き生きとした」ものであるが、すでに下方に沈んでしまっているものへと私は遡り、それを能動的に把捉して、再想起的直観によって同じものとして経験しうるのであるが、そのときそれは直観的となり、《「まだ」流れることのうちにあり、まだ私にとって領野のうちにあるもの》のたんなる再-準現在化として解明される。新たなより根源的な生き生きした様態へと運び去られることのうちで、以前に生き生きしていたものは、すでにほぼ完全に沈み込んでしまっているかもしれない。いや実際に、「完全に沈み込んでいる」のであるが、私はあとから遡って向かう仕方で、「ついたったいままだそこにあったもの」としてそれを把捉し、「まだ領野のうちに」あり、「無意識」の闇のなかにまったく沈み込んでしまっているが、それでも流れに属しているものとして、さらに、再直観化がたんにふたたび直観化するにすぎない同じものとして把捉する。また逆に、再覚起されふたたび直観化されたものによって、私は再生することにおいてまたしても運び去られるがままになることができ、ふたたび能動性などを遂行し、こうして現在から現在へと移行して、すべての持続的により以前の現在を《たったいま沈み込み、どんどん不明瞭になっていくが、それでもまだ流れつつ流れ去っていくもの》として認識することができる。再想起は新たなものではなく、様態としてのみ新たなものである。再想起はたんに遡っていき、沈み込んだ流れることの一区間をたんにはっきりさせるだけなのである。

現在は、両腕を広げて未来に向かって進む。現在が流れ進んでいくことのうちで、その志向性のうちで、根源的に流れる現在は未来を獲得する。今として根源的直観性において登場してくるのは、充実化が直観化されることであり、原印象的現在そのものがなす充実化することで直観化することである。しかし、この根源的に流れる充実化することは、合致のもとで（過去）把持的様態へと沈み込むことによって、また再想起の働きによって初めて、未来を実際に獲得することになる。現在と未来が初めて獲得されるのは、再想起とそのくり返しの能力によってである。このくり返しの能力において、充実化およびそもそももっとも根源的な時間化の流れる過程が、くり返し反復されうるのである。私は再想起されたそれぞれの現在から出発して、流れることのうちでさらに生き進めることによって、
350 それゆえ未来のなかへと、つまりすでに過去となっている未来、無規定の空虚な未来ではなくすでに獲得された未来へと入り込んで生きることによって、持続的に昇ってくることができる。その未来は、すでに獲得された未来として、いま再想起のうちで、流れる過程となっており、この流れる過程のなかで、（未来）予持的なものが根源的に原印象的なものになるだけでなく、この原印象的なものが（過去）把持的なものになり、こうして生き生きした現在の全体が生成し、現在の全体が別の現在へと沈み込むことが生成し、あるいは生成してきており、再生的に準現在化されるのである。

どの再想起からあるいはその想起されたものから出発しても、私はこの過程のなかで、やってくる現在の生成をずっと追跡していくことができ、それより後の再想起に、すでに生成した現在として到達することができるのである。

362

二三　複数のモナドの相互内属

〈内容要旨〉　私の超越論的 - 主観的な与えられ方――私の超越論的時間性――における世界現象。最初の超越論的確定――《我あり》[16]、《我ありき》、《我あらん》。この超越論的時間性の内実――「世界」の「現出」、立ちとどまる自我、とどまる現在。現在の準現在化――再想起、感情移入。他者の準現在化、他なる《フレムト》超越論的時間性の準現在化、等々。

超越論的自我としての私は、「世界という現象」をもっている。現象は、いま私の現象であり、「ずっと持続的に」私の現象であり、かつて私の現象であったし、「ずっと持続的に」私の現象であった。そのようにして、私にとってくり返し別様に、別の主観的な仕方で呈示されながら、一つの同じ世界が、私にとって存在しつつ妥当するものとしてあり、またあった。世界は、それの形式、すなわちそれに属する一切の実在の形式である空間時間性とともに、「現象」である。しかし私は、ひきつづきたんに私について語るだけでは

なく、いまの私、以前の私、未来の私について、つまり、そのうちで世界という現象が私
の現象であるような、私の主観的な時間の様態などについて語る。それゆえ、この「超越
論的自我論の時間」は現象ではなく、形式として私自身に属し、私の超越論的な経験可能
なものとして一切のものに属する。こうして、私は超越論的自己経験のなかで、第一のも
のとして次のことを確定する。すなわち、私はある、私はあった、私はあるだろう、私は
363 私の時間つまり超越論的時間の流れのうちにある。そして、私にとって世界、つまり空間
時間的に実在的な世界が呈示されるように、この時間性のうちで、私に固有な多様なもの
が主観的なあり方という標題のもとで存立しているという仕方で、私はそのうちにある。
あるいは、私にとって世界と世界的なものが現出し、しかもそこで存在するものとして妥
当している場という、もっとも広い意味での多様な超越論的「現出」という標題のもとで、
あるいはまた、本来的な意味で「体験」され「意識」されるものが世界的なものであり、
体験することに存在妥当が属している場という、超越論的な「体験」という標題のもとで、
それらが存立するという仕方で私はある——ただし、そのような存在妥当は、私のエポケ
ー[17]のうちではカッコに入れられている。このような体験のうち、一部はいまの体験であり、
一部は私の《私はあった》に対する、私の過ぎ去った自我の過ぎ去った体験である、等々。
しかし、詳しく見るならば、私は「たえず」立ちとどまる自我であり、とどまる今のうち

にあり、そのうちに私の体験の変転が――いま――立ち現れるのであって、そのうちで《たったいま》という〔過去〕把持が意識され、あるいは、「再想起」が立ち現れ、そのうちに私の過去が立ち現れ、私の過ぎ去った体験のうちに、当時私に妥当し現出していた世界が立ち現れる、等々。私のとどまる現在のうちで、私はみずからを現在的なものとして経験するのであるが、また、過ぎ去ったものとしても経験するなど、しかもそのことは変えることのできない必然性においてである。世界現象に関して、私に超越論的に固有であるのは、私の現在の知覚、私の過ぎ去った（いま「間接的に」準現在化されている）知覚などであり、そのなかで知覚されるそれぞれのものそのもの、ならびに超越論的時間の流れのうちでは綜合、すなわち、そのうちで世界という統一現象がたえず構成され、そしてともに私に属しているような、流れる綜合である。

しかし、よく検討してみると、なるほど世界が、このような仕方で私の知覚現象であり、私の超越論的に現実的で経験された知覚、さらに私によって自由な可能力性のうちで作動にもたらされうる知覚（「可能的経験」）の統一現象であるというのはまったく正しい。しかし、私のもろもろの知覚が固有のあり方をしているのは、部分的にである。すなわちそれらは、顕在的にいまの知覚として、あるいはいま準現在化された知覚として（私にとって超越論的に妥当している知覚として、かつてあった知覚等々として）現実的および可能的な知覚であるが、しかし、それらの知覚は、それら自身でまた、準現在化にも、そして私にとって妥当する準現在化にもかかわっているのであって、この準現在化は、想起でもないし予期でもなく、あるいは、私が自由な接近可能性のなかで作り出されうる知覚でも、もっと以前に持ちえた、あるいは作りだしえたような知覚等々でもない。私は他者の知覚をもつのであり、それとともに、私の世界現象のうちで、ある仕方でこの他者の知覚などの経験をもつのである。もっとも、それらの知覚は、現実に私にとっての知覚である
364 ことは決してありえないし、そうであることなども決してなかったのだが。他の《フレムト》人間たちについての私の知覚のうちには、それ自身、私すなわち超越論的自我にとっての知覚へと決して移行しえない準現在化が含蓄されている。こうして私は、区別を遂行して次のように言うことを強いられているのに気づく。すなわち、私の超越論的時間性のうちで——そのうちで私があり、そのうちで一切が私にとって知覚的にあり、すなわち原本的《オリジナル》にそれ自身現にあり、ないしはあったのだが——、私は世界的なものの意識の仕方である体験——これらの体験は、私の超越論的存在領分のうちで、もちろん原本的にも現にあるのだが——をも見いだすのみならず、準現在化するような体験においては、他の人間を経験する「感情移入」体験をも見いだす。これらは、一種の現在化と準現在化であるのだが、この準現在化のうちでは、現在化されたものと準現在化されたものとが私の時間領分ではなく、

他《フレムト》の時間領分に登場することになる。だがこのことは、エポケーのうちで超越論的に語られている。

「他《フレムト》の人間」は世界現象に属する。私すなわち超越論的エゴは、世界全体に関してエポケーを遂行し、それゆえ他の人間に関してもエポケーを遂行し、したがって彼らが人間として遂行するあらゆる妥当（もしくは、私が私の感情移入において、この点ではエポケー以前に遂行していたあらゆる妥当）に関してもエポケーを遂行する。だが、このことは奇妙ではないか。私が他の人間を私の現象としてもつことによって、私は現象のうちに彼らの純粋な「心的生」をもち、したがって多様な作用や能力のうちにある彼らの自我や、彼らにとっての世界が現出したり、私や他者が彼らに対して現出したりする場である、体験の流れをもっている。しかし、超越論的エポケーを遂行するやいなや、私にとって、彼らが私にとって人間としてあることのみならず、彼ら自身にとって固有の世界妥当や、彼らが自己自身を人間として知ることも、含蓄的には、カッコに入れられている。したがって、あたかも私が彼らに対して、あるいは彼らのうちで、現象学的エポケーを遂行したかのようなこととなる。私が、私の超越論的存在領分のうちに超越論的に存在するものとして、世界という現象とそのうちに他の人間という現象を妥当させることによって、私は、私によって存在妥当のうちに置かれたものすなわち現象として、すでに他の超越論的自我をもっているわけではない。私がエポケーによって私を超越論的自我として獲得したあと（ただし、エポケーを持続する態度として根拠づけながら）には、私は、《誰もがそのように進むことで、誰もがみずからを超越論的自我として見いだすことができる》などと言ってはならないだろう。しかし、私から出発して、私は、すでに述べたような、他者という現象のうちに含蓄された超越論的他者の認識によって、別の超越論的自我の現実性ではないとしても、その可能性を獲得する。いまや私は次のように問う。このような可能性、すなわち、人間という現象のうちに含まれた超越論的現象としての他者を直観的に表象する可能性、表象しうる可能性が、私にとって現実になりうるのはどのようにしてであろうか。そして、それは私にとっていつ現実にならねばならないのか。

365

超越論的他者が、私に固有の〈超越論的主観性〉とともに存在するものとして超越論的に内含されていること、言いかえれば、超越論的自己経験のうちに存在するものとして他者の超越論的妥当が内含されていることの認識へと至った私の最初の思考過程は、以下のようなものであった。

すなわち、実在的なものとして、多様な現出の統一として経験される一切のものは、個々の経験のすべてにおいて、「可能的経験」の多様性としての多様性の全体を指示している。つまりそのような多様性の全体は、動機づけられて登場し、同一のものの現出の充実連関を指示しており、それは次のような形式のものである。《もし私が、私にできるとおりそのように進み続け、そのことが動機づけられるなら、それは自体の妥当に至るにちがいない、等々》と。もし私が素朴に妥当を遂行することをせず、エポケーのうちにあり、しかも普遍的にそうするならば、私は、一つのものに対して存在するものとしての妥当を確証しつつ充実するための超越論的な動機づけ連関を純粋にもつことになる。超越論的自我としての私にとって、そのような動機づけ連関は、私にとって存在するものを呈示し可能力的に証示するものとしての、私が体験することの可能力性である。存在者は、私にとって超越論的には、証示可能な妥当の統一として、超越論的な相関者としてとどまっている。私の感情移入の動機づけ連関における他者の経験に関しても同様である。他者の存在妥当は、私にとって、顕在的な充実の統一と指示として、私の親しまれた可能力性においてさらに可能な充実の予料的確信であるような、私の感情移入による動機づけ統一としてとどまっている。そしてここに、超越論的な他者が、私の超越論的な自体の妥当のうちにともに含まれ、動機づけのうちに必然的に存在すると妥当するものとして含まれているのである。

私の原初性のうちで私は、とどまる具体的現在として、私の体験のうちにある私をもつだけでなく、私の能力のうちにある私をもっている。それらがいっしょに還元される。

366 私が志向的に体験することのうちに存しているのは、まさにたえず思念されたもの、現出するものそのものであって、それゆえ可能力性である。現出を成立させ、これにまさにすでに意味を与えた意味付与のうちには、妥当の「地平」があり、すなわち、そこにあるものを同じものとして自体を呈示し、同一化する仕方で証示することのできる能力としての私の習慣性がある。「その」世界は、エポケーによって失われてしまうわけではなく、エポケーは、そもそも世界の存在および世界についてのあらゆる判断に関する差し控えですらなく、むしろ相関性の判断をあらわにしていく道であり、あらゆる存在統一を私自身へと、可能力性をともなった私の意味所有的で意味付与的な主観性へと還元していく道なのである。

さてしかし、このように、およそ考えられうるすべてのもの、可能的ないし現実的な仕方で考えられるすべてのものが私のうちに志向的に含まれているとしても、それは、存在する一切のものは私の超越論的自我だけである、ということにはならない。あらゆる《非-我》はそれ自身自我のうちに「存している」が、それは「超越」として自我ではないにもかかわらず、妥当の志向的統一として存しているのである。こうしてまた、別の超越論的自我も、私のうちに存している。つまり、それは予料され確証された存在確信であるという妥当の統一として、しかもそれ自身自我であり、別の自我として私自身をさらにまたみずからのうちに担っているような《非－我》として、私のうちで存しているのである。このような、志向的相互内属としての互いに対してあることの内在性は、「形而上学的」原事実であり、それは絶対的なるものの相互内属である。それぞれはみずからの原初性をもっており、そのうちに含蓄された仕方でみずからの「自我」の超越論的な能力をもっている。そしてそれぞれの原初性は、別の原初性と何一つ実質的には共有しえないという仕方で、別の原初性である。しかし、そのうちで体験しつつ「みずからを保持している」自我の志向的体験の原初性であるそれぞれの原初性は、別のすべての原初的志向性を含蓄している。そして、それぞれの人格的自我は、みずからの志向性と能力のうちに、みずからの世界現象をとおして、別のすべての自我とその世界現象を「包括している」。そして相互内属の共同化のうちに、それぞれの自我は他者を自分から区別された自我として、別の志向性と能力をもった別の自我として見いだすのであるが、志向的にみずからのうちに見いだすのであって、同一の世界に「関係づけられて」いるのを見いだすのである。

　ここからさまざまなことを学ぶことができる。

（一）私が世界現象を私の原初的な「意識する仕方」、つまりそのうちで世界が私にとってある体験の仕方へと還元するならば、この還元のうちには、能力をそなえた「人格的」自我としての私の自我への還元がおのずから《エオ・イプソ》含まれている。世界的なもののそれとしての

367 意識の仕方、一般に、何か「についての」それとしての意識の仕方は、そのうちで私にとって何かが妥当している仕方であって、そこにはすでに予料が、すなわち先行的思念が含まれている。これと不可分なこととして、私は「できる」があり、究極的には、「私は確証へと移行し、確証しつつ同一化することができ、すなわち自体呈示と、さらに進んで自体確証としての経験へと移行することができる」ということがある。こうして私は、最初から――このことを私は包括的に解釈しなければならないのだが――自我とその能力への還元のうちにあり、空虚な一般性のうちにではなく、自我がまさにこれらの能力の自我であるような、現実に経過する意識連関のうちにすでにある能力への還元であり、他方で意識生の進行のうちでたえず新たに形成される能力への還元のうちにある。このような能力によって、私はつねに同一でありながらも繰り返し別様であって、かと言って他者であるわけではなく、言いかえれば、私は（ここで記述されうるさまざまな仕方で）みずからを保持しつつある。*8 それと相関的に示されるのは、私にとって存在する世界が、私にとって可能力的な自体確証の開かれた無限の予料の習慣的妥当統一としてあるということであり、この妥当統一は、私の意識生の進行のうちで、私にとって自体確証が一致し、調和することにおいて（さまざまな訂正をつらぬいて）つねに同一のものであり、それでもくり返し別様である――私の構成する意識生によって別様である。しかしこの意識生が存在意味を構成するのは、私の自我の能動性においてであり、また、能動性の沈澱（獲得された習慣）として証示される受動性に基づいてである。私は、存在し生成する世界を、さまざまな段階の能動的源泉から構成するのであるが、そのさい必然的に、そのつど生成した世界は、普通の意味で実践的になった世界、および実践的になりつつある世界である。

（二）私の超越論的主観性のうちに、すなわち、さまざまな意識する仕方や能力の自我、ヒュレー等々の究極的な基底の自我のうちに、現象としての世界が含まれているが、私のうちには、超越論的に私にとって存在する他者の宇宙もまた含まれている。ところが、この他者は、それでも現実に私にとっては他者なのである。そして他者のうちには、またしても同一の世界が現象として含まれており、私も含めて、複数の超越論的主観の宇宙が含まれている。私たちはひとつの絶対的なともにある存在なのであり、私たちは共存しており、それも、相互内属において共存しているのである。それぞれの自我、それぞれの具体
368 的「モナド」がモナドであるのは、みずからの原初的かつ実質的に固有な存在をもつことによってである。しかし、このように実質的には相互外在していることが、必然的な志向的客観化として世界の相互外在と本質的に相関しており、この客観化のうちで、私は、そしてすべての超越論的な別の自我は、自己自身とみずからの超越論的他者を、客観化してもたざるをえない。しかしながら、実質的には相互外在であること、相互外在的に世界の

うちで現出せざるをえないということは、そのつどの固有な現実存在が、別の同様にそれだけでありそれとしてそれだけで構成されるものに対して、何かそれだけであるものとして、構成的に自己分離する仕方なのである。このような自己分離は、超越論的間主観性の実際に具体的な全体的構成の基礎であり、世界化においては世界を所有しつつ世界のうちにある人間が構成される基礎である。

　超越論的方法によって、私は私の「超越論的主観性」を発見する。しかし、さしあたり、それは、私の原初的な固有存在を意味しているのではない。このことは、初心者にとってはほとんど避けられない混同と言われるべきであるとしても。私はある新たな経験を「発見し」、エポケーのうちで確立して、目の前に新たな経験の領野をもつ。しかも、私自身と世界現象とを――私に固有なものとして、またそのようにして、純粋にこの経験の領分のうちに――もっているのである。いまや私はまず初めに、そこで経験されるもの、経験されうるものが何であるのかを見てとらねばならない。すなわち、私にとって妥当する事物、私の可能力性および私の現出のうちで私にとって妥当している統一、世界のうちに存在し世界的に経験し生きているものとしての――つまり、私の現出のうちにある――私にとって妥当している他者を、である。

複数のモナドの相互内属。私のうちに、私の原初的現在のうちに、私のうちでの志向的
な妥当の統一として身体と心をもって、他者が〔含まれている〕。この統一は、私の「現
出」の統一として、動機づけられた妥当をもつのであるが、それは、感情移入された他者
に関しては、別の自我、別の能力、別の現出仕方等々である。そこで困難なのは何であろ
うか。

＊

私の原初性のうちに含まれ時間化されたものとして私が認識する私の過去は、私を過ぎ
去った自我として含み、過ぎ去った現実的ならびに可能的な現出等々を含んでいる。私の
現在のうちでは、その過ぎ去った自我が、いま、立ちとどまりつつ妥当しており、私の以
369 前の存在の「超越」は、志向的に私のうちに、立ちとどまる今のうちにある。そのような
超越は、私の「私は確証できる」として、とどまる顕在的確証の統一であり、そのような
確証の統一のうちで、私はそもそも私の内在的な時間的存在を確証可能な仕方で構成して
きたのである。そのように、私は他者を、確証の極としての私のうちなる他者としてのみ
もつのであり、生き生きと根源的な現在の私の原初性のうちに「含まれた」可能力性、す
なわち、そこで時間化された原初的主観性の（私自身が、形成体として認識する）「認

識」の可能力性としてもっているのである。

多くの段階。立ちとどまる自我としての原様態的自我、そのうちで時間化される、原初的な身体化における周囲世界の原様態的自我。内在の時間化された自我、それは時間様態としての現在のうちに、過去と未来を含む。私、すなわち原初的人間は、原初的‐世界的に存在しており、時間様態的な世界現在のうちで、過去と未来を「認識」としてみずからのうちで時間化している。さらに、他者たちが原初性のうちに志向的に含まれている――「意識」と「自我的な能力」をとおして。

「実質的に」含まれていること。過去および私の過ぎ去った自我は、現在の自我のうちに実質的に含まれてはいない。実質的には現在は現在のうちに含まれうるし、知覚されたものと知覚可能なものの統一のうちに含まれ、さらに持続していくものが持続するものの統一のうちに、同様に、過ぎ去ったものが過ぎ去ったもののうちに含まれうる。一人の人間は世界のうちに、原初的人間は原初的世界のうちに実質的に含まれているが、一人の人間が別の人間のうちに実質的に含まれるということはないし、一つの自我の統一のうちに別の自我が実質的に経験され、ないし経験されうることもない。両者は共存しているが、しかし全体と部分(断片)としてではない。別の自我は私と共存しているが、しかし私は別の自我を経験し、それをとおして別の自我は私にとって存在する。そして私はこの共在をも経験し、それが「別の」自我であることをも経験する。

他者の「構成」、すなわち、私の絶対的存在における他者（この他者）の存在意味の形成。過去における私、私の原初的世界における私、客観的世界における私と、私の外の空間にいる他者。しかしやはり、熟考しつつ私は次のように言わねばならない。《私とは、それのうちで、それに対してこれらすべてが存在しているところのものである》と。そして、何であれおよそ存在するものは、私にとって、私からして存在するのである。別のものは考えられないのである。そして、別の自我が存在するならば、それは私からして、私のうちで構成された妥当統一であるが、しかしやはり別の自我なのであって、そのようなものとして、それにとってあらゆるものがそれから、そしてそれによって存在しており、370 私自身もまたそのようにして存在しているような、そうした自我である。そのように私自身が、私からして、そして私によって自我なのであるが、この自我がかくあるのは、別の自我によって、別の自我のうちでのみなのであり、そしてこの別の自我のほうも、それはそれで、私にとって、私からして、このような別の自我なのである。普遍的に省察を行なう者として、私は次のように言わねばならない。構成によって志向的に含まれているということは、およそあらゆる意味で存在しているすべてのものに妥当する。それゆえまた、〔志向的には〕これらもまた私のうちに含まれており、そして超越論的自我の宇宙も私のうちに含まれていて、それぞれの超越論的自我自身のうちにはまた、超越論的自我の宇宙が含まれているのである。これもまた、あらゆるものと同様に、私からして、そしてそれぞれの超越論的自我からして存在している。別のことを無理に考えだそうとしたり、別のものを要求しても無意味である、と。

では、このことは「形而上学的」には、つまり絶対的なものにとって何を意味するのだろうか。超越論的自我としての私は、絶対的であり、私の絶対的存在なのであって、そこには、私があるのは、私が私にとって存在し、超越論的《共‐我》の宇宙の構成のうちに理解されて含まれていることによってである、ということが含まれている。私は、そのように私にとって存在する他者なしには、私がいまあるように存在しえないし、この他者も私なしにはそのように存在しえない。志向的に含まれていることが、超越論的な共存にとって必要なことである。それは、あるものと別のものとを、たとえ絶対的に規則にしたがってであっても、偶然的に結びつけるような意味を欠いた外的法則からしてではなく、さもないと、それはまさしく無条件的で一般的な偶然性ということになろう。存在するものとして認識されるあらゆるものは、認識することの偶然として認識されるのではなく、認識客観として、真にある存在として、ある存在意味をもち、それは持続していて、私の持続する超越論的主観性およびその可能力性と相関的であり、具体的に究極的で徹底的な認識においては、超越論的な実存および共存と相関的である。

認識されえないものは、存在することもできない。存在とは認識可能性のことである。そして他者なしに認識されえないものは、他者なしには存在しえない。必然的に存在するとして認識されるもの、しかも私すなわち認識者にとって超越的なものとして認識されるものは、たんなる「認識の産物」ではなく、自体的に現実的である。「無条件的かつ明証的に妥当するものとして私のうちでアプリオリに認識されるものが、あらゆる存在者にとって現実に妥当するということを、私はいかにして知りうるのだろうか」、等々〔と問われる〕。〔これは〕認識の見せかけの謎〔にすぎない〕。

これらすべての謎は構成的解明によって解き明かされ、超越論的現象学によってのみ解き明かされる。したがって、私が絶対的にあるのは、私の絶対的自己認識からなのであっ
371 て、この自己認識には、自己を認識しうること、自己時間化の最下の段階において「認識されて」いること、私自身に対してあること、これらが私の存在を形成している、という認識も数え入れられる。そしてさらに、存在する一切のものが私のうちに認識によって含まれており、このような内含が別の超越論的自我にとって何を意味するかといえば、それは、私の構成からして、また相互的な構成のうちで、絶対的に私と共存していることである。このような認識も、上述の絶対的自己認識に数え入れられる。お互いとともに絶対的

に存在すること、共存することは、相互の認識において、また相互の認識からして共存することであり、「それ自体で、それだけで」ある存在は、あらゆる別の絶対的なものにとって、それゆえ超越論的間主観性にとって、絶対的な全主観性である存在としてある。いかなる絶対的なものも普遍的共存から身を引くことはできない。何ものかが存在し、かつ、いかなる意味でもつながりのうちにもなく、それが単独で存在するということは、無意味である。私が独我《ソルス・イプセ》でないというだけでなく、およそ考えられうるいかなる絶対的なものも独我《ソルス・イプセ》ではない。このことは端的に無意味なのである。そういうわけで、世界の存在が超越論的に解明されたとき、明証的となるのは、自然もまた絶対的にそれ自体だけで存在するものとしては考えられない、ということである。自然が自然として考えられうるのは、人間的周囲世界において、人間たちの身体とともに、超越論的間主観性の超越論的構成体としてのみである。――超越論的間主観性の、と言ったのは、私がそこに居合わせており、それを再び克服するのがナンセンスであるような事実性がそこに含まれている、という意味である。

構成の相互内属〔絡み合い〕、そしてそれとともに、認識のうちに志向的に含まれて内在することは、存在が互いにともにあることであり、ある新たな相互内属、すなわち共同化という相互内属にとっての土台である。これは、互いのうちで、互いをとおして考え、欲することである。ここにはなお熟考すべき点がある。

444

二四　再想起と感情移入の並行性

一九三二年一月二七日

すべてが明らかになったように思われるが、より深く立ち入ってみれば、決して十分でないことが分かる。

誰もが自分の原初性をもち、その原初性のうちで、原初的に構成されたその感性的世界を、そのつどその知覚にそくした方位づけにおいてもっている。したがって、私は、一目で世界を統覚し、予料しているが、個々のものにおいては、事物を綜合的な統一として見ている。あるいは、体系的に多様な綜合を、次のような仕方で私は予料する。それは、「私は、この親しまれたキネステーゼの体系のうちで動くことができ、そこでは好きなように、なじんだ道をとおり抜け、それによって持続的な、そこに属している現出を、流れるままにまかせることができる」というものである。このようにして私は、持続的に斉一的な綜合を、持続的に相互に付加し合い、さまざまな親しまれた方向において統一化する綜合を獲得する。そしてそれと相関的に、一つの同一の事物の綜合的統一を獲得し、斉一的に存在し、その斉一的な特性において存在するものの綜合的統一を獲得する。私は、おそらく、しかじかの非斉一性のうちへと迷い込むかもしれず、そのようなあり方や存在そのものさえ、確保できないかもしれない。私は、しかし、つねに斉一的に確証できる高次の段階の予料のおかげで、低次の段階のすべての非斉一性、つまりそれまで斉一的に進行してきた現出の歩みにおけるすべての非斉一性を、修正をとおして克服できるのである。

私はすでに、ここにおいて、大変複雑な統覚のうちにあることになる。この複雑な統覚においてとくにきわ立たせようと思うのは、その方位づけられた与えられ方の多様性のうちで当の事物の同一性を根拠づけている統覚である。あるいはより完全な理解によれば、知覚事物領野の同一性と知覚世界（世界の現在）そのものとの同一性は、「方位づけられた」現出様式の持続的な変転のうちで根拠づけられているのである。すでに、器官にかかわるあらゆるキネステーゼと、そのキネステーゼに属する現出の経過自体に妥当するものは、全体的にみて、器官にかかわるキネステーゼの総体性とそのキネステーゼに属する総体的現出（高次の基づけられた段階における現出）、つまり領野の総体的現出の総体性とゼの関係をともなう領野の総体的統覚にも妥当する。これが、「歩行」というキネステーゼとの関係をともなう現出であり、このキネステーゼの可能力的な経過において、現出は総体的現出として、綜合的統一の構成のもとで持続的に変化する。あらゆる瞬間的な周囲世界（まずもって知覚）を経験することで、私は自分の立ち位置をもっており、私はそれを歩行をとおして持続的に変えることができる。このことにおいてはじめて基礎づけられているのが、空間位置としての立ち位置の統覚であり、また空間的運動としてのこの持続的な変化の統覚であり、他者と同様の空間的物(的身)体としての知覚の器官をともなう私の身体の統覚である。*9

このようにして、私は原初性においてあり、その原初性において基づけられつつ、すべての私のこの原初性を超越する「客観的」世界の統覚と、すべての私の作用とが経過している。しかも、私は原初的な核をともないつつ、超越していることとして統覚されている。したがって、第一の根源性による原初的なるものを私が受け取るとき、私は、原初的に還元された世界に関して、その知覚の現在をもつように、また原初的に還元された作用に関して、いま現実的に経過している作用をもつ。これらの作用は、その超越する統握をともないつつ、私の原初的な領分に属している。このように、それらは私の自己固有の作用であり、それらのうちで私は、顕在的な立場決定を遂行し、顕在的な妥当の相関者をもち、厳密に、作用がこの相関者のうちで妥当とされるまさにそのように受け取る。

446
共同主観の存在

私が、自分の原初性において感情移入し、他者を経験する自我であるとき、他者の身体物体は私の原初性のうちで経験されたものであるが、とはいえ、その人の原初性における他者に関して共現前するものとして経験されたものである。ここで私が――どのような関心においてであろうと――他者のうちへと経験しつつ（「感情移入しつつ」）入りこむことにおいて――たとえば、その人が行なうこと、その人が経験される事象にどのように対処しているか、それらの事象がどう受けとめられ、場合によってはそれについて怒っていたりしていることを好奇の目で見まもったりするとき、あるいはまた、特別に関心をもった者として、すなわち、まずはたんにその人を観察しつつ、その人の言うことを傾聴しつつ、その人と交渉したり、その人に提案をしたりするとき、私は、一貫した共現前をとおしてその他者と合致しており、共現前されたその人の原初性の作用は、たんに共現前されてそこにともにあるだけではない。その人は、人間として、私にとって、私の原初性のうちで顕在的に経験しつつ遂行された立場決定のおかげで、「「そこに」立っている」という方位づけにおいてであるという存在妥当や、「動いている」という存在妥当を、また、内的な意味で立っていること、歩行し、歩きながら話していることなどの存在妥当をもっているのである。その人は、たんに空間時間的な世界における客観ではない。それは、私が自分自身、身体をもった人間として客観であり、またこうした客観として世界の現在に属しているように、たんなる客観なのではなく、私が自我主観として客観世界に対して存在するように、その人は私の共同主観なのである。そして、その共同主観としてその人は私にとって存在するのであり、この私にとって存在するとは、私もその人にとって、その人に劣らず共同主観として存在するということである。しかし、このようなことのうちには、人間としての客観的存在と、《自己‐自身を‐他者と‐ともに‐客観‐として‐見いだすこと》とに対して、とても多くのことが認められる——まさに、能動的に実行され、共現前のうちで遂行された「合致」に随伴するものがあるのである。すなわち、私は「いわば」他者のうちにあり、そこかしこを見る者、あれこれと判断する者、論述する者のうちにあり、他者のうちで（私がその人であるかのように）あれこれの作用を遂行し、触発を受け止めつつ、ときとしてさまざまに動機づけられてある。これらすべてのことはたしかに、他者の客観的な統覚をもっており、それらは心的な作用として統覚され、この空間的に実在的な人間の心的行為と受苦として統覚されている。この実在的な人間の身体性において、これらは、二次的に局在化され、心的な出来事の流れとして、身体のもろもろの行程と心

447 理物理的に統一されている。それは、他の人格が、人格として、そして習慣的なもろもろの慣例や性格の特性や、習慣的な意志の方向づけ（もろもろの関心）の基体として、心理物理的に、自分の器官としての個体性における同一の器官としての物（的身）体と統一されるのと同様である。しかし他方で、私の原初的な自我と、共現前された自我との合致において、共現前の仕方で変様された原初性として、「他の自我」がある。それは、このような合致において、私が、共現前された原初性のうちで他者の原初性として準現在化された、あらゆる妥当と総体的妥当を分有していることだ。ある意味で、《他《フレムト》なる者を‐経験しつつ‐自分のものにすること》としての共現前は、避けようもなく引き受けること――ないしは引き受けないことである。そのさい引き受けないとは、一種の引き受ける（分有する）ことである。つまり、共現前とは、固有の統覚、固有の行ない、固有の《妥当を‐もつこと》の引き受けであり、あるいは、いま述べたように、《妥当‐させないこと》という引き受けないことなのである。この分有とは、合致において私に固有な《妥当を‐もつこと》であるが、この分有は、その人と合致する妥当をともなう他者のなす分有として、その人と一致する立場決定である。このことはしかし、共現前された他者の立場決定に対する距離をもった特別な活動、つまり肯定する承認であるのではない。しかし合致においては、通常の原様相的な共同の活動や分有の代わりに、根源性における疑念や、様相化、ないしは否定（拒否）、（固有の様相として）端的な分有に対して躊躇することが生じることもある。原様相的な分有、すなわち一致の領土は、原理的に、いわば通常でない様相がそこからきわだつような地盤として、存続せねばならないのだ。このようにしてのみ、他者は私にとって他の自我であり、すなわち同一の周囲世界に属する避けることのできない主観である。私はこのような周囲世界を、私の原初性からして存在するものとして妥当させており、このようにしてのみ他者は、私自身と同じように周囲世界のうちを生きつつ、そこへと入りこんで経験しつつあるのである。

再想起と合致、私自身へのないし私自身との分有

　ここで問題になることは、ある並行関係をとおしてより鮮明にされる。共現前は準現在化である。準現在化のある別の根源的なあり方、すなわち再想起を考察してみよう。私は、共現前において、他者とともに、端的な合致の共同体のうちに（「入り込む」という遂行のあり方において）あるのに対して、再想起においては、私自身と合致している。私は、
448 ちょうどいま、昨日、町中を歩いたことを思い出す。私は、あれこれの通りや街角を歩きつつ、知覚していたのであり、それも、過去のもの、すなわち知覚された世界の事実として思い起こす。このように私はいま、想起する準現在化という仕方で、そして準現在化さ

れたものとして、以前（昨日）に統覚し、身体的に活動し、ないしは語っていた私の自我、またあれこれの意図によって促された私の自我を経験する。これらすべては、「過去」や「知覚されていた」という様相、顧慮されていようといなかろうと「原初性のうちにあった」という様相をもつ（いまこのように語りながら、私は自分の注意し、主題化する視線を、主題化されていなかったものへと向けている。私は想起しながらたんに再生産しているのではなく、変更された態度をまさしく遂行しているのである。とはいえ、統一的な妥当の内部で遂行しているのではあるが）。私が、ここで、昨日の散歩に思いをはせて、いわば「ふたたび」知覚し、「ふたたび」行くという様相においてあることで、私は再想起された知覚する私の自我と合致している。ないしは、このようにして、再想起された私の自我との《合致の－うちに－ある》のであり、これが、入り込んでいったり、自分を失っている再想起である。このことの本質に明らかに属するといえるのは、私にとって、すなわち再想起する顕在的な原初的自我にとって、再想起されたすべてのものが、ともに妥当するとされていることである――このことは、自分を失っている再想起の通常の場合である。したがって、普通、たんなる表象と承認とを分離する傾向をもつように、すべてが「表象的」であるのではなく、また、自分に固有な過去の自我が、私にとって、妥当する、・散歩し、知覚にそくしてそうあった、すなわち身体的に、このとおりにこの事物や人間や動物とともにいたことを妥当とする自我として存在するのではない。ここでいまだ述べられていないのは、私の原初的な現在におけるいま顕在的である私が、こうした存在の確実性を分有しているということである。まさにこのことこそ、合致においては、正常なことである。しかし、これらすべてのことにおいて、私は「私と不一致」になることもありうる。たとえば私は、（後から自分で分かったこととして）過去の二つの散歩を取り違えたり、混同してしまったということがある。私はこの服を着ていたのではなく、別の服を着ていたとか、私と出会った人にこのこと（他の状況に属すること）を言ったのではなく、あのことを言った、などである。あるいは、そのとき「X氏に挨拶した」ことを、たぶん、あるいは、はっきりと覚えているのだが、後で明らかになったことは、私がその人をはじめから、全体的な印象からY氏と取り違えていたことだったりする。したがって、私はい
449 ま、〔まさに〕思い起こしているのであり、私は、私が合致している私の過去の自我の統覚的な確実性との、端的な分有という合致の関係にはないことである。この場合に特徴的なことは、まずもって私が、原初的な現在の自我として、私自身と合致していることである。また、私は、明らかに、再想起によってのみ、私であったことを根本的に知ることができ、私の過去についてのすべての間接的な知識は、いつもすでに私の再想起と同様、すべてのその他の過去に基づいているのだ。したがって、想起の根源的な本質には次のこと

がある。それは、想起の自己合致において、すなわち同一化する原様相的形態における合致において、つまり、ここでは、この綜合において、私は一つのものとしてあり、また一つのものとして意識されており、いまあり、あった一つのものとして意識されていることである。一つのものとは、二つの時間様相的な与えられ方にあり、その与えられ方と分離できないあり方で、自体存在における顕在的な存在の二つの様相にある。すなわち、二つの流れる顕在的な体験の現在において、そしてそこにおいて、体験され、意識されたものの流れる領野としての、二つの周囲世界的な現在がある。——一方がいま「現実的」な現在、すなわち原初性であり、他方が「準現在化」という様相における現在である。当然のことながら、時間様相的な時間性という前提されたアプリオリから、次のことが軽々しく取り出されてはならない。それは、同一性の綜合においてある二つの、自我の与えられ方の様相、すなわち、原初的現在の様相と過去として準現在化された現在の様相とを、「自明的なもの」とすることであり、また、自我がこの二つの様相のあいだ、持続しているのでなければならないとすることである。自我の時間性、すなわち、その体験流と、そこで遂行される、それにとって持続的に存在するものとしての同一的な世界への関係を担う確固とした自我の時間性は、むしろ、自己時間化、つまり、そこにおいて自我が存在し、そこにおいて自我がそれ自身にとって必然的に連続的な持続をもつような自己時間化が証明されることで、理解され、このように構成的に根拠づけられるのでなければならない。

再想起による〈この〉エゴの同一的存在の必当然性と、感情移入する準現在化による他者存在の必当然性の問い

この必当然性は同様に、《我－あり》の必当然性に形式的に基づけてはならず、むしろ、《我－あり》の必当然性を理解するための、まずもってその具体的な意味を明らかにするための導きの糸であるのでなければならない。ここで、この必当然性が問題になるのは、必当然性に関しても、二つのあいだに本質的な違いがあるからである。一方の、再想起による自己自身との合致（自己自身との共同体としてのもっとも根源的な自我－共同体）と、
450 感情移入による、すなわち共現前化による他者との合致（通常の意味での一人の他者と、そして多くの他者とのすべての共同体の基盤としてのもっとも根源的な他者との合致）との違いである。

したがって、他者との合致は、再想起する合致に対立して、他者性における第一の合致（共同体）〈である〉。このことは、言うのはやさしくても、理解するのは難しい。――言うのはやさしいというのは、私は、表面的に、あたりまえのこととして、次のように言葉にするからだ。すなわち、私は他者ではなく、また私は、通常の「知覚」、つまり、現象

学がきわだたせてきたように、共現前をとおした知覚において、すなわち、入り込んでいく「知覚作用」において、ないしは共現前の知覚の側面において、いわばともに経験し、ともに思惟し、ともに行なうのである。しかもそのさい、私は私であり他者ではないといったふうに行なうのである。しかし、この自他の区別をどのように理解することができ、再想起における統一と、同様に準現在化する「感情移入」における他者性と〔自分の〕固有性は、どのように理解できるのだろうか。

これについて、すぐに、熟慮が続く。私たちは、さしあたりここで、必当然性にかかわる二番目の差異点をあげてみよう。私は自分自身について、「思い違いする」ことがよくある。私は私のああだったり、こうだったりすることについて疑いをもつことがありうる。そして、確実なことがたんなる推測や蓋然性に、また、そうではないこと〔自己錯誤〕が確かであるというように、変転するよう強いられることもありうる。しかし、わたしが容易に気づくのは、すべての疑いや思い違いには、はっきりとした限界があることである。私たちは、ここで、空間世界的なものについてのより以前の経験としての想起に該当するようなすべての疑いと錯誤を、自明なこととして除外する。そして、私たちが考察するのは、本来的な自己錯誤、たとえば私たち自身の想起の過去から混合されたものや、融合されたもの、あるいは同じことであるが、「実際の」再想起ではない再想起が立ち現れるこ

451

とで、その確実性が混合された想起の分散化をともないつつ無効なものへと変転しまう、再想起の混合や融合などである。明らかであるのは、すべての様相化が斉一的な確実性の地盤をすでに前提にしていることであり、絶対に不変化にとどまるのが、時間化する時間流の形式であること、しかも、この流れにおいて私の自我、すなわちいま覚醒して体験しつつ生きているこの一つの自我が、持続性のうちで体験してきたことである。そして、この流れにおいて、この自我が体験されたもの（体験すること、すなわち現象学的にノエシス的な意味での体験において、対象的に存在するものとして妥当するもの）によって触発され、この触発にあれこれの仕方で、作用においてかかわることである。私がどれほど、想起された過去の体験の存在について誤ろうとも、想起された過去は、誤る過去に代わる、実際の過去であったのであり、ないし、多くの実際の過去があったのであり、それらがこの見かけの過去に混合され融合されていたのである。仮象が多ければ多いほど、存在もまた多い。したがって、まさに私の体験流が存在したのであり、不変化の形式とは、具体的な存在の流れの形式であり、私は、この流れを、もろもろの錯誤を「露呈」することで、求めることができるのである。あるいはむしろ、私が想起を求め、批判的に問いただすのは、私がまえもって、決して分断されず破られえない確実性をもっているからである。これの確実性を定式化して表現すれば、私はつねに私の生をもっていたのであり、この生のうちには、私がいることと私がいたことがあるということになる。すなわち、同一のものとしての私、つまり、顕在的な今の現在において私に立ち現れ、そのうちに私が入り込むようなすべての想起を担う一なるものとしての私は、不変化な形式である。しかも私は、生の自我として、体験するものの自我、意識生の自我としてあり、この意識生は、「生の時間」という形式をつらぬいて伸展しており、その時間には、あらゆる想起が関係し、その時間は、想起をそれ自身から露呈させうるような仕方で自身のうちに含蓄的に担っているのである。しかしこの不変化な形式は、その妥当において、私にとって不変化にとどまる存在の形式としてあるが、他方で個々のものにおけるそのつどの内実は様相化のもとにあることもある。この必当然性に何が属そうとも、またその固有本質的な意味にそくして分かりやすくするために、この必当然性がどのように解明されようとも、様相化ないしは錯誤は、私そのものに関しては、私の《そうあるあり方》につねに関係し、あれこれ実際に体験としてもったことに関係し、あれこれの活動や動機に、また習慣的に確信していたことや根拠づけていたことなどに関係する。しかし私の存在、しかも具体的な私の存在にはかかわらない。この私の具体的な存在は、現実にその生を生き、また生きてきたのであり、私は、この具体的な私の存在に、そこへの可能な到達の仕方を求めることができ、現実にその習慣性をもつのか、もったのか、などを求めるのである。このことは、持続的に自我的な時間としての時間の形式のうちで〔生じている〕。

では、自我論的な未来はどうだろうか。もちろん、これらすべてのことは、先想起[18]にも妥当するであろうが、それは、再想起にさいして、すでに疑いの余地なく不変的なものをもっているとする限定を顧慮したうえでのことである。再想起においては、私は、あらゆ
452 る想起について、たしかに、まえもって疑いの余地のない確実な、顕在的ないまにまで及ぶ可能的な想起の持続をもっている。つまり、いまに至るまで、たえまなく続いていた、また、続いている同一のものとしての自己存在をもっている。とはいえ、任意に自我の過去へと伸展可能な、したがって、無限な自我生の確実性をもっているわけではない。このようにして私は、私の未来の存在に関しても、疑いの余地のない確実性をもつが、とはいえ、任意の伸展可能性のうちにもつのではない。しかもここでは本質的にことなったあり方において〔確実性をもっており、〕そのあり方は、先想起と再想起という本質的な区別に相応している。ここで私がもっているのは、ただ次の必当然性である。すなわち、私はいま生きつつ、さらに未来をもつということである。しかし、それは私が、どんな先想起であれ、直観的な先予期を遂行しながら、疑いの余地のない確実性をもっているといったわけではなく、私が自分の未来の体験に関して思い違いをしたとしても、予料された体験の代わりに、別の体験をもつにちがいない、といったような確実性をもつということでは

ないのである。ここに位置づけられるのが、死の可能性であり、死は自我論的な自己考察のうちでは表象不可能であり、いかなる体験にそくした直観性ももつことはできない。それはちょうど、死とは、他者の理解をとおしてのみ、私にとって意味を獲得するからである。このことだけが存続する。すなわち、かなたに向かっていく「生」の必然性にとって、何の必当然性も存続しないことであり、私がそもそも未来を、直近の未来である（未来）予持をもつという力の低下した必当然性をもつことだけである。現在の生は、固有本質的に、到来するものに向かう生であり、流れつつ現在的なものとして、流れつついまとして充実する、流れる到来するものをもつ。あらゆる今へと入りこむものは、いま-到来するものの充実として、疑いの余地なく性格づけられる。

一九三二年一月二九日

では、そのつど共現前的に私に妥当している他者の疑いの余地のない確実性はどうなっているのだろうか。共現前的に-感情移入する準現在化は、明らかに、再想起のもろもろの長所をもち合わせてはいない。とはいえしかし、エゴの必当然性との真正の並行関係として、必当然性が存続してはいないだろうか。つまり私のエゴのもろもろの共同主観についての普遍に関する必当然性が存続しないだろうか。他方で、この普遍の存在の必当然性は、この普遍の「内容」の、つまり、この普遍の何らかの、自分に固有な超越論的主観をのぞいた個々の超越論的主観にとっての必当然性を意味しないのか。

453 世界が、私の流れる現在において、それ自体において確証された妥当のうちにあるかぎりで、あるいは私が自分を理念のうえで、人間として世界化された自我として考察し、この仮説のもとにとどまるとき、そこに属しているのは、たとえ私が、ともにいる人間〔現実存在〕の個々の人を取り違えるとしても、ある共通の人間性が世界現実性として、また開かれた実在的可能性として、必然的に仮定できることである。しかし、〔そのさい〕私は人間-自我でなければならないのか。私が自分をこのように見て、世界を経験することで、私には、信じたり、信じなかったりする自由は与えられていないのであり、疑ったり、疑わなかったりなどする自由も与えられていない。私は、個々の世界に属するものが、そこにない可能性があったとしても、必当然性のうちにいるのであり、他方で私は世界の存在を妥当させねばならないことを経験しているのである。この個々のものは、それを私が経験しているとき、ことさらそれについて疑うということがなくても、疑いが可能であるものとして、すでに、ともに統覚されているのである。それは、現実の経験のあらゆる幻滅が（そして、このような幻滅はしばしば十分体験されているのだが）、可能性としてあらゆる他の経験へと転用され、それらの経験を変様可能なものにする、しかも統覚的にそうするかぎりにおいてである。しかし、このような動機が必然的に欠けるといえるのは、世界がその経験の仕方において（個々の修正をとおして）、決して思い違われたことはなく、それなしでは、私と私たちが生きる自明に存在する世界として構成されることなどなかったことである。世界の普遍の存在のうちに、この存在の意味の本質契機としてある予料は、経験のあいだじゅう、すなわち私の目覚めた世界生の行程のあいだじゅう、疑いの余地はないのである。これが私にとっての先想起の必当然性である——とはいえ、私が、私の未来の生を、すでに自明的に存在するようになるものとして、不問のままにしていることが前提にされているのではあるが。

いまやここで、この前提が忘れられることなく、補完しながら（上で述べたことについても）次のことが注意されねばならない。すなわち、内在的に語れば、私の原初的な過去は、私の原初的な未来を、たんに直接的に（未来）予持的に来るものだけでなく、疑いの余地なく前もって予描していることである。つまり、類比による前もっての予描、したがって、未来の生の予描と、続けて伸展していく、遠方へと伸展していく生活世界の未来と原初的‐世界的未来は、阻むことのできない必然性において出現してくるのである。むろん、自我論的な過去に完全にそくしながら、原初的‐世界的観点からいえば、それは修正からなる世界といえるだろう。そのさい、阻むことができない、というのは、存在妥当のことであり、そして、また阻むことができないのは、未来の確証可能性であり――「存在、場合によっては仮象、しかし、相応する存在へと修正可能な仮象」という様相に応じて――「内在的」先想起に関しても、また、そこで超越する経験において構成されたものに関しても〔阻むことができないのである〕。とはいえ、世界が間主観的世界として構成されているとすれば、私は、私の未来の生を終わらせるに足るレンガ〔の落下〕を〔どの瞬間においても〕覚悟してはいるのである。予料のこの必当然性は、絶対的に強制するような必然性であり、信じ、妥当させねばならず、また判断せねばならず、そこにおいて、判断の地盤一般と実践的な地盤一般を確保していなければならないのである。しかしこの必然性は、私の未来の世界生の非存在が思考不可能であるとか、表象不可能であるとかいう意味での必当然性ではない。

こうしたことは、私が「私たち」ということを経験の妥当においてもっているとき、その私たちにとって――したがって、私たちの経験からなる客観的な世界にとって、生き生きした自己確証におけるこの共同的な経験が、ちょうど、まさに、私たちの完全に覚醒した生において継続するように、そのように継続するかぎりで、この予描の経験的な必当然性がともなわれているのである。しかし、間主観性にとって、当然、また世界にとって、また私自身にとって与えられるような必当然性を別にして、他の必当然性が与えられうるのだろうか。

514
二五　感情移入と想起における自己構成

感情移入と空間時間的世界のうちにおいて存在するもの、すなわち実在的なものとしての他者の客観化。

感情移入の遂行、すなわち本来的な感情移入の遂行において、私のうちで、ある動機が生じる。その動機において、私は——正確に表現することは難しいのだが——いわば、想起する。しかし、以前の私の経験や感情や行動を想起するのではなく、そもそも普通の意味で想起する、つまり「自分のこと」を想起するのではない。そうではなく、他者の、「その人の」経験や感情や意志したことを「想起する」のであり、あるいは、その人のことを、私の生と同時に現在にあるものとして意識されているその人の生において想起するのである。なんと逆説的な言い方なのだろうか。というのも、そもそも感情移入が感情移入であるのは、それをとおして、私にとって他者が現在において存在し、理由なしではそう言われないように、まさに知覚にそくして存在するからである。通常の想起において、記憶しているというのは、たとえば、コンサートで音楽を聞いて楽しんだとか、下手な演奏にいらだったとか、同僚と話をして、あれこれのことを約束したなどということである。想起するとは、（直観的に分かるようにいえば）流れる今の生において、準現在化しつつ、「以前の」生を「反復すること」である。しかし、以前のこととは、この再度、準現在化することと活動的に反復することによってのみ、その意味をもつのであり、まさにそれは、私が-経験する、私が-考える、私が-行なうということの反復なのである。他方、私は、515 いま、当のこのことではなく、別のことを経験し、行なったりしているのだ。[*10] 現在の私として私が、周囲世界の自我、そして、その周囲世界における活動や経験の自我を再生産する。この自我は、いま現実にいる自我ではなく、しかも、再生産された経験である経験や活動における自我として、準現在化の性格のうちにある自我である。この性格は、再生産されたもの全体を一貫しており、その能動性に「反復する」という性格を与えるのである。[*11]

　現在の私としての私。再生産しつつ、私は、過去のものに向かっている。再生産された自我が、準現在化の様相において、擬似的に経験したり、感じたり、行なったりするものに向かっている。この過去のものとは、まさに、想起する者であるこの私が、「それを経験した、それを私がした」といった言葉で描くものであり、それは、いま存在し、今においてある特定の意識の仕方を遂行する、再生産されたものをともなう自我の同一化統合によって行なわれている。第一の〔現在に存在する〕ものとして私は、現在の周囲世界に方向づけられ、活動的に方向づけられていたり、その現出の仕方において、現在の周囲世界から触発されている。そして、私の活動性において周囲世界は、この活動性からする原本的《オリジナル》な主観的様相における周囲世界として、私に原本的に意識されている。この様相というのは、何かに向けて見やるさいの《いかに》の様相において、すなわち、把捉し、また顕在化しているさいの《いかに》であり、価値づけられてあるもの（価値）の《いかに》においてであり、行為の仕方の《いかに》である。そして私の前に、その行為の段階における実践的生成が対象的にそこにある。私が想起するとき、私は、想起におけるいまの私として、わたしが「そのとき」現在のものとして方向づけられていたもの、そしていま、私にとって過去のもの、想起されたものと言われるものに向けられている。

現在において生きながら、私は、私が向かっているものから、自我としての私自身に、すなわち私が話し、経験し、考えるといったときの私自身に反省を向けることができる。私はまた、想起において反省することもでき、したがって、いまの自我として、私の過去の自我に向かうこともできる。そのさい私は、間接的に、そして二義的に（原初的にまた本来的に向かうのではなく）、私の現在の自我にも、ともに向かっているとも言える。もちろん、見落とされてならないのは、それ以前に反省されていないコギト〔思惟〕の自我としての私自身に反省的に向かっているとき、私はさらにもう一度、コギトを遂行している。すなわち、そのコギトとコギトを遂行する自我に反省を向けていることである。このことは、もちろん、想起にも関係している。

想起しながら、私は、反省されていない遂行のさなかの自我である（その遂行が反省の遂行であったとしても）。この遂行のさなかの自我は、遂行ということにおいて、過去のことに向けられてはいても、それそのものが「主題的」ではない過去の遂行のさなかにある自我に向けられているのではない。

私は私の流れる具体的な《そのつど性》[19]に存在している。私はたえざる自我であるが、この自我はまさに流れるいまの存在において存在する。私には、たえずその流れるいまの存在のなかで、流れて存在する現在が意識されており、核になっているのが、知覚にそくして現在の根源性において意識されていることである。したがって私は、たえざる原様相
516 である今のなかを生きながら、たえず存在として「現在化しつつ」、たえず現在化する生のうちに存在する。しかし、いつも流れる今の存在のうちにある私は、場合によっては、

準現在化する自我であったり、再想起する自我やまえもって予期する自我であったりもする。

再想起の場合にとどまってみよう。再想起が生じるとき、私は、現在化しつつ、私の存在としての現在と準現在化しつつ、私の存在としての過去を一つのこととして意識している。これは、いったいどういうことなのだろうか。存在としての過去は、過去の現在として、現在の変化の様相として意識されている。存在としての現在において意識されるものは、端的に現在であり、原様相にある。準現在化において意識されるものは、端的に現在であるのではなく、存在様相において変様した、想起された現在であり、それで過去とよばれる。しかし、現在とは、流れる現在化における現在であり、こうして変様した現在は、流れる現在化の変様にある。つまり、流れる今の顕在的なものである私は、準現在化する私でもあり、様相化する意識の仕方をいま生きつつ、そのなかで、様相化された存在としての現在的なものが、様相化された存在としての現在とともに、流れつつ意識されている。現在的なものの様相化としての様相化は、「いま、具体的に生きていて、いま現在化しつつある、この現在的なものにおいて存在としての現在を意識にもっている自我」の様相化と一つのものである。存在として準現在化する自我である私は、さまざまな仕方ではあっても、分離できない一つのこととして次のことを意識している。すなわち私の存在としての現在と、いま想起することとしての私の存在としての準現在的なもの、さらに想起における私、つまり擬似的な存在としての（疑似‐）現在を現在化するものとしての想起において準現在化された私、そしてそれとともに、この擬似的現在、つまりいま想起された存在的なるものなどが、一つのこととして意識されているのである。*12

　顕在的な自我としての私、すなわち、様相化されていない、すべての様相化を原本的《オリジナル》で固有な「自分自身のうちに担っている」自我としての私は、様相化における自我と合致している。準現在化において、準現在化するものとして、私は、「まるで、私が「過去の」現在を再度、生きぬくかのように」という様相において生きるのであり、まるで私は、再度、現在化しつつ「〔かつて〕あった」自我であるかのようであり、まさにそれによって私は、いま顕在的に、「ふたたび生きるかのように」生きるのであり、まるで、ふたたび、見つめ、考え、感じるかのように生きるのである。まさにそれによって私は、存在として現在化する自我と、擬似的に存在として現在化する自我との合致において存在しており、しかも同一性の合致において存在する。すなわち、私は、いま知覚し、「過去に」知覚し
517 たその同じ私であり、いま現在において存在としての周囲世界をもち、かつて、そのときの今において、その現在の周囲世界をもったのであり、その周囲世界は、現在の周囲世界と同じである過去の世界であり、そのさい、個別的な実在的なものは同一のものであり、

一部は、変化することなくそのままあり続け、一部は変化しつつそのままあり続けている。現在の世界の自我としての私は、私が現在の身体のうちに存在し、身体をとおして現在の世界のなかで活動し、実践的であるかぎり、現在を生きる人間である。私が同一の確固とした世界において同一の私であるのは、私が同じ確固とした身体においていま存在し、以前も存在していたのであり、その以前の身体の支配をとおして世界に働きかけ、それらの働きかけが、現在の世界において現在の働きかけとしてあり、いまの働きかけの基礎になっているかぎりにおいてである。

覚醒した、いま存在する自我として原様相にある私は、あらゆる今において、能動的である。自我として《私がいること》は、存在するものとして存在するものによって触発されてあることであり、あれこれに方向づけられて活動的であることである。自我は、現在化する意識の生において、能動的に、存在として現在的なもの、すなわちその現在野からなる、あれこれの現在的なものに向けられている。存在的に過去のものが「浮かび上がって」くるとき、その能動性は、その現在あるいはその過去、あるいは両者の結び付いたものに該当しうる(そして、そのほかの準現在化の領分にも該当する)。私は能動的にそれに該当する過去に入りこむことで、より正確にいえば、その過去は私の能動性として「入り込む」以前に、存在的に現在によって「覚醒されて」意識されている。しかし、それは

「暗く」意識されているのであって、過去は、私の能動的ないまそこに自分を向けることにおいてはじめて生き生きと直観的に、再度生き生きしたものになるのである。そして私は、その過去において、ふたたび現在野をもつのであり、私は、その現在野において、ふたたびあれこれのものに能動的に向かい、それを知覚し、熟慮し、何らかの形で、それにかかわり合うのである。この様相化されるくり返しの内部で、他のくり返し、あるいは、あるくり返しのくり返しさえ、もちうることもある。このくり返しは、数学におけるように、様相化するカッコという記号、すなわち、すべてをカッコのなかで様相化し、そのさい、そのカッコの内部にもまた、その記号とその記号が関係するカッコがみられ、それが任意にくり返すことがありうる。

したがって私は、能動的に再想起に入り込みながら、いまの顕在的な、つまり原様相的な能動性とその内部で再想起する能動性を、能動性における原様相的意識生としてもつ。その能動性の固有な存在意味は、能動性のいま経過する様相であることであり、その様相化は、それ自身において持続的な能動性を準現在化するが、いまの統一的に能動的であることではなく、そのなかで持続的に位相ごとの、能動性の想起、すなわち能動性の様相化なのであり、その様相化は、能動性についての、いま原本的《オリジナル》に生じる準現在化なのである。現在化と同様、準現在化は、自我に属する。しかし、とくに自我的ではない「過程《プロセス》」で

ある。現在化と準現在化について区別すべきは、世界現在の現在化と準現在化された世界
現在の準現在化、そして世界過去の準現在化であり、他方で、そこで自我としての私が現
518 在の存在をもつような私の「意識」の原《ウア》流れに属する、現在と過去と未来を時間化するこ
とである。すべての私の存在的現在化と準現在化をともなう原流れの自我としての私、す
なわちこの全体とそのなかでのあらゆる個々の現在として時間化するものや過去など、こ
の原様相的自我として私が世界現在としての自我であるのは、私が私の原様相の今におい
て、あるいはいま構成された持続において、私にとって存在的に現在である身体において
支配するものとして、現在の世界に関係しつつ属するかぎりにおいてである。そしてまさ
に、この世界の自我として私は、同時にいま身体において支配する同一のものとして、世
界の過去と、その過去で私の同じ存在的身体によって支配したことを準現在化する。こ
の自我として私は、すべての世界的に私にとって存在するものにとっての自我であり、ま
た、私は存在的に身体をもつ、いまの身体と過去の身体と未来の身体をもつ自我である。
そしてこの身体をもつことは、世界時間化のたえざる発生における自己構成に遡及的に指
示しており、すべての段階と綜合における現在化と準現在化をともなう流れる意識へと、
また、そのさい、綜合的に介入する自我の行動やその触発と作用、同一化、否定、様相化
へと遡及的に指示している――私にとっての、この自我にとっての世界の創造、たえざる

習慣性と、身体において支配しているもの、そして世界を経験するものの可能力性の自我として、私が自分自身を構成することを含んでいる世界創造。

しかし、あらゆる段階の想起に関して、私たちは、いまやたんなる再生産（能動性の再生産も同様）、そしてともに行なうことと「共感」をもつ。

518

二六　自我と世界の虚構的変更

私は人間だ。まさにそのように、私は自然な反省において自分を見いだしている。人間であることとして、私は自分を本質にそくして形相的に変転させ、私の可能な他者存在を、すなわち自我－人間としての他者存在を想定することができる。私は人間として、事実的な世界において、事実的に人間であり、他の人間や動物のもとで一人の人間なのであって、こうあるものとして、すべての人間とあらゆる動物と同様、意識にそくして、習慣性や関心などにおいてそれぞれのあり方で世界に関係づけられている。進展する自己変転のさなかで、世界は可能な人間と動物をともなった可能な世界へと変転する。私の人間性のどの可能性の変転も、時間的に現在的なものとしての、あるいは時間的に過去ないしは未来としての人間性の可能な他者存在であるかである。また、私を過去の人間‐自我として虚構することは同時に、私を現在の自我として虚構してみることであり、同様のことが私の未
519 来存在にもあてはまる。同じことであるが、自分を《ここ》の代わりにどこか他の場所に虚構し、他の存在意味で虚構することは、自分を空間的現在において虚構してみることを含蓄している。

　私は世界を、世界が私に根源的に与えられているのとは別様に、また現在の世界と過去と未来を、この私の現在からもつというあり方とは別の仕方で、虚構することができるだろうか。私はそれを、私という人間の現在の存在からそうするのとは別様に、私が私の現在を、虚構された現在であっても（現在的な自我として、あるいは別様にあるように）ともなっていないのであれば、虚構することができるだろうか。その場合、次のことは明証的ではないだろうか。すなわちいかなる世界も思惟可能ではなくなってしまい、いかなる想像の自由においても虚構可能な世界は、生じようがなくなってしまうのではないのか。ここにさらに大切なことが含まれていないのだろうか。すなわちいかなる考えられるかぎりの世界も、私の事実的な現在の存在という考えられる世界としてしか――したがって、

事実的な現実的世界なしには、存在しえないのではないのか。私のこの世界に関しては、現実性があらゆる可能性に先行する。このことは、あらゆる可能な世界に転用されるのである。すなわち私の、そこにおいて擬似的に立ち現れる擬似的な現在の自我は、可能な変転のうちへと変化し、その可能な変転に先行する。すべての可能な世界はそのようにあり、その世界はこの擬似的に事実的な世界からして可能なのであり、擬似的に現実的な後に生じる可能性に対しての可能性なのである。しかし、すべては最終的に、私の事実性、私の世界事実性にかかっているのだ。

　事実的世界としての世界はしかし、私の経験の世界であり、その統覚的な地平やその実在的な可能性をともなった、その未知性や未規定的な規定可能性や可能力的な、固有な、また他なる《フレムト》決断の予料からする存在の現実性をもともなった私の経験の世界である。

　ここで、さまざまなことが考慮されねばならない。私の伝統における自我。私は本質的に、自分の具体的な伝統のうちで具体的な自我として存在する。伝統の根本形式——（連合という最広義における）共同体化の根本形式。すなわち、（一）顕在的な伝統、覚醒における意識生。（二）潜在的な伝統。両者のうちにどのような本質形態があるのか。

（一）について。自己反復のうちにある自我、自分自身との共同体のうちにある自我。想起の様相と——原初的な——統覚の様相。すなわち原初的な顕在的伝統。

自分自身との共同体における私は、自分を同一的に「自己保存する」自我として自分自身を構成する——意識生を妥当の生として、もろもろの妥当を習慣的な確信として創設しつつ、それらの確信の斉一性のうちで私は自分自身を保存していこうとする。

とどまり続けるものとして方向づけられた獲得物へと努力しつつ、志向する生としての意識生。獲得物の様相化と無効なものになること、自己保存の断絶。斉一性への努力、様相の「克服」への努力、修正への努力としての高次の段階における努力。

獲得物——存在としての普遍の構築、自分自身によって獲得されたものの構築。自己自
520
身を保存する自我と、自己固有に獲得された私の世界の相関関係。自己保存と自分自身との共同体という意味における存在と、私にとって存在するものという意味における存在や、私の能動性と触発性から流れつつ生成する存在《オン》と（有限的な）諸存在《オンタ》[20]の総体性における意味における存在とのあいだの相関関係。私の原初的な世界——私固有の伝統を抽象した世界、原初的に還元された抽象的な世界。そのような世界において私は、自分を自己共同体化から、そしてその自己共同体において、自己自身との斉一性へと志向的に努力することから自由に、純粋に自己保存する。すなわち、反論する同一の自我という私や、もろもろの様相化の同一の自我という私との抗争のうちに〔私はつねにある〕。

588

二七　想起と感情移入からモナドの複数性へ

私に属している妥当の生（そして、「存在する」と確証される一切のものを含め、この生のうちで存在するとして妥当しているもの）のまったき具体的な姿におけるエゴとしての私への還元〔が行なわれる〕、しかし、妥当しているものは、純粋に構成する生のうちの相関者としてある。しかしこの生そのものが、私にとって妥当するものの宇宙のうちに含まれている。私が何であるかはそのうちにあり、私自身に再び属している、私が現象学するという行為のうちで解釈される。

このような自己解釈のうちで、私はさまざまな準現在化と、そのうちで準現在化されたものそのものに行き当たり、そのなかで感情移入に行き当たる。より詳しく言えば、準現在化「そのもの」としての想起と、それに関係づけられてはいるが、感情移入する準現在化とが区別される。想起によって構成されるのは、過去・現在・未来という様態におけるい、私の継起的に時間的な存在である。エゴとしての私のうちに、私は私の自我（一切の自我論的生および存在と、そのうちで構成される一切のものとが関係づけられる極）を見いだすのであるが、それは過去・現在・未来の自我として、時間的に持続的に同一の自我として時間客観化されており、この自我は、持続的にさまざまな様態において、たえず現在しており、それと一つになってかつて持続的に存在したし、これからも存在するであろう。どの時間様相にも、その時間様相の自我に対応する生が属している——そうして一切をひとまとめにして、私の、同一の自我の、時間の経過のなかでかつて固有であったし、いま固有であり、そして将来そうである生がそこに属している。他方、感情移入において、他なる《フレムト》ものの共現在が構成され、またたえず構成されているのだが、この他なるものは、感情移入的に自己自身を呈示するものとしてのみ存在意味をもつ（この点で想起によるものと類比的である）。この他なる《フレムト》ものとは、他なる自我生、自我作用、自我にとって妥当する存在統一などをともなった他なる自我である。

したがってエゴは、その超越論的な普遍的領野のうちで、たえずそれだけで、立ちとどまりつつ流れる超越論的生のうちで一なる唯一的自我極であるという仕方で、存在している。そして、この自我極は、この生のうちで、みずからの妥当統一体をもち、そのさい自己自身をもこのような自我としてもっている。このエゴの生は、たえず妥当統一体を構成している生であるから、流れることのうちに想起と感情移入を、どちらもある仕方で、自己自身を時間客観化する準現在化としてもっている。この準現在化のうちで、エゴは、時間客観化されて（妥当統一体として）見いだされるのだが、それはみずからの過去と未来をもつ自我としてであり、しかも同時に、他なる《フレムト》自我（いわば感情移入のなかで自己自身を他なるものとしている自我）の共存の領野（一つの「空間」）をもつ自我としてである。しかもそれは、そのつど顕在的な現在にも、また以前の現在、将来の現在のいずれにも、他なる自我たちの共妥当的地平が必然的にともに属しており、それゆえすべての特殊様態においてともに過ぎ去りとともに将来する地平として属している、という仕方においてである。このように自己を時間客観化することをとおして、すなわち、エゴがモナドの数多性へと、しかもモナドの時間空間性における無際限に開かれた全体性へと自己を解釈することとしてのモナド化をとおして、エゴはまず初めに自然性の世界を構成する。しかも、その結果、この世界のうちに一つの新たな時間空間性が構成され、そのなかでモナドたちは心をもった主観として内世界化され、それらにとって共通する認識によって同一の自然へと心的に関係づけられ、いずれの主観もそれぞれの身体へと確固たる仕方で関係づけられ、それによってそれぞれの身体と分かちがたく一体になっている。さらにその帰結として、自然および人間たち自身の「人間化」が、意義、精神化、そして歴史的世界の構成として生じるのである。

絶対的なエゴと私の生。そのうちに私は、私にとって存在するものの宇宙をもち、そのうちで自我とこの生をそれだけで存在するものとして構成する。しかもそれを、原初的に存在するものとして、原初的存在において他なる《フレムト》ものの宇宙として構成する。さらにいえば、他の《アルター》エゴという意味をもった共存在者として、原初的なエゴと他のエゴという時間化された存在形態においてモナド的に存在するもの、他者としての共モナドとのつながりのうちにあるものとして構成する。構成されたつながりは、それ自体また、世界の構成のために機能しているが、その世界のうちで、主観はこの構成に基づいて構成された統一体なのである。私の存在を、私自身であるエゴとして、現象学するという仕方で解釈することにおいて、私の具体的存在をなし機能し構成している生のうちに、一切の存在者が構成されたものとして含まれており、そのうちには、あらゆる段階の自己構成による存在者、時間化されたエゴとしての自己構成による存在者が含まれる。しかも、時間化されたエゴと言ったが、それは原初的に時間化されたということ、共存(モナド的空間)において時間化されたということであり、この共存において、私は全モナドのなかでのモナドであり、この全モナドのうちには、どのモナドもすべてのモナドを志向的に含蓄しており、まったき全体を含蓄している。それは、あらゆるモナドがその成員としてそのうちに存在し、誰にとっても一にして同一なる全モナドである。それにもかかわらず、忘れてはならないの

は、これらすべて、私の自己に固有な（原初的）時間性と、どの時間位置にも属している
私のモナド的共存、さらに、モナドの空間時間性と、私やそれぞれのモナドにとって方位
づけられて呈示される「世界」そのもの、といったこれらのすべてが、私のうちに、すな
わち始原的エゴとしての還元の具体的エゴのうちに含蓄されている、ということである。
590 このエゴは絶対的な意味において唯一のエゴであり、いかなる有意味な複数化をも許容せ
ず、もっと鋭く表現すれば、それを無意味として排除している。ここで含蓄とは次のこと
を意味する。すなわち、エゴが《越えてあること》は、それ自体、たえず始原的に流れつ
つ構成すること、つまり、存在者のさまざまな段階的宇宙（「複数の世界」）を構成するこ
とにほかならず、そのいずれの段階的宇宙にも、顕在的ならびに習慣的な存在妥当が、そ
れぞれに応じた地平性の様態で帰属しており、この地平性の様態は、充実する働きの顕在
性において、斉一的に個体化されたつまり「空間時間的な」複数の宇宙を妥当にもたらし、
しかも訂正をとおして、様相化の様態において妥当にもたらすのである。

634 二八　モナドの時間化と世界時間

（一）感情移入の説では、他者の存在妥当のうちに含まれる妥当の基づけの解明が問題になる。それによれば、原初的な領野の分離、すなわち感情移入の除外は、次のことを明らかにするための方法である。それは、そのように還元された（「原初的な」）意識の、ないしは存在の領分が基づけている領分であること、そしてこの領分が感情移入にとっての動機づけの担い手として作動していることである。

（二）能作としての感情移入の成果は、「他の」原初性、すなわち他なる《フレムト》原初性としての基づける原初性領分の準現在化的変様である。そのとき、私の原初性領分の「身体物体」とともに、変様された自我の存在が存在妥当においてあり、その他なる「原初的」身体（その原初性）のうちで支配しつつある。そして他なる原初的な身体物体は、私が身体として類比的に「私の身体がそこにあるかのように」理解した物（的身）体と綜合的に同一となっている。他なる原初的な領分一般は、私の原初的な領分との綜合的合致においてあり、〔それは〕私の原初的な領分の自由で可能な変転から、いわば実在する領域を形成し、実在する存在領域の表象に〈もたらす〉変転である。「自己疎外」は、感情移入の能作と名づけられうるのだ。

635 それに続く結果として、原初的な自我とその原初的な領分〈再生産による産物、具体的なエゴにおける抽象的なもの〉との自己疎外において、したがって共存する数多性への自己多様化の本質のうちに、まずもって、原様相における原初的な自我と「他なる《フレムト》自我」の数多性すなわち総体性における原初的な自我という形式への自己多様化の本質にあるのは、次のことである。それは、この疎外があらゆる他なる自我において反復されることであり、あらゆる自我が、まさにその自我の他性《フレムトハイト》において、原初的な意識や同一の存在、その「世界」をもつこと、またあらゆる自我が、すべてのその「身体」を物(的身)体としてもつことである。あらゆる他なる自我は、その物(的身)体をその自我の身体としてもち、その身体において、その身体を支配し、その身体によってその自我は、私〈原様相的な自我〉の側からして、まさに他者として経験可能になったのである。したがって、あらゆる準現在化された自我のうちで、原様相的〈自我〉と、他なる〈自我〉との区別が反復され、すべてこのことは、原本的《オリジナル》で原様相的な自我である私からして、存在妥当のうちにある。しかし、私にとってだけでなくお互いにとって他者でありながら、私にとってお互いに同じ立場にある他者にとって、私自身も必然的に他者である。すなわち、私は、他者たちにとっての原様相であるだけではなく、私にとって、私にとって存在する他者の他者でもある。

しかし、こうして必然的にすでに創設された基づけの仕方のうちには、原初性から創設された《他なる《フレムト》妥当》としての、感情移入の志向的に遡及する投影がある。私は私にとって私であり、あらゆる他の自我は、それぞれにとって、その原初性とその原初性から動機づけられた感情移入の主観である。そしてあらゆる自我にとって、あらゆる他者は、他者たちを感情移入する主観であり、その他者たちそれ自身が感情移入する主観である。このようにして、すべての他者の他者としてのすべての他者は、感情移入によって、すでに含蓄的に表象的〈である〉。私自身はたしかに原様相のうちにあるが、他のすべての自我と同様、一つの自我であり、そのすべての自我において、私においてと同様、自己疎外を越える途上にある自己統覚の本質がある。

「原初性」の二義性

これによって生じてくるのが、本質にそくして根拠づけられた原初性についての論述の二義性である。根源的な方法論的な意味において原初性が意味するのは、抽象化であり、私、すなわち、還元の態度をとるエゴが、私が抽象的にすべての「感情移入」を削除することで、現象学しつつこの抽象化を遂行するのだ。

私が後に「原初的なエゴ」という場合、それは、原様相的なモナドという意義をもつこ

636

とになり、その意義には、原様相的な感情移入がともに受容されており、その自己疎外におけると同様、したがって他なる《フレムト》モナドにおいて受容されているのである。流れる恒常性のうちで世界を構成し、構成してきたエゴとしての絶対的なエゴにおいて、この普遍的に構成する能作の基底部として、モナド化の自己疎外がある。それとともに、同じ立場にたち、本質的に同じであるモナドのモナド的な宇宙の構成〔がそこにあり〕、絶対的自我のうちにおいて、固有なきわだちをみせる時間領分としてそれ自身を呈示しつつ、あるいはまた、流れる時間の様相における普遍的な共存としてそれ自身を呈示しつつある。しかも、それは主観的様相的な形態のうちで、自我モナドと他のモナド〔として〕呈示されており、そのモナドの各々がそれ自体において自我モナドであり、その自我モナドに対して、すべての他のモナドは、それ自体を、そのモナドの他なるモナドとして呈示するのである。

私はモナドとして、私の内在的生を、存在の形式、すなわち生の共存の形式としての私の内在的時間のうちにもっている。そして、この形式と内在の綜合において統一化しつつ、この内在的生は、内在的時間性において同一的で時間的な存在を、同一化可能な、まさにモナドの体験と体験の紐帯の存在を構成することになる。

モナドを、モナド的な時間性におけるモナド的な宇宙へと共同化することにおいて、私たちはある新たな綜合をもつことになる。それはまさしく、数多性の統一、すなわち共存の統一を、一つの時間を時間化しつつ創設する綜合であり、したがって、その綜合には、すべての内在的時間、ないしは内在的な統一――体験の流れとその中心化する自我極――が属しており、しかも、この時間の部分として属するのではなく、ある場合は同時的経過として、またある場合は継続的経過として属するのであり、そのさい離接的であったり、重なりつつづれたりするモナドの時間的経過として属しているのである。

したがって、ここでは、あらゆる自我が、想起の綜合において内在的時間を構成するようにあるのではなく、すべての想起の時間は、一つの時間のなかの時間の区間なのである。モナド的な体験と流れは、しかし、自己を構成しているのであり、自己を時間化しつつある。しかも各自、自己に対して時間化しつつあり、つまり原初的に（世界から退きつつ、抽象的に還元しつつ、原初的に還元された世界と、まずもって自然がある）（自己時間化している）。モナド的な共存の綜合は、さらにまた、同時に、すべてにとって――すべてのモナド的な自我主観にとって、すべてに共通の自然（と世界）を構成するような綜合である。

私は原様相のモナドとして（端的に自我モナドとして）、もろもろの自己疎外と他のモナドの私の地平を妥当性のうちにもっている。そのさい私は、「私たち」の単一のモナドとして構成されている。その単一のモナドは、相互の妥当にそくして、全体の存在意味に応じて含蓄しつつ存在するモナドの同等の妥当の宇宙としての単一のモナドである。しかし、この普遍的な共存は、全モナド的な時間のうちで構成しているもろもろの出来事の共存である。あらゆる〈モナド〉は、原初的な自然を別々に構成しつつあるが、全モナドを創設する綜合において、同一化する綜合〔が働き〕、唯一の自然を構成しつつある。この唯一の自然に関係づけられて、おのおの原初的な〈自然〉は、この同一の自然の個々のモナドの現出の仕方なのである。このようにして個々のモナドは、モナド的「間主観性」のうちに具体的にともに含まれている。

637

私たちがこれまで〔確認してきたのは〕、（一）立ちとどまりつつ本源的に流れることのうちで構成された絶対的エゴの時間性。（二）原初的還元によって還元された原初的時間性。（三）次に、あらゆる個々のモナドにとって、絶対的エゴが自己疎外において、それ自体において〔構成されている〕内在的時間、この内在的時間は具体的には、そのモナドの意識流であり、この意識流とともに、時間化された習慣性もまた、ともに進行している。（四）全モナドにとってのモナド的宇宙の時間。（五）その時間のうちで構成された自然における自然時間、この自然時間の共存の形式は特別な統一内実である空間をもつ。

この構成された自然において身体は、その構成的な根源、ないしその構成的機能をとおして、ある優位をもつ。すべての自然客観と、またそのなかでの物（的身）体的な身体が前提にしているのは、（まずもって原初的に、）身体は、自我主観の支配の場として、モナド的に、すなわちモナド的な自我の支配の場としてあることだ。あらゆる身体は、その自我と自我の支配に固く「結びつけられて」おり、最終的には、当該のモナドの全体のモナド的な生に結びつけられている。

　自然の身体と、心としてのモナドとのこうした必然的な結合は、純粋な自然におけるような結合と同じではなく、それどころか、この必然的な結合は、それとはまったくことなる構成的起源をもっている。それは、モナド化（すべてのモナドが同等であること〔同等性〕、モナド的な宇宙の構成の同等性とともに、したがって、一つのそのモナド的な時間におけるモナドの総体性の同等性とともに）に基づいていて、同時に自我－モナドと、私にとって（この私はつねに、この唯一の同じ自我であり、具体的かつ最終的には絶対的エゴである）のモナド的宇宙の与えられ方としての他のモナドの構成の形式において基づけられている。私が基づけられているというのは、すべてのモナドが一つの自然を構成している共同体であることのうちにあり、あらゆるモナド的な内在と内在的時間が、それぞれ
638 綜合的に共同体化されうることである。しかし、綜合的統一としての自然の内実は、原初的自然の構成の特殊性を前提にしており（感覚野やキネステーゼなどに関してそこに属す

るすべてのことをともないつつ〕、次に、原初性において作動する身体性の特殊な構成が、知覚の客観や実践的な客観などといった、その作動する身体性に「外的な」客観との相関において〔生じている〕。モナド化する構成としての感情移入の本質には次のことがある。それは、私の原初的な「他者の身体」と、その人にとって原初的に固有なその人の身体が、綜合的に同一化されていることであり、そしてそのことからして、私の「外的な」自然の客観と、その人の自然の客観とが〔綜合的に同一化している〕〔その中核において、《ここやそこ》で知覚にそくして与えられたものの合致と、《ここやそこ》の外的世界の地平における合致〕〔である〕。このことは、もちろん、〔相互の身体への〕「同期同調」へと入り込んでいくことになる。そしてそのさい、難なく、あらゆる間主観的身体に、唯一のものとして各自の支配する自我主観が属しているのである。こうして、間主観的自然のその普遍的な同一形式のうちに、時間空間性が心として位置に応じて局在化される。あらゆる自然客観や身体やその他の実在的なものは、その構成における同一のものであって、それは、この段階、すなわちモナド的な自然客観の現出の仕方において〔同一的なものなのである〕。しかしここには何かが欠けている。モナド的な宇宙と間主観的自然は、無限に開かれたものとして構成されている。同一化されたものや同一化可能なもの＝再認識可能なもの、そして経験されることなく存在するものもまた、存在するものの地平をもつ。いまだ経験されていないが、それでも認識可能である存在者の地平ももつのである。一方と他方の宇宙は、（すべての時間様相における）あらゆる現在において無限な宇宙として構成されている。

明らかに、このことを可能にしているのは空間である。到達システムとしての自然空間の構成をとおしてのみ、いまだ知られていなかったが、自体的に存在するものの事実的な再認識が可能になり、あるいは無限に、自体的に存在するものが構成可能になる。この到達システムは、あらゆる到達されたものと到達可能なもの（という観点）〈からして〉反復しつつ、その機能を行使できるのであり、つねにあらたに近く－遠くの空間性を、したがって、自然空間の近く－遠くの空間性を、同一化可能な共存の相互存在の形式として、作成することができるのである。開かれた空間世界（空間時間性の開かれた無限の存在形
639
式における世界）は、未知ではあるが無限に向けて存在する身体を開かれたものとなし、それとともに、身体のうちで支配し、共属している自我主観を開かれたものとしている。したがって、言われねばならないだろうことは、モナド化と一つになってすでに生じている自我主観の自然化と、無限における自然[*13]の空間時間性の構成の自然化（心理物理的構成）とを越えていく途上において初めて、モナドの開かれた宇宙が構成されうることである。

同様に明らかであるのは、自然は身体なしに、つまり人間なしには思考不可能であることである。

どのモナド的な自我も、おのずから《エオ・イプセ》必然的に心をもった自我として、具体的にモナド的な生と習慣性をともないつつ構成されている。まさにこのように具体的であるのが、この心をもつ唯一の身体の心なのである。モナド化、すなわちモナド的構成は、本質にそくして、あらゆるモナドの自然化を含蓄し、空間時間性におけるそれらのモナドの時間客観化を含蓄するように存在する。しかしこのことの本質にあるのは、そこで絶対的エゴとしての私が、私の体験流と私の全体の存在を受け取り、拡張してきた内在的時間性が、自己疎外とモナド化とともに、モナド的主観の内在的時間性と心理物理的自然における心の内在的時間性へと「生成する」こと、ないしはつねにすでに存在せねばならないことである。このようにして内在的時間は、世界にあって実在的な人間、とりわけ人間の心の行程時間、——世界時間における行程時間——という意味を受け取る。

顧慮しなければならないのは、感情移入が抽象的に把握された原初性をとおして基づけられている能作、すなわち絶対的エゴにおける能作であることだ。ただちに、この能作の「本質にある」ことは、この能作をとおして感情移入が他なる《フレムト》主観性を存在妥当にもたらすことである。また、この能作は、それ自身ふたたび、他なる主観性をもつような他なる主観性を〔存在妥当へともたらし〕、のちにその感情移入は、基づける原初的な存続体とともに、モナド的な意識生へと一つのものとなること、そして、このようにモナド化においてあらゆるモナドに、その原初的な領分〔原初的に構成することと原初的に構成されたもの〕が属し、その感情移入がともに属することである。

絶対的なエゴは、その絶対的自我極を、すなわち、当然、すべての自己時間化を貫いて同一的に一貫している自我極をともないつつ、まさに感情移入や自己疎外、モナド化や世640界化を、その作用と受動的な基礎のうちで遂行する。絶対的なエゴは、それ自身のうちで、「自我自身と別の自我」を構成し、私の生と他者の生や私と他者の習慣性、私と他者の思念や世界についての現出の仕方などを構成する——その世界とは、支配する場としての身体の構成のいつもすでに生じている能作に基づき、また自己疎外や身体の間主観的客観化の能作に基づいて、いつもすでに構成された世界である。

これによって絶対的に具体的なエゴ、すなわち完全なエゴは、モナド的なエゴとしてモナド化される。絶対的ないしモナド的なエゴを疎外する様相化としてのあらゆる他なる《フレムト》モナドは、その存在の意味において、すべてのそこに何らかのあり方で属する存在構造をともなう具体的で絶対的なエゴを、まさに疎外されたあり方——変転されたあり方でもつ。絶対的エゴが自己疎外化し、モナド化されていることで、モナド化することそれ自体が、モナド化されていると言える。自我モナドにおいて、絶対的エゴは、他のモナドとの「同等の立ち位置」のおかげで、すでに疎外されてもいるのだ。他者としての絶対的エゴの疎外は、変転なのであって、その場合、そこにおいて自我モナドとしての自己疎外もまた、モナド化されているような変転なのである。他者は別の自我であり、疎外をとおして自己自身にとって生成した絶対的エゴの自己統覚としての、それ自身にとっての自我である。私に属するのは、自己変更の可能性であり、想像変様のうちには再度、そのすべての自己変更の可能性がそこにある。そしてあらゆる想像変様に相応するのは、ともに想像された世界における可能な存在する他者なのであり、その（地平としてともに属する）世界において、この想像‐自我が、一人の人間になっているといえよう。

さらにまた明らかなことは、エゴとして自己を解明することで結果すること、また結果することのできるすべてが、すべての構成とそのうちで構成された存在の妥当とともに世界化されていること、ないし、即座に、人間の心や人間の体験、作用、能作、存在妥当という形式において世界化されることである。自然な態度にあっては、このエゴは構成的な傾向のうちにつねに囚われていて、この傾向において自我は一面的に、いわば「自然な現実存在の世界」という主題的な階層において自己忘却しているのだ。たしかにエゴの存在は、世界を構成している生のうちで《流れつつ‐あること》なのであり、したがってエゴの存在は、どのように流れることのうちにあっても、どのような能動性を行使し、どんなその作用‐自我の特殊テーマであろうとも、またどのような普遍的な問題系が、そのエゴにおいてすでに形成され、形成され続けると捉えられているとして
641 も、世界はつねに構成されているのである。そして、エゴの存在は、つねにすでにモナド化における自己疎外をとおして、また構成された世界において、自我モナドや心理物理的自我として、空間時間的に時間化されているのである。

たしかにそうではあるが、しかしそこには、根本的な相違があるのであり、私たちは、この相違に対して、「自然な、直進的な態度」と超越論的に反省的な態度とのあいだの区別をとおしてしっかり対応しているのである。

641
二九　感情移入と中心化の変様

他者の知覚として作動している感情移入における他者の《私にとっての存在》。直接、

私によって知覚された他者の物(的身)体性の表現において、他者は、他者にとってその(同一の)物(的身)体性がその人の身体として与えられるように、表示されている。そしてともに表示されているのが、その人の周囲世界であり、それは、さまざまな現出の仕方において、私の周囲世界と綜合的に合致しつつ表示されている。また、その周囲世界におけるその人の行動と、地平的にその人の未規定的な開かれた残りの存在がともに表示されている。

感情移入する準現在化は、私固有の生の過去を想起するのに似ている。私がいま、原本的《オリジナル》な(原《ウア》-原本的な)現在の生を生き、その生が知覚にそくして経過し、私がいつでもそのことに端的に把握するまなざしを向けることができている一方、それと一つになって、過去の生の現在を現在において想起するということが生じる。*14 ここでは明らかに、現在の自我と過去の自我は、同一の自我として合致し、この同一の自我において、そもそも「現実の」現在と準現在化された現在とが差異のうちで合致しており、まさしくその合致において自我は同一の同じものとしてある。身体は同一的なものとして確固としてあり続け、原本的に与えられたものとしての知覚野と、想起されて準現在化された知覚野は、交互に押しのけ合い、交代して覆い合う関係にあり、その結果、私はあるときはこのものに、またあるときはあのものにというように、自分をそれに置き入れることができる。とはいえ、そのさい、私にとって覆い隠されたものは、現在の想起にとどまり、私の〔関心の〕変転をとおして直観化される準備をしている。感情移入に関してもまったく同様である。他者は私の具体的な現在のうちで、二次的ないしは、本来であれば三次的な原本性において準現在化されている。三次的であるとは、いま私の現在に組み込まれる一方で、他方では他者として準現在化されたものへと、知覚にそくしたすべてのもの〔再想起、共想起、先想
642 起〕が組み込まれうるからである。私たちが再度所持するのは、〔広義の〕原本的な現在と感情移入にそくして準現在化された現在の綜合であり、すなわち差異における合致である。分析的に述べれば、まるで私がここからそこに身体を移動したかのようであり、そこで私の可能性において身体的に支配するかのようである。

　空間内のどこかに私を移し置くと想像することは、想起の変転であり、それは、実在的なもののあらゆる共現在が、変転した想起であるのと同様である。この想起は、実在化を遂行する《私は－できる－そして－行なう》として、先予期と行為へと可能力的に移行し、それによって知覚や将来の知覚へと移行することができるのである。

　感情移入においてとは、他なる《フレムト》身体が現在であることであり、その場所に他の身体が私にとって原本的《オリジナル》に知覚にそくした所与性においてあることである。他なる身体が私に表示するのは、〔私の原《ウア》－原本的なものと二次的に原本的なものをともなった〕具体的な現在

という私自身の想起の変様である。変様の《かのような》において、私は、他なる身体の物(的身)体についての表示をとおして結びついており、ただ自由に想像を膨らませている者なのではない。それは、体験の現実性からそれそのものとしてきわだつ、たんなる想像なのではない。《そこ》における物(的身)体のあらゆる変化と運動によって《私が‐そこに‐いる‐かのように》が表示され、私がそこで自分の手を動かすかのように、などが表示される。しかも、確固として表示され、その結果、新たな手の運動に関する先予期が、表示のうちで予描され、ないしは充実されるのである。想起の変様として、《かのように》は妥当の様相である。表示され準現在化された自我、すなわち《かのように》存在する自我は、別の自我である。他者の存在、その人の生、その人の想起の過去などは、私固有のものが《かのように》において変化したものであって、それは、想像(あるいは想起)の自己変転が、私との恒常的な合致においてあるのと同様である。

感情移入にとって、他なる《フレムト》身体は、「まずもって」たんなる物(的身)体的な事物であり、それによって、そもそもその身体性において、その事物的な核がきわだつのであり、身体ではない他のすべての物体と実際に同列に置かれるのである。他なる物(的身)体は、身体として理解され、他なる《フレムト》原初性の準現在化を、私固有の原初性からの変転として動機づける。とはいえこのことが意味するのは、すべての「私の」触発と作用の「私の」中心化の変様であり、すべての私の両面的な活動性、すなわち知覚や行為と、私の想起としてのそれらの以前の変様という中心化の変様である。しかし、そのさい、物（的身）体としての私の〈身体〉が、おのおの他の身体や、私にとって他の人間のおのおのの身体と同じようにきわだつことになり、私が他の人々にとってそこにいるような、他者の感情移入する統覚の中核と行程がきわだつことになる。準現在化された原初性と私の原本的な原初性との合致や、私の原初的な周辺の事物とそこで《かのように》において準現在化された（それらが私の身体の周囲に方位づけられているかのように、そして私がそこへと向かって行ったかのように）周辺の事物との合致〔がある〕。ここで私はたえず自分について語っている。では、たびたび挙げられてきた「自我極」の合致である自我‐合致の本質はいったいどこにあるというのだろうか。私はここで、次のように述べようと思う。それは、この合致はまさしく、両面的な意味におけるすべての「行為」の身体中心化にほかならないこと
643
である。想起において、私は自己同一化や自我極の同一性について述べる。それは、想像においても同様である。しかし、まずもって、（原初的な段階における）（過去）把持が、持続的な変様なのではないのか。その持続的な変様において身体と身体中心化が恒常的な変転のうちにあり、そのさい合致している、そうした持続的な変様ではないのだろうか。そのさい身体は、同一のものとして、また作用の同一の関係点として、さらに方位づけの

ゼロ〈点〉として保たれている。感情移入に関しては、それが根拠づけられているのは、私が原初的な知覚野をもつことにある。したがって、すべての個々の事物に関する現出〈ないし、その〉事物を、より完全な、そのまま与えられていることへともたらす可能力性をともなった、まずもって、静止している事物の表面としてそのまま与えられているように——いたるところに行くことのできる可能力性をともなった〈知覚野をもつことにあるのだ〉。すでに原初的な事物空間が構成されており、私が考え想像できるのは、私はどの場所にもいるかのようにあることであり、すなわちどの場所にもいたかのようにあることである。したがってここで問題になるのは、知覚の現在の変転の持続性であり、持続的な想起の変様という持続性である。この持続性において私の身体は同一であり、同一性綜合は周囲の現出をとおしてもなお、背景的な綜合として働きつづけており、この背景的綜合は、この背景的対象を活性化させる綜合としての、身体の機能の潜在性を意味している。

さて、では感情移入はどのように成立するのだろうか。他なる《フレムト》身体物体がそこにいる場所への、私の身体の二面的な「運動」において、「収斂するように」遂行された合致としての類似性合致が生成し、それと一つになって、予料する存在妥当をともなった統覚的な転用が生じる。これによって私たちは第二の原初性をもつのだが、それは、他の身体に方位づけられたものとしての原初性である。私の身体にとって考えられるのは、私の身体が、初めからもろもろの物(的身)体のもとにある物(的身)体として構成されているのではなく、それそのものとして、それ以前に、外的な物(的身)体と、内的物(的身)体としての自分固有の物(的身)体が構成されているのである。この内的物(的身)体は、歩行のキネステーゼ(続行する運動のキネステーゼ)において、空間内で動くものとして、外的な物(的身)体のように動くものとして統覚されてはいないのだ。この内的な物(的身)体はすでに二面性をもち、器官の統一であり、あらゆる器官は、キネステーゼ的に、そして感性的に運動する。キネステーゼ的とは、つまり運動が同時に《活動的に‐動く》ことを意味する。すべての外的な現実存在は、現出の経過と、そこに可能力的な他の現出に組織的に属する現出の経過との統一である。その現出の経過は、確固とした活動の方向と、可能力的に適合しうる活動の方向にしたがって活動的である。身体は物(的身)体と一つ〈であり〉、あれこれの仕方で分節化され、固有な仕方で帰属する顕在的な、あるいは潜在的なキネステーゼをとおして、まさしく器官なのであり、器官のシステムなのである。

すべての本能的に発生する関心は、世界に属する関心であり、それらすべての関心において身体的なキネステーゼが進展しており、あらゆる作用方向の存続体であると言える。身体そのものが、物(的身)体として対象になり、普段は器官として作動する何らかの〔身体の〕断片が対象的であるとき、キネステーゼがふたたび進展し、そのキネステーゼそのものは、そのさいそのために作動すると言える器官の物(的身)体的なものにおいて局在化されている。このようにして、物(的身)体の現出の仕方のすべての変転とそのつどの統一は、経験される物(的身)体そのものであり、キネステーゼに関係づけられた物(的身)体としてあり、このキネステーゼそのものが、唯一の仕方で身体物体と一つのものとしてある。

644 しかし、このことは、すべての世界的な現出の変転が、特別な仕方で身体、ないしその身体のうちに局在化されたキネステーゼに恒常的に関係づけられていることと、何か別のことを意味するのだろうか。

次に感情移入がここに付け加えられるとき、私たちは、間主観的な世界を獲得し、この世界は私に原初的に現出〈しており〉、その世界の現出の仕方のおかげで、私の身体と、私のキネステーゼに関係づけられていて、同時に、私自身に可能な仕方で現出するあらゆる他の主観やその人のキネステーゼやその人の物(的身)体性に関係づけられている。私は物(的身)体的な世界をもち、そのなかで身体をもっている。

666

三〇　時間化とモナド

〈内容〉　絶対的なもの――エゴの本源的に立ちとどまる「現在」――モナド的な時間性における全モナド、モナド的な時間の様相、その様相における原様相である現在――、内的に統一した全モナドの本源的に立ちとどまる「現在」、この全モナドにおいてすべての時間が構成され、すべての世界がモナド的に、また世界的に構成されている。「事実」としての絶対的な構造における絶対的なもの。事実について語り、事実性について語ることの不合理さ。問題としての絶対的なものにおける無限性。

宇宙《コスモス》における人間と動物。動物種のもとにある、人間《ホモ》という種。地球の歴史において生成し消滅する多くの動物種。その「生存」をめぐる動物たちの抗争や種の獲得への努力――種の新たな誕生、生きるための新たな条件への「適応」における種の変転。人間という種の誕生。人間のたえまなき適応、動物種との抗争。

人間の世代性と共同体化からなる世界としての人間の世界。その発展における人間の世界――つねにすでに人間の世界として前提され、そのように発展しつつある。抽象的構造としての自然という形式の保存。人間にあった形式、すなわち人間の顔をもった自然。この自然のなかの「文化」、これと相関的に、理性的存在者としての人間、人格的な発展のうちにある人格としての人間〔がいる〕。文化とは理性をとおして精神化された自然である。

人間と大地――私たちと私たちの「地球〔大地〕」――他なる《フレムト》「地球〔大地〕」。「人間の」我《エゴ》。そのうちに別の人間の我《エゴ》が、モナド全体としての「人間存在」が含蓄されている。
667 すなわち私の人間性（私のモナド全体）としての人間存在、私の大地の人間存在。この「人間存在」から、すなわち私の地上的な周囲世界と地上的な人間存在から〔出発して〕、いつもいま超越論的に理解されつつ、可能な他なる大地をともなった宇宙外の周囲世界〔がある〕。ある意味で、超越論的な意味での大地は、他なる大地を含蓄しており、それは、あらゆる同一の大地が他なる大地を含蓄しているのと同様である。

あらゆる人間世界は、動物世界、すなわちあらゆる種の動物世界を含蓄している。しかしあらゆる種の世界は、人間の世界がすべての世界を含蓄しているようには、他の種の世界を含蓄してはいない。我《エゴ》としての私にとっては、すなわち、私の《私たち‐世界》がライオンや何らかの他の動物の種の《私たち‐世界》を含蓄する仕方は、あらゆる動物の世界が、他の動物や人間の世界を含蓄するという、その逆の仕方をもっているわけではない。つまり、さまざまにことなった「含蓄」をもちあうということはないのである。これと類比的に言えることは、あらゆる星がその動物世界をもつと仮定するとき、そのあらゆる星の地平には、すべての別の星々とその動物世界が現れてくる——地平において、それらの地平が「沈黙」してはいても。しかしそれぞれの大地〔地球〕のみが、星という第一の固有な意味で別の星々を含蓄しており、しかも再度、他の大地も含み、この大地をとおして、すべての別の大地をも含んでいる。これは遊び半分に考えられた類比なのでは決してない。

　世界が宇宙とみなされるということ。すなわち客観的な空間時間的世界として、そのなかで、もろもろの大地をともなった星の世界としての〔世界〕。私たちの大地〔地球〕において人間は「取るに足らない」出来事といえる。同様に、私たちの大地はちっぽけな天体であって、このようにそれぞれの大地は星々の全体のうちにある。〔しかし〕超越論的に考察すると、これが逆転する。とはいえ、それがここで意味するのは、人間は大地で発展しており、普遍的な種の発生における一つの種として、その大地で生成してきたのであり、一つの種の誕生なのである。人間という種は、かつて存在してはいなかった。大地〔地球〕そのものも、かつては存在しなかったのであり、あらゆる大地もそうだったのだ。となると、こう言っていいだろうか。すなわち星々の全体は、また、そのなかで大地の全体も、かつて存在してはいなかったと。

　これは、時間的な語り方である。私たちは超越論性のうちに立っている。我あり。私からして時間は構成される。立ちとどまる‐本源的な先《フォア》現在における我《エゴ》の超越論的な自己時間化。さらに進んで、世界が構成される。より的確にいえば、世界がその大地とともに時間化され――超越論的‐モナド的な時間の時間化を越えていく途上において「私たち人間」を客観化して結果として生じさせる超越論的なモナド全体の形式として――私たち人間は、まずもってこの私の大地、そして私たちの大地の人間である。それぞれのモナド、それぞれの別の我《エゴ》と「私自身」は、モナド的な時間のうちにその時間位置をもつ。その時 668 間はその様相をもち、したがって現在のモナド全体や過去のモナド全体などをもつ。モナドのそれぞれは、すべての絶対的な措定の絶対的な中心としての私によって絶対的なものとして措定され、そして、そこからしてすべての他のモナドが「客観的にある」ような絶対的な中心として措定される。それぞれの絶対的なものは、絶対的な意味で、超越論的‐間主観的に同一であり、同一化可能である。私の《立ちとどまりつつ‐流れる》本源的な存在、ついで私の我《エゴ》の時間化された時間における私の自己時間化された現在、私の過去と未来にとっての現在として。それから次に、感情移入における反復。すなわち他なる《フレムト》《立ちとどまりつつ‐流れる》本源性、他なる自己時間化された現在と過去など、そしてこれらの様相における同一なものとしての自己‐時間。さらに、間主観的綜合、同時的現在の構成。時間的共存の原様相、存在の共同性のうちにある私たちすべて、時間的な相互外在と時間化する相互内属のうちにある私たちすべて。逆向きに見ると、それらのうちには、また、もろもろの時間化の時間化もあり、原時間化するもろもろの本源性の時間化、ないしそのもろもろの本源性の内的な共同化がある。このようにして、一つの立ちとどまる本源的な生動性（いかなる時間様相でもない原現在）がモナド全体の生動性としても語られうるのだ。絶対的なものそのものは、この普遍的で本源的な現在であり、この現在のうちにあらゆる意味におけるすべての時間と世界が「横たわっている」。もっとも的確な世界にかかわる意味での現実性である「現在」は、それそのものが流れており、「本来的な現実性」としての世界の現在の優位において、本源的で絶対的な総体性の優位が表現されている。しかしこの現在は、私の本源的な現在（遡及的問いから与えられたものでさえ）からのみ、世界時間性とモナド的な時間性についての遡及的問いへの途上で獲得されうるのであり、したがってこの現在はこの現象学的な能作においてのみ明示的に存在しており――時間化もまたそうあるのだ。このことはいまや、私とあらゆるモナドにとって地平的に存在しているのであって、この地平は、（まさに地上の内世界的な人間存在の地平に相応しつつ）、発展のうちで時間化されている。

さて、しかしモナド全体の〔発展〕――人間存在全体、私たちの大地の、すべての大地が一つになった〔発展〕――とはいえ、これに加えて動物の大地と下等動物の大地の〔発展がある」。たしかにこのことのすべては、「事実として」そうあるのだ。となると、人間と動物が存在するのは「偶然に」なのだろうか。この世界は、それがそうあるようにある。しかし偶然に、というのは不合理である。というのも偶然は、それ自身のうちに可能性の地平を含んでいるからであり、この地平そのものにおいて偶然的なものでさえ、多くの可
669 能性の一つの可能性を、まさしく現実に出現した可能性を意味しているからである。「絶対的な「事実」」――事実《ファクトゥム》という言葉は、その意味からして、ここでは間違って使われているのであり、同様に、「事実《タートウザッヘ》」というのも、間違っている。というのも、そこにいかなる行為者もいないからである。[21]「必然的」として特徴づけることもできず、すべての可能性、すべての相対性、すべての条件性の基礎をなし、それらに意味と存在を与えているものこそ、まさにこの絶対的なものである。

すべては一つである――一性における絶対的なもの。すなわち絶対的な自己時間化の一性、すなわち、絶対的に流れることにおいて、〔つまり〕「流れつつ生き生きとした」本源的な現在、その一性における絶対的なものの現在において、みずからの時間様相のうちで自己時間化しつつある絶対的なもの。何らかのものすべてを自己自身のうちで時間化し、時間化してきたものである全一性。ここには、絶対的なものの段階がある。すなわち絶対的に「人間的な」モナド全体としての絶対的なもの。理性としての絶対的なものと、理性

の時間化における絶対的なもの。すなわち理性モナド的な総体性の発展、ないし含蓄ある意味での歴史。この絶対的なものは、それ自身のうちに「非理性」としての絶対的なものを時間化されて担っており、それなしでは理性的なものが「不可能である」ような、理性を欠いた絶対的な存在のシステムとして担っている。これが、絶対的に時間化された存在の絶対的システムの諸段階である。

「人間の」時間化のうちで、高次の秩序の理性モナドの発展（＝人間のモナドの全体）として、個々の理性の担い手と「指導者」の発展としての発展――「統治者的」[22]モナドとモナドのシステム――学者、哲学者――現象学の共同体。最終的には、残りの文化や、その文化に相関するもの（芸術－芸術家）においてもまた、私たちは先導をもっているが、哲学の先導が先行している。しかし、個々の哲学的にかかわる人間のモナドと、その統治者的なものとしてのモナドは、すでに時間化しており――このモナドの個別的な生き生きした現在において世界はあり、人間のモナド全体などがそこに「現実に」含蓄されているのである。そこからして、それぞれの現在のうちには、別の間接的な仕方で、同様に〔含蓄されている〕――すなわち、おのおのの人間は「理性的」であり、発展の理念的な多くの可能性がそれぞれのモナドにおいて、まさしく理性へと「目的づけられた」ものとして置かれているという理念のもとにである。統治者的モナドはすべての真なる存在を、モナドが認識してきたものにそくして含蓄している。顕在的には、予描された地平としてモナドがもつものにそくして、また、潜在的には——有限性において——モナド的な時間における哲学的で統治者的な共同体として、無限《イン・インフィニトゥム》に含蓄している。しかし、あらゆるこの

670 ようなモナドは、統治者的な共同体の地平をそれ自身のうちにもつ。相互的な含蓄——まさにこの含蓄。含蓄のさまざまな意味。

絶対的なものにおけるそれ自身において先なるもの——統治者的なモナドのシステムのそれ自身において先なるもの、あるいは数多性、統治者的数多性において、開かれた必然的な発展の可能性をともないつつ、その一性へと至ること。それは無限《イン・インフィニトゥム》にだろうか。無限性とは何を意味するのだろうか。〔しかも〕絶対的なものにおいて。人間のモナドのシステムの時間化、それ自身、後に「立ち現れる」統治者的なそれの時間化。まさに、この人間存在において、この時間において。しかし時間と世界は、絶対的なものにおいて時間化されており、この絶対的なものは《立ちとどまりつつ - 流れる今》である。

絶対的なものとは、まさしく絶対的な時間化にほかならず、すでに、《私の立ちとどまりつつ - 流れる本源性》として私が直接に見いだしている絶対的なものとしてそれを解明することが、時間化であり、この絶対的なものを原《ウァ》存在するものへと〔もたらすことである〕。そしてこのようにして、絶対的なモナド全体、あるいは、全モナド的な本源性が時

間化からしてのみ〔生じるのである〕。いかなる存在者も、またいかなる絶対的な存在者も、《地平をもっていること》と別の仕方で存在することはなく、このようにして、全モナド的存在は、《地平をもっていること》における存在であり、そしてここには、無限性——無限の潜在性が属しているのである。無限に流れること、流れることの無限性を含蓄しつつ、無限性、潜在性の反復〔が、ここにある〕。

原注

＊1　この研究の目的は、感情移入と呼ぶ準現在化の特有なあり方について学ぶことにあった。

＊2　しかしここには、私が次のように問わなければならないという意味で、一つの難点がある。つまり、どのようにして二つの物(的身)体をもつ現実存在と、これまた二つの自我をもつ現実存在が証示されるのだろうか、という難点である。一方ではそこには空間の統一や空間時間的世界の統一などが属し、ないしは可能な連関する知覚所与性における統一が属している。しかし想像‐自我が、私にとって、それが措定された自我であり、みずからを証示しうるのでなければならないとすれば、いったいどのように与えられてあることができるのだろうか。端的な想像が端的な措定へと変様されれば、私は想起をもつことになる。したがって、後に詳論されるように、想像‐自我はただちに顕在的自我となる。しかしそのさいなお残っているのは、想像は類比化する想像であるということであり、だとすると私は他なる《フレムト》自我を措定することになるが、しかしこの自我は身体の措定によってしか動機づけられえない。

＊3　ここでは――まだ――手が、物(的身)体全体――身体――つまり方位づけのゼロ点の周りに存する身体のたんなる分肢であるということ、そして第二の身体がそのようには与えられえないということが、考慮に入れられていない。

＊4　したがって私はここで、どんな類比化理論にも反対することにする。

＊5　表題としてなお欠けているのは、関連する直観と関連しない直観、措定性において確固として求められているもの、中立性において恣意的であることと偶然的であることである。

＊6　全一性すなわち世界のうちに、私たちはもろもろの実在物の数多性をもち、そしてさらに、もろもろの実在的な数多性の数多性をもつ。そのうちで個々のものとして、あるいはすでに多数のものとして把握されうるものはすべて、非独立的である。あらゆるものがあらゆるものといっしょにあり、ともに一つになっており、結びついている。ただしあらゆるものは、またさらにそれと結合しうるもの、すでに結びついたものの無限《イン・インフィニトゥム》の「地平」のうちにある。全体性は「無限」なのである。

＊7　その持続性がどのように獲得されるのか、そもそもこの持続性が何を意味するのか、ということは、もっと深い考察によってはじめて明らかにされねばならない。ここで示されねばならないのは、どのようにして私が、すべての再想起に対して一つの「持続的により以前の」再想起を獲得することができるのか、ということである。しかしまた、そもそもこの「持続的」ということを特徴づけているのは何か、ということも示されねばならない。すなわち、「たったいま沈み込んだもの」へと注意深く自分を向け、それを同一化しつつ再想起として現実化する可能性が問題である。他方、反対の方向において、私はどのようにして再想起された現在から、持続的に流れる進行のうちで、より以後の現在へと自分を到達させるのか、したがって、持続的な再想起の流れのうちで、より以前のものからより以後のものへ

と到達するのかが、問題である。

＊8 私がまず存在して、あとになってみずからを保存するようになるわけではない。存在とは、〔そもそも〕自己保存のことなのである。

＊9 器官の運動と総体的な身体事物の歩行運動という意味をともなう、空間的物(的身)体に属するものとして統覚されたキネステーゼによって、他者の知覚とあらゆる事物の知覚が成立するということになる。

＊10 擬似的に「再度」現在的なものとしての立ち現れ。二義的であるのは、私がいま、現在であるかのようにそれをもつことがあり、また、過去を私自身の過去となす擬似的な現在的なものでもあるからである。

＊11 反復する能動性。想起はたんなる思いつきではないのだ。

＊12 区別されるのは、過去の想起された自我と、活動性と受苦における受動的な世界所持としての自我意識、また、過去の自我を想起している自我、いま想起をもっている、いま想起された自我にかかわっている自我としてのいまの自我などである。同様に区別されるのは、いまの自我であり、具体的に自体的に現在的な自我（知覚において世界の現在を、そして想起において世界の過去をもつ自我）としてあり、自身をただたんにいま現在的な自我として意識しているだけでなく、過去の自我としても意識している自我であり、まさにこの過去の自我に対して、現在の世界の現在的な身体の自我としての自我が対峙している。

＊13 すでに、終わりのないこととしての原初性において、やはりそこで、理念化がすでにあ

るのではないだろうか。したがって、自然の無限性とモナド的な無限性はともに進行しているのではないだろうか。

＊14　想起は「二次的な」原本性である。私の具体的な現在そのものは、その原本性において、原《ウア》‐原本的なものと二次的に原本的なものへと分節化される。

訳注

[1]　Körperleib　以下、ここでは「物体 Körper」、「物体身体 Körperleib」、「物(的身)体 Körper」(本書第一部訳注［52］参照)「身体物体 Leibkörper」(本書第一部訳注［32］参照)。「身体 Leib」(本書第一部訳注［16］参照)が絡み合いながら議論されるので、微妙な使い分けに注意されたい。

[2]　ギリシア神話に登場する上半身が人間で、下半身が馬である架空の種族。

[3]　perzeptiv←Perzeption　『その展開』第一部訳注［28］(一六五頁)参照。

[4]　Apparenz　『その展開』第一部訳注［38］(一六九頁)参照。

[5]　Neutralitätsmodifikation　『その方法』第一部訳注［53］(二四三頁)参照。

[6]　cum fundamento in re　原文ではラテン語でこのように記されている。

[7]　wenn und so と表現されている。このとき、注意しなければならないのは、事実関連としての「AならばB」という因果関係の表現と取り違えられてはならず、動機の表現として理解されねばならないことである。

［8］　Arnold Böcklin　アルノルト・ベックリン（1827-1901）は、一九世紀のスイス出身の画家。文学、神話、聖書などを題材にした想像の世界を描いた象徴主義の画家として著名。

［9］　Repräsentant←Repräsentation　「代理表象」とも訳されるが、この「代表象」の働きは、フッサールにおいて、時間意識の分析のさい、過去の意識を根源的に構成する（過去）把持の理解にとどかない概念として退けられている。特有の志向性、後に受動的志向性と規定される（過去）把持は、印象を代表象する観念の働きなのではない。感情移入に関連して、「感情移入は、代表象をとおしてのいかなる呈示なのではなく、いかなる複写なのでもない。わたしが現実に直観的にもつものは、必然的に、内在的意識のわたしの印象的所与性との合致において存在するのである」（『フッサール全集』第一四巻、一六二頁）とも言われる。

［10］　Apprehension　「統覚 Apperzeption」についての『その展開』第一部訳注［2］（一五五頁）参照。

［11］　Neutralisation　前掲「Neutralitätsmodifikation 中立性変様」（本書第三部訳注［5］参照）と同じことを指しているため、「中立変様」という訳語をあてた。

［12］　leibhaft　『その方法』第一部訳注［32］（二三八頁）参照。

［13］　Da　『その展開』第一部訳注［42］（一七〇頁）参照。

［14］　Wiedererinnerung　再想起は、「想起 Erinnerung」と区別される。Erinnerung に想起という訳語をあてるのは、可能な訳語としての「記憶」は、「記憶している」とか、「記憶にある」とか状態性を意味するのに対して、想起は、「想い起こす」という作用性格をもつか

らである。再想起は、この想起がさらに明確に作用性格を強め、過去の出来事を意図的に想い起こそうとするときに使用される。

［15］ protentional←Protention 『その方法』第一部訳注［37］（二三九頁）参照。

［16］ Ich-bin 『その展開』第一部訳注［16］（二六一頁）参照。

［17］ Epoché 『その方法』第一部訳注［36］（二三九頁）参照。

［18］ Vorerinnerung フッサールはここで、未来を「Vor- まえもって Erinnerung 想起」として、「先想起」と表現している。

［19］ Jeweiligkeit Jeweiligとは「そのとき、そのときの」、「そのつどの」を、また -keit とはその「特性」を意味することから、「そのつど性」と訳した。

［20］ ギリシア語「on 存在」と on の複数形「onta 諸存在」が記されている。

［21］ フッサールはここで、Faktum（作られたもの）というラテン語に由来する「事実」と、「Tat 行為」と「Sache 事柄」とが結びついた「Tatsache 事実」（「Täter 行為者」を前提している）というドイツ語の両者とも、この「絶対的なものの事実性」を表現するのに不適切であることを主張している。

［22］ archontisch←archon ギリシア語「archon 統治者」に由来する。

第四部　他者と目的論《テレオロジー》

608 三一　モナドと目的《テロス》〔1〕——誕生と死

　目覚めた意識、相互に交流する目覚めた主観性における世界の構成。世界はできあがった時間性のなかでできあがってたえず構成されているが、しかしそれは、さまざまな段階においてである——もっとも完全な仕方では、学問的に目覚めた仕方で研究を行なう人間によって構成されているのであるが、そのような人間が、みずからのすでに開示された生と世界の地平をともなった前学問的な人間を次の下層としてもっている。

　さてしかし、本来的な存在、すなわちみずからの自己性において経験可能な、本来的に構成された、そして構成されうる存在には中断〔がある〕。世界全体、可能的な経験の全体——それがすべてなのか。無意識的なもの、意識の沈澱した根底、夢のない眠り、主観性の誕生形態、もしくは誕生以前の問題にされる存在、死と「死後」の問題にされる存在。斉一的な経験の可能性や覚醒した構成との関係における顕在的存在――顕在的存在の「志向的変様」としての潜在的存在は、顕在的存在から出発して私たちにとって意味と真なる存在とをもつようになる。そうすると、私たちが潜在的存在という標題のもとでもっているのは、隠されたもの、覆われているものであって、それが露呈され、その自体をもち、そのようなものとして経験されることができ、もろもろの徴表にしたがって特殊経験のなかで解明されうる、というようなことではない。そうではなく、詳しく吟味してみるなら、潜在的存在とはまさしく「根源的な」存在ではなく、変様されていない存在でも、原様態において構成された存在でもなく、そのようなものとしては思考不可能だということになり、潜在的存在は、志向的変様として、またそれとしてのみ、そうあるのである。潜在的存在はあり、そのようなものとして潜在的存在は、みずからの徴表をもっており、真理において規定される。真理は明証によって証示されるが、明証のうちでは、志向的変様は、決して別様にではなくまさにそのようなものとして、それ自体与えられている。この存在領分の全体が、一種の再構築の存在領分である――すなわち、顕在的なものから潜在的なものへと、その変様をたどりつつ遡っていくのである。しかし、意識であり、ある仕方での経験であるような潜在的なものの再構築があり、それは、実際のコミュニケーシヨンと存在証示を、しかも原理的に可能にするような仕方で能動的に経験しているのではないような、経験する主観性の再構築である。原幼児的な心的生に対して「そう言える」。だがこうした心的生は存在し、明証的に再構築可能であって（たんに「漠然とした」規定
609 性においてではあれ）、それは再構築がそれに当てた存在意味をもって現実に存在する。それは、そのように間主観的にのみ到達可能な意識として、それだけであることとしてある。しかし、そのような再構築は、誕生（ないし場合によっては誕生以前）と死（死後）に関してどこまで及ぶのだろうか。ここで問題なのは、沈澱した存在（私たちの意識領分における「無意識的なもの」）との類比に従わねばならないような再構築なのだろうか。そうすると私たちは、人間から動物、植物、最下層の生物、新しい物理学の原子構成へと送り返されるのではないか——覚醒しつつ構成された世界の全体的考察へと送り返され、そこからさらに超越論的・主観的な考察へと送り返され、それは、本能的意識と本能的コミュニケーションや、モナドの入れ替わりにおけるモナド論的コミュニケーションをともなったさまざまな序列段階の主観的存在者へと再構築しつつ遡っていくような考察なのだろうか。

　それゆえ、ライプニッツによる再構築を乗り越えて、体系的な志向的現象学によって学的に基づけられるだけになるのではないか。

世界すなわち顕在的に構成された世界の現実的な無限性を断念することができず、しかも「歴史性」の必然的形式としての時間継起に関して断念することができない一方で、共存を有限と見なし、モナドの多様性を有限の「集合」と見なすならば、私たちは沈澱という理念についての以下のようなイメージと適用とを手に入れることになるだろう。

(一) 根源的に本能的なコミュニケーションのうちにある複数のモナドの総体性、そのそれぞれがたえずみずからの個体的生のうちで生きており、それとともにそれぞれがみな沈澱した生すなわち隠された歴史をともなっているのであって、この歴史は同時に「普遍史」を含蓄している。眠れるモナドたち。

(二) モナド的歴史の発展。恒常的な基づけとしての眠れるモナドたちという背景をともなって、覚醒するモナドたちと覚醒における発展。

(三) 世界を構成するものとしての人間のモナドたちの発展。その世界のうちで、モナドの宇宙が方位づけられた形で自己客観化へと通り抜け、モナドたちが理性的な自己意識・人類意識へと至り、世界理解へと至る等々。

それでは、死はどうなのか。モナドは始まることも終わることもできない。超越論的モナド全体は自己自身と同一である。時間的・世界的な過程は、超越論的には、相互に交流しているモナドたちの生の過程であり、そのうちで同一のモナドがさまざまに交流しながら作動している。系統発生的発展に対応する過程全体が、誕生へと至るすべての生殖細胞モナドのうちに沈澱している。この連関のうちで作動しているすべてのモナドは、それぞれの場所において、発展の遺産としての沈澱をもっている。一つのモナド、たとえば死にゆく人間のモナドは、みずからの遺産を失うわけではないが、それは絶対的眠りへと沈み込む。その後も、それは何らかの仕方でモナド全体のうちで作動している。しかしこの眠りは、人間的現実存在における定期的な眠りのような仕方で、目覚めに至ることはできな
610
い。もし、このモナドが人間の身体性の機能連関のうちに現れて、当該の特殊なモナド的発展がこの機能連関にこの特殊な遺産を、すなわちこの内世界的人間の遺産を与えたとしたら、そのときにのみこの眠りは目覚めに至ると言うことができるだろう。

しかし、おそらく再構築的な仕方でやがて洞察されうるかもしれないのは、まさに隠された沈澱によって、どのモナドもより豊かな可能性を背負っているということ、立ち上がってくる発展過程の全体は、まさしくモナドの根源的な力がモナド自身のうちで持続的に高まってくることによってのみ可能であるということである。モナド全体、すなわちモナドの全一性は、無限《イン・インフィニトゥム》に高まりゆく過程のうちにあり、この過程は必然的に、眠れるモナドから顕在的なモナドへの発展の恒常的過程であり、モナドのうちでくり返し構成される世界への発展の過程であって、そのさい、世界を構成しているこれらのモナド、すな

わち顕在的に構成を行なっているモナドがすべてではないのであって、まったき全体がつねに基づけとして関与している。そしてこうした世界構成は、つねにより高い人間性と超人間性の構成なのであって、そこにおいて、全体が自己自身の真なる存在を意識するようになり、理性ないし完全性の形態へと自由に自己自身を構成していく存在という形態をとるのである。

神は、みずからモナド全体であるというわけではなく、モナド全体のうちに存している完成態《エンテレヒー》[2]であり、無限の発展すなわち絶対的理性に基づく「人間性」の無限の発展の目的《テロス》という理念として、それは必然的にモナドの存在を規則づけ、しかもみずからの自由な決断に基づいて規則づけるような理念としてある。間主観的なものとしてのこの決断は、必然的に自己を拡張していく過程であって、この過程がなければ、必然的にそれに属している衰退の出来事にもかかわらず、まさに普遍的な存在はまったくありえない、等々。

死からは、誰も呼び覚まされることはできない。すなわち、モナドの時間的永遠性の客観化であるような世界の永遠性に向かって、人間的存在においては、かつての古い人間の再想起〔記憶〕をもち、かつたんに新たな実践的可能性をもつにすぎないだろうような新たな人間として、死から呼び覚まされる――ある人が長年に渡って眠りつづけ、目覚めてみると別の現在、別の周囲世界のなかにいるというときと変わらないような仕方で――ことはありえないのである。したがって、普通の意味での不死性はありえない。しかし、すべてのモナドと同様、人間は〔別の意味では〕不死であり、神性の自己実現過程への参与は不滅であり、一切の真なるものと善なるもののうちで作用し続けていくことは不滅である。また、人間が不死であるのは、みずからのうちに蔵している「遺産」の全体すなわち彼のうちにある一切の心的獲得物が、彼のモナドのうちに潜在的に保持されつづけており、特別な機能をともに果たしているかぎりにおいてである。といっても、以前に生きていた人間との自己同一化を可能にする完全な目覚めにおいてではなく、神的世界の調和においてでもない。

378

三二　原事実性の目的論

超越論的主観性の自己構成は、無限に向かうものとして、「完全性」へと、真なる自己保存へと向けられている。それは、つねに新たな矛盾のうちにあり、矛盾を克服しつつある存在である。超越論的主観性は、世界性という、それにとって必然的な形式において存在し、したがって、自己自身とみずからの世界とを一つの「矛盾なき」真なる世界へと形成しようとする人間性という形式において存在する。さらにそれは、つねにより高い段階における自己省察の必然性、すなわち、超越論的自己省察と、その固有の体系的展開にまで登りつめる自己省察の発展過程の必然性をもっている。

このような発展動向と発展過程は、超越論的主観性の普遍的存在を存在論的形式として形づくっている目的論がもつ、普遍的な統一動向と発展動向のうちに機能として組み込まれている。このような目的論的過程、すなわち超越論的間主観性の存在過程は、さしあたり個々の主観のうちでは暗い普遍的な「生への意志」、あるいはむしろ、真なる存在への意志をみずからのうちにもっている（顕在的な形におけるそのつどの意志は、潜在的な「意志の地平」をもっている、と言えるかもしれない）。発展のなかで、この意志はさしあたり個々の主観のうちで顕在的となる。あるいは、開かれた空虚な未形成の地平から、形成された地平が生成し、人間が超越論的なものにおいて目覚め、この人間のうちで真正な
379 る人間性の地平が目覚める。人間のうちには、このような理念が、先存在論的に形成されたものとして存しており、しかも、この理念は、存在論という形での省察によってさらに発展するなかで学問的な形式を獲得し、存在論的な理念として、意志に対して指導的にな

りうる。その意志は、かくしてみずからのはっきりした目標をもつことになり、あるいは、あらゆる個体的ならびに超個体的（間主観的、全人類的）目的の全体性という、はっきりとした目標形式、目的形式をもつことになる。

無限の完全性という理念、無限に完全な間主観的全共同性のうちにある完全な個別主観的存在という理念。この理念を完成された形式として、すなわち、思考可能な（直観的に表象可能な）超越論的現実存在の現実的形式としては、考えることができないということ。無限の前進のなかで「もっとも完成された」現実存在という理念、すなわち、現実存在の必然的な「矛盾」を克服し、それによってみずからを自己自身との真なる存在と斉一性へと高めていき、みずからを真理へ向かって革新していく現実存在という理念（「革新」、すなわち㈠真正性へ向かう目覚めた意志をもち、㈡前進という理念にしたがって生きようとし、新たな人間として、くり返し反復される永遠の革新のうちにあろうとする意志をもった新たな人間）。歴史の意味、まだ目覚めていないか、個々人のうちでのみ目覚めている間主観性のうちの個々の自我の歴史性の意味、そして超越論的間主観性一般の歴史性の意味。間主観性のうちに「生きて」いて、そのうちに隠されている超越論的・普遍的な意志（存在への「形而上的」意志）であり、そのうちで、いくつかの覚醒段階において目覚めた意志となり、個々人において起こり、延長に関しても強度に関しても――この意志のうちにのみ含まれている真理の伝統性として「真なる」伝統性という形式において――拡大していくような真理意味。真なる自我、真なる共同体、真なる人類における意志は、「本来的な」意味での意志であり、つまり、論理化された形で完成されて認識されたものとして絶対的目標に対する決意性である。認識された永遠性ないし無限性における目標。決意性ないし意志は、無限性への意志、永遠性への意志である。そこにおいては、あらゆる有限な意志が決定的に放棄されるか、または、たんにある機能を果たすものとして無限性のうちへと止揚される。

さて、いつもすでに有限性のうちで無限性であるのは何か、という省察をくり返すならば、有限性そのものが、みずからの暗い地平性によって、無限性の一つの形式であり、無
380 限性は、もろもろの有限性の時間的継起として時間性という形式においてのみあり、それは、《とどまるいま《ヌンク・スタンス》》[3]のうちに含まれている。

超越論的全主観性の覚醒、その個体的存在の普遍的形式として、そのうちに内在している目的論、それがそのうちにあるあらゆる形式の形式としての目的論が目覚めること。しかしこの覚醒は、それ自体、普遍性のうちでの特殊形式であり、何がそれ自身に属しているのだろうか。あらゆる超越論的個別主観はいっしょになって覚醒しうるのだろうか。この覚醒が必然的に遂行されるのはどのような形式においてなのだろうか。さしあたっては

個別主観のうちでだろう。しかし個別主観は、何らかの仕方で形成された主観的環境のなかですでに個別的であり、それでは、覚醒した個別主観ないしは複数の個別主観の環境としてのこの主観的環境について、必然的に言われうることは何だろうか。

さらに、すでに個々人において、「共同体」（「教会」）において覚醒した真正性の伝統が拡大していくということ、伝道として、まねび《イミタチオ》[4]への動機づけとして、教育学と「倫理的」政治として拡大していくということは、どのような可能な形式をもつのだろうか。そして、あらゆる形式そのものが形式においてたがいに属し合い、それらが普遍的目的論に属するのはどのようにしてか。

さらに、私は目的論をあらゆる形式の形式とよんだが、このことはどのように理解されるべきだろうか。目的論は、あらゆる存在者にそくして経験からして証示され、それどころかもっとも一般的なものとして初めに証示されうるような、もっとも一般的な形式なのだろうか。もちろんそうではない。目的論は、それ自体では最初のものであるが、私たちにとってはもっとも後なるものである。目的論が、一切の存在を全体性において具体的かつ個体的に形成し、それを究極的に可能にし、そのことをとおして実現するものとして証示されうるためには、あらゆる形式がそのまったき普遍性において証示されていなければならず、全体性がもろもろの特殊形式（そのうちには世界と世界形式も含まれている）の全体系のうちですでに全体性として開示されていなければならない。

超越論的なものとしての存在、それゆえ絶対的主観性が、存在普遍性においてのみ考えられ、存在することへの普遍的意志――個体的な存在意志として個々の意志を貫きつつ、理念的な目的《テロス》へと、あるいは、目的論的無限性の理念的前進へと関係づけられた普遍的意志――においてのみ考えられうるならば、この意志は創造的しかも（あらゆる可能世界のうちでもっとも可能な世界という「意味」において）世界創造的であるが、ただある特定の意味においてのみ無からの創造である、ということをよく考えてみなければならない。すなわち、世界――ここでは超越論的・主観的な世界、および、自己客観化という世界構成のそのつどの存立状態における世界を意味している――はあるが、自己自身との「矛
381 盾」のうちにある。世界が存在しつつたえず相対的に真なる存在においてあり、かつまた相対的な非存在においてあるかぎり、世界は存在していながら、それでもまだ存在していない。そして、このこと自体、世界がいまだ覚醒していない状態、真理と虚偽がいまだ意識されるに至っていない状態において、そもそも存在していないものとも、まだ相対的に存在するのですらないものとも呼ばれうるかぎり、またさまざまな仕方で理解されうる。世界は無からの永遠の創造のうちにある。というのも、世界は、相対性の段階であるような存在の段階の前進のうちにのみ、みずからの真なる存在をもっているからである。ここ

で存在は、超越論的な現実存在、一つの「主観性」の現実存在（具体的にみずからの生のうちにある個体的人格性）という意味をもっており、この主観性は、存在しつつ、真正性のうちに、矛盾のない斉一性のうちにあろうとする意志のうちに生きている。これが意志という意味における存在であるのは、矛盾が意志において相容れないこと、耐えきれないことであるのと同様である。しかし、超越論的間主観性が、具体的な個体性において現実にあることは、このような存在しようとする意欲、意志的に存在しうるということ、自己自身を肯定しうるということ、といった形式においてのみ可能である。

さてしかし、意志と意志にそくした存在、意志的な斉一性のうちにある存在は、すでに何らかの様態と、何らかの人間性と世界性の様態における存在を、つまりすでに超越論的主観性を前提にしており、それ自体でも、私たちにとっても、前提として先立っている形式体系全体のうちにある。それは、その存在が、「世界を動かす」普遍的な意志、すなわち真に世界を生みだす意志なしに存在しうることを意味するのではなく、世界は絶対的存在の（したがってまた空間時間的存在の）具体的な姿に本質構造として属しているということを意味するにすぎない。あらゆる超越論的な主観のうちに生きていて、超越論的な全主観性の個体的・具体的存在を可能にしている普遍的で絶対的な意志は、神の意志である。しかし、それは、間主観性全体を前提にしており、そのような意志に先行するもの、そのような意志がなくても可能であるものとしてではなく（また、心が身体物体を前提にするような仕方でもなく）、それなしにはこの神的意志が具体的でありえないような構造的な層として前提にしているのである。

もし私が現象学者としてこのことを認識するなら、そのとき私はみずからが普遍的発展のうちにあることを知る。そしてこの普遍的発展は事実なのである。しかし、ここで同時に、どこまで本質洞察が獲得されているのか、また獲得されうるのだろうか。私は、私と私の世界を、《私にとっての存在》の事実的な地平性において露呈することができ、それとともに、私の世界の事実的な現実性――それが事実的であるのは、私にとってのさまざまな可能性の遊動空間のうちにおいてである――を、これらの可能性の一つにおいて直観
382 化することができる。さてしかし、私はこうした可能性を全面的に、すなわち相対的および本来的に経験されたものの核に関しても、それとともに個体的かつ事実的に確定されたものにそくして、自由変更へともちこむことができ、超越論的な全主観性の普遍的本質形式を獲得することができる。それから私は、私の事実的な固有の我《エゴ》の本質形式と、私のエゴのうちに志向的に含蓄され、私のエゴのうちに地平的に含まれたそれぞれの事実的な他のエゴの本質形式を獲得するが、もちろんそのさい、私は私の地平性のうちにともに含まれた全体性の形式をも獲得することになる。ここで他者《アルテリ》に注意するならば、それぞれの他

者は、可能性の遊動空間として、初めから私の事実のうちに含まれていたのであり、そこに含まれてはいるがまったく未知の、とはいえ実在的な可能性として予描されている他者に関していえば、それは、多くの可能性のいずれも経験によって事実的なものとして優先されることのないような遊動空間なのである。ところで私は、既知の他者であれ、自分ではまったく知らない他者であれ、私にとって事実的に存在する一人の他者、およびあらゆる他者の本質形式が、私の事実的なエゴの本質形式と同じであることを見てとる。

それどころかさしあたり、一つの我《エゴ》、一つの超越論的な個別主観一般の本質形式は、私にとって事実的に可能な他者一般のあらゆる可能性を包括する一般的形式と同一であるように見える。そのような本質形式がすでに本質形式であると言われるのは、実在的に可能なまったく未知の他者たちの地平を含んでいることによって、私の事実的存在に結びつけられていることのみによってである。しかしそこにはもちろん一つの区別がある。私にとって実在的に可能ないかなる他者にも、その他者が私を、私の現実的な経験と経験世界をともなった事実的なエゴとして含蓄している、ということが属している。しかしまた、純粋に本質可能的な他者には、その他者がみずからの可能性のうちに、私のエゴの本質可能性の変様を含蓄している、ということが属している。それとともにまた、まったく未知の他者は、私にとっての事実的な世界のなかに人間として客観化されているのだが、それは、地球上の人間としてか、あるいはどこかの星にいる人間のような存在者などとしてである、ということも言われている。しかし、形相《エイドス》的に可能な超越論的自我は、形相的に可能な世界のうちの人間として客観化されている。

本質を考察する態度において私は、あらゆる本質可能的な超越論的自我は、「私と他者」という形式においてそれぞれ互いのうちに含蓄されている、ということを見てとる。私が選び出す超越論的自我のいかなる個別の可能性も、それ以外の自我たちの自由な可能性から、そのつど一つの可能性をきわだたせるのだが、それは、別の自我としてのこの可能性が、そのつど選び出されたその自我のうちに含蓄されていることによるのである。一つの可能的な自我は、それと共存している自我たちの宇宙、総体をただちに含蓄している。

現実性あるいは可能性としてのどの範例的な自我も、同一の形相《エイドス》を生み出す。しかしこの形相は、次のような注目すべき点をもっている。すなわち、そのもろもろの形相的単独体はいずれも、一つの個別的な超越論的自我を（可能性として）生み出すのだが、これは、超越論的自我の宇宙を、共可能的な可能性として志向的に含蓄している。この共可能的な可能性とは、たしかに超越論的自我の形相的単独体でもあるが、同時に、必然的に共存している「他者たち」の宇宙でもあるような可能性の宇宙である。つまり、さきほどの自我を存在しているものとして措定することは、それと一体になって、存在する自我たちのこの宇宙でなければならない、という意味でそうなのである。自我としての一つの形相的単独体の可能性は、同時に含蓄をとおして、自我に属する他者たちの共存する宇宙の可能性でもある。さらに、ここで明証的であるのは、このような宇宙のうちで、いずれの個別的自我も、それの他者《アルテリ》として、この宇宙のあらゆる他の成員に対する我《エゴ》であり、その結果、このような宇宙はいずれも、それぞれの成員から宇宙を含蓄していること、すなわち、可能な多くの主観の総体であり、それらの主観のそれぞれはあらゆる別の主観を含蓄し、総体を総体として含蓄しているような宇宙を含蓄していること、である。私たちが超越論的自我の形相の形相的可能性を通覧し、それとともに、超越論的自我のあらゆる変更体のうちに含蓄されている可能性の宇宙をも通覧するなら、この宇宙の形相、それゆえ超越論的間主観性の形相は、超越論的自我の形相のうちに同時に含蓄されていることは明らかである。

　さてしかし、さらに非常に重要な点がある。形相を構築するのは私、すなわち事実的な現象学する我《エゴ》である。構築することと構築体（構成された統一、形相）は、私の事実的な
384 存続体に、つまり私の個体性に属する。*1 このように、私自身の形相的可能性と形相とが私の事実性のうちに超越論的に含蓄されていることは、私にとってのあらゆる他者に転用される。他者たちは、構成による形成体として私のうちにあるだけではなく、彼ら自身が構

成する主観であるという存在意味において私にとって存在しており、そのようなものとして私のうちで構成されているので、まさに私のうちで構成されているままに存在しており、これと同様に、他者たちは形相的可能性が実現されたものとして現実に存在しているということも言えるが、しかしまた、他者たちは、みずからを形相的可能性として構築し、みずからの形相を理念的に存在するものとして構築する可能性を自己自身のうちに担っているということも言える。[*2]

385

私たちはここに一つの注目すべき比類のない事例、すなわち、事実と形相との関係に関する事例をもっている。一つの形相の存在、形相的可能性およびこうした可能性の宇宙の存在は、そのような可能性が、何らかの仕方で実現されることがあるかないかからは自由で、それはあらゆる現実性、つまり〔その形相に〕対応する現実性からも、存在に関して独立である。しかし、超越論的自我の形相は事実的なものとしての超越論的自我なしには考えられない。

私が、私の超越論的主観性の事実と私にとって妥当している世界の事実のうちに立ちながら、変更を行ない、形相へと移行しつつ体系的に研究を進めるかぎり、私は絶対的存在論のうちにあり、それと相関的に、内世界的《ムンダン》存在論のうちにある。

さてしかし、いま私は、遡る問いにおいて最終的に、原《ウア》キネステーゼ、原感情、原本能をともなった原ヒュレー等々の変転のうちにある原構造が生み出されることをよく考えてみる。それによると事実のうちにあるのは、世界性以前の本質形式であるような統一形式のなかで、原質料がまさにそのように経過しているということである。それとともに、私にとって全世界の構成がすでに「本能的に」予描されているように見え、そのさい〔この構成を〕可能にしている機能そのものが、その本質のＡＢＣ、その本質文法をあらかじめもっている。それゆえ、事実のうちにあるのは、初めからひとつの目的論が生起しているということである。まったき存在論は目的論であるが、それは事実を前提としている。私は疑いの余地なく存在し、疑いの余地なく世界信念のうちにある。私にとって事実のうちに世界性があり、その目的論は露呈されうる、しかも超越論的に。

本来なら、もしちゃんとした心理学が現に練り上げられていたならば、そこから出発して一つの内世界的目的論を証示することが可能になっていたに違いないが、とはいえその目的論は、超越論的なものとして初めて理解可能になるだろう。

さてしかし、この目的論はその可能性の条件をもち、それゆえまた目的論的現実性そのものの存在をもち、そして、その（超越論的）現実性から出発して、その本質可能性をもっている。しかも、まさに（もっとも広い意味での）ヒュレーの原事実へと指示されていることにおいて、である。そうした原事実がなければ、いかなる世界も可能ではないし、いかなる超越論的な全主観性も可能ではないであろう。

このような事況において、この目的論は、その原事実性とともに、神のうちにその根拠をもつ、と言えるだろうか。

私たちは究極的な「事実」――原事実に、つまり究極的な必然性、原必然性に至ることになる。

386 しかし、私こそがそれを考えていて、私が遡って問い、私がすでに「もっている」世界から出発して、最終的にそこに至っているのである。私は考え、私は還元を行なう。それは、まさにこの私であるところの私、私にとってこのような地平性のうちにある私である。私はこのような歩みにおける原事実である。本質変更などの私の事実的な能力に対して、私の事実を遡って問うなかで、私に固有なこれこれの原存続体が、私の事実性の原構造として現れてくるということを、私は認識する。さらにまた、私がみずからのうちに、世界に関する本質必然性を基づけているもろもろの本質形式、可能力的に機能することの形式において、「原偶然的なもの」という核を担っていることも、私は認識する。私は私の事実的な存在を乗り越えられず、そのうちにあって、志向的に含まれた他者たちの共存在などを、したがって絶対的現実性を乗り越えられない。絶対的なものは自己自身のうちにその根拠をもち、その根拠を欠いた存在のうちに、一つの「絶対的実体」としての絶対的必然性をもっている。その必然性は、偶然的なものを未決定のままにしておく本質必然性ではない。あらゆる本質必然性は、絶対的なものの事実の契機なのであって、絶対的なものが自己自身との関係において機能するさまざまな仕方――絶対的なものが自己自身を理解したり、理解することができる、さまざまな仕方――なのである。

403

三三　目的論と愛の価値

私たちが、体系的な行程にあって、前もって与えられている世界の超越論的構成を根底から構築しようとするとき、次のことに注意せねばならない。すなわち当然のことだが、その本質形式に対して、現実的内実の事実が、そのつど果たすべき「解明」にあって、その内実の流れる存続体において前提にされていることである。このことはもちろん、「絶対的なもの」、すなわち超越論的間主観性一般にも同様に妥当する。私たちが露呈する絶対的なものとは、「絶対的事実」である。

ここで熟慮するように迫ってくるのは、私は現象学的還元をとおして、普遍的「現象」である世界の自我としての、私の超越論的エゴを露呈するということである。私の超越論的存在とそこにおいて超越論的に含蓄されたものの組織だった露呈を進展させながら、すなわち構成について、たえざる遡及的問いにおいて、私が（原初的自己構成の段階をとおして、また、そこにおいて志向的に含蓄されている他者の構成、および他者自身の自己構成と他者にとっての私の自己構成という段階をとおして）至るのは、超越論的間主観性の世界化の超越論的働きとしての「世界現象」についての認識である（その超越論的間主観性は、そこで心理的主観が身体化ないし物体化された空間時間的自然という形式において、したがって具体的に心理物理的人間として、自然化された世界のなかで客観的に存在しながら、同時にその世界において、その世界を経験し、認識し、感じつつ価値づけることをとおしてその価値や無価値を見いだしながら、その世界において行為するものとして、価値づけたものに向かいつつ、それらのなかから、人間の欲求を充足する新たな価値づけられたものを産出しつつあるのである）。

404　さらに進展しつつ私が理解するのは、あらゆる超越論的現実存在をとおして、しかもたんなる個別的な現実存在ではなく、間主観的な共同化において、そして間主観的な総体性として「より完全になる」ような統一の努力が一貫していることである。人間がたえず、さまざまな個別的経験や価値づけ、欲求し、行為する目的づけ（目的）にたずさわりながら、決して満足することがないのは、偶然ではない。あるいは、むしろ個々の限定されたことのなかでいかなる満足も、現実の完全な満足ではないこと、そして満足とは、生の総体性と人格的な存在の総体性を、すなわちすべての限定をのり越えた、習慣的妥当の総体性における統一を指示していることも、決して偶然ではないのである。具体的人格の統一は、ただなんとなく生きていく、気ままにあれこれのことを妥当と見なすような自我の恣意的な統一ではなく、また同様に、流れる時間と世界の公共的な歴史性における人格の具体的な共同体の統一も、そのような恣意的な統一なのではない。人格、すなわち能動的な自我は、そのすべての作用において実践的であり、すべての客観化は、実践的働きであり、客観化や構成の秩序における実践の最終的段階は世界の実践である。この世界の実践とは、当初から、また本質的に非独立的な層として経験されつつ、価値づけつつ、その現実化（実現）への努力に向けられてあることを、つまり、有効なものとし、習慣的に妥当なものとしてもち続けることをうちに含んでいるのである。しかし、人格とは、多岐多様であるのではなく、取る立場や取っている立場の多様性、また妥当と見なすことや原理原則などの多様性における空虚な自我なのではなく、習慣的なもののなかで妥当する原則を獲得物として所持しているような空虚な自我なのでもない。人間の人格は、その人格的統一を、その多様な努力の統一においてもつ。その個々のすべての感情において、自我は感情の自我として統一的である。まずもって、そのすべての経験において自我は、まえもって経験世界の統一を構成し、少なくとも、自然と自然において基づけられた、たんなる事実としての経験的世界という世界（ただたんに事実的に存在するだけで、どのように「存在すべきか」ということには、まるで至っていない世界）を構成している。それによって、すべての経験内容をともなう経験上たしかなことを、修正しつつも、斉一的な普遍的な確実性にもたらすに至るのである。このようにして、自我は人格として、自身のうちに、現実的で可能な生の普遍的な統一をもつのであり、この生は、経験の妥当に関して、すなわち経験の習慣性に関して、普遍的に、またすでに前もって統一なのである。つまりこの生は、流れる生において、経験する立場決定を自己修正をとおしてたえず維持している自我の動的な様式にかかわる統一なのである。このことはまさに、たえず世界をもつ人格としての人格の統一である。この世界とは、事実としての唯一の世界である。[*3]

すべてすでにそこにあるものは、感情に触れ、すべて存在するものは、価値の統覚において統覚され、それによって欲求する、満たされた、あるいは満たされていない立場決定
405 を目覚めさせる。それと一つのこととして、そのことに向けられた、価値を維持し、いつでも役立てようとしたり、下位の価値からより上位の価値を形づくろうとする行為が目覚

める。[*4] しかし、そこでは孤立的に存在するものは何もなく、自我は価値を創出し、価値を所持するものとして、したがって習慣的にその価値づける立場決定において自分自身を維持しようとし、価値づけるものとして普遍的な統一へと至ろうと「意志する」のであり、つまり、ここには、そこへ向けての必然的な傾向が存在するのである。価値には、その特有な価値の低下があり、それは、たんに価値あるものの存在や予料された価値の特性に由来するものではなく、より高い価値と比べて価値の低さが分かったり、私的に優先されるものが絶対に必要とされることで、いわば犠牲になったりする価値の低下（非本来的な価値の低下）もあるのだ。さらに客観的な価値は、たしかに誰にとっても妥当する価値であるが、享受できる価値であるかどうかは、人それぞれである。すべての価値――客観的価値――が、それをともに欲求することを断念することで、〔かえって〕だれにとっても実現可能な価値になるということ、さらにその価値の客観性は、そこに特別に根拠づけられているということ、このようなことに関係づけられることで、すべての客観的価値は絶対的な要請（隣人愛）への関係を獲得することになる。[*5] それに加えて、増強ということがあり、すべての享楽の価値が、（未来の可能な享楽への関係において）現在においてたび重なることがあって、現在から現在へと実践的な現実の存在の高揚をもたらすことをとおして、必然的に経験されるのである。すなわち、価値の喪失が、新たに獲得された高位の価値によって乗り越えられ、現在の価値の増加が新たな増加によって追い越されるといったことをとおして、増強が必然的に経験されるのである。動物は、その本能とそれによって特徴づけられる価値の規則的な充足において生きているが、それは有限な周囲世界と、制限された時間性（再想起と想起の前倒しが狭く制限されて）においての生であり、空腹の（広義の意味での）周期性において、空虚な形式で空腹が高まり、次に充足され、その充足そのものにおいて再度、空腹が高まったり、やがて低下していったりすることで、動物はいわば「幸せ」なのである。正確にいえば、動物は、空腹であれば不満足であり、満腹であれば満足しており、満腹の状態で完全に満足している。動物の生がこのように経過することが見とおせれば、それ以上よいことは、望めないといえよう。

人間は無限性のうちに生き、その無限性は、そのたえざる生の地平なのである。人間は本能を乗り越え、高次の段階の価値を創造し、この価値をも乗り越えていく。あらゆる人間が際限なく開かれた価値の世界において、自分を見いだしており、しかもその世界は実践的価値の世界であり、その実践的価値は「無限に」乗り越えることができ、増強するなかで、人間的に成長してきたものである。人間が創造するすべてのものは、一般的にいってよりよいもの[*6]を指し示しており、このよりよいものは、すでに他者が獲得していて、傍らにあって、人が自分自身で享受できていないものだったりする。

406 人間、そして人間性は、たえまない運動のなかにあり――人間にとって価値の世界への努力において、すべての人間にとって同時に幸福であることの可能性を与えることのできる、すべてのものにとっての価値の世界への努力においてあるのであり、あらゆる人にとって、価値の世界の相貌を享受できるような努力においてである。

快楽的で「感覚的」な価値と「精神的な」価値、愛の価値

しかし、これらのすべては低次の幸福の段階を暗示するだけである。あらゆる人間の生の地平としての無限性は、その生の地平が世代的な人類の無限性を包括するかぎりで、また、人間にとって開拓される地平であるかぎり、死と運命をその地平にもたらし、自殺の可能性や間主観的な「自殺」の可能性さえもたらす。開拓される無限性において、至福とは一つの不合理である。それに加えて、当初から快楽的でない価値が存在する。快楽的価値はその起源を享楽にもち、最終的に感覚的な感情にもち、そのつどの享楽においてその価値を実現しようとする。快楽的価値を生みだそうとするすべての努力は、機会があれば実践的に享楽を準備し、可能にしようとするような努力なのである。

人格の価値、それもその人格をたんなる享楽の準備のためにもつような意味での価値〈ではなく〉、その人格の「真の価値」をなすような、ちょうどすべての特別な「精神的」

価値とおなじように、まさにそのためにこそその人格が愛されるような価値は、まったく別の源泉から、すなわち厳密な言葉の意味での愛という源泉から生まれてくる。この意味で、愛の享楽ということは、一つの不合理である（このことからして、ブレンターノ[5]のいう「愛の現象」は、すでにその標題からして、大きな誤謬を告げている*7）。愛――愛しつつ他者において自己を失う、他者において生きる、他者と一つになる、ということは、たしかに喜びを、しかも「大きな」喜びを生みだしはするが、まったくもって快楽的とはいえない。ここにこそ、価値の種類、人格的な価値と快楽的な価値との価値の比較といったことが立てられるのでなければならない。人格的愛に由来するすべての価値は、人格そのものに価値を与えるということだけでなく、次のような特性をもっている。すなわちその価値そのものが「享楽」において、つまり価値としての経験において、価値をもつ喜び（〔ないしは〕否定的に喜びのないこと）において、愛する献身を必要とするということであり、愛する献身は、たとえば、芸術作品への献身は、それを遂行する人格を、逆向きに、その人の人格的価値の増強という光で照り返すのである。

すべての愛には尊敬が住まう。すべての尊敬には、本質的にそこにともなうものとして、至福が住まわっている。人はこのような至福を感謝をもって、経験することがゆるされるが、ここには危険な倒錯がまぢかにあり、愛する献身を享楽のための手段として取り扱い、愛する献身を快楽への没頭とすり替えてしまうこともある。愛する努力は、快楽において満たされることはなく、逆に、快楽はたんに充実に付随するものにすぎない。

このことが行き着く先は、自然の「美」の問題である。この美とは、たんなる感性的な
407 美（自然の享受）なのか、それともそこには、本能的愛や、発展した人間にとっての隠れた精神的内実によって養われた愛が潜んでいるのではないだろうか。

さまざまな形式と段階における愛。それに相関するもの、すなわち尊敬、恭順、至福、至福に満ちた美。

すべての至福にさいしての複合したものとしての感覚的感情。愛の感情への献身において感性的要因もまた頂点に達するだろう。しかしすべては、新たに考え直されなければならない。古い原稿を参照すべきか。

593

三四　目的論と衝動志向性

〈内容〉　超越論的に見られた間主観的衝動（とくに性衝動）。普遍的発展や相関するモナドの世界の形式内での発展の統一におけるすべてのモナドの共同存在と相互内属。そのようなどの世界も、それ自身のうちに、その世界へと入りこんで生きているもろもろの自我主観をともなった客観的世界（時間‐世界）を、志向的に構成して所持している。最上の段階での構成の行程において、ともにつねに、そしてすでに存在しているモナド的な、ないしは世界的な人間性。流れつつ普遍的な自己意識へと至る、ないしすでに存在しているものとしてのモナドの総体性の存在、無限の上昇のうちにありながら——普遍的目的論。

生殖の内密なるもの。異性に向かう衝動。特定の個人における衝動と、他の個人における相互の衝動。衝動は未規定的な餓えという発展段階にあることもありえ、その飢えはその対象をそこに向かうものとしていまだ担っていない。通常の意味での餓えとは特定の餓えであり、餓えが衝動的に食べ物に向かうとき——原様相のうちで特定の方向に向けられている（すでに、飢えがある同じ種類の食べ物で満足させられたということがなくても、

594

そして、ある同じ種類の食べ物が再認識という性格と、それだけでなく「食べ物」という類型的な性格を、つまり餓えを満足させるなじみの対象という類型的な性格をもつ以前ですら)。性的な餓えの場合、性的な餓えを触発し、刺激する目的に向けられるなかで、この目的とされるものは他者である。この特定の性的な餓えは、性交という様相にその充実の形態をもつ。衝動そのもののうちには、他者としての他者に関係づけられ、相関する他者の衝動に関係づけられているということがある。その一方と他方の衝動は、その様相、すなわち変化の様相、つまり禁欲といった様相や嫌悪という様相をもつこともある。衝動は原様相においては、まさしく「抑制を受けない」、様相化されていない衝動であり、こうした衝動はそれぞれ他者のうちへと達し、みずからの衝動志向性を、他者のうちの相関する衝動志向性を貫いて到達したのである。

私たちは、端的で原様相的な〔性衝動の〕充実のうちで、それぞれ一方の原初性と他方の原初性へと分離しうるような二つの充実をもつのではなく、充実の相互内属をとおして作りだされる二つの原初性の統一をもつ。私が自分の世界性のうちでこのこと〔性衝動の充実〕をもっとも広範にわたる根源性において解明するとき、私はそれを性的人間としてのみ解明することができ、それによって、顕在的な感情移入によって人間から人間へ、男から女へ〔の感情移入として解明されうる〕(このことは、一般的にこう言われるが、もちろん、すでに間接的に（解明されているものである））。

ここからさらに、間接的な解釈をとおして、より「高次の」動物について言えることは、それらの動物を私は、感情移入をとおして相互に交流でき、交流しているに違いないと見なしており、本質的に、私たち人間の場合のような、「他なるもの《フレムト》の知覚」という同一の動機づけと一つの世界表象において、すなわち、そこで、動物が自分自身を世界的なものとして経験し、その種の動物として経験していると見なすのである。

ここで問われてくるのは、衝動志向性、すなわち他者へと（性的‐社会的に）向けられている衝動志向性もまた、ある前段階をもっていないのか、必然的にもっていないのかという問いである。その前段階は、形成済みの世界構成以前に位置している――その前段階の世界構成は、「理性的存在」としての人間にとっての世界構成には達していないとしても。私がここで念頭に置いているのは、両親という問題であり、とりわけ母親と子ども、さらに性交という問題系との関連において生じる問題である。

原初性とは衝動のシステムである。私たちがこのシステムを、本源的に立ちとどまる《流れること》として理解するのであれば、そこに位置するのは、他者の流れのうちへと、場合によっては他者の自我主観とともに、入り込もうとするあらゆる衝動でもある。この志向性は、その超越的「目標」をもち、もち込まれた他なるもの《フレムト》としてそれを超越的にもっているが、とはいえその原初性において、それに固有な目標としてもち、したがって原様相的で、端的に高まっては充実する志向の核をたえずもっている。内的時間意識に関する私の以前の論説では、私はここで指摘されている志向性を、（未来）予持として前もって方向づけられ、（過去）把持として様相化されてなお統一を保存する、そうした志向性として扱っていたが、自我について語ることはなく、この志向性を自我的な志向性（広義の意志志向性）として特徴づけなかった。その後、私は後者の自我的な志向性を、没自我的な
595
（「受動性」）において基づけられた志向性として導入した。しかし、作用の自我とそこから生じる作用の習慣性は、それそのものとして発展においてあるのではないだろうか。*8 私たちは、普遍的な衝動志向性を前提にすることがゆるされる、あるいは前提にせねばならないのではないのか。その衝動志向性は、あらゆる本源的な現在を、立ちとどまる時間化として統一し、具体的に現在から現在へと次のような仕方で押し流す。すなわちすべての内容が衝動充実の内容であり、目標を前にして志向されており、そのさいあらゆる原初的な現在において超越する高次の段階の衝動が、あらゆる他の現在へと入り込み、すべてをモナドとして相互に結びつけ、その一方ですべてが相互内属的に含蓄されている――（すべて）志向的に、という仕方である。遡及する問いと再構成は、あらゆる原初性の自我極を貫く恒常的な中心化に導いており、この極は客観化のたえざる行程においてたえず極で

ありつづけ、この客観化において、世界の側にはその身体をともなう客観化された自我が存続している。

　こうしたことは普遍的目的論の把握に導くことになろう。その目的論は、総体的な充実システムの統一のうちで、斉一的に充実される志向性としての普遍的志向性として理解される。

　そのとき問われるのは、自我中心化が、たえず構成された全‐原初的で本源的な生き生きした現在において、すなわち交互の直接的で、間接的な衝動の超越によって共同化されたモナドの絶対的な「同時性」において、志向的な含蓄の普遍性のなかで、どのように理解されるべきか、という問いである。超越の間接性の開かれた無限性としての無限性は、モナドの段階の普遍性が――自我の展開と世界の展開をともなって――この無限性に属しているという、本質的な固有性をもつ。そのさい、生気のあるモナドや動物的なモナド、先《フォア》動物的なモナドの段階の無限性がみられ、一方で人間まで上昇する段階、また他方で子どもや子ども以前のモナドの段階がある――〔この無限性は〕「個体発生的」発展〈と〉系統発生的発展の恒常性においてである。

　固有なものであり、周囲世界にかかわる作用としてのもろもろの自我の新たな覚醒、し
596 たがって、「存在するもの」の構成の覚醒、そして最終的に世界地平の覚醒――普遍的目

的論のうちにともに包含された目的論として〔の覚醒〕、統一的な意識にそくしたモナド共同体の成長し続ける生動性のうちで、つねに「上昇する」総体的な志向性〔の覚醒〕として。このモナド共同体は、普遍的に構成された衝動共同体であり、それには、流れることのうちでそのつど地平をともなってすでに存在している世界が相応しており、それに応じて衝動の共同体はその内部で、モナドを、上昇した形成や「展開」へともたらし、いつもすでにもたらし終えているといえるのである。こうした形式で複数のモナドの総体性が、分割払いの仕方で、きわめて普遍的に人間共同体として自己意識されるに至る。

　人間共同体は普遍的な世界をもち、この世界で人間共同体は世界を認識する共同体として見いだされ、世界認識への意志へと上昇することで、ヨーロッパ的な文化の人間性において、普遍的な実証科学を創りだしつつあるといえる。そしてここからしてのみ、超越論的還元の可能性〔がある〕。この還元によって、モナドはまず、人間モナドとして見いだされ、次に世代的な関連の形式において、モナドの段階のすべてのモナド、すなわち高次の、そして低次の動物や植物とその低次段階〔の生物〕が、そしてこのすべてのモナドに関する個体発生的な発展が〔見いだされる〕。あらゆるモナドは本質的にこのような発展においてあり、すべてのモナドは本質的に世代的発展においてある。

　私は私という人間から、私の人間的なモナドに向かい、私の人間的なモナドには、私の人間的な共同世界が直接、含蓄されている。性交の志向性への問い。衝動の充実のうちには直接それをみれば、生殖による子どもについての何の考えもなく、また他の主観のうちによく知られた〔性交の〕結果がもたらされ、最終的に母親が子どもを産むことについて何の考えもない。しかし、他者の「心」へと入っていくこととしての衝動の充実は、他者への感情移入ではなく、他者の生を、すなわち世界の出来事としての生殖作用の結果を、継続的に経験することでもなく、ましてや他者に関係づけられた、他者のうちに達する自我作用ではなく、またまさしく世界生における作用でもないのである。

時間化からなり、また時間化における恒常的な存在としての私の具体的な存在の統一は、
志向性の統一でもあるが、内的にみたとき、その志向性はそこにおいてまさに世界が本源
的に構成されてはいても、その志向性そのものが、世界に属し、世界の経験と認識におい
597 て解明されることが問われるような志向性なのではない。世界の「前に」世界構成が位置
しており、私の自己時間化は先《フォア》時間においてあり、間主観的時間化は、間主観的先時間
においてある。間主観的な「生殖作用」は、他の生のうちに新たな過程《プロセス》を、すなわち自己
時間化の変更された過程を「動機づける」。そして世界性の側面からの露呈において、人
間として私は、そこで世界に現れてくるものやさらに帰納的推論において妊娠の生理学と
の関連で言いうることを経験する。

目的論はすべてのモナドを包括しており、母親のモナドのうちで起こることは、母親のモナドのうちでのみ起こるのではなく、すべてのモナドのうちに「鏡映している」。しかしこのことに迫っていく私は、世界生において学問をする人間として自分を見いだしているのであり、私と私たちのモナド的な存在を遡及的に問い、そこからさらに体系的に問い進めていくのだ。

遡及的問いは、私と世界から出発し、その世界のうちに私は具体的に自然に生きており、そこから出発するその世界は、私と私たちの経験の世界であり、その経験は同時に学問にとっての世界であり、その学問はそれ自身私の世界に属し、それなりのあり方で経験可能であり、この世界の存在するものとして経験されるのである。

原注

＊1　どこかに挿入。考えられうるかぎりのいかなる超越論的自我も、私にとって考えられうるものであり、私の現実性と、その自我を構築する私の可能力性からしてそうである。考えられうるかぎりのいかなる超越論的自我も、私の方もそれにとって現実的な自我であり、その存在からして可能的な自我であるのだが、この自我の存在は（しかも、ここで想定されているのは可能的な存在だが）、私の現実性からする可能的なものである、という仕方でしか考えられない。私の存在は、私にとって存在と意味をもつあらゆる存在に対する《フレムト》、疑いの余地のない根拠である。私の疑いの余地のなさからして、そうである。私は他なる存在を、それにとって存在しているあらゆるもの――そこには私も含まれ、私の疑いの余地のなさも含まれる――に対する根拠、それだけで疑いの余地なく存在している根拠として措定する。

しかし私は、つかのまの存在だし、私はかつて生まれた等々、〔そしていずれ死ぬ〕のではないか。そのとおりである。しかし、このつかのまの存在であることそれ自体が、私の疑いの余地のない存在のうちに根づいているのである。

＊2　もちろん、彼らが現象学者でないということは、事実として彼らに属している。しかし、彼らが彼ら自身、訓練されなくても、現象学者になる能力を担っているということが、自我

主観としての彼らのうちに本質的に含まれているのである。そういうわけで、新生児のうちにも人間的可能性の全体が含まれている一方で、彼らの環境と彼らがやがて投げ込まれる未来の事実的環境において、それらの可能性のうち何が訓練された能力となり、ついには実現されるかは、運命であり事実である。だがそれはどのような潜在性なのだろうか。

それと連関する問い。現象学者である私にとって、誰もが一つの自我として、かつまた、その人にとって私が存在し、私が彼を理解するのと同様に私を理解しうるような他者として存在している。しかしやはり、私の学問的および現象学的行為において私を理解する能力を、誰もが実際にもっているわけではない、と言われるだろうが、もし彼がそうした能力をもっているとしたら、彼はすでに、自ら現象学者になるところまできているだろう。このように、そもそも人間の自己理解には、ただあまりにも感じられやすい限界が置かれている。それゆえ、他の人間がその人格的内面性において理解されるさいの開かれた地平は、将来理解しうるものの地平と、理解しえないものの地平とをそのうちに含んでいる。しかしこのことは、誰かにとって妥当している世界に関して一般的にあてはまることではないのか。その世界の地平は、その誰かから、彼の経験からして、彼のもともとの能力と獲得した能力からして限定されている。しかしやはり、誰にとっても世界はあらかじめ与えられており、それは同一の世界である。自らの個体的地平性のうちにある誰もが、他の能力と到達可能性からして、別様に規定された世界をもっているのであるが、それでもやはり、それは同一の世界なのである。誰もが、私にとってそれぞれ到達しうる者として、私のうちに志向的に含蓄されている――つまり私の地平性のうちに含蓄されているのであり、そこには、他者の他者という間接性も含まれ、それは空虚地平的なものにまで至っている。

しかし私は、超越論的態度に踏み込み、超越論的間主観性を解釈しつつ構築することを遂行しつつ、私の地平的存在から開示されうる私固有の存在の地平と、そのうちに含まれたものとして、私にとって考えられうるあらゆる存在の地平を認識する。またそのうちに、既知の他者たちの地平的可能性と、未知の他者たちのうちに含まれた可能性をも認識し、そのような可能性のうちに、先に述べたすべてのこと、それゆえ、私のうちに他者たちが含蓄されていること、共存する他者たちが相互に含蓄しあっていることを、そのような含蓄が、その到達可能性の有限性と主観性において理解されるべき仕方で、認識する。

そこにはまた、私は、私にとって私の地平のうちに存在しているすべての他者を、また（実在的だが）推定的な可能性として私にとって存在している他者をも、私自身と同様に、その他者の普遍的な本質可能性のうちで認識する、ということが含まれている。しかし、どのようにして私が別様でありうるか（それとともに、同じことであるが、私の世界が別様でありうるか）という仮想的な仕方はいずれも、おのずから《エオ・イプソ》、どのようにして私が別様になりうるかという仕方なのではないか――純粋な可能性においては、そうではないか。だがそれは無意味ではないのか。私はいま、私の身体が子どもの頃の私の身体になり、私の心が子どもの頃の心になるといった仕方で、私自身を仮想のなかで変更することができるのではないか。しかしそんなことはますますもって無意味であり、いまやまったくの無意味ではないのか。

しかしながら、このような問いによって気づかれるようになるのは、思考のなかで変更することの問題があらためて立てられ、論じられてはいないということである。

*3 すべての客観化する構成は、伝統を打ち立てる。この伝統とは自然な伝統であり、自然の人間化と社会化をとおして、世界は無限な運動性における伝統として成長するのである。

*4 価値とここでいうのは、まるですべての価値が、享楽の価値や感情の価値、実践的にみて、快楽主義的な価値といったものかのようだが、そうではない。

*5 ここで、抗争や矛盾、矛盾をとおしての斉一性、矛盾を「止揚しつつ」、といったことがみられる。

*6 しかし、ここで「よりよいもの」というのは、危うい言い方である――快楽主義的に聞こえる。

*7 しかし、主人と従者ないし奴隷との関係のようにではない。

*8 極としての自我は、時間化のうちで作動し、展開するなかで客観性がたえず構成されることで、それ自身を時間化し、それと同様のものと一つになって、相応する段階において客観化する。

訳注

［1］Telos　ギリシア語で「目的」を意味し、アリストテレスは四原因（質料因、形相因、

起動因、目的因）の一つと考えた。「目的論 Teleologie」は、Telos と Logos からなる。

［2］ Entelechie　ギリシア語 ἐντελέχεια に由来し、「その目的《テロス》をうちにもっている様態」を意味する。アリストテレス『形而上学』（第九巻第八章）を参照。

［3］ nunc stans　原文はラテン語でこのように記されている。

［4］ imitatio　ラテン語の「模倣する、学ぶ」と言う語で記されている。

［5］ Franz Brentano　ブレンターノ（1838-1917）は、『経験的立場からの心理学』（一八七四年）において、「愛と憎しみの現象」について論じ、作用と内容という見地から、感情について記述している。それについてフッサールは、『論理学研究』第二分冊／一、第五研究の第二章第十節において言及し、志向作用による志向内容としての現象という感情の規定を疑問視し、非志向的感情と、志向的感情とを区別すべきであると主張している。

解題

第一部　自我論《エゴロジー》

一　自我と自己

原典のタイトルは、「基づけられない統一としての自己（一九二一年六月）」（全集第一四巻付論三）。

二　自我に対する外的態度と内的態度

原典のタイトルは、「自然に即した統一としての心、独我論的人格、人間的人格、ならびに人間という心理物理的統一の構成の段階（一九二一年頃）」（全集第一四巻付論八）。

三　自我の複数化の可能性

原典のタイトルは、「私の意識流の虚構的変更と複数の自我の可能性（一九二一年頃）」（全集第一四巻付論一八）。

四　絶対的事実としての自我

原典のタイトルは、「私が別様である可能性の宇宙は、自我一般の可能性の宇宙と合致する。自我は生成も消滅もしない（一九二二年一月七・八日）」（全集第一四巻付論二〇）。

五　合致における他者

原典のタイトルは、「外的身体による「あたかも私がそこにいるかのように」という表象の覚起と、その充実（この「かのように」という解釈の確証）。合致（鏡映）における私の自我の準現在化的変様としての他者（一九二七年二月頃）」（全集第一四巻テキスト三〇番）。

六　自我の類比体《アナロゴン》の経験

原典のタイトルは、「原本《オリジナル》的な経験領分における空間の構成。外的運動が自己運動へと関係づけられていること、およびそれによって可能になる自我の類比体の経験（一九二七年二月)」(全集第一四巻テキスト三六番)。

七 共存する他者の構成

原典のタイトルは、「第五省察に対して——「我《エゴ》」による「形成体」としての原初性における実在の構成と、自我論的な形成体としてではなく、すべてそのような形成体を超越し、私の我《エゴ》と共存する他者の構成(一九三一年、ないしはそれ以降)」(全集第一五巻テキスト一二番)。

八 万人にとっての同一の世界の構成

原典のタイトルは、「正常な人間共同体および相対的な正常性と異常性の段階秩序。万人にとっての同一の世界という問題(おそらく一九三一年夏)」(全集第一五巻付論一三)。

九 故郷と異郷、私と他者

原典のタイトルは、「故郷 - 異郷。私 - 他者、私たち。私にとって原初的な人間、私の私たち - 人間 - 他の人間 - 新たな私たち。共通の世界の対応する相対性(一九三一/一九三二年のクリスマス休暇)」(全集第一五巻テキスト二七番)。

第二部　モナド論《モナドロジー》

一〇　自我とモナド

原典のタイトルは、「人格的自我と個体的固有様式。発生と発生において規定されることをめぐる問題。いかにしてモナド的主観は一義的に規定され、認識されうるのか（一九二〇または二一年、ザンクト・メルゲンにて）」（全集第一四巻テキスト二番）。

一一　モナドの現象学

原典のタイトルは、「モナド的個体性の現象学と、体験の一般的可能性と両立可能性の現象学。静態的現象学と発生的現象学（一九二二年六月）」（全集第一四巻付論一）。

一二　モナドという概念

原典のタイトルは、「「モナド」という概念について。自我の具体的な姿（おそらく一九二二年六月）」（全集第一四巻付論二）。

一三　**自我‐意識‐対象と裸のモナド**
原典のタイトルは、「その一般構造におけるモナド（一九二一年六月）」（全集第一四巻付論四）。

一四　**自我論《エゴロジー》の拡張としてのモナド論《モナドロジー》**
原典のタイトルは、「事物の超越に対する他我《アルター・エゴ》の超越。超越論的自我論《エゴロジー》の拡張としての絶対的モナド論《モナドロジー》。絶対的世界解釈（一九二二年一月／二月）」（全集第一四巻テキスト一三番）。

一五　**モナドのあいだの調和**
原典のタイトルは、「モナド論《モナドロジー》。モナドないし心の間の調和（一九二一／二二年頃）」（全集第一四巻付論三六）。

一六　**実体とモナド、モナドは窓をもつ**
原典のタイトルは、「実体とモナド。モナドが自然に関してもつ機能的連関とそれがそれだけで存在すること。個々のモナドの自立性。モナド全体の絶対的自立性（一九二二年）」（全集第一四巻付論三七）。

一七　モナドの個体性と因果性

原典のタイトルは、「複数のモナドの志向的相互内属と実質的相互外在。モナドの個体性と因果性（一九三一年一〇月後半）」（全集第一五巻付論二二）。

一八　始原的自我《エゴ》とモナド論《モナドロジー》

原典のタイトルは、「ある夜の対話。自分の自我と別の自我との存在を含む始原的な流れることの絶対的「自我」への還元。始原的我《エゴ》たちの無限性。モナド論《モナドロジー》（一九三三年六月二二日）」（全集第一五巻テキスト三三番）。

第三部　時間と他者

一九　想起・想像・準現在化

原典のタイトルは、「直観的な準現在化、想起、想像、像的準現在化についての研究。そこで準現在化される自我についての問いおよび、自我を表象化する可能性を考慮して

（一九一四年あるいは一九一五年）」（全集第一三巻テキスト一〇番）。

二〇　**想起・予期・感情移入**

原典のタイトルは、「他の自我《フレムト》の認識に比較した、想起と予期において認識が自己を超えること（おそらく一九二二／一九二三年）」（全集第一四巻付論三二）。

二一　**内在・超越・感情移入**

原典のタイトルは、「原本的《オリジナル》な領分における内在と超越。間主観的であるような真正で真なる超越はどのようにして可能か（一九二七年一／二月の講義のために）」（全集第一四巻付論五三）。

二二　**モナド間の時間の構成**

原典のタイトルは、「間モナド的時間の構成。再想起と感情移入（一九三一年九月二〇・二二日）」（全集第一五巻テキスト二〇番）。

二三　**複数のモナドの相互内属**

原典のタイトルは、「還元ののち、モナド論に至るまでの体系的な記述の歩み（一九三一年一〇月）」（全集第一五巻テキスト二一番）。

二四　再想起と感情移入の並行性

原典のタイトルは、「感情移入について：すでに感情移入の合致により、他者は世界客観であることと共同主観であることとが一つになっている。再想起と感情移入の並行性。再想起からして我《エゴ》に疑いの余地がないこと。他者《アルター》ないし共同主観の宇宙に疑いがないことのもつ問題（一九三二年一月二七・二九日）」（全集第一五巻テキスト二八番）。

二五　感情移入と想起における自己構成

原典のタイトルは、「感情移入と想起（一九三二年一一月から一二月）」（全集第一五巻付論三二）。

二六　自我と世界の虚構的変更

原典のタイトルは、「自我と世界を虚構において変更することについて。可能性に対する現実性の優位。自己共同化と自己保存における自我（一九三三年四月一七日）」（全集第一五巻付論三三)。

二七　想起と感情移入からモナドの複数性へ
原典のタイトルは、「絶対に唯一的な始原的自我が自己自身を時間客観化する準現在化(モナド化)としての想起と感情移入。モナド的時間空間性と自然的-世界的時間空間性(一九三二年または一九三三年)」(全集第一五巻付論四一)。

二八　モナドの時間化と世界時間
原典のタイトルは、「モナドの時間化と世界時間化。感情移入の理論からモナド的主観性へ、そしてそこから、身体性、自然、世界へ。そしてもちろん、モナド論《モナドロジー》へ(一九三四年一月中旬)」(全集第一五巻テキスト三六番)。

二九　感情移入と中心化の変様
原典のタイトルは、「一次的原本性と二次的原本性としての感情移入と再想起。差異における合致。私の中心化の変様(一九三四年一月)」(全集第一五巻付論五〇)。

三〇　時間化とモナド

原典のタイトルは、「時間化‐モナド（一九三四年九月二一／二二日）」（全集第一五巻テキスト三八番）。

第四部　他者と目的論《モナドロジー》

三一　モナドと目的《テロス》――誕生と死

原典のタイトルは、「モナド論《モナドロジー》（一九三〇年代初め）」（全集第一五巻付論四六）。

三二　原事実性の目的論

原典のタイトルは、「目的論。超越論的自我の形相《エイドス》に超越論的間主観性の形相が含まれている（一九三一年一一月五日のノートに基づく）」（全集第一五巻テキスト二二番）。

三三　目的論と愛の価値

原典のタイトルは、「目的論（一九三一年一一月一三日頃）」（全集第一五巻付論二三）。

三四　目的論と衝動志向性

原典のタイトルは、「普遍的目的論。超越論的に見られた、間主観的で、すべてのそしておのおのの主観を包括する衝動。モナド的総体性の存在（一九三三年九月、シュルッフ湖）」（全集第一五巻テキスト三四番）。

訳者解説1

浜渦辰二

当初の計画より一年遅れてしまったが、フッサール『間主観性の現象学』抄訳シリーズの第三巻をお届けする。この巻で、同書から私たち監訳者（浜渦、山口）が厳選したテキストを翻訳するという企画は、一段落する。全三巻となったが、これでも、分量としては原文ページ数の半分に満たないほどではあれ、そのなかの重要と思われるテキストはすべて訳出することができたと考えている。原書も『フッサール全集』の三巻分からなるが、その三巻とこの抄訳の三巻は、それぞれ対応しているわけではなく、異なる方針によって編集されている。以下、本巻全体の内容解説については、解説2（山口）に譲ることにして、ここでは抄訳三巻全体および本巻の編集方針について、監訳者の一人として解説したうえで、この編集方針から浮かび上がってくる本巻テキストの特に興味深い論点を指摘し、そこから、本巻の副題「その行方」について若干の展望を示すことにしたい。

一　『間主観性の現象学』というテキスト

一九七三年に『フッサール全集』第十三～十五巻として刊行された『間主観性の現象学』第一～三巻（イゾー・ケルン編集）は、それぞれ、第一巻が一九〇五～一九二〇年、第二巻が一九二一～一九二八年、第三巻が一九二九～一九三五年と、計三〇年間にわたってフッサールがこの問題に関して断続的に書き綴った草稿を編集したものである。編者ケルンが、主要なテキストとそれに関連する付論とに分類しながら、ある程度時期区分をしつつ、年代順に並べたものである。年代順に並べられているので、テキストの前後関係や或る時期にどんなテーマに関心を持っていたかは見やすいが、同じテーマについての議論が間を空けて異なる時期に見られることがあり、同じテーマについてフッサールの議論がどう展開していくのかという関心で読むには、読みにくいものとなっている。

そのため、私たち監訳者が、これらのテキストをそのまま全訳するのは出版情勢からも難しいし、またそれだけの意味があるかについても意見の分かれるところで、やはり、主要なテキストを厳選した抄訳にするという方針に決めたとき、果たして原書と同様に年代順の並べ方をするのか、それともテーマ別に編集し直すのかについては、迷うところであった。他言語への翻訳状況を見渡してみると、現在のところ英訳はまだなく、あるのは仏訳（*Sur l'intersubjectivité I et II*, traduction, introduction, postface et index par Natalie Depraz,

Presses Universitaires de France, 2001）のみである。これは、テーマ別に編集したものであるが、この編集方法は編者の関心による影響を受けるため、私たちとしては仏語訳の編集方針をそのまま受け入れることはできず、私たち独自の編集方針を立てて、編集し直すこととした。

私たちが行ったのは、それぞれのテキストで論じられている主題をいくつかのキーワードで捉え、そのキーワードそれぞれの関連を体系づけ、フッサールの議論の進展のなかで位置づけ、三巻に配分するというものであった。こうして、それぞれのキーワードによりテキストが集められ、第一巻には「その方法」、第二巻には「その展開」、第三巻には「その行方」という副題がつけられ、それぞれの巻が、次のような構成となった。

第一巻　間主観性の現象学——その方法

第一部　還元と方法

第二部　感情移入

第三部　発生的現象学——本能・幼児・動物

第二巻　間主観性の現象学——その展開

第一部　自他の身体

第二部　感情移入と対化

第三部　共同精神（共同体論）
第四部　正常と異常
第三巻　間主観性の現象学——その行方
第一部　自我論《エゴロジー》
第二部　モナド論《モナドロジー》
第三部　時間と他者
第四部　他者と目的論

この枠組に組み込めなかったテーマもないわけではないが、以上で、「間主観性の現象学」をめぐる重要なテーマはほぼ拾うことができたと考えている。

二　それぞれのテーマの絡み合い

ただし、このように分類し編集してはみたものの、それぞれのテーマは、あちこちで絡み合っており、それぞれのテキストが、あちこちで関連し補い合っており、このようにはっきりと切り分けられるわけではない。そのため、とりわけ第三巻では、第一・二巻ですでにつけていた訳注と重複するものが多く、紙幅の都合もあり、それぞれ第一・二巻の訳注を参照していただくという方法をとることとした。それだけ、第三巻のテーマが、第一・二巻のテーマと絡み合っているということを意味している。

簡単に振り返ってみても、これら三巻に集められたテーマ群が、次のように、あちこちで絡み合っていることが分かる。本巻第一部「自我論《エゴロジー》」は、第一巻第一部「還元と方法」と絡み合っており、本巻第二部「モナド論《モナドロジー》」は、第一巻第三部「発生的現象学」と絡み合っている。フッサールは、「モナドには窓がない」というライプニッツの主張を、実質的《レエル》には「窓がない」と認める一方で、志向的には「窓がある」と批判するが（本書二五七頁参照）、その「窓」こそ、第一巻第二部「感情移入」の問題だった。その問題が、第二巻第一部「自他の身体」や同第二部「感情移入と対《つい》化」では、「私の身体」から出発して、「パースペクティヴ」的な「空間」のなかで論じられたのに対して、本巻第三部「時間と他者」では「時間」論との絡み合いで論じられる。「感情移入」は、空間的には「共現前（Appräsentation）」として論じられるが、時間的には「準現在化（Vergegenwärtigung）」として論じられ、そこで過去に関わる志向性である「想起」や未来に関わる志向性である「予期」、そして現前しないものに関わる「想像」と比較検討しながら論じられる。さらに、感情移入という「他者経験」が、第二巻第三部「共同精神」への通路であるとともに、そのうちにおいて行われることが論じられ、そのこととの関係において、第二巻第四部「正常と異常」という問題が扱われ、それが「発生的現象学」の「脱構築（Abbau）」という方法とも絡み合っていたが、これらの問題圏が、「価値」や「目的」の問題と絡み合い、本巻第四部「他者と目的論」の議論へと繋がってくる。

このような絡み合いのため、本巻に集めたテキストのなかには、むしろ、第一・二巻のテーマ群に位置づけた方がよかったかも知れないテキストもある。同じテキストを、比重の置き方によって、異なるテーマのなかに位置づけることができるからである。

例えば、本書第二部に収録されたテキスト「二〇　想起・予期・感情移入」では、想起と予期との対比において「感情移入の現象学」（本書三九一頁）が論じられるが、それは第一巻第二部「感情移入」に収録されてもよかった。また、テキスト「一九　想起・想像・準現在化」では、「私が他者の手を見ると、私は私の手を感じ、他者の手が動くと、私は私の手を動かしたくなってムズムズしてしまったりする。しかし、私は、私のうちで経験されたことを他者の身体へと置き入れるのではない」（本書三八三頁）という、対化《つい》という現象の記述が見られ、現代ではミラーニューロン理論との関係で議論されるような箇所であるが、これは第二巻第二部「感情移入と対化」に収録されてもよかった。また、テキスト「一四　自我論の延長としてのモナド論」のなかで、「人格的な働きかけ、相互共存的生と相互内属的生（関わりあい含み合って生きること）」（本書二七二頁）を論じている箇所や、テキスト「二二　モナド間の時間の構成」のなかで、「我と汝の一体性（Ich-Du-

Einigkeit)」（本書四一〇頁）を論じている箇所などは、第二巻第三部「共同精神」に収録されてもよかったであろう。

他方では、同様に第一・二巻のテキストと絡み合いながらも、それらの枠組みのなかには収まらず、本巻に収められたテキストのなかで初めて頭角を現すような議論もある。例えば、本巻の索引には「人間」と「心」という、これまでの巻では取り上げなかったありふれた語をあえて取り上げたが、それはこれらの語が、自我論《エゴロジー》からモナド論《モナドロジー》へ転回のなかで果たす役割が変わってくると思われるからである。すなわち、自我論《エゴロジー》の枠組みでは、「身体と心とをもった」「人間としての自我」という経験的統一」（本書二八頁）は、むしろ現象学的還元によって「遮断」「カッコ入れ」されるのに対して、モナド論《モナドロジー》の文脈においては、「あらゆる純粋に心的なものが、現象学的還元のうちで、モナド的なものへと連れ戻される」（本書三〇二頁）と言われ、「心ないしモナド」（本書三〇三頁）という言いかえすら行われるようになる。そのことが、前述のようにライプニッツに反して「モナドに窓がある」ことを説明して、「実質的《レエル》な相互外在（Aussereinander）は、もちろん志向的な相互内属（Ineinander）と折り合う」（本書三〇四頁）と論じられ、そこから、一方では、「私の流れる生の時間と私の隣人のそれとは、深淵によって分かたれている」（本書四〇三頁）とか、「私は身体をもってここにおり、他者はそこにいる。《ここ》が《そこ》になりえないのと同じように、……私の心は他者の心にはなりえない」（本書四〇三頁）と論じながらも、他方では、「複数の心は、本質的に、顕在的ないし潜在的な共同性のうちに、顕在的および潜在的な結びつきのうちにある。……複数の心はただそれだけであるのではなく、互いに関わりあっている」（本書四〇九頁）と論ずることにもつながっている。そして、こうした議論を背景としながら、「私と超越論的に共存している」（本書二九一頁）ような「超越論的他者」（本書同頁、四二九頁以下）について議論されるようになる。そこから、さらに、テキスト「二三　複数のモナドの相互内属」では、「志向的相互内属としての互いに対してあることとの内在性は、「形而上学的」原事実であり、それは絶対的なものの相互内属である」（本書四三二頁）と論じられ、「私は、そのように私にとって存在する他者なしには、私がいまあるように存在しえないし、この他者も私なしにはそのように存在しえない。志向的に含まれていることが、超越論的な共存にとって必要なことである」（本書四三九頁）と論じられる。こうした議論は、本巻第二部「モナド論《モナドロジー》」および第三部「時間と他者」の議論を背景にして初めて登場してくるものと言えよう。

さらに、このような「間主観性の現象学」という問題圏内部でのテーマの絡み合いにとどまらず、フッサールが取り組んだ他の問題圏との絡み合いについて言えば、話はもっと広がり、この『間主観性の現象学』三巻のなかにとどまらないことになる。『間主観性の現象学』のテキストが執筆された一九〇五〜一九三五年の三〇年間に、フッサールはそのつどさまざまな問題圏と取り組んでおり、『間主観性の現象学』のテキストにも、それらともさまざまな絡み合いを見いだすことができる。「間主観性の現象学」の問題の発端が、『論理学研究』(一九〇〇/一九〇一年)の第一研究のなかに潜んでいたことは、第一巻の解説で指摘したが、その後の『内的時間意識』講義(一九〇五年)、『事物と空間』講義(一九〇七年)、『イデーンⅠ』(一九一二年)、『イデーンⅡ』(一九一二〜一九一八年)、『受動的綜合の分析』講義(一九一八〜一九二六年)、『倫理学入門』講義(一九二〇〜一九二四年)、『現象学的心理学』講義(一九二五年)、『自然と精神』講義(一九二七年)、『デカルト的省察』(一九二八年)、『ヨーロッパ諸学の危機』(一九三六年)といった著作・講義録とも、さまざまな仕方で絡み合っている。ほかにも、時間論(ベルナウ草稿、C草稿、『資料集』第八巻)、生活世界(全集第三九巻)、倫理学(全集第三七巻)といった問題圏の草稿との繋がりも考えられることは、第一巻の解説で示唆したとおりである。

三　誕生と死、成熟と老い

もう一つ、この第三巻に収められたテキストのなかで初めて頭角を現すような議論を指摘しておきたい。『イデーンⅡ』でも、「おのおののコギトは、そのあらゆる成素とともに、体験の流れのうちで成立したり消失したりするが、純粋主観は成立したり消失したりしない」（IV. 103）と論じられていたことは、よく知られている。そこからフッサールは、誕生や死を、経験的主観については語り得ても、超越論的主観については語りえないと考えていたように思われよう。この議論は、遡ればアリストテレスの『魂について』の議論を思い出させる。アリストテレスは、一方で、「魂の不死」を主張するプラトンを批判して、「魂《プシケー》は肉体から分け離されうる独立したものではない」（413a）と言いつつも、他方で、「理性《ヌース》は、魂から切り離されうるもの」であり、「これのみが不死であり永遠である」（430a）と論じていたからである。このアリストテレスの議論が、前述のような、本巻のなかでの「人間」と「心」についての役割の変化と結びついてくるように思われる。

まさにいまのアリストテレスの主張を継承するかのように、本書第一部「自我論《エゴロジー》」の文脈では、デカルト的なエゴ・コギトの疑いのなさ（必当然性）について、「私が絶対的で抹消不可能な事実だとすれば、ではそれはどこまで及ぶかということが問われる」（本書五五頁）としたうえで、「意識というものは始まったり終わったりすることはないのではなかろうか」（本書五六頁）と問われ、それに答えて、「自我は生じることも消え去ることもなく、つねに何かを体験している。……純粋なモナド的主観性としての自我は「永遠」であり、ある意味で不死である。……それに対して、自然に即した意味で生まれたり死んだりできるのは、まさに自然に即したものだけであり、自然の一員としての人間だけである」（本書五八頁）と言われている。

ところが、第二部「モナド論《モナドロジー》」の文脈で、静態的現象学から発生的現象学へ進み、「やっとここで私たちは、モナド的個体性の現象学をもつことになり、そこには、相互に関係しあう発生の現象学が含まれている」（本書二〇〇頁）という文脈になってくると、「具体的な姿」におけるモナドの発生への問いが、始まりと終わり、中断、そして変化と成熟への問いを呼びこむことになり、これまでになかった議論が登場してくる。「中断」への問いが、「無意識的なもの、意識の沈澱した根底、夢のない眠り、主観性の誕生形態、もしくは誕生以前の問題にされる存在、死と「死後」の問題にされる存在」（本書五一五頁以下）が問われることになり、「そのような再構築（Rekonstruktion）は、誕生と死に関して、どこまで及ぶのだろうか」（本書五一七頁）が問われることになる。ここに言う「再構築」とは、フィンクの『超越論的方法論の理念――第六デカルト的省察』（岩波書店、一九九五年、五五五頁以下）の「構築的現象学」に繋がるものと言えよう。ここにおいて、「誕生と死」（本書五一五頁）が改めて問題となり、「死の可能性」に関して、次のようなことが書き留められる。「死は自我論的な自己考察のうちでは表象不可能であり、いかなる体験に即した直観性をもつことができない。……死とは、他者の理解をとおしてのみ、私にとって意味を獲得する」（本書四五七頁）と。つまり、独我論的で静態的な現象学においては、誕生も死も問題となりえないが、他者経験を考慮に入れた発生的現象学、さらにその先の構築的現象学において、誕生と死が超越論的な次元でも問題となり意味をもつようになるということである。

そしてまた、誕生と死によって限られたモナドの「具体的な姿」において、「誕生、幼児期の発達、成熟、老化と死」（本書三一三頁）をともなった「同胞としての人間たち（Mitmenschen）」（同）を論じることが意味をもってくる。他者経験も、そのような発生的現象学の考察のなかで、その起源が、次のように論じられることになる。「成人たちの伝達や交流は、成人になる以前の伝達および相互交流の形成を前提している。――すなわち、母と子のあいだのそれである。それは、根源的・本能的に形成されていくある結びつきであるが、もちろんそれは、母が子を授かっても、まだ一度も子を子として理解したことがなく、それをこれから初めて学ばねばならないかのような形で始まりがあるわけではない。〔なぜなら、〕母もかつては子だったのである。母は、《子であること》や《母の子であること》を、自分自身の過去からして、初めから理解している」（本書三〇九頁以下）と。このテキストは、メルロ＝ポンティの「幼児の対人関係」（『眼と精神』みすず書房、一九六六年、所収）における議論を彷彿とさせるものと言えよう。

さらにまた、このような文脈のなかで、「性」（本書五四四頁以下）の問題も論じられ、「超越論的に見られた間主観的衝動（とくに性衝動）」や「異性に向かう衝動」（同）が論じられることになる。このような問題圏は、フッサールによって充分に展開されたものではなく、断片的な着想を表したものにすぎないとはいえ、フッサール現象学が開く可能性のなかで注目してもいいものであろう。現象学の出発点においてブレンターノから学んだ「志向性」の概念が、ここではその前段階における「衝動志向性、すなわち他者へと（性的‐社会的）に向けられている衝動志向性」（本書五四六頁）として論じられ、「両親という問題、とりわけ母と子ども、さらに性交という問題系」（同）と関係づけられ、「性交の志向性への問い」（本書五五〇頁）が論じられることになるのは、一般によく知られている硬質なフッサール現象学についてのイメージを覆すようなものともなるであろう。

以上のような議論は、二〇一四年に『フッサール全集』第四二巻として刊行された『現象学の限界問題　無意識と本能の分析、形而上学、晩年の倫理学——遺稿（一九〇八〜一九三七年）からのテキスト』に収録されたテキストにも繋がるものである。同書は、次のような構成となっており、この表題を見ただけでも、本巻における以上のような議論との繋がりが容易に推測されよう。

第一部　無意識の現象学、および、誕生、眠り、死という限界問題

第二部　本能の現象学
第三部　形而上学。モナド論、目的論、哲学的神学
第四部　フライブルク時代からの倫理学についての反省

同書の編者ソーヴァは「編者序」において、「四つの主題に共通しているのは、現象学的記述の限界を超え出ているが、その解決が現象学的に基づいているとすると、学問的にのみ解決されうるような問題である」と述べている。前の二つは、「下から始める哲学」とその上に重ねられながら進行する「作業哲学」の段階的な体系が表現され、後の二つは、「その体系のなかで最後の最高の段階にある最高の問題、最高で最後の問題ないし形而上学的な問題」あるいは「神と自由と不死性の問い」に関わるとしている。なかでも、第一部の「限界問題」としてフッサールは、「誕生、死、世代、動物の現存在、衝動、本能」を挙げ、さらに、いわゆる「無意識、意識の沈澱した基礎、夢のない眠り、誕生、死、そして死後の存在」の問題を挙げている。こうして、本巻に収録されたテキスト群でフッサールが扱っている主題は、さらに、この最新刊の『現象学の限界問題』のテキストとの繋がりのなかで読まれる必要があろう。

四　「その行方」について

最後に、本巻につけた副題「その行方」について、簡単に述べておきたい。第一巻の「まえがき」に編者は次のように書いた。「彼〔フッサール〕からそれぞれにインパクトを受け、それぞれの仕方で現象学の精神を（たとえ現象学という語を使わずとも）引き継いでいった多くの哲学者たち（ハイデガー、レヴィナス、シュッツ、サルトル、メルロ＝ポンティ、デリダ、など）が、多かれ少なかれそれぞれの仕方で「他者」の問題に取り組んできたのも、決して偶然のことではない。……上記のような哲学者たちが現象学の精神とともに「他者」の問題をフッサールから受け継ぎながらも、それぞれがそれぞれの視点で彼の「他者」論を批判することから、みずからの「他者」論を展開していったことである。……ここで強調してもよいのは、この三巻本に残された記録は、先に名前を挙げた哲学者たちがほとんど知らなかったものであり、そこに彼らの知らなかったフッサールの姿を見ることができることである」と。上記のようなフッサール「他者」論を批判する哲学者たちが参照していたテキストは、ほとんどがフッサール生前の刊行物（あるいは、せいぜい『イデーンII』や『危機』書周辺の草稿）であり、今回全三巻として訳出した『間主観性の現象学』第一～三巻のテキストを読み込んだうえでの批判ではなかった。その後、ドイツではフッサール現象学研究の大家となったヘルトやヴァルデンフェルスが、その一部の問題について議論し、その後の研究者達（例えば、James R. Mensch, Richard Kozlowski,

Georg Römpp, Julia V. Iribarne, Natarie Depraz, Dan Zahavi など）がフッサール「間主観性」論を論じたものは散見されるが、本格的にその全体像を論じたものは数少ない。我が国では、私たち監訳者の古い論考、山口一郎『他者経験の現象学』（国文社、一九八五年）、浜渦辰二『フッサール間主観性の現象学』（創文社、一九九五年）以降、本格的にフッサール「他者」論・「間主観性」論に取り組んだ研究書が見当たらないのは、残念なことである。もちろん、この三巻本が、生前に出版された著作のうちに見られる「他者」論を乗り越えたものかどうかは、意見の分かれるところであろう。しかし、「その行方」を議論するためにも、まず、この三巻本が多くの日本の読者にとって近づきやすいものとなり、ドイツ語原文を読めない読者たちにも議論の材料を与えることが必要であろう。そのような、日本における研究を全体として底上げすることに、この抄訳三巻本が貢献することができれば幸いである。

末筆となったが、各巻において下訳の原稿を準備してくれた若手の研究者たち、荒畑靖宏、稲垣諭、紀平知樹、田口茂、中山純一、村田憲郎、八重樫徹、吉川孝の各氏に、協力を感謝したい。全三巻にわたって、遅々とした私たちの歩みを支えながら最後までともに歩んでくださった、編集部の伊藤正明氏に、あらためて心から感謝の言葉を捧げたい。

訳者解説2

山口一郎

この第三巻の標題は、「間主観性の現象学　その行方」とされている。第一巻での「その方法」、第二巻での「その展開」に続く「その行方」には、フッサールが間主観性論をとおして全体としてめざしていたものの明確な性格づけをみてとることができる。このめざされていたものは、本巻第四部のテーマである「目的論」にあるとすることで、フッサールの捉える目的論の適確な理解ができるよう、この解説を展開してみたい。

しかし、この目的論について語るためには、それに先行する第一部自我論、第二部モナド論、第三部時間と他者の概要がまず、理解されていなければならない。そのさい、必然的に問われてくる問いは次のように表現されるだろう。まずは、超越論的自我の能作が前提にされる自我論という立論をとおして、そもそも「他者」について、つまり、他の超越論的自我の成立について語ることができるのか、と問われ、次に、一九二〇年代以降展開しているフッサールの発生的現象学においては、ここで問題にされる超越論的自我の「自我極そのものの生成」や「自我の発展」が、自我論の枠組みに収まらないモナド論という構想のなかでこそ、考察可能とされてきているのではないのか、と問われるのである。というのも、自我はモナドの発展の一段階であるとはいえても、モナドが自我の発展の一段階ということはできないはずだからである。このように問われる自我論とモナド論との関係の適確な理解は、第三部の「時間と他者」で定題化されている「想起」や「生き生きした現在」と「他者の構成」との関係性の解明と密接な関係にあるだけではない。さらにその理解は、第四部の目的論において呈示されている、「生き生きした現在の立ち留まり」(本書五四七頁参照)を規則づける衝動志向性の解明が、普遍的目的論の基盤となっていることを論証づけるさい、重要な役割をはたすことになるのである。

一　自我論の拡張としてモナド論を捉えられるか

本書一四の標題は、「自我論の拡張としてのモナド論」といわれ、そこでは「私は、……純粋自我から出発して、可能な共存する複数のモナドの宇宙の理念を、私自身に対して作り上げることができる。」(本書二六七頁)と述べられている。『イデーンI』で呈示されている「純粋自我」の解明そのものが、複数のモナド(純粋自我)の理念的存在を確証できる、とされているのだ。しかし他方では、この論稿の最後の第一〇節において、モナドの概念が使用されるなかで、自我モナドの能動性の強調とともに、モナドの受動的基盤について言及され、「とはいえ、他方においては、それらモナドは、その受動的基盤に関して、その絶対的結合をもち、受動的形式における絶対的相互規定をもっている。」（本書二七五頁）とされ、「この全体的なモナド的過程は、発生の普遍的規則のもとにあり、そのなかでもとりわけ、それを解明しつくすことが現象学の最大の課題であるような本質規則がある。」（本書二七六頁）とも述べられている。この発生の普遍的本質規則とは、その文章へのフッサール自身の注にみられるように、受動的綜合としての連合の規則に他ならない。つまり、この論稿では、自我モナドによる能動的作用の側面と同時に、モナドの受動的基盤に働く連合の規則性が確定されているのである。

自我論とモナド論を対比するとき明らかになるモナド論の特徴の一つは、モナドが「全体的なモナド的過程、ないし発展」において捉えられていることである。このモナドの発展を考察するさい、もっとも重要といえるのは、モナドの受動的基盤に働く発生の本質規則である連合が、「自我の能作をまったく含まない」ということ、すなわち、自我の能作を前提にする自我論の枠組みでは、モナドの受動的基盤を解明することができないことである。第二巻「その展開」の「対化《ついか》」の記述に明確なように、受動的綜合である連合は、自我の能作が活動する以前に、その能作に先行して超越論的規則性として働いており、それによって間身体性の等根源的生成が超越論的に根拠づけられているのである。

　それにもかかわらず、フッサールは、再三再四、自我論からモナド論を語る試みをくり返す。その一つが、一九三三年に起草された本書一八「始原的自我《エゴ》とモナド論」という論稿である。そこでは、間主観的な社会共同化の成立が問われるなかで、「超越論的―現象学的な態度と方法」（本書三一一頁）をとおして、究極の超越論的なものとして「超越論的な自我の、始原的な、絶対に根源的に流れる生」（本書三一二頁）が論述される。この根源的に流れる生は、実は、「流れるとか、生き生きとしている」とか、呼ばれてはならない。なぜなら、この「絶対的「我《エゴ》」」は非時間的であり、あらゆる時間化とあらゆる時間の担い手であって、あらゆる存在統一の、あらゆる世界の担い手」（本書三一九頁）とされるからである。

　この論述をめぐってまず問われなければならないのは、それ自身、非時間的である絶対的エゴが時間化を担うというとき、いったいどのように担うのかという問いである。それに対する解答として、フッサールは、「昨日と今日にわたって現象学的還元を遂行する現象学する自我」が、「昨日と今日の始原的現在を区別し、昨日と今日の作用を区別」しており、この区別を成立させるのは、「始原的自我の始原的生の場においてであり、始原的な流れることとは、それ自身のうちに過去を現在の志向的変様として含蓄している」（本書三一六頁）と述べている。ところが、ここで指摘せねばならないことは、フッサールが、この論述において、彼自身で究明した根本的論点を完全に見落としていることである。というのも、「昨日と今日の始原的現在の区別」は、始原的自我が行なっているのではなく、始原的自我の能作がはじまる以前に、受動的志向性としての（過去）把持をとおしてはじめて成立していることが明らかであるからだ。そもそも、フッサールの言うように、（過去）把持をとおさない時間化は不可能であり、また（過去）把持にいかなる超越論的自我の能作の関与も認められない以上、始原的で絶対的エゴが時間化を担うことはできないのである。

次に、絶対的エゴが時間化を担うことのできない第二の論拠は、時間流の構成は、自我の能作である統握（作用）と統握内容の図式では解明できず、自我の能作を前提にすることで、必然的に「無限遡及」に陥ってしまうとする、『内的時間意識の現象学』で徹底して解明された論点にある。ところが一九三二年に執筆された「生き生きした現在」についての草稿においてフッサールは、自我の能作を前提にする「現象学する自我」が時間化を起こし、構成する、という見解を改めて呈示し、再度、このまったく同じ「無限遡及」の問題にぶつかることで、この見解が瓦解せざるをえないことを次のように記述しているのである。フッサールは、「時間性とはまさに、いずれにしても自我の能作なのであり、それは根源的な能作であれ、獲得された能作であれ、」（『フッサール全集』、第三四巻、一八一頁）そうある、と述べる一方、この文章に直接、続けて、しかし「明らかであるのは、たえざる流れることが、それ自身のうちに流れることとして、現実の志向性をもつとするなら、私たちが無限遡及に至ってしまうだろうということである。」（同右）と述べている。つまり、自我の能作である現実の志向性が作動して、時間化が生じるとすれば、流れることにおいて成立した時間内容を、当の現実の志向性が構成していたはずであるとせざるをえない自我の能作（作用）の無限遡及に陥ってしまうのであり、このことは、フッサールにとって、くり返し確認されてきたことなのである。これに対して、自我の能作によらないモナド論的時間化の分析は、このような無限遡及に陥ることなく、モナド間にどのように、生き生きした現在が生起しているのか、受動的綜合である連合の規則性にそくして、次節にみられるように、豊かな展開をみせることになる。

二「生き生きした現在の流れを留める」モナド間に働く衝動志向性——普遍的目的論の基礎

絶対的エゴにおいて自我と他我、すなわち複数の自我モナドが含蓄されているという、自我論的枠組みにおいて、超越論的他者の存在が超越論的に論証できるとする可能性は、「絶対的なものとは、まさしく絶対的な時間化にほかならず」（本書五〇六頁）といわれるように、自我に代わる絶対的なものである時間化の分析をとおして、原理的に退けられることになる。ここで明確に呈示されてくるのが、モナド間に働く衝動志向性による時間化の分析である。第四部三四の論稿では、作用の自我とその習慣性は、発展においてあるのではないか、とする発生的現象学の観点にそくして、次のように述べられている。「私たちは、普遍的な衝動志向性を前提にすることがゆるされる、あるいは前提にせねばならないのではないのか。その衝動志向性は、あらゆる本源的な現在を、立ちとどまる時間化として統一し、具体的に現在から現在へと次のような仕方で押し流す。すなわちすべての内容が衝動充実の内容であり、目標を前にして志向されており、そしてそのさいあらゆる原初的な現在において超越する高次の段階の衝動が、あらゆる他の現在へと入り込み、すべてをモナドとして相互に結びつけ、その一方ですべてが相互内属的に含蓄されている――〔すべて〕志向的に、という仕方である。」（本書五四七頁）

この記述に先立つテキストでは、母と子のあいだの衝動志向性について言及され、自我の発展以前の乳幼児と、授乳のさい覚醒化される本能志向性に即応している母親とのあいだに、授乳衝動の志向と充実が経過していくこととなる。両モナドにとって、授乳衝動が形成されるなかで、その衝動が志向され、充実されることで、そのつど衝動充実という時間内容が成立する。この時間内容の成立こそ、そのつどの生き生きした現在の立ち留まりを意味するに他ならない。ということは、両モナドにあって、衝動の充実をとおして、生き生きした現在の立ち留まりが生起していることを意味する。つまり、生き生きした現在は、両モナドにとって、モナド間に働く衝動充実をとおして共有され、共体験される「共同現在」の成立を意味するのである。モナドの時間化は、このように、間モナド的時間化として生起することで、間主観性の間時間性として開示されているのである。

この普遍的衝動志向性が、「普遍的目的論の把握に導く」（本書五四八頁）とされるのは、モナド論において、幼児にとっての衝動志向性の充実を前提にする「自我極の生成」、ないし「自我中心化」の成立が問われることで、人間モナドに限られないモナドの発展の全体像が問われることになるからである。すなわちそこで、「生気のあるモナドや動物的なモナド、先《フオア》動物的なモナドの段階の無限性がみられ、一方では人間まで上昇する段階、また他方で子どもや子ども以前のモナドの段階がある——〔この無限性は〕「個体発生的」発展〈と〉系統発生的発展の恒常性においてある。」（同右）ことが示され、モナドの発展の基底に普遍的衝動志向性を確認することで、モナドの発展の目的論の基礎を確定できるのである。

この両モナド間に共有される「生き生きした現在」こそ、真の意味での客観的時間の生起と源泉に他ならない。この客観性は、間モナド的時間化の生起に起因しており、ここに間モナド的間主観性のもっとも始原的な超越論的事実性という超越論的規則性の生起が確定される。間主観性の受動的基盤が超越論的に根拠づけられることで、普遍的目的論の基礎構造が示されているといえるのである。

三　モナドの発展の全体的構想と普遍的目的論

いまだ構想の段階と判断すべきではあるが、フッサールは本書三一で、沈澱の理念の適用によってモナドの発展の歴史性の構図を次のように描いている。「(一) 根源的に本能的なコミュニケーションのうちにある複数のモナドの総体性、そのそれぞれがたえずみずからの個体的生のうちで生きつつ、……眠れるモナドたち。(二) モナド的歴史の発展。恒常的な基づけとしての眠れるモナドたちという背景をともなって、覚醒するモナドたちと覚醒における発展。(三) 世界を構成するものとしての人間のモナドたちの発展。その世界のうちで、モナドの宇宙が方位づけられた形で自己客観化へと通り抜け、モナドたちが理性的な自己意識・人類意識へと至り、世界理解へと至る、等々。」(本書五一八頁)

ここでまず、問われるのは、(一) で述べられている「眠れるモナド」をどう理解すべきか、という論点だ。フッサールがここで「眠り」といっているのは、毎日の眠りと覚醒をくり返す場合の「眠り」ではなく、人間モナドが死して「絶対的眠り」(本書五一九頁)

へ沈み込むという文脈で語られている。それだけに、この絶対的眠りにおけるモナドが、本能的コミュニケーションのうちにおいて、その個体的生を生きている、とする記述は、体系的な志向的現象学の大きな解明課題とされねばならない。

この「眠れるモナド」の背景的基づけによる（二）における覚醒したモナドの歴史的発展は、人間モナド以前のモナドの覚醒を意味し、この段階において、「系統発生的発展に対応する過程全体が、誕生へと至るすべての生殖細胞モナドのうちに沈澱している。」（同右）という記述が該当するといえよう。人間モナドの発達の（三）の段階において、このモナドの発展の全体的構想が普遍的目的論を表現していることが明確になる。まずは、授乳における本能志向性の覚醒をとおした母と子の間に生じる本能的コミュニケーションにおける「衝動の目的」が確定される。

人間モナドの「理性に向けた目的づけ」は、本書三二一において、超越論的主観性が、「無限の完全性という理念、無限に完全な間主観的全共同性のうちにある完全な個別主観的存在という理念」をその意志のうちにもち、「現実存在の必然的な「矛盾」を克服し、……真なる存在へと高めていき、みずからを真理へ向かって革新していく現実存在という理念」を、その普遍的な目的論的過程としてもつ、とされている（本書五二三頁）。衝動の目的が間モナド的衝動志向性の充実による時間化としてその明証を獲得している一方、理性の目的論は、超越論的論理学の領域における真なる存在の明証において確証されているといえる（『受動的綜合の分析』、第二五節において、対象の自体存在の源泉となっている再想起の能作を前提にした能動的綜合の明証的特質が示されている）。

このように、時間化として生じる衝動の目的が先行し、それを前提にしつつ真理をめざす理性の目的が覚醒してくるとする目的論の全課程は、神の概念に関連づけられ、「神は、みずからモナド全体であるというわけではなく、モナド全体のうちに存している完成態《エンテレヒー》であり、無限の発展すなわち絶対的理性に基づく「人間性」の無限の発展の目的《テロス》という理念としてである。」（本書五二〇頁）と表現されるに至る。

ここで活用されているアリストテレスの「エンテレヒー」の概念は、イリバルネの解釈（J・イリバルネ「フッサールの神理解とそのライプニッツとの関係」、『現象学とライプニッツ』所収、参照）にあるように、フッサールによって、完成された現実体という理念の側面よりむしろ、力動性の観点から「内在的な形成原理」として理解されているとするのが、妥当であろう。というのも、志向性として規定されるモナドの発展過程は、観念論の意味での理念（カントの意味での要請される理念をも含めて）によって一面的に規定されるのではなく、モナド論的目的論において受動的志向性である連合の規則性として、また能動的志向性としての述定的判断の能作として表現されているといえるからである。

四　学際的哲学研究とモナド論的現象学の目的論

フッサールの間主観性の現象学は、人間モナドの段階において、大きく受動的間主観性と能動的間主観性の二重構造として表現されうるとおもえる。受動的間主観性は、衝動の目的として、能動的間主観性は、理性の目的として規定され、間モナド論的目的論の全体の発展過程の概要が示された。ここで問われてくるのは、この目的論の示す方向性が、現代哲学の課題、とりわけ、現代物理学、遺伝子生物学、脳神経科学等、発展の著しい自然科学研究と哲学との関係性の解明にとって何を示しうるのかという問題だ。

（一）学問論的観点からして、現象学が近代哲学の二元論に根ざす観念論と実在論に対する立場設定は、その志向性の概念からして、明確な原理的論点を呈示している。自然科学研究は、客観的時間と空間における事物の実在を前提にし、その実在する事物間の因果関係を数学を使用して解明するという方法論をとる。哲学としての現象学は、この客観的時間・空間の存在をそのまま前提にすることなく、時間と空間の意味そのものの生成とその源泉を、発生的現象学の志向分析をとおして、間モナド的な受動的間主観性における本能的コミュニケーションにつきとめ、それが、能動的間主観性の領域において、対象知覚、再想起、言語等の能作をとおして数的客観性の意味層を獲得していく過程を確定することができる。ここで実現したのは、いわば、現象学をとおしての現代自然科学研究の新たな基礎づけと哲学への統合の作業である。この現象学による方法論的基礎づけを経た脳神経科学として、F・ヴァレラの「神経現象学」を挙げることができる。この神経現象学の方法論的自覚は、ヴァレラが方法としての現象学的還元を経ずして、新たな生命科学の将来はない、とまで確言していることに明示されている。

（二）元来、現象学の方法、とりわけ静態的現象学における「本質直観」の方法では、自然科学研究そのものの研究成果が、この方法の第一段階である「事例化」において、最大限に活用されているのである。方法論的限定のもと、現象学において、自然科学研究の新たな基礎づけがなされているのであり、自然科学研究そのものの役割が否定されているわけではない。しかし、その方法論的限定を自覚できず、「本来、物理量の世界に、いかなる意味づけや価値づけも属さない」ことを忘却し、人間主観による意味づけと価値づけが、それぞれの「生活世界」に由来していることに反省が及ばない場合、フッサールは、そのような自然科学研究の態度を、「生活世界の数学化」として、徹底した原理的批判を展開し、自然科学的世界観の根底を突き崩し、その本質を人間の自覚にもたらしているのだ。

（三）フッサールの普遍的目的論に対置されるのは、近代哲学の二元論を根底に残留させたままそこに留まる文化相対主義の哲学である。自然科学研究とそれと並行して進展しうる独自の精神文化研究を主張するその種の哲学は、諸文化の共存を、相互に閉じた、窓をもたないモナドの共同体の自己発展とみなすことで、フッサールとことなり、モナドの発展に、いかなるあり方でもモナド間の直接的コミュニケーションの必然性を見いだすことができない。文化相対主義の哲学が主義として成立しうるとする誤認は、次の諸点に見受けられる。①文化相対主義の哲学における哲学的明証の問いの欠如と超越論的主観性としての他者論の問いの欠如。②この哲学的反省の脆弱さは、哲学研究者の明証に向けた探求能力の断念と放棄による。現実存在の担う具体的「矛盾」として、「地球温暖化問題」、「原発廃棄物問題」、「グローバル経済による貧困と格差の問題」等、山積する課題に直面している現在、諸文化の独自性と自己発展を主張し、人間性の普遍への哲学的反省を断念することは、哲学的明証の断念であり、懐疑論的で日和見を決め込む歴史の傍観者にとどまる。③文化相対主義の哲学が文化価値の独自性と自己発展を主張しうるとするのは、言語分節的考察が可能な能動的間主観性の段階にのみ、文化の本質を見ていると錯覚し、能動的間主観性が受動的間主観性を前提にしていることに盲目だからである。

最後にあたり、第一巻、第二巻、第三巻にわたり、分担された翻訳作業を行っていただいた翻訳者の皆様に、心より御礼申し上げるとともに、翻訳編集の過程で、紙面数の制限のため、一部のテキストの割愛をお願いせねばならなかったり、他のテキストとの組み替えや、他の巻への移動等、多大なご迷惑をおかけしてしまったことを深くお詫び申し上げたい。なお、本巻の訳語の統一にあたって、「持続」と「連続」という訳語の語感をめぐり、一語に統一できなかったことを補足として付け加えておきたい。全巻の翻訳にあたり、いつも忍耐強く、私たちの作業を見守り、励ましの言葉をかけていただいた、編集部の伊藤正明氏に、再度、心より感謝の言葉を申し上げ、文末の言葉としたい。

事項・人名索引

この索引は、人名についてはすべて取り上げたが、事項については「間主観性の現象学」というテーマにとって重要と思われる語ないし語句に限定した。

あ 行

か行

さ行

た行

な行

は行

ま行

や行

ら行

わ行

本書は「ちくま学芸文庫」のために新たに訳出されたものである。

ちくま学芸文庫

間主観性《かんしゅかんせい》の現象学《げんしょうがく》Ⅲ　その行方《ゆくえ》

二〇一五年十月十日　第一刷発行
二〇二四年三月二十日　第二刷発行

著　者　エトムント・フッサール
監訳者　浜渦辰二（はまうず・しんじ）
　　　　山口一郎（やまぐち・いちろう）
発行者　喜入冬子
発行所　株式会社　筑摩書房
　　　　東京都台東区蔵前二―五―三　〒一一一―八七五五
　　　　電話番号　〇三―五六八七―二六〇一（代表）
装幀者　安野光雅
印刷所　星野精版印刷株式会社
製本所　株式会社積信堂

乱丁・落丁本の場合は、送料小社負担でお取り替えいたします。
本書をコピー、スキャニング等の方法により無許諾で複製することは、法令に規定された場合を除いて禁止されています。請負業者等の第三者によるデジタル化は一切認められていませんので、ご注意ください。

© SHINJI HAMAUZU/ICHIRO YAMAGUCHI 2015 Printed in Japan
ISBN978-4-480-09692-0 C0110